科学出版社“十三五”普通高等教育本科规划教材
教育部高等学校水产类专业教学指导委员会推荐教材

普通高等教育海洋渔业科学与技术专业系列教材

海洋功能区划学

邱盛尧 主编

科学出版社
北京

内 容 简 介

《中华人民共和国海域使用管理法》规定，海域使用必须符合海洋功能区划。本书内容主要包括海洋功能区划的原则、标准、方法和法律依据；海洋开发的基础条件和海洋产业；综合功能区、主导功能区和海洋功能区划的实施应用。教材编写模式新颖，教材体系体现大学本科教育特色，重点突出对学生知法、懂法、用法的培养。

本书内容全面，具有可读性、趣味性和广泛性。主要为海洋科学、水产科学等专业的本科生和研究生使用，也可供从事海洋与渔业方面教学、科研、管理、生产的工作人员参考。

图书在版编目(CIP)数据

海洋功能区划学/邱盛尧主编. —北京：科学出版社，2017.8

普通高等教育海洋渔业科学与技术专业系列教材

ISBN 978-7-03-054180-2

Ⅰ. ①海… Ⅱ. ①邱… Ⅲ. ①海洋经济-经济规划-高等学校-教材 Ⅳ. ①P74

中国版本图书馆 CIP 数据核字（2017）第 199143 号

责任编辑：朱 灵 / 责任校对：王 瑞

责任印制：黄晓鸣 / 封面设计：殷 靓

科学出版社 出版

北京东黄城根北街 16 号

邮政编码：100717

http：//www. sciencep. com

广东虎彩云印刷有限公司印刷

科学出版社发行 各地新华书店经销

*

2017 年 9 月第 一 版 开本：787×1092 1/16

2024 年 7 月第八次印刷 印张：17 1/2

字数：420 000

定价：52.00 元

（如有印装质量问题，我社负责调换）

普通高等教育海洋渔业科学与技术专业系列教材《海洋功能区划学》编委会

主　编　邱盛尧

副主编　王　蕾　唐永政

编　委　（以姓氏笔画排序）

王　蕾（烟台大学）

田海涛（烟台大学）

刘长东（中国海洋大学）

李九奇（大连海洋大学）

李登来（烟台大学）

邱盛尧（烟台大学）

张　燕（大连海洋大学）

陈　颖（烟台大学）

唐永政（烟台大学）

普通高等教育海洋渔业科学与技术专业系列教材编写委员会

前　言

21 世纪是海洋世纪。海洋是生命的摇篮、气候的调节器、环境的净化器、社会文明发展的资源宝库、未来的粮仓。我国濒临太平洋西北部，拥有渤海、黄海、东海、南海和台湾以东海域五大海区，生物、能源、矿产和空间等海洋资源丰富，区位优势显著。进军海洋，抢占 21 世纪经济发展制高点，是拓展我国经济新的增长点，也是解决资源短缺、环境恶化和人口剧增三大难题的必然选择。

海洋强则国强。我国政府高度重视海洋资源开发利用和海洋经济发展，“一带一路”倡议成为国家级的顶层发展战略，海洋经济在国民经济中具有重要的战略地位。2016 年我国海洋生产总值为 70507 亿元，占国内生产总值的 9.5%，与上年基本持平，实际增量依然可观，可比增速为 6.8%，保持略高于同期国民经济增速的发展态势。海洋经济框架基本形成，海洋产业群正在崛起。海洋渔业迅猛发展，成为海洋经济的主导产业。海洋交通运输业、海洋盐业、海洋化工业、海洋造船机械业和海洋矿产业等传统产业不断创新发展。海洋油气业、海洋旅游业、海洋保健品和海洋药物开发等新兴产业迅速崛起。海水综合利用和海洋能开发等未来海洋产业取得突破性进展。

随着海洋资源开发利用程度的不断提高，用海矛盾愈显突出。海域使用不合理、产业间矛盾较多、海域综合效益差、海洋生态破坏和环境污染等问题日益严重，已经严重制约我国海洋经济的发展。为加强海域使用管理，维护国家海域所有权和海域使用者的合法权益，促进海域的合理开发和可持续利用，《中华人民共和国海域使用管理法》于 2002 年 1 月 1 日起实施，建立了海域使用监督管理体制、海域所有权和使用权制度、海洋功能区划制度和海域有偿使用制度 4 项基本制度。海洋功能区划成为海域使用管理的重要制度，是用海的科学依据，合理利用有限的海洋资源，有效保护海洋生态环境，促进海洋经济持续、稳定、协调发展。

海洋功能区划是依据海域及海岛的自然条件、环境状况、地理区位，并考虑到海洋开发利用、海洋科学技术进步现状、经济与社会持续发展的需要及依托陆域的具体情况等，将海域划分成若干个有不同特定主导功能或有一定功能顺序的区域，有利于资源合理开发利用，发挥最佳综合效益的一门新兴科学。2001 年我国沿海各省、自治区、直辖市的大比例尺海洋功能区划工作全面推进，2002 年 8 月，国务院批准了《全国海洋功能区划》，2004 年 2 月 22 日首个省级海洋功能区划——《山东省海洋功能区划》得到国务院批准实施。2012 年，对《全国海洋功能区划》和各地的海洋功能区划进行了修订，分别制定了 2011～2020 年使用的海洋功能区划。海洋功能区划成为指导海洋开发与管理的依据和行为规范，一切用海行为必须符合海洋功能区划。

海洋功能区划学是作者在 2001 年至今开展海洋功能区划工作的基础上，于 2006 年开设的课程。课程讲义经 11 年的试用，共培养了 1000 余名本科学生，教学效果很好，社会效益显著。教材紧紧围绕培养学生的应用能力组织内容，根据海洋功能区划的目的，制定海洋功能区划的方法和标准，阐明海洋功能区划的法律依据、地理区位、环境条件、资源条件、产业基础，区划海洋综合功能区和主导功能区，以实例说明海洋功能区划在海域使用、海域管理、海洋环境保护等方面的应用。教材编写模式新颖，体现了大学本科教育特色，并根据新的海洋管理要求，重构教材的知识结构体系。学生可通过本学科的学习，完整体验海洋功能区划工作的程序、内容和方法，有助于提高学生抽象思维能力和解决具体问题的能力，突出对学生知法、懂法和用法的培养。教材汇编了来自教学、科研、企业和行业的最新典型案例，促进本课程的全面学习，具有可读性、趣味性和广泛性。教材的编写团队采用“校校联合”的方式，提高了教材使用的宽度和广度。

本教材由烟台大学邱盛尧主编，烟台大学王蕾、唐永政为副主编。中国海洋大学刘长东，大连海洋大学张燕、李九奇，烟台大学李登来、田海涛、陈颖等参与了本教材的编写。

由于编制工作时间紧、任务重，加之编写人员水平所限，虽广泛征求了意见，做了反复修改，但不妥之处仍在所难免，恳请各位读者及社会各界予以批评指正。

邱盛尧

2017 年 7 月 1 日

目　　录

第一章 绪　论

本章学习重点

1. 掌握功能、主导功能、海洋功能区划等基本概念。

2. 掌握海洋功能区划的对象、内容、作用、目的和意义。

3. 了解海洋的价值和开发利用历史，熟悉海洋开发活动的现状、存在的问题和开展的海域科学管理。

4. 熟悉我国及世界海洋功能区划研究的发展历程和现状。

5. 掌握海洋功能区划学的学科地位，以及与其他学科之间的关系。

第一节 海洋功能区划学的基本概念

一、功能

功能（function）是指事物或方法所发挥的有利作用、效能。语出《汉书·宣帝纪》："五日一听事，自丞相以下各奉职奏事，以傅奏其言，考试功能"。中华人民共和国国家标准《价值工程 第一部分：基本术语》（GB/T 8223.1—2009）将功能定义为"对象能够满足某种需求的一种属性"。牛津英语词典认为功能是"一种行为模式，通过此行为，某物实现了它的目的"。

海洋功能区划学认为，功能是自然及社会事物对人类生存和社会发展所具有的价值和作用。

功能存在于一切事物之中，任何事物均有一定的功能。对于海洋来说，不同的海域、不同的资源，都有其特定的功能。同时，因使用的目的不同，而存在各种各样的功能。按功能性质可分为使用功能和品味功能，使用功能就是具有物质使用意义的功能，它的特性通常带有客观性；品味功能就是与使用者的精神感觉、主观意识有关的功能。按用户需求可分为必要功能、不必要功能、不足功能和过剩功能，必要功能就是只为满足使用者的需求而必须具备的功能；不必要功能就是指对象所具有的，与满足使用者的需求无关的功能；不足功能是指对象尚未满足使用者需求的必要功能；过剩功能是指对象所具有的，超过使用者需求的必要功能。过剩功能应当剔除掉，以节约成本。不必要功能的出现，有的是由于设计者的失误，有的则是由于不同的使用者有不同的需求。按重要程度可分为基本功能和辅助功能，其中，基本功能是与对象的主要目的直接有关的功能，是对象存在的主要理由；辅助功能是为更好地实现基本功能而服务的功能，是对基本功能起辅助作用的功能（刘仲康和郑明身，2005）。

二、主导功能

同一海域中，由于使用的目的不同，使用的方法不同，使用的工具不同，往往存在有很多的功能。例如，基岩海岸的海域存在着港口、航道、捕捞、养殖、增殖、海水利用、旅游、矿产开采、工程建设、特殊利用及环境保护等方面的功能；沙滩海域存在着海水浴场、港口、航道、捕捞、养殖、增殖、海水利用、旅游、矿产开采、工程建设、特殊利用及环境保护等方面的功能。某一特定海域既存在开发利用方面的功能，又存在环境保护和特殊利用方面的功能，如何选择其功能使用，就必须按照该海域的自然属性，并考虑社会经济发展的现状和需求，选择能够取得最佳效益的功能进行使用。

因此，在多种功能同时并存的情况下，依据区域自然属性和社会需要程度，分析对比选定的最佳功能就是主导功能（leading function）。按主导功能安排开发利用活动，既能保证海域自然资源与环境客观价值的充分发挥，又能保证国家和地方经济与社会持续发展。海洋功能区划就是坚持以保证海洋合理开发利用为指导思想，以海域的自然属性为出发点，以海域依托陆域的自然属性和社会属性为基础，选择各个海域的主导功能，对沿海海域功能进行全面细致的区划，从而指导海洋的开发利用活动和科学管理。

三、海洋功能区

海洋功能区（marine functional zone）是根据海域及相邻陆域的自然资源条件、环境状况和地理区位，并考虑海洋开发利用现状和社会经济发展的需要，划定的既具有主导功能又有利于资源合理开发利用，能够发挥最佳效益的区域。《全国海洋功能区划（2011—2020 年）》将海洋功能区分为 8 大类，即农渔业区、港口航运区、工业与城镇用海区、矿产与能源区、旅游休闲娱乐区、海洋保护区、特殊利用区和保留区，同时每一大类功能区又可以划分为若干个二级类海洋功能区。

四、海洋功能区划

海洋功能区划（division of marine functional zonation）是指依据海洋自然属性和社会属性，以及自然资源和环境特定条件，界定海洋利用的主导功能和使用范围。它是结合海洋开发利用现状和社会经济发展需要，划分出具有特定主导功能，适应不同开发方式，并能取得最佳综合效益区域的一项基础性工作，是海洋科学管理的基础。

第二节　海洋开发历史

海洋是辽阔的疆土，具有美丽的风光、丰富的生物资源、潜藏着巨大的新能源，是将来经济发展的主要阵地。

一、远古时代

考古发现，距今 5 万多年前，周口店的山顶洞人居处，已有采食鱼、贝的记录（陈新军，2004）。相传“结绳而为网罟，以畋以渔”的伏羲氏，就生于“雷泽”（在今山东菏泽境内），并在济水流域从渔（引自清康熙《山东通志》卷 28）。《史记·五帝本纪》载垂名后世的舜，在称帝前曾“渔雷泽”，即位后即设“泽虞”之职，专管渔猎之事。7000 年以前，我国沿海居民已能运用舟楫沿海漂流和捕鱼。从章丘、历城等县龙山文化遗址和胶县三里河大汶口遗址出土的鱼鳞、鱼钩、鱼叉、鱼镖和网坠，也可证明至少在新石器时代已有渔猎活动（张震东和杨金森，1983）。

二、古代

周朝的姜太公功封齐地后，“便鱼盐之利，而人民多归齐，齐为大国”（《史记·齐太公世家》）“海岱之间敛袂而往朝焉”（《史记·货殖列传》）。公元前 11 世纪至公元前 6 世纪的《诗经》中，记载“朝宗于海”。《管子》中也有“渔人之入海，海深万仞，就波逆流，乘危百里，宿夜不出者，利在水也”的记载。公元前 2 世纪至公元前 1 世纪，《尔雅》中记有海洋动物和海藻。公元 1 世纪时，王充已明确指出潮汐与月相的相关性。春秋以后，海战频繁见于《左传》等典籍，秦始皇的数次巡海，以及《史记》等正史记载的徐福东渡，已说明当时的航海能力及海上交往。2000 多年前，我国发明了指南针，至少在 1500 年前就用于航海，从而人们远离海岸涉足重洋。12 世纪时中国的指南针经阿拉伯传入欧洲，又促进了欧洲的远洋航行探险。

自汉代以后，因实行重农政策，渔业渐退为农家的副业。史上虽渔盐并称，但官方多重盐轻渔。从渔者，“多为穷海荒岛河山泽畔居民，任其自然以为生”。故“自秦汉以至明清之一长时期中，渔业上直无甚兴革可言”（李士豪和屈若搴，1984）。三国时代《临海水土异物志》记述了鱼类、贝类、虾蟹类和水母的形态、生活习性。据考证，南海沿岸的渔民在唐宋时代就已开发了西沙群岛和南沙群岛海域的外海渔场。宋代开始养殖珍珠贝。元代，泉州已成为极为重要的港口城市，并且有几条固定航线，形成了海上丝绸之路。明代，开始实行了严厉的禁海政策，然而为了进行海外外交，明朝派遣了大量使节出使沿海各国，郑和在 1405～1433 年 20 多年的时间里，先后奉旨 7 次率船队出使西洋，到达亚非 30 多个国家，最远到达非洲东北沿海的索马里和非洲中部沿海的肯尼亚，比世界著名航海家哥伦布远航美洲、达·伽马绕好望角航行抵达印度，还要早半个世纪。《郑和航海图》中不仅绘有中外岛屿 846 个，而且分出了 11 种地貌类型。17 世纪中叶，浙江沿海形成了大型的双船拖网渔业。清代，继续推行禁海政策，使中国逐渐丧失了海上的领先地位，海洋技术停滞不前。

与此同时，国际海洋开发也正在兴起，取得了许多科技成就，有的直接推动了航海探险，有的则为海洋科学研究奠定了基础。公元前 4 世纪，古希腊的亚里士多德在《动物志》中，描述和记载了爱琴海的 170 余种动物。1492～1504 年，意大利人哥伦布 4 次横渡大西洋到达南美洲；葡萄牙人达·伽马于 1498 年从大西洋绕过好望角经印度洋到印度。1519～1522 年，葡萄牙人麦哲伦完成了人类第一次环球航行，国际上进入地理大发现时代。1772 年，法国人拉瓦锡首先测定海水成分。1768～1779 年，英国人库克 4 次进行海洋探险，首先完成了环南极航行，并最早进行了科学考察，获取了第一批关于大洋深度、表层水温、海流及珊瑚礁等资料。1831～1836 年，达尔文随“贝格尔”号环球考察，在 1859 年出版了《物种起源》（冯士筰等，1999）。

三、近代

鸦片战争以后，清朝推行闭关政策，列强纷纷自海路入侵，使中国不仅根本谈不上海洋权益，更被迫沦为半殖民地半封建社会，海洋技术远远落后于世界。1905 年，才开始使用机轮渔船，并组建渔业公司，但沿海渔民大多使用较为原始的木帆船进行渔业生产。1946 年，山东大学、厦门大学和台湾大学分别创立海洋研究所。1947 年，建立了中央水产研究所，开始海洋科学的研究。此时，国际上的海洋技术和海洋科学研究正蓬勃发展。1872～1876 年，英国“挑战者”号开展环球航行考察，在三大洋和南极海域的几百个站位，进行了多学科综合性的观测，后继的研究又获得了大量的成果，被认为是现代海洋学研究的真正开始。1884 年，迪特玛证实了海水主要溶解成分的恒比关系。1902 年，第一个国际海洋科学组织——国际海洋考察理事会（ICES）成立。1925～1927 年，德国“流星”号开展南大西洋考察。1925 年和 1930 年，美国先后建立了斯克里普斯和伍兹霍尔两个海洋研究所。1946 年，苏联科学院海洋研究所成立。1949 年，英国成立国立海洋研究所。

四、现代

第二次世界大战后，各国对海洋的军事和民用的投入加大，海洋经济得以恢复和迅速发展，进入现代海洋开发利用的新时期。1960 年以后，海洋调查研究设备和技术不断提高，海洋科技突飞猛进，新的可开发利用的海洋资源不断发现，海洋已成为巨量的财富源泉，为解决困扰人类生存和可持续发展的资源与环境两大问题展现了新的曙光。由此，引发了世界范围的以全面开发利用海洋、保护海洋为基本特征的“海洋世纪”的到来。1990 年以后，我国把海洋资源开发作为国家发展战略的重要内容，海洋经济蓬勃发展（孙湘平，1985）。各产业的产值不断增加，2015 年全国海洋生产总值 64669 亿元，占国内生产总值的 9.6%。其中海洋渔业和盐业产量连续多年保持世界第一，造船业、港口数量及货物吞吐能力、滨海旅游业收入居世界前列。

五、未来

21 世纪是人类挑战海洋的新世纪。2001 年，联合国正式文件中首次提出了“21 世纪是海洋世纪”。海洋将成为国际竞争的主要领域，包括高新技术引导下的经济竞争。国际海洋竞争日趋激烈，主要表现在以下几个方面：①发现、开发利用海洋新能源；②勘探开发新的海洋矿产资源；③获取更多、更广的海洋食品；④加速海洋新药物资源的开发利用；⑤实现更安全、更便捷的海上航线与运输方式。

第三节　海洋功能区划学发展历史

海洋功能区划学是由海洋学、地理学、农学、经济学等多学科相互渗透、融合而成的。它聚自然、社会、经济、环境和资源于一体，从高层次把握研究海洋经济发展问题。我国古代《禹贡》划分中华为九州，就含有朴素的产业区划的思想。元代的《王桢农书》中有“九州之内，田各有等，地各有产，山川阻隔，风气不同，凡物之种，各有所宜”的精辟论述，反映了我国很早即产生了产业地域差异的思想（李应中，1997）。

1989 年，沿海各省、自治区、直辖市开展了全国海洋功能区划的编制工作（李鸣峰，1991），但比例尺偏小，可操作性较差。1993 年将海洋功能区划工作扩展到全国，编制了《中国海洋功能区划报告》及中国海洋功能区划图，比例尺为 1∶100 万。在此基础上，我国于 1997 年出台了《海洋功能区划技术导则》（GB 17108—1997）。

1996 年 5 月 15 日，第八届全国人民代表大会第十九次会议通过决定，批准我国成为《联合国海洋法公约》缔约国，继而发布了《中国海洋 21 世纪议程》，提出“必须把海洋功能区划从小比例尺拓展到大比例尺，逐步推进市、县海洋功能区划”。

2001 年，国家海洋局下达《关于组织沿海省、自治区、直辖市大比例尺海洋功能区划工作的通知》，组织沿海各省、自治区、直辖市开展省级、地（市）级、县级的大比例尺海洋功能区划工作。为了提高海洋功能区划的可操作性，此次功能区划的比例尺确定为 1∶50000，重点区域比例尺为 1∶25000，特殊区域可适当增大到 1∶10000～1∶5000。

2002 年 8 月 22 日，国务院批准了《全国海洋功能区划》。2004 年，全国人民代表大会以法律的形式通过了《山东省海洋功能区划》，2004 年 2 月 22 日由国务院批复，并由山东省人民政府实施，这是我国第一个由国务院批复的省级海洋功能区划。此后，全国各沿海省、自治区、直辖市的海洋功能区划也相继完成并实施。

2006 年 12 月 29 日，颁布了修订后的《海洋功能区划技术导则》（GB/T 17108—2006），2007 年 5 月 1 日开始实施。

由于海洋环境的自然变迁、人为改造及生态环境破坏等改变了部分海域的自然属性，同时高速发展的海洋产业对用海提出了更高的要求，海洋功能区划已经不能完全适应海洋经济的高速发展。因此，《全国海洋功能区划》和沿海各省、自治区、直辖市的海洋功能区划实施近 10 年后，2011 年在原来海洋功能区划的基础上，进行了修订。2012 年 3 月 3 日，国务院正式批准《全国海洋功能区划（2011—2020 年）》，这是国家依据《中华人民共和国海域使用管理法》《中华人民共和国海洋环境保护法》等法律法规和国家有关海洋开发保护的方针、政策，对我国管辖海域未来 10 年的开发利用和环境保护作出的全面部署和具体安排。该区划由国家海洋局会同有关部门和沿海 11 个省、自治区、直辖市人民政府编制，区划范围为我国的内水、领海、毗连区、专属经济区、大陆架及管辖的其他海域。2012 年 10 月 10 日，国务院批复了广西、山东、福建、浙江、江苏、辽宁、河北和天津 8 个省级的海洋功能区划（2011～2020 年）。2012 年 11 月 1 日，批复了上海、海南和广东海洋功能区划，至此，省级海洋功能区划全部得到批复实施。这些区划均明确提出了各自的建设用围填海规模控制指标。此后，地（市）级和县级海洋功能区划也相继获得了当地省级人民政府的批准。因此，海洋功能区划成为海域使用论证、项目审批、海洋管理的科学依据。

第四节　海洋功能区划学的学科地位及与其他学科的关系

一、学科性质和地位

海洋功能区划学是研究海洋的区位条件、自然环境条件、海洋资源基础、海洋产业状况，依据海洋自然属性和社会属性，界定海洋利用的主导功能和使用范围，划分出具有特定主导功能、适应不同开发方式、并能取得最佳综合效益的海洋功能区，用来指导、约束海洋开发利用实践活动，保证海上开发的经济效益、生态效益、资源效益和社会效益的一门综合性基础应用学科，是海洋管理和环境保护的基础。本学科所涉及的范围和产业类型极其广泛，因而具有基础性、应用性、综合性。

《中华人民共和国海域使用管理法》规定，海域使用必须符合海洋功能区划。本学科的内容是海洋产业从业人员、管理人员和研究的科技人员所必须具备的专业基本理论和基本技能。通过学习，可以了解和掌握海洋功能区划基本方法、海洋资源与环境的基础知识和法律基础，熟悉我国海洋功能区划结果。有助于探索和分析海洋资源开发利用技术和产业发展条件，科学地利用和管理海洋资源，促进海洋产业生产的持续发展。

海洋渔业科学与技术专业及相关专业的学生通过学习本学科，能够基本掌握海洋功能区划的原则、标准、方法和法律依据，掌握海洋开发的基础条件和海洋产业的基本知识，学会海洋自然属性和社会属性基本分析技术与方法，掌握确定主导功能的基本方法，熟悉综合功能区、主导功能区和我国海洋功能区划结果，了解我国管辖海域的海洋资源分布和各类功能区的分布，为今后生产、管理及教学科研工作打下扎实的基础，为海洋产业可持续发展提供科学方法和手段。

二、学科研究内容

海洋资源类型众多，主要资源有生物资源、能源资源、矿产资源和空间资源。为了开发利用这些资源，从而产生了相应的海洋产业。为了持续、合理地利用这些海洋资源，发展相应的海洋产业，必须了解各种海洋资源蕴藏量、分布状况、开发利用技术和环境条件。从事海洋科学的工作者根据多年的生产及管理实践和科学研究的丰富资料，把有关海洋环境、海洋资源、海洋产业和海洋管理等资料，上升为科学理论并找出其系统规律，从而形成了海洋功能区划学，成为海洋科学管理的一个极为重要组成部分。

主要内容如下。

（1）海洋功能区划学的基础理论和方法。包括海洋功能区划的原则、标准和区划方法，以及农渔业区、港口航运区、工业与城镇用海区、矿产与能源区、旅游休闲娱乐区、海洋保护区、特殊利用区和保留区的划分标准和方法。

（2）海洋功能区划的法律基础。包括《联合国海洋法公约》等国际法和《中华人民共和国海域使用管理法》等国内法的形成过程、立法目的、立法内容和使用范围。

（3）海洋开发的基础条件。包括海域的区位条件、环境条件、资源条件和社会经济条件。分析区划区域的地理位置、区位优势、制约因素、气候气象、地质地貌、海洋水文、海水环境、海洋生态和自然灾害等。分析生物资源、能源资源、矿产资源和空间资源等主要海洋资源的蕴藏量、分布状况、资源特征和开发利用现状。

（4）海洋产业现状。分析发展海洋渔业、海洋油气业、海洋矿业、海洋盐业、海洋化工业、海洋生物医药业、海洋电力业、海水利用业、海洋船舶工业、海洋工程建筑业、海洋交通运输业、滨海旅游业等海洋产业资源条件、开发利用技术、环境条件和发展现状。

（5）我国的海洋综合功能区。海岸带及邻近海域、海岛及邻近海域、大陆架、专属经济区和国际海底区域的综合功能区划分、范围、主要功能、产业现状和发展趋势。

（6）主导功能区的区划结果。农渔业区、港口航运区、工业与城镇用海区、矿产与能源区、旅游休闲娱乐区、海洋保护区、特殊利用区和保留区的功能适用范围、布局、主导功能区的使用要求。

（7）海洋功能区划的实施应用。包括海洋功能区划编制与实施、海域使用管理、海域使用论证方法与程序。

三、与其他学科关系

海洋功能区划学是自然科学与社会科学交叉形成的一门专业性基础学科。它与其他许多相关学科都有着十分密切的关系。

1. 环境科学

环境科学是在现代社会经济和科学发展过程中形成的一门新兴的综合性学科。环境科学研究的对象是环境，是对以人类为主体的外部世界而言的，即人类赖以生存和发展的物质条件的综合体，它包括自然环境和社会环境（中国大百科全书总编辑委员会，1983）。

它是本学科中自然属性的基础学科。环境科学在自然科学方面有环境地学、环境生物学、环境化学、环境物理学、环境医学和环境工程学等分支学科；在社会科学方面有环境管理学、环境经济学、环境法学等分支学科。

2. 海洋科学

海洋科学是研究地球上海洋的自然现象、性质与其变化规律，以及和开发与利用海洋有关的知识体系，包括基础性科学、应用与技术、管理与开发（中国大百科全书总编辑委员会，1987）。它和环境科学共同构成本学科中自然属性的基础学科。海洋科学在基础性科学方面有物理海洋学、化学海洋学、生物海洋学、海洋地质学、环境海洋学、海气相互作用及区域海洋学等分支学科；在应用与技术研究方面有卫星海洋学、渔场海洋学、军事海洋学、航海海洋学、海洋声学、光学与遥感探测技术、海洋生物技术、海洋环境预报及工程环境海洋学等分支学科；在管理与开发研究方面有海洋资源、海洋环境、海洋法学、海洋监测与环境评价、海洋污染治理及海域管理等分支学科。

3. 海洋经济学

海洋经济学是研究海洋开发利用的经济关系及其经济活动规律的一门学科，研究海洋生产力、海洋生产关系和海洋经济活动（蒋铁民，2015），它为海洋产业布局、发展规划等奠定基础。其中，海洋产业经济包括海洋产业结构、海洋渔业、海洋工业、海洋服务业和海洋未来产业；海洋区域经济包括海洋经济区划、海岸带经济、海岛经济，海洋专属经济区与大陆架经济和大洋经济；海洋可持续发展经济包括海洋可持续发展战略、海洋生态环境资源经济、海洋科技文化教育经济、海洋市场经济和海洋经济管理。

4. 产业学

产业学是研究人类社会产业发展的学科，主要研究 3 个方面内容：各种市场间的关系；企业的目标、规模及组织；与产业组织相关的公共政策，主要是管制和反垄断政策。它与经济学共同构成海洋功能区划学社会属性的基础。

5. 渔业资源学

渔业资源学是研究渔业资源在自然环境中及人为作用下的数量变化规律，并利用这些规律为渔业生产提供依据的学科。海洋渔业是海洋产业中发展最早的产业，也是目前海洋产业中的重要产业，因此是本学科的基础学科。

此外，还有经济学、管理学、法学、地理学、海洋学、气象学、渔业资源增殖学、生物数学、卫星遥感和地理信息系统等学科也为海洋功能区划学的发展提供了条件，丰富和完善了其研究内容、研究手段和方法，共同促进海洋功能区划学向前发展。

第五节 海洋功能区划学研究的作用和意义

一、研究对象

理论上，海洋功能区划学的研究对象必须同时具备两个前提：第一，有着比较稳定的区域差异，如果没有区域差异，到处都一样，也就没有区划的必要；第二，这种区域差异不是杂乱无章的，不是偶然出现的，而是有规律可循的，这种规律表现为一定现象在一定区域内的相对一致性和不同区域间的明显差异性。所谓区划，就是把这种区域内一致性和区域间差异性加以系统揭示和归纳，用以因地制宜、扬长避短地指导产业的发展（李应中，1997）。

海洋功能区划学的研究对象包括管辖的海域及依托陆域、海域内的海洋资源、所有涉海行业、所有的海洋开发活动、海洋环境保护和与海洋开发活动有关的一切行为。

（一）管辖的海域及依托陆域

1. 海域范围

我国辖有渤海、黄海、东海、南海和台湾以东海域五大海区，主张海域面积 $300\times10^4km^2$。并在东北太平洋、西北太平洋和西印度洋国际海底区域有总面积为 $8.80\times10^4km^2$ 的具有专属勘探权和优先开采权的矿区。

2. 海域类型

根据《联合国海洋法公约》规定，海域的构成包括内水、领海、毗连区、专属经济区、大陆架、群岛海域和公海。我国海洋功能区划工作由近及远，先易后难，优先开发海岸带及邻近海域，加强海岛保护与建设，有重点开发大陆架和专属经济区，加大国际海底区域的勘探开发力度的原则，将区域分为海岸带及邻近海域、海岛及邻近海域、大陆架及专属经济区和国际海底区域进行区划。

3. 依托陆域

我国已经完成的海洋功能区划的依托陆域主要为沿海的辽宁省、河北省、天津市、山东省、江苏省、上海市、浙江省、福建省、广东省、广西壮族自治区和海南省的沿海一带陆域。

海洋与所依托的陆域在大体相近的自然条件下，有的甚至还在同一生态系统中。海洋资源开发利用往往又是陆地资源开发利用向海洋的延伸，海洋开发必须依托这些陆域的社会条件和科技条件等。因此，海洋功能区划需要与其所依托的陆域功能区划衔接和协调，将近岸水域与邻接的陆域结合起来考虑，海陆统筹，进行功能的确定。

（二）海域内的海洋资源

海洋资源的种类繁多，包括矿产资源、生物资源、能源资源和空间资源 4 大类人类可以开发利用的资源。每一大类中又包含了许多资源种类。

1. 矿产资源

海洋是个巨大的聚宝盆，水中和地下蕴藏有丰富的矿产资源。陆地上所蕴藏的所有矿产资源，在海洋中都有。矿产资源包括能源矿产、化学资源、水资源、金属矿产和非金属矿产等资源。

2. 生物资源

海洋生物资源是主要海洋资源之一，也是最早为人类开发利用的海洋资源，是人类食物、药物和能源的重要来源。它为从事海洋渔业、生物制药和生物能源利用的人们提供了就业机会、经济利益和社会福利。海洋生物资源在食物和生命安全、社会就业、经济发展和新能源开发等方面都起到了重要的作用。

海洋生物资源包括微生物、植物和动物。从生态类型来说，分为浮游生物、底栖生物和游泳动物。从渔业资源方面分类，可分为中上层鱼类、底层鱼类、虾蟹类、头足类、贝类和其他类。按照资源的用途，可以分成食品、药物、新材料、能源物质和海洋生物农药及肥料。

人类对海洋生物资源的利用主要通过渔业生产来完成，包括海洋捕捞、海水养殖、海产品加工和海洋药物生产等。

3. 能源资源

海洋能源资源包括太阳能、风能、潮汐能、潮流能、波浪能、温差能、盐差能和生物能等，这些能量逐渐被人类利用来进行发电。海洋能源资源是一种洁净能源，也是可再生能源。利用洁净能源是人类社会文明进步的表现、科学技术的发展、环保理念的体现，也是一个地区环保的重要指标。

4. 空间资源

空间资源是海域中的海底、水体、空中和海岸带等资源的总和。利用空间资源可以建设港口、航道、锚地、海底工程、海洋工程、海岸工程、渔场、养殖场所、军事、围垦和旅游等活动场所，为海洋产业发展提供发展空间。

（三）所有涉海行业

海洋功能区划学的研究对象涉及海洋的所有产业，包括直接开发利用海洋资源的海洋渔业、海洋油气业、海洋矿业、海洋盐业、海洋化工业、海洋生物医药业、海洋电力业、海水利用业、海洋船舶工业、海洋工程建筑业、海洋交通运输业和滨海旅游业等产业，还包括各种涉海行业，同时，也包括科学技术发展以后，将来能够形成的海水农业、海洋信息产业及海洋仪器装备业等高科技产业。

（四）所有的海洋开发活动

海洋开发是指人类对海洋资源的开发利用。包括对海洋生物资源的开发利用、海水淡化、化学资源提取（氯、钠及盐等）、深海锰结核等矿产开采、海底油气田开发、海洋能发电及天然气水合物开采等海洋资源的开发利用活动。

现代海洋开发活动中，海洋石油与天然气的开发、海洋运输、海洋捕捞及海盐提取等产业规模和产值巨大，属于已成熟的产业，正在进行技术改造和进一步扩大生产。海水养殖业、渔业资源增殖、休闲渔业、海水淡化、海水提溴和镁、潮汐发电、海上工厂和海底隧道等正在迅速发展。深海采矿、波浪发电、温差发电、海水提铀及海上城市等正在研究和试验。

（五）海洋环境保护

海洋环境问题包括两个方面：一是海洋污染，即污染物进入海洋，超过海洋的自净能力；二是海洋生态环境破坏，即在各种人为因素和自然因素的影响下，海洋生态环境遭到破坏。

海洋环境保护是全国环境保护工作的一个重要部分，是针对我国内水、领海、毗连区、专属经济区、大陆架及我国管辖的其他海域的环境保护工作。凡造成我国管辖海域的污染和海洋生态环境破坏的，都是海洋环境保护的工作对象。

（六）与海洋开发活动有关的一切行为

海洋功能区划学的研究对象不仅仅是直接参与海洋开发利用的行为，同时还包括以下几个方面。

（1）为海洋资源直接开发利用产业服务的相关行为；

（2）通过大陆径流进入海域的污染源制造行为；

（3）破坏海洋生态环境的行为；

（4）造成海洋污染的行为；

（5）流通、消费海洋资源开发利用产品的行为；

（6）沿海陆域内从事影响海洋环境活动。

二、目的

海洋功能区划的目的在于，根据区划海域的自然属性，结合社会需求，确定各功能区域的主导功能和功能顺序，为加强对各海洋功能区的开发与保护提供科学依据，为各级政府进一步搞好海洋规划、管理、保护和合理开发利用，以及海洋环境保护提供操作性更强的政策指导性文件，实现海洋资源的可持续开发利用。

三、意义

（一）保障海洋经济发展的科学依据

海洋功能区划制度是《中华人民共和国海域使用管理法》和《中华人民共和国海洋环境保护法》两部法律共同确立的一项基本制度。《中华人民共和国海域使用管理法》明确规定“国家实行海洋功能区划制度。海域使用必须符合海洋功能区划”。《中华人民共和国海洋环境保护法》也明确规定，海洋功能区划是制定海洋环境保护规划、选择入海排污口、设置陆源污染物深海离岸排放排污口、兴建海洋工程建设项目的科学依据。

海洋功能区划具有规范性、约束性的法律特征。无论是用海者还是管理者，都必须充分尊重它的法律地位与作用，自觉增强法律意识，按照海洋功能区划的要求和划定的海洋功能区组织实施开发利用活动。使开发活动与海域区位、自然资源、环境条件、社会经济条件相符合，实现海域使用最佳效益，从而有效实现用海行为与环境保护协调、人与海洋友好的目的，促进海洋经济的持续发展。

（二）规范用海行为的政策指导性文件

海洋功能区划制度的实践，不仅带来了人们用海、管海思想观念的转变，而且促成了人们用海、管海行为方式的进步，它与海域权属管理、海域有偿使用、海洋综合管理制度共同作用，有力地扭转了我国海域使用长期以来“无序、无度、无偿”的局面。各级海洋行政主管部门以贯彻落实《中华人民共和国海域使用管理法》为契机，以海洋功能区划作为开展海域综合管理和海洋环境保护等海洋管理工作的重要依据和有力抓手，完善制度，强化措施，积极推进海洋管理工作上台阶、出实效，基本实现了“建立符合海洋功能区划的海洋开发利用秩序，实现海域的合理开发和可持续利用，满足国民经济和社会发展对海洋需求”的海洋功能区划目标，有力发挥了统筹协调行业用海、规范海洋开发秩序的重大作用，海洋产业布局和结构得到优化，促进了海洋经济发展。

（三）海洋科学管理的重要组成部分

我国海洋事业在经济社会发展中的战略地位日益凸显，沿海地区工业化和城镇化进程加快，海洋开发利用的范围和强度不断扩大，涉海行业用海矛盾日益突出，陆源和海上污染物排海总量不断增长，海洋防灾减灾和处置海洋环境突发事件形势严峻，海洋开发、控制和综合管理依然面临着十分严峻的挑战。解决这些问题的根本途径，就是要进一步加强海洋综合管理。海洋综合管理的依据就是海洋功能区划，深入认识海洋功能区划的法律地位与作用，维护海洋功能区划在合理开发利用海洋资源、有效保护海洋生态环境中的法定依据的严肃性和权威性，使海洋开发利用更加有序，海洋资源配置更加合理，海洋产业布局更加优化，海洋生态环境更加优美（于青松，1995）。

（四）海洋生态环境保护的基础

海洋功能区划中划定防护林带、防风暴潮区、污水达标排区、地下水禁采和限采区、倾倒区、自然保护区、海洋特别保护区等特殊利用区和海洋保护区（阿东，1999），坚持“在发展中保护、在保护中发展”的原则，统筹协调海洋开发利用和海洋环境保护，有效地保护海洋生态环境。同时，海域使用金管理本着“取之于海，用之于海”的原则，沿海各地使用海域使用金反馈资金，开展海岸带和海岛整治工程，修复受损的岸段和海岛，为海洋生态环境保护起到促进作用。

四、作用

海洋功能区划的作用主要有以下几个方面。

（1）为海洋开发活动的宏观指导和决策提供科学依据，协调沿海各地之间、各涉海行业之间的用海行为，维护海洋开发秩序，实现合理、有序开发，保障海洋经济持续、健康发展；

（2）为依法进行海域使用管理，特别是海域使用可行性论证制度、海域使用证制度和海域有偿使用制度提供主要依据；

（3）为保护海洋环境，实现海洋资源可持续利用提供科学依据；

（4）为制定海洋发展战略和海洋管理地方性法规、规章，编制海洋产业规划和海域使用规划提供科学依据。

思 考 题

1. 如何理解海洋功能区划工作？
2. 什么是海洋功能区？
3. 什么是功能？
4. 海洋功能区划有哪些作用？
5. 如何理解海洋功能区划的意义？
6. 如何看待海洋功能区划学的产生？
7. 从我国和世界的海洋开发史出发，如何理解“海洋强则国强”的含义？
8. 海洋功能区划学有哪些研究内容？
9. 海洋功能区划学有哪些研究对象？

第二章 理论基础

本章学习重点

1. 熟悉划分海洋功能区的依据。
2. 掌握区划原则的确定方法。
3. 掌握海洋功能区划的原则。
4. 了解海洋功能区划分类系统的确定原则。
5. 熟悉不同时期使用的海洋功能区划分类系统。
6. 掌握海洋功能区划的指标体系。
7. 掌握海洋功能区划需要处理的几种关系的处理方法。
8. 掌握经验法、指标法、重叠法、聚类分析法等海洋功能区划的方法。
9. 熟悉海洋功能区划过程。

第一节 区划原则

原则是说话、行事所依据的准则。它是事物的本质，事物的原生规则和观察问题、看待问题、处理问题的准则。对问题的看法和处理，往往会受到立场、观点和方法的影响。原则是从自然界和人类历史中抽象出来的，只有正确反映事物的客观规律的原则才是正确的。

海洋功能区划原则就是从海洋的自然属性出发，根据社会经济发展的需要，统筹所有海洋产业的发展，充分开发利用海洋所有的功能，实现海洋的经济效益、社会效益、生态效益和资源效益的统一。海洋功能区划原则的确定，直接决定着区划的海洋经济的走向。

一、划分海洋功能区的依据

海洋功能区划是根据海域及相邻陆域的自然条件、环境状况和地理区位，并考虑到海洋开发利用现状和社会经济发展的需要，将海域划定为若干具有主导功能或有一定功能顺序的，并在自然条件上具有相对独立的地理单元的，有利于资源合理开发利用、能够发挥最佳综合效益的区域。为开发利用者提供各海域适合干什么，不合适干什么的方向指导和海域使用定位；为管理部门对海域使用项目审批、海洋环境保护和海洋科学管理提供依据。

鉴于这些目的，海洋功能区划过程中，考虑的核心问题是具体区域具备什么样的功能，安排哪种功能开发利用最佳。首先，必须充分、系统地分析各个海域的区位条件、环境条件、资源条件、社会经济条件和科学技术发展水平，研究该海域本身固有的自然属性和社会属性，确定其所拥有的功能；其次，充分分析海域的产业组成、布局和现状，研究现有产业存在的问题和制约因素；再次，对照海域固有自然属性、社会属性和产业现状，分析产业的合理性及海洋功能区功能发挥的效果；最后，根据分析结果，结合科学技术发展趋势，确定海洋功能区。

划分海洋功能区的依据主要有法律依据、海域开发的基础条件和海洋产业基础等方面。

（一）法律依据

在国际法方面，《联合国海洋法公约》为沿海国制定了有关海洋权益。内水享有与陆地国土同等的主权权力，沿海国对其拥有完全的排他的主权。领海隶属于沿海国主权之下，属国家领土组成部分，沿海国对领海及其资源具有所有权，并对其中的人、物、事具有管辖权，不许他国侵犯和干涉。在毗连区，沿海国对其海关、财政、卫生和移民等类事项行使管辖权。沿海国在专属经济区拥有资源权和开发权两项主权权利，以及管辖权。对大陆架资源开发利用行使专属性的主权权利。同时，还拥有公海自由的权益。在具体实施上，必须通过海洋功能区划，合理安排海洋资源的开发利用、科学管理、环境保全与保护，切实维护我国在内水、领海、毗连区、专属经济区、大陆架和公海等海域的海洋权益。

在国内法方面，《中华人民共和国海域使用管理法》和《中华人民共和国海洋环境保护法》都将海洋功能区划作为海域管理和海洋保护的主要依据，规定海域使用必须符合海洋功能区划。因此，赋予了海洋功能区划的法律效力、地位和作用。《中华人民共和国渔业法》《中华人民共和国海上交通安全法》等法规，也同样非常注重海洋功能区的使用和管理。

（二）海域开发的基础条件

海域开发利用的基础条件主要包括以下 6 个方面。

（1）区位条件：区划区域的区位优势和制约因素；

（2）环境条件：区划区域地质地貌、气候气象、海洋水文、海水化学、海洋生物、海洋环境质量、自然灾害等的变化和现状；

（3）自然资源：生物资源、矿产资源、能源资源、空间资源的种类、蕴藏量、分布及开发利用现状；

（4）社会经济：工业和城镇建设范围、面积、人口、经济、产业结构、基础设施及发展规划；

（5）海洋规划：各地方、各行业的长、中、短期规划；

（6）依托陆域：依托陆域的社会属性、自然属性及与海洋产业的相关性。

（三）海洋产业基础

首先，充分考虑已经形成的海洋产业和将来能够形成的海洋产业的种类、布局、效益、存在问题及发展前景。我国的海洋产业既有海洋渔业、海洋交通运输业和海洋盐业等传统海洋产业，又有海洋油气业、海洋矿业、海洋化工业、海洋生物医药业、海洋电力业、海水利用业、海洋船舶工业、海洋工程建筑业和滨海旅游业等新兴产业，还有海水农业、海洋装备产业、海洋信息产业和海洋服务业等将来可能发展起来的新产业。

其次，立足于技术水平，包括各种海洋资源、各种海洋产业开发技术现状及发展趋势。

最后，合理布局海洋产业格局，从不同产业类型、不同区域科学合理地调整产业结构，协调行业布局和区域布局，海陆统筹，促进区域经济的可持续发展。

二、海洋功能区划特点

从自然属性出发，同一海域具有多种功能，既可以有渔盐之利，也可以发展海运事业，又可以围垦发展农业，还可以发展滨海旅游，甚至可以作为排污区、倾倒区等。这么多的功能同时存在，就必须按照社会属性，也就是社会、经济、技术的发展水平和需求，确定应该选择使用的功能。

这种选择难度很大。新中国成立以来，我国曾进行部门的自然区划、综合自然区划、农业区划和林业区划等，对国家经济建设均起过重要作用，但生产部门常认为这些区划用以直接指导生产缺乏活力，大量研究成果不能得到应用。因此，在区划原则的确定时，应该做到以下几个方面。

（一）强调区划的实用性和可操作性

海洋功能区划是针对性很强的区划，是沿海产业布局的科学依据。各行各业希望依此能解决海岸带和海洋出现或将出现的矛盾。

（二）提高海洋意识

在春秋战国时代，管仲的海洋意识就比较强，强调要开发海洋，收渔盐之利。自秦始皇统一六国以后，特别是汉朝以后，历代封建王朝，把海岸线视为边界，重农轻渔，闭关自守，海洋意识淡薄，对全国各界产生广泛影响。一直到20世纪80年代初，我国人民才逐渐认识到海洋的重要性。

（三）体现发展理念

多年的区划成果使用的主要依据是自然资源和环境条件，静态进行分析，提出划分区域界线的指标均为多年平均值，划分的区域是永恒的成果，区域间界线是不可逾越的鸿沟。事实上，有代表性的功能区是一个有机整体，有独特形成过程，仍不断变化和发展，划出的功能区并非永恒不变的。必须从动态观点和发展观点，划分海洋功能区。分析自然环境条件，必须研究其时空变化的规律，以及这些规律对自然资源的形成和演化的影响。例如，与渔业资源有关的功能区，包括海水养殖区、海洋捕捞区、增殖区、禁渔区及水产种质资源保护区等，它们之间具有本质的联系，都是与生物有关。将这些海洋功能区孤立地去分析，容易引起误解，须从海流、底质、水质、营养盐、食物链及生物资源等的运动规律和人类活动的影响寻找划分这些功能区界限的科学依据。

（四）引入系统论、信息论和控制论的研究理论和方法

在全国和沿海各省、市功能区划中必须层次分明，各级区划应构成一大系统。各功能区间应有纵向和横向联系，相互之间构成网络（唐永銮，1991）。

为了将长期存在的“无序、无度、无偿”的用海行为，规范到科学管理的范畴之内，促进海洋经济的发展和海洋环境的保护，2002年国务院批准了《全国海洋功能区划》，2004 年以后相继批准了各省、自治区、直辖市海洋功能区划，其突出的贡献是：①建立起海洋功能区划的理论体系；②确立了一种按海洋特定区域的本质属性，即具备的功能对其实施管理的机制，大大提高管理工作的科学性和深刻性；③将科技工作的科技行为同政府工作的行政行为密切结合起来，奠定了其成果作为管理依据的地位；④海洋功能区划的直接作用在于为海洋开发利用、保护管理，尤其是执法监察管理提供管理依据，并具有可实施性和可操作性（葛瑞卿，2001）。

三、海洋功能区划遵循的理念

在确定海洋功能区划原则时，应遵循以下的理念。

（一）具有全局性、前瞻性和实用性

要做到这一点，海洋功能区分类系统必须涵盖现状与未来、全局与地方所有的开发利用和治理保护功能，使分类系统的建设既满足近期海洋经济发展的需要，又能照顾生态保护和实现海洋资源可持续利用的需要，涵盖海洋开发利用和治理保护的所有方面，满足海洋综合管理各方面的需求。

（二）具有客观性、先进性和通用性

按照区划原则，要求功能类型的设计必须做到深刻揭示海洋的自然条件和社会经济条件的客观性；反映海洋经济发展方向，反映不断形成的新的海洋经济增长点和新的海洋产业群，具有时代认识上的先进性；保证海洋经济实现合理区域分工的同时，分类系统必须涵盖我国南北各种功能的通用性。

（三）具有科学性、规范性和可操作性

必须保证类型划分是海洋不同地区固有属性的深刻揭示，克服随意性。通过对海洋功能区类型进行全方位的系统设计，形成有规律的类型体系，实现类型体系设计的科学性、规范性。通过对各种需求的统筹兼顾，在保证类型体系通用性的同时，又要照顾地方性功能类型。尽可能应用习惯性名称，提高类型体系的可操作性。

（四）具有时代性、动态性和综合性

当代知识经济发展飞快，新兴海洋产业日新月异并不断成熟，为了使新的海洋功能区类型得到体现，必须引入系统论、信息论和控制论的研究理论和方法。

认识到这些理念后，《海洋功能区划技术导则》（GB/T 17108—2006）对海洋功能区划的原则进行了修订，确定为：①自然属性与社会属性兼顾原则；②统筹安排和重点保障并重原则；③促进经济发展和资源环境保护并重原则；④协调与协商原则；⑤备择性原则；⑥前瞻性原则。

四、区划原则

（一）自然属性与社会属性兼顾原则

海洋功能区划根据海域和海岛的自然资源条件、环境条件、地理区位、开发利用现状，并考虑国家或地区经济和社会持续发展的需要，合理区划海洋功能区，使海域和海岛的开发利用从总体上获得最佳的社会效益、经济效益、资源效益和生态效益。

区划区域的区位条件、自然资源和自然环境等自然属性是确定区域具备何种功能的首要条件，决定着海洋特定区域开发利用和保护的合理性和科学性。区划区域的社会条件和社会需求等社会属性则是确定功能的重要条件，决定了应选择何种功能（或功能顺序）以实现最佳效益。

实现资源效益、经济效益、社会效益和生态效益四效益的统一是海洋开发利用的根本目标。严格遵循自然规律，根据资源再生能力和自然环境适应能力，科学地处理海洋开发利用与保护之间的关系，实现海洋资源的可持续开发利用。

（二）统筹安排和重点保障并重原则

海洋功能区划统筹考虑海洋开发利用与保护、当前利益与长远利益、局部利益与全局利益的关系，海陆统筹，合理配置开发类、保护类和保留类的海洋功能区。统筹安排各涉海行业用海，保障海上交通运输安全和国防安全，保证军事用海需要。

在划定各类海洋功能区时，做到开发利用与治理保护并重，主导功能与一般功能兼容安排，并实现近期开发、未来开发、整治利用和保留区的合理配置，以及整体功能与局部功能的合理衔接等。统筹兼顾对立方面的同时，突出重点。在区划过程中，主要应兼顾以下几个方面关系。

（1）功能区划与开发现状关系。海洋经济经过多年的发展，已不同程度地形成了自己的产业结构和发展格局。为了保持开发利用的连续性，区划时适当考虑开发利用现状和发展规划。

（2）局部与全局、短期与长期兼顾。区划时既考虑区划区域资源开发和社会发展的需要，又注重其在全国和地方总的效益和需要，以及长期发展需要。

（3）主导功能与其他功能兼顾。由于自然界的多样性和复杂性，造成了一个区域具有多种功能。在区划时遵循自然属性和社会属性兼顾的原则，实现海洋开发利用四效益统一的基础上，确定主导功能。同时，还兼顾其他功能，做到对多种海洋资源最大限度地合理开发利用，各种功能尽量兼容。

（4）海陆统筹。依托陆域范围按以下原则确定：①一般选择距海岸线 1～5km 范围区域；②城市建设区一般以临海第一条主要公路为界；③乡村地区以沿海乡镇所辖范围为界；④海岛的陆域范围包括全岛；⑤特殊地区以当地人民政府批准的范围为准；⑥与邻近区域的区划范围重叠 1km 左右宽度。

（三）促进经济发展和资源环境保护并重原则

海洋功能区划本着有利于海洋经济的持续发展原则，妥善处理开发与保护的关系。严格遵循自然规律，根据海洋资源再生能力和海洋环境的承载力，科学规划海域和海岛的功能，保障海洋生态环境的健康，实现海域和海岛的可持续利用。

（四）协调与协商原则

海洋功能区划在充分协商的基础上，合理反映各部门和地区关于海洋开发与保护的主张，协调与其他涉海规划的关系，解决各涉海行业的用海矛盾，避免相邻海域的功能冲突。

海洋功能区划立足于当前和未来科学技术与经济能力可能实现的水平上，充分考虑政府和行业对海域开发利用的意见，与现有的规划进行协调，注意保持开发利用的连续性。

为了提高海洋功能区划的可行性和可操作性，必须做到以下几个方面。

（1）协调好同现有各种规划的关系，充分照顾到不同部门和不同地区间的利益；

（2）在不失科学性的前提下，保持开发利用的连续性；

（3）划定的海洋功能区立足于近期可以实施的技术水平。

（五）备择性原则

在具备多种功能的区域，当出现功能相互不能兼容时，优先设置海洋直接开发利用中资源和环境等条件备择性窄的项目。同时也注意考虑海洋依托性开发利用功能及非海洋性配套开发利用功能，做到合理、最佳选择。

优选原则是：第一，优选海洋直接开发利用功能，注意安排海洋依托性开发利用功能，不忽视安排配套性开发利用功能；第二，区位、资源和环境等条件备择性窄的功能优先于备择性宽的功能。

（六）前瞻性原则

海洋功能区划在客观展望未来科学技术发展水平的基础上，充分体现海洋开发与保护的前瞻意识，为提高海洋开发利用的技术层次和综合效益留有余地。

海洋功能区划要充分体现社会发展的时代精神，做到以下几点。

（1）现代技术层次低的功能给未来技术层次高的功能留下空间和发展余地；

（2）处理好近期主导功能向未来主导功能过渡的关系；

（3）要有利于新的海洋经济增长点和新的海洋产业群的形成。

第二节 分类系统

一、分类系统确定原则

不同社会经济活动对自然环境有不同的要求。同一自然环境由于其物质循环、能量转换的特征不同，对社会经济活动有不同的适宜性，这种适宜性是决定海洋功能区类型的主要因素。海域自然条件、自然资源性质、数量及其组合特征具有明显的地区差异性，沿海地区社会经济发展也很不平衡，于是构成了海区复杂多样的海洋功能区类型。

海洋功能区划学使用的海洋功能区类型，采用《全国海洋功能区划（2011—2020）》制定的分类系统。分类系统采用二级多类分类体系，将我国的海洋功能区划分为 8 大类，即农渔业区、港口航运区、工业与城镇用海区、矿产与能源区、旅游休闲娱乐区、海洋保护区、特殊利用区和保留区，同时每一大类功能区又可以划分为若干个主导功能区。

（一）类型划分的客观性、分类系统的科学性原则

分类系统由不同的类型组成。分类类型的客观性要求被纳入系统的所有功能类型，具有客观存在的自然属性和社会经济基础。各类型具有自己特殊的自然生态特征和资源优势，能满足人们不同的需要。

在全面反映海域具有的功能的同时，不能出现内容重叠或交叉的类型划分，更不能脱离自然属性、社会经济发展需求，凭主观臆断划出功能区类型，以保证各类型的客观性。在各功能区本质属性基础上，找出它们之间的相互联系，依据这些联系的性质和紧密程度在水平方向上归纳出并列关系，垂直方向上归纳出从属与层次关系，从而得到一个科学的分类体系，便于人们从整体上对海洋功能有清晰的认识，更好地把握每个功能区在海洋功能利用中的地位及各类型功能区之间的相互关系。

（二）类型划分的合理性、先进性原则

功能区类型划分以现有自然条件和社会活动内容为基础，兼顾将来可能出现的与海洋有关的产业及其他人类活动。所确定的类型能够满足全面反映海域各类功能的要求，这些功能区类型以沿海普遍具有的功能为主体，同时包括只在局部海域、岸段具有特殊意义的功能和那些与海洋自然属性关系不大，只是适应社会经济发展需要而必须有的海洋利用类型。例如，《山东省海洋功能区划》中，根据当地的自然环境条件和社会发展需要，农渔业区中增加了苇田区，特殊利用区中增加了防风暴潮区、防海冰区、防护林带等海洋功能区，随着海洋产业技术的发展，其他高新技术产业和新型产业将会出现，如休闲海钓、海

水农业等。

功能区类型反映在现阶段科学技术水平上，除可被利用的海洋功能外，还充分利用已有的最新调查研究结果，吸收那些目前虽难以被利用，但资源、环境条件不可多得，具有很大经济、社会价值，预计不远的将来就可以安排到开发利用日程上来的功能区类型，以适应沿海地区制定社会经济发展战略、中长期计划、规划的需要。有些资源条件适宜，但限于目前科学技术水平或经济实力难以进行开发利用的区域，以及那些根据目前调查资料仍难以确定开发利用方向，或几种利用有争议的区域，划为保留区，充分地体现类型划分的全面性、先进性，并满足功能区划超前性的需要。

（三）分类类型的通用性和规范性原则

通用性要求功能区类型在整个区划区域内普遍适用，并且各级海洋功能区类型相互接轨。在确定功能区类型时，通过对各类型内涵及指标体系上深入研究，综合取舍，得出标准统一的分类系统，来衡量海域的功能，使分类系统具有更强的科学概括和解释能力，在总体上坚持功能分类系统的通用性。

海洋功能区划作为一项新的基础性工作，涉及众多部门和产业，所包含的内容比较多，除科学、全面地反映出整个海域功能种类外，类型名称、含义力求符合公认的产业及其他各项社会经济活动。为便于相邻学科间的横向对比、彼此借鉴、相互交流，类型名称、含义保持与其他学科通用的名称相一致，使分类系统具有较强的规范性。

（四）分类系统的实用性、指标选择的实践性原则

功能区类型划分贯彻为国民经济服务的指导思想。海洋功能区划成果能够指导海洋开发利用，成为实施海洋综合管理、海域使用论证、海域有偿使用管理和协调海洋资源合理开发利用的重要依据，成为各级人民政府制定社会经济发展战略、规划、计划及产业政策等的依据。功能区类型及指标体系适应这种需要，对一切涉及海域开发利用的人类活动进行分区指导，达到按功能实施综合管理的目的。

开发利用是现阶段中国国民经济建设的主要内容，分类类型充分体现这一主题，反映出沿海地区工业、城镇、农业、交通、运输、矿产和能源等主要社会经济活动内容。分类类型的选择和指标体系的确定是归纳那些目前在实践中所使用的功能。由于认识对象的复杂性和综合性，在指标的取舍、选用上，主要保留实践中经常运用的定性、定量指标和有关的国家标准。描述性的指标来自实践活动第一线，也是人们在确定各项活动时的依据。

海洋是一个复杂、脆弱的生态系统，功能区划全面反映资源恢复、增殖、环境治理保护和自然保护的需要，同时兼顾与自然属性关系不大的人类对海洋功能利用的特殊类型。一方面反映了人类认识水平的历史局限性，另一方面也是采取谨慎态度，从长远利益、全局利益出发，从储备高度上给将来高技术发展留有用武之地。这样既照顾了各产业及其活动的诸多方面，考虑了现在和未来，体现出社会效益、经济效益、资源效益和生态效益四效益统一思想，反映出综合管理特色，同时也包括了当前海洋综合管理的权益、资源、环境和减灾四方面内容的各种类型。

（五）类型指标反映事物本质特性，定性与定量相结合原则

为了更准确地反映各种类型的本质属性，同时便于运用类型来衡量、判断功能区域，

选取了决定类型本质属性和若干基本技术、经济要素作为类型指标。鉴于认识对象的复杂性和多变性，有些功能区类型的决定因素具有模糊性，难以量化，对这些功能类型的划分只能进行定性分析。

从区域空间来看，海洋功能区划工作是一个空间利用的分配问题，以各项活动对区域空间的要求作为指标的内容，同时考虑自然要素在空间上的分布规律，考虑到类型指标在功能区划过程中的重要地位，功能区划以类型指标为划分依据，对那些难以完全量化的要素，采取了定性或定性与定量相结合的处理方法（山东省海洋功能区划编制组，2004；山东省人民政府，2004）。

二、分类系统

近年来，随着海洋的价值被越来越深地认识和挖掘，人们对海洋的期望越来越高，海洋的负载越来越重，海洋资源与环境对沿海社会经济发展的约束已经显现，并日益突出。一方面是海洋资源本身的稀缺性造成的，另一方面跟海域开发与管理不当有关。突破海域资源环境约束的可能途径主要有：①多方面创造条件，拓展海域资源的有效供给空间；②提高海域开发利用效率，提升海域资源的综合使用价值；③改进利用方式，减轻对海洋生态环境的影响，增强海域对开发活动的承载能力；④加强海洋生态环境保护和后备资源保留，保障海洋可持续发展（刘百桥等，2014）。

（一）分类系统的选择

在海洋功能区划分系统的选择时，落实以下几个方面理念。

（1）落实科学发展理念，正确处理发展与保护的关系。执行在“发展中保护、保护中发展”的指导思想，以更加全面、更为务实的理念指导海洋开发与保护。在海洋复合系统和“陆、人、海”相互关系的基础上，系统把握海洋自然规律和对人类活动的响应机制，寻求发展与保护之间的合理平衡点。针对海洋开发活动的环境影响特点，合理引导用海需求，在充分挖掘海域资源价值、保障经济发展需求的同时，确保海洋生态健康、安全。

（2）遵循区划理论，尊重海域自然属性。将维护海洋基本功能作为海洋功能区管理的基本要求。根据海域自然属性，兼顾社会经济发展需求，确定海域基本功能。在综合功能区和海洋功能区的划分上，充分考虑自然地理的差异性、生态系统完整性、海域适宜性和海洋资源、环境承载力，在突出基本功能价值的同时，充分考虑海域资源的多宜性和功能的兼容性。

（3）借鉴规划理论，做好区域统筹、海陆统筹和行业统筹。突破区域和部门的条块分割，统筹协调海域、海岸带的开发保护。确保海洋生态系统安全的前提下，实现区划区域的海洋功能格局与区域发展战略相适应。通过统筹分区全面协调海洋开发保护活动，合理配置生产、生活和生态类海洋功能区，实现功能区类型结构与社会经济发展需求相协调。消除陆海之间的人为隔阂，实现陆海之间定位相符、规划衔接、产业布局协同、要素流动对接和污染物排放、处理和管控的一体化。

（4）完善区划体系，强化海域综合管理。制定海洋功能区划量化指标，建立从宏观到微观、从综合分区到类型分区的内在约束机制。强化专项管理，对显著改变海洋自然属性的围填海等用海活动实施严格管理，对海域后备资源实施强制保留政策。

不同社会经济活动对自然环境有不同的要求，同一自然环境由于其物质循环、能量转换的特征不同，对社会经济活动有不同的适宜性，这种适宜性是决定海洋功能区类型的主要因素。海域自然条件、自然资源性质、数量及其组合特征具有明显的地区差异性，沿海地区社会经济发展也很不平衡，于是构成了海区复杂多样的海洋功能类型。

迄今为止，海洋功能区划分类系统主要经历了四个阶段。第一阶段，1990～1995 年进行的全国海洋功能区划，建立了海洋功能区五类三级分类系统。第二阶段，1998 年开始的全国大比例尺海洋功能区划，采用的是 1997 年国家技术监督局发布的《海洋功能区划技术导则》（GB 17108—1997），建立的是海洋功能区五类四级分类系统，分为开发利用区、整治利用区、海洋保护区、特殊功能区和保留区五大类，每一大类以下再分出若干子类、亚类和种类。第三阶段，2001～2006 年山东省等各省、自治区、直辖市大比例尺海洋功能区划和 2006 年 12 月 29 日颁布的修订后的《海洋功能区划技术导则》（GB/T 17108—2006），建立了十类二级分类系统，分为港口航运区、渔业资源利用和养护区、矿产资源利用区、旅游区、海水资源利用区、海洋能利用区、工程用海区、海洋保护区、特殊功能区和保留区。第四阶段，2012 年以后《全国海洋功能区划（2011—2020 年）》和各省、自治区、直辖市海洋功能区划（2011～2020 年），采用八类二级分类系统，分为农渔业区、港口航运区、工业与城镇用海区、矿产与能源区、旅游休闲娱乐区、海洋保护区、特殊利用区和保留区。

从长远来看，随着科学技术的不断进步和人类对海洋资源认识的不断深入，海洋产业将不断增加，海洋综合开发利用的水平将不断提高，同时随着毗邻陆域的城市化进程，海洋产业还将在现有基础上逐渐升级和优化调整，因此海洋功能区的分类体系还会有阶段性的更新。但海洋功能区划作为一种法定制度，应该有一定的继承性，否则朝令夕改，则有失其权威性和严肃性（林桂兰和谢在团，2008）。

（二）二级多类分类系统

2004 年实施的《山东省海洋功能区划》将分类系统改为多类二级以后，分类系统也不断地修正。2004～2006 年的海洋功能区划大多使用十一类二级分类系统，《海洋功能区划技术导则》（GB/T 17108—2006）采用的是十类二级分类系统，2012 年以后《全国海洋功能区划（2011—2020 年）》和各省、自治区、直辖市的海洋功能区划（2011～2020 年）采用的是八类二级分类系统（表 2.1）。

表 2.1 《全国海洋功能区划（2011—2020 年）》使用的海洋功能区分类体系

大类	主导功能区
农渔业区	农业围垦区
	渔业基础设施区
	养殖区
	增殖区
	捕捞区
	水产种质资源保护区
港口航运区	港口区
	航道区
	锚地区

续表

大类	主导功能区
工业与城镇用海区	工业用海区
	城镇用海区
矿产与能源区	油气区
	固体矿产区
	盐田区
	可再生能源区
旅游休闲娱乐区	风景旅游区
	文体休闲娱乐区
海洋保护区	海洋自然保护区
	海洋特别保护区
特殊利用区	海底管线区
	路桥建设区
	污水达标排放区
	倾倒区
	泄洪区
	防风暴潮区
	防护林带
	科学研究试验区
	军事区
保留区	保留区

第三节 指标体系

二级八类分类系统将海洋功能区划分为农渔业区、港口航运区、工业与城镇用海区、矿产与能源区、旅游休闲娱乐区、海洋保护区、特殊利用区和保留区。根据各个行业的使用标准制定相应的海洋功能区的划区指标。

一、农渔业区

农渔业区是指适合拓展农业发展空间和开发海洋生物资源，可供农业围垦，渔港和育苗场等渔业基础设施建设，海水养殖、渔业资源增殖和捕捞生产，以及重要渔业资源养护和水产种质资源保护的海域。包括农业围垦区、渔业基础设施区、养殖区、增殖区、捕捞区和水产种质资源保护区。区内主要用于渔业基础设施、开发利用和养护渔业资源的用海活动，限制近海捕捞，近岸围海养殖控制在现有规模，发展现代渔业，保障海洋食品清洁、健康生产。海岸基本功能区主要用于近岸渔港、渔业基础设施基地建设，近海基本功能区主要用于开放式养殖、捕捞、渔业资源养护、海洋牧场建设。其中农业围垦区、渔业基础设施区、养殖区、增殖区执行不劣于二类海水水质标准，渔港区执行不劣于现状的海水水质标准，捕捞区、水产种质资源保护区执行不劣于一类海水水质标准（表 2.2）。

表 2.2　海洋功能区分类及海洋环境保护要求

一级类	二级类	海水水质标准（引用标准：GB 3097—1997）	海洋沉积物质量（引用标准：GB 18668—2002）	海洋生物质量（引用标准：GB 18421—2001）	生态环境
1 农渔业区	1.1 农业围垦区	不劣于二类			不应造成外来物种侵害，防止养殖自身污染和水体富营养化，维持海洋生物资源可持续利用，保持海洋生态系统结构和功能的稳定，不应造成滨海湿地和红树林等栖息地的破坏
	1.2 养殖区	不劣于二类	不劣于一类	不劣于一类	
	1.3 增殖区	不劣于二类	不劣于一类	不劣于一类	
	1.4 捕捞区	不劣于一类	不劣于一类	不劣于一类	
	1.5 水产种质资源保护区	不劣于一类	不劣于一类	不劣于一类	
	1.6 渔业基础设施区	不劣于二类（其中渔港区执行不劣于现状海水水质标准）	不劣于二类	不劣于二类	应减少对海洋水动力环境、岸滩及海底地形地貌的影响，防止海岸侵蚀，不应对毗邻海洋生态敏感区、亚敏感区产生影响
2 港口航运区	2.1 港口区	不劣于四类	不劣于三类	不劣于三类	
	2.2 航道区	不劣于三类	不劣于二类	不劣于二类	
	2.3 锚地区	不劣于三类	不劣于二类	不劣于二类	
3 工业与城镇用海区	3.1 工业用海区	不劣于三类	不劣于二类	不劣于二类	应减少对海洋水动力环境、岸滩及海底地形地貌的影响，防止海岸侵蚀，避免工业和城镇用海对毗邻海洋生态敏感区、亚敏感区产生影响
	3.2 城镇用海区	不劣于三类	不劣于二类	不劣于二类	
4 矿产与能源区	4.1 油气区	不劣于现状水平	不劣于现状水平	不劣于现状水平	应减少对海洋水动力环境产生影响，防止海岛、岸滩及海底地形地貌发生改变，不应对毗邻海洋生态敏感区、亚敏感区产生影响
	4.2 固体矿产区	不劣于四类	不劣于三类	不劣于三类	
	4.3 盐田区	不劣于二类	不劣于一类	不劣于一类	
	4.4 可再生能源区	不劣于二类	不劣于一类	不劣于一类	
5 旅游休闲娱乐区	5.1 风景旅游区	不劣于二类	不劣于二类	不劣于二类	不应破坏自然景观，严格控制占用海岸线、沙滩和沿海防护林的建设项目和人工设施，妥善处理生活垃圾，不应对毗邻海洋生态敏感区、亚敏感区产生影响
	5.2 文体休闲娱乐区	不劣于二类	不劣于一类	不劣于一类	
6 海洋保护区	6.1 海洋自然保护区	不劣于一类	不劣于一类	不劣于一类	维持、恢复、改善海洋生态环境和生物多样性，保护自然景观
	6.2 海洋特别保护区	使用功能水质要求	使用功能沉积物质量要求	使用功能生物质量要求	
7 特殊利用区	7.1 军事区				
	7.2 其他特殊利用区				防止对海洋水动力环境条件改变，避免对海岛、岸滩及海底地形地貌的影响，防止海岸侵蚀，避免对毗邻海洋生态敏感区、亚敏感区产生影响
s8 保留区	8.1 保留区	不劣于现状水平	不劣于现状水平	不劣于现状水平	维持现状

资料来源：《全国海洋功能区划（2011—2020 年）》。

（一）农业围垦区

农业围垦区是指气候、土壤条件适合农作物、林木生长，有一定数量牧草地适合放牧，并具备一定的淡水供给的区域。分为农业区、苇田区、林业区和畜牧区 4 种类型。

1. 农业区

农业区是指可种植农作物的区域。划区条件如下。

（1）自然条件适宜，土层厚度一般不<15cm，坡度<12°的平地和缓坡等；

（2）土壤配置指标为 pH 5.5～7.0、有机质>1%、盐度<2、含氮量>0.5‰、含钾量>25mg/kg、含磷量>10mg/kg；

（3）无霜期>110 天，有一定的淡水供给，生长季节淡水供应量>0.2m^3/km^2（水田区应保证足够的水源条件）；

（4）面积>3.34km^2。

2. 苇田区

苇田区是指已有或适宜种植芦苇的区域。划区条件如下。

（1）地势低洼的洼地、水库、坑塘，常年有积水和一定的淡水来源；

（2）积水盐度<1；

（3）面积>3.34km^2。

3. 林业区

林业区是指已有的林区，不适宜农作物生长的沿岸山地、坡地、沙地，但适宜植树造林的地区，视各地具体情况可用于营造经济林、绿化林、水地保持林等区域，均可划为林业区。划区条件如下。

（1）已有林地；

（2）不适宜于农作物种植，但可植树造林的山地、山坡地，或为改善环境、固沙等需要又可营造林带的沙地、荒地等；

（3）面积>3.34km^2。

4. 畜牧区

畜牧区是指不适宜一般作物种植，但具有生长牧草的条件或已有牧草资源的区域。划区条件如下。

（1）植被覆盖率>60%；

（2）牧草覆盖率>40%；

（3）具有基本满足牧草生长的基本条件；

（4）有保证人、畜饮用的淡水条件；

（5）坡度<25°，草质较好，面积>3.34km^2。

（二）渔业基础设施区

渔业基础设施区是可供渔船停靠、进行装卸作业和避风的渔港及其附属的仓储地，为渔业生产服务的造船厂、修船厂、冷库等渔业设施，以及重要苗种繁殖场所的总称。划区条件如下。

（1）港口选址应符合渔港、造船厂、修船厂、冷库等渔业设施的建设要求。

（2）可泊船只为大、中型渔港吨位>300t、小型渔港功率>58.84kW。

（三）养殖区

养殖区是指用于开展水产经济生物养殖的滩涂、港湾、浅海等海域，包括港湾养殖区、滩涂养殖区和浅海养殖区。

1. 港湾养殖区

港湾养殖区是指近岸海湾适合养殖或培育海洋水产经济生物的区域。主要养殖种类为鱼类、虾蟹类、贝类等水产经济生物养殖。其划区条件如下。

（1）面积＞$2km^2$；

（2）适合鱼类、虾蟹类、贝类等水产经济生物的生长；

（3）换、排水方便；

（4）底质硫化物含量＜0.3‰，浮泥少；

（5）海水水质符合 GB 3097—1997（表 2.3）和 GB 11607—1989（表 2.4）的有关规定，海洋沉积物质量达到 GB 18668—2002 的一类（表 2.5），海洋生物质量达到 GB 18421—2001 的一类（表 2.6）。

表 2.3 海水水质标准（GB 3097—1997）

项目	一类	二类	三类	四类
漂浮物质	海面不得出现油膜、浮沫和其他漂浮物质			海面无明显油膜、浮沫和其他漂浮物质
悬浮物质	人为造成增加的量≤10		人为造成增加的量≤100	人为造成增加的量≤150
色、臭、味	海水不得有异色、异臭、异味			海水不得有令人厌恶和感到不快的色、臭、味
水温	人为造成的海水温升夏季不超过当时当地 1℃，其他季节不超过 2℃		人为造成的海水温升不超过当时当地 4℃	
pH	7.8～8.5		6.8～8.8	
溶解氧/(mg/L) ＞	6	5	4	3
化学需氧量/(mg/L) ≤	2	3	4	5
五日生化需氧量/(mg/L) ≤	1	3	4	5
无机氮/(mg/L) ≤	0.20	0.30	0.40	0.50
非离子氨/(mg/L) ≤	0.020			
活性磷酸盐/(mg/L) ≤	0.015	0.030		0.045
汞/(mg/L) ≤	0.00005	0.0002		0.0005
镉/(mg/L) ≤	0.001	0.005	0.010	
铅/(mg/L) ≤	0.001	0.005	0.010	0.050
六价铬/(mg/L) ≤	0.005	0.010	0.020	0.050
总铬/(mg/L) ≤	0.05	0.10	0.20	0.50
砷/(mg/L) ≤	0.020	0.030	0.050	
铜/(mg/L) ≤	0.005	0.010	0.050	
锌/(mg/L) ≤	0.020	0.050	0.10	0.50
硒/(mg/L) ≤	0.010	0.020		0.050
镍/(mg/L) ≤	0.005	0.010	0.020	0.050
氰化物/(mg/L) ≤	0.005		0.10	0.20
硫化物/(mg/L) ≤	0.02	0.05	0.10	0.25
挥发性酚/(mg/L) ≤	0.005		0.010	0.050

续表

项目	一类	二类	三类	四类
石油类/(mg/L)　≤	0.05		0.30	0.50
六六六/(mg/L)　≤	0.001	0.002	0.003	0.005
滴滴涕/(mg/L)　≤	0.00005	0.0001		
马拉硫磷/(mg/L)　≤	0.0005	0.001		
甲基对硫磷/(mg/L)　≤	0.0005	0.001		
阴离子表面活性剂/(mg/L)（以 LAS 计）	0.03	0.10		

表 2.4　渔业水质标准（GB 11607—1989）

项目	标准
色、臭、味	不得使鱼、虾、贝、藻类带有异色、异臭、异味
漂浮物质	水面不得出明显油膜和浮沫
悬浮物质	人为增加的量不超过 10mg/L，而且悬浮物质沉积于底部后，不得对鱼、虾、贝类产生有害影响
pH	7.0～8.5（淡水为 6.5～8.5）
溶解氧	连续 24h 中，16h 以上必须＞5mg/L，其余任何时候≥3mg/L，对于鲑科鱼类栖息水域冰封期任何时候≥4mg/L
生化需氧量	5 天 20℃下，不超过 5mg/L，冰封期不超过 3mg/L
总大肠菌群	不超过 5000 个/L（贝类养殖水质不超过 500 个/L）
汞/(mg/L)　≤	0.0005
镉/(mg/L)　≤	0.005
铅/(mg/L)　≤	0.05
铬/(mg/L)　≤	0.1
铜/(mg/L)　≤	0.01
锌/(mg/L)　≤	0.1
镍/(mg/L)　≤	0.05
砷/(mg/L)　≤	0.05
氰化物/(mg/L)　≤	0.005
硫化物/(mg/L)　≤	0.2
氟化物（以 F^- 计）/(mg/L)　≤	1
非离子氨/(mg/L)　≤	0.02
凯氏氮/(mg/L)　≤	0.05
挥发性酚/(mg/L)　≤	0.005
黄磷/(mg/L)　≤	0.001
石油类/(mg/L)　≤	0.05
丙烯腈/(mg/L)　≤	0.5
丙烯醛/(mg/L)　≤	0.02
六六六（丙体）/(mg/L)　≤	0.002
滴滴涕/(mg/L)　≤	0.001

续表

项目		标准
马拉硫磷/(mg/L)	≤	0.005
五氯酚钠/(mg/L)	≤	0.01
乐果/(mg/L)	≤	0.1
甲胺磷/(mg/L)	≤	1
甲基对硫磷/(mg/L)	≤	0.0005
呋喃丹/(mg/L)	≤	0.01

表 2.5 海洋沉积物质量（GB 18668—2002）

序号	项目	第一类	第二类	第三类
1	废弃物及其他	海底无工业、生活废弃物，无大型植物碎屑和动物尸体等		海底无明显工业、生活废弃物，无明显大型植物碎屑和动物尸体等
2	色、臭、结构	沉积物无异色、异臭，自然结构		
3	大肠杆菌/(个/g 湿重)	200		
4	粪大肠菌群/(个/g 湿重)	40		
5	病原体	供人食用的贝类增殖、养殖底质不得含病原体		
6	汞/($\times10^{-6}$)	0.2	0.5	1.0
7	镉/($\times10^{-6}$)	0.50	1.50	5.00
8	铅/($\times10^{-6}$)	60.0	130.0	250.0
9	锌/($\times10^{-6}$)	150.0	350.0	600.0
10	铜/($\times10^{-6}$)	35.0	100.0	200.0
11	铬/($\times10^{-6}$)	80.0	150.0	270.0
12	砷/($\times10^{-6}$)	20.0	65.0	93.0
13	有机碳/($\times10^{-2}$)	2.0	3.0	4.0
14	硫化物/($\times10^{-6}$)	300.0	500.0	600.0
15	石油类/($\times10^{-6}$)	500.0	1000.0	1500.0
16	六六六/($\times10^{-6}$)	0.50	1.00	1.50
17	滴滴涕/($\times10^{-6}$)	0.02	0.05	0.10
18	多氯联苯/($\times10^{-6}$)	0.02	0.20	0.60

注：供人生食的贝类增殖、养殖底质要求大肠菌群≤14 个/g 湿重，粪大肠菌群≤3 个/g 湿重。

表 2.6 海洋生物质量（GB 18421—2001）

项目	第一类	第二类	第三类
感官要求	贝类的生长和活动正常，贝体不得沾黏油污等异物，贝肉的色泽、气味正常，无异色、异臭、异味		贝类能生存，贝肉不得有明显的异色、异物、异味
粪大肠菌群/(个/kg)	3000	5000	
麻痹性贝毒/(mg/kg)	0.8		
总汞/(mg/kg)	0.05	0.10	0.30
镉/(mg/kg)	0.2	2.0	5.0
铅/(mg/kg)	0.1	2.0	6.0

续表

项目	第一类	第二类	第三类
铬/(mg/kg)	0.5	2.0	6.0
砷/(mg/kg)	1.0	5.0	8.0
铜/(mg/kg)	10	25	50（牡蛎 100）
锌/(mg/kg)	20	50	100（牡蛎 500）
石油烃/(mg/kg)	15	50	80
六六六/(mg/kg)	0.02	0.15	0.50
滴滴涕/(mg/kg)	0.01	0.10	0.50

注：本表为海洋贝类生物质量标准值，其他生物无标准。以贝类去壳部分的鲜重计。

2. 滩涂养殖区

滩涂养殖区是指沿海潮间带和潮上带低洼盐碱地适宜培育和饲养海洋经济动植物的区域。其划区条件如下。

（1）有苗种和饵料来源，适合养殖鱼类、虾蟹类、贝类、藻类等水产经济生物的滩涂；

（2）海水水质符合 GB 3097—1997 和 GB 11607—1989 的有关规定，海洋沉积物质量达到 GB 18668—2002 的一类，海洋生物质量达到 GB 18421—2001 的一类；

（3）底质硫化物含量小于 0.3‰，浮泥少；

（4）换、排水方便；

（5）滩涂面积达 $2km^2$ 以上。

3. 浅海养殖区

浅海养殖区是指低潮位以下适合于培育、养殖或底播海洋水产经济生物的海域。其划区条件如下。

（1）水文条件良好，水交换畅通，温、盐适宜，风浪小；

（2）有苗种和饵料来源，病害少；

（3）海水水质符合 GB 3097—1997 和 GB 11607—1989 的有关规定，海洋沉积物质量达到 GB 18668—2002 的一类，海洋生物质量达到 GB 18421—2001 的一类；

（4）有合适的地形、底质。对地形、底质，不同的养殖种类有不同的要求，海参、鲍鱼等要求礁石、砾石底质；底栖贝类要求地势平坦，泥质、泥砂质底质，水深为 3～10m；笼养扇贝、筏养藻类、网箱养鱼等要求底质平坦，易打桩，水深为 10～20m；对虾养殖要求地势平坦，泥质、泥砂质底质，一般选在中潮区。

（四）增殖区

增殖区是指由于过度捕捞和不合理采捕或环境破坏而使海洋生物资源衰退或生物资源遭到破坏，需要经过繁殖保护措施来增加和补充生物群体数量的区域。其划区条件如下。

（1）具有一定数量经济生物种类，目前仍有相当数量的苗种资源或拥有育苗场，经过采取人工增殖或保护措施后，资源可能恢复的区域；

（2）原具有良好的自然繁殖或养殖的资源条件，由于人为因素（过度捕捞或生态环境遭破坏）使资源、环境遭到破坏，已不符合养殖条件或其资源已不能够构成稳定捕捞的区域；

（3）目前社会经济条件和科学技术力量有能力采取治理，并使其在较短时期内能恢复养殖或捕捞的区域；

（4）面积＞$2km^2$。

（五）捕捞区

捕捞区是指在鱼类和大型无脊椎动物等海洋游泳动物的产卵场、索饵场、越冬场，以及它们洄游通道使用国家规定的渔具或人工垂钓的方法获取海洋水产经济动物的区域。其划区条件如下。

（1）具有捕捞生产价值的海区；

（2）除增殖区、养殖区、禁渔区、自然保护区、港口区、军事区和倾倒区等以外的海域。

（六）水产种质资源保护区

水产种质资源保护区是指用来保护具有重要经济价值、遗传育种价值以及重要科研价值的渔业资源种类及其产卵场、越冬场、索饵场和洄游路线等栖息繁衍生境的区域。其划区条件如下。

（1）为保护有重要经济价值的洄游性海洋游泳生物而设置的禁渔区；

（2）由国家或地方政府批准设立的禁渔区或阶段性禁渔区；

（3）由国家或地方政府批准设立的水产种质资源保护区。

（七）休闲渔业区

休闲渔业区是指以渔村设备、渔村空间、渔业生产场地、渔法渔具、渔业产品、渔业经营活动、自然生物、渔业自然环境、渔业资源以及渔村人文资源等开展海钓、体验和休闲旅游等活动的区域。其划区条件如下。

（1）具备开展体验、休闲旅游等活动的渔村设备、渔村空间、渔业生产场地、渔法渔具、渔业产品、渔业经营活动、自然生物、渔业自然环境、渔业资源及渔村人文资源等；

（2）具备开展海钓活动的海域、海滩、海岸、人工鱼礁等海域；

（3）交通便利。

二、港口航运区

港口航运区是指适合于开发利用港口航运资源，可供港口、航道和锚地建设的海域，包括港口区、航道区和锚地区。

（一）港口区

港口区是指可供船舶停靠、进行装卸作业和避风的区域，包括港池、码头和仓储地。其划区条件如下。

（1）港口选址在天然海湾湾口的岬角、河口段深槽和潟湖等适合于港口建设的区域，并具有有利的避风条件；

（2）港区岸线稳定，无强泥沙洄淤或侵蚀，具有较好的工程地质基础；

（3）有适应港口需要的航道和锚地等通航条件；

（4）港区水域需满足下列技术指标要求：①船舶制动水域为 $3L$～$4L$（L 表示设计船长）；②船舶回旋水域为 $1.5L$～$2.5L$；③港池和航道间连接水域为 $2L$～$3L$；④码头前沿停

泊水域为 $2L$；⑤沿岸或经短距离码头达到的水域水深＞7m；⑥可用岸线长度＞300m；⑦避风能力＞8 级；⑧可泊船只吨位＞300t；

（5）有一定的堆积、周转、仓储地，基本要求为：①面积，大、中型港口＞$0.5km^2$；②排水坡度＞5‰；③仓库、堆场地面坡度为 5‰～10‰；④仓库、堆场与道路间的地面坡度，汽车＜50‰、电瓶车＜300‰、非机动车＜20‰；

（6）有稳定的腹地，交通条件好，具充足的客货源，必须有公路或铁路与省级以上铁路干线相连；

（7）根据国民经济发展需要，当地自然条件虽不太理想，但社会经济与技术条件许可，基本适合港口技术经济要求的地区，也可划分为港口区。

（二）航道区

航道区是指可供船舶航行使用的海域。其划区条件如下。

（1）航道应避开暗礁和不稳定的浅海，泥沙洄淤量小，强风向、强浪向和水流向与航道轴的交角尽量小；

（2）航道主线应尽量顺直，避免多次转向；

（3）基底条件适宜疏浚施工，经开挖，航道水深应满足下列指标：①进出 500t 级船舶＞3.5m；②进出 5000t 级船舶＞7.7m；③进出 50000～10000t 级船舶＞12.2m。

（三）锚地区

锚地区是指供船舶候潮、待泊、联检、避风使用或进行水上装卸作业的区域。其划区条件如下。

（1）天然水深适宜，海底平坦，锚抓力好，水域开阔，风、浪、水流较小，便于进出航道，远离礁石、浅滩，定位条件好；

（2）锚地边缘距航道边缘的安全距离为港外锚地≥$2L$～$3L$（L 表示设计船长），港内锚地采用单锚或单浮筒系泊的≥$1L$，采用双浮筒系泊的≥$2L$；

（3）港外锚地靠近港口，水深不小于设计船型满载吃水的 1.2 倍，当波高＞2m 时，适当增加深度；港内锚地水深与码头前沿设计水深相当；

（4）底质以泥质、泥沙质最好，砂泥质次之；避开硬黏土、硬砂土、礁石区、抛石区及横流较大的区域。

三、工业与城镇用海区

工业与城镇用海区是指适合于发展临海工业与滨海城镇的海域，包括工业用海区和城镇用海区。

（一）工业用海区

工业用海区是指适合于发展临海工业，可成为邻近地区政治、文化中心或经济中心的区域。其划区条件如下。

（1）具有一定区位优势，规划资源，交通便利，开发后可形成大型企业及居民集中的区域；

（2）具有人类居住生活必需的自然环境条件和社会条件；

（3）面积＞$2km^2$。

（二）城镇用海区

城镇用海区是指适合于滨海城镇建设，可成为邻近地区政治、文化中心或经济中心的区域。其划区条件如下。

（1）现有的或已列入规划的城镇工业区和经济开发区，包括乡镇以上行政、企业单位所在地；

（2）具有人类居住生活必需的自然环境条件和社会条件；

（3）面积＞$2km^2$。

四、矿产与能源区

矿产与能源区是指适合于开发利用矿产资源与海上能源，可供油气和固体矿产等勘探、开采作业，以及盐田和可再生能源等开发利用的海域，包括油气区、固体矿产区、盐田区和可再生能源区。

（一）油气区

油气区是指正在开发的油气田和已探明的油气田及含油气构造。其划区条件如下。

（1）已探明油气含量，正在进行工业开采和确定开采的油气田；

（2）含油圈闭构造有 3 口以上的探井发现工业油、气流，在初步查清产油气层位、储层岩性、物性和原油性质的条件下可划为油气区；

（3）初步探明具有含油气构造，生油气条件，估计储量＞1×10^6t，但未钻探或不足 3 口井发现工业油、气流，或虽已探明但目前经济和技术力量尚不能开发的区域，可划为油气远景区；

（4）海上、陆上油田含油构造，根据《石油天然气储量计算规范》（DZ/T 0217—2005），分别达到最低工业油流标准，油田规模根据探明储量大小可分为特大油田、大型油田、中型油田和小型油田（表 2.7），油田采收率的高低可分为五级（表 2.8）；

表 2.7　油田储量规模

油田规模	特大油田	大型油田	中型油田	小型油田
油田储量/($\times10^6$t)	＞1000	100～1000	10～100	1～10

表 2.8　油田采收率标准

级别	特高	高	中	低	特低
采收率/%	＞45	35～45	25～35	10～25	0

（5）符合《矿产工业要求参考手册》中最低工业油流的标准（表 2.9）；

表 2.9　最低工业油流标准

产油层埋深/m	工业油流下限/(t/d)	
	陆地	海上
＜500	0.3	—
500～1000	0.5	10.0

续表

产油层埋深/m	工业油流下限/(t/d)	
	陆地	海上
1000～2000	1.0	20.0
2000～3000	3.0	30.0
＞3000	5.0	50.0

（6）海上、陆地气田和含气构造，根据《石油天然气储量计算规范》（DZ/T 0217—2005）标准，分别达到最低工业气流标准（表 2.10），气田规模根据探明储量大小可分为特大气田、大型气田、中型气田和小型气田（表 2.11），气田采收率根据高低可划分为五级（表 2.12）；

表 2.10 最低工业气流标准

产气层埋深/m	工业气流下限/(m^3/d)	
	陆地	海上
＜500	500	—
500～1000	1000	10000
1000～2000	3000	30000
2000～3000	5000	50000
＞3000	10000	100000

表 2.11 气田储量规模

气田规模	特大气田	大型气田	中型气田	小型气田
储气量/($\times 10^8 m^3$)	＞1000	300～1000	50～300	5～50

表 2.12 气田采收率标准

级别	特高	高	中	低	特低
采收率/%	＞90	70～90	50～70	30～50	＜30

（7）凡达不到油田、气田标准，而达到最低工业油流标准、工业气流标准的各类构造，可划分为含油构造和含气构造。

（二）固体矿产区

固体矿产区是指正在开采的矿产区或尚未开采但已探明具有工业开采价值的矿区，包括金属矿区和非金属矿区。

1. 金属矿区

金属矿区是指正在开采的金属矿区或已探明具有工业开采价值的金属矿区。其划区条件如下。

（1）已经开采或已探明具有国家小型矿以上标准的矿区；

（2）具有开采条件，且近期开采技术上可行；

（3）社会发展需要且开采后不会对本地区环境造成较大损害；

（4）金属矿区划分符合《矿产工业要求参考手册》中有关海滨金属矿区的划分工业标准（表 2.13）及矿区规模划分标准（表 2.14）。

表 2.13　海滨金属矿区划分工业标准

矿石类型	边界品位/(kg/m^3)	工业品位/(kg/m^3)	可采厚度/m	夹石剔除厚度/m
金红石	≥1	≥2	0.5～1	6.5～1
独居石	0.1～0.2	0.3～0.5	≥1	≥1
锆英石	1～1.5	4～6	0.5	
钛铁矿	≥10	≥15	0.5～1	0.5～1
磷钇矿	0.03	0.05～0.07	≥0.5	≥2
金刚石	0.0015	0.002	0.2～0.6	

表 2.14　海滨金属矿区规模划分标准

矿种名称	储量单位	各矿床规模的储量		
		大型矿床	中型矿床	小型矿床
金红石	10^4t	＞10	2～10	＜2
独居石	10^4t	＞1	0.1～1	＜0.1
锆英石	10^4t	＞20	5～20	＜5
钛铁矿	10^4t	＞100	20～100	＜20
磷钇矿	10^4t	＞0.5	0.05～0.5	＜0.05
砂金	t	＞8	2～8	＜2
金刚石	10^4Ct	＞50	10～50	＜10

2. *非金属矿区*

非金属矿区是指正在开采的非金属矿区或已探明具有工业开采价值的非金属矿区。划区条件如下。

（1）已经开采或已探明具有开采价值的矿区；

（2）具有开采条件，且近期开采技术上可行；

（3）社会发展需要且开采后不会对本区域环境造成较大损害；

（4）符合《矿产工业要求参考手册》中海滨非金属矿工业要求及矿床规模标准；

（5）非金属矿（石英矿）开采技术条件为可采厚度 2m，夹石剔除厚度 1.5m，边坡角 40°～65°，剥离系数＜0.25；划分的工业标准为：①玻璃原料，SiO_2 为 98%～99%、Fe_2O_3 为 0.1%～0.02%、AL_2O_3 为 0.5%～2%、粒径 0.1～0.5mm 占 90%；②过滤用砂，SiO_2＞90%、CaO+MgO＜3%、粒径为 0.25～0.5mm；③铸造工业用砂，SiO_2＞95%、Fe_2O_3＜5%、CaO＜2%，粒圆均匀；

（6）煤矿区划分的工业标准为：矿床规模为储量＞10×10^8t 的为大型矿床、5×10^8～10×10^8t 的为中型矿床、＜5×10^8t 的为小型矿床。

3. 其他矿产

其他矿产是指正在开采的矿区或尚未开发但已探明具有工业开采价值的除油气、固体矿产之外的其他种类矿产蕴藏区。划区条件按照《矿产工业要求参考手册》的有关规定执行。

（三）盐田区

盐田区是指已开发的盐田区和具有建造盐田条件的区域。其划区条件如下。

（1）地形平坦、开阔，原料海水或地下卤水汲取方便，吸纳水口应能避开排污区；

（2）具有结构致密的淤泥质或粉泥质底质，土层渗水率＜0.3mm/d；

（3）原料海水盐度＞25，地下卤水浓度＞5°Be′[①]；

（4）少雨、多风、强日照，且三者处于同一时期，晒盐有利期6个月以上；

（5）年蒸发量大于降水量；

（6）盐田蒸发面积与结晶面积之比合理；

（7）产品含氯化钠纯度不＜94%；

（8）具有运输盐的交通条件，便于盐的内销或出口，有一定的劳动力来源和技术加工能力；

（9）原料海水质量应符合GB 3097—1997的一类海水水质标准（表2.3）。

（四）可再生能源区

可再生能源区是指开发利用海洋的潮汐能、潮流能、波浪能、温差能、风能、生物质能等可再生资源的区域。

1. 潮汐能区

潮汐能区是指由潮汐有规律的涨落运动所产生的能量用于发电或直接做功的区域。其划区条件如下。

（1）平均潮差＞2m（表2.15）；

（2）可装机容量应＞500kW；

（3）能源供给短缺的地区。

表2.15 海洋能源区划分区标准

能类	指标要素	一类	二类	三类	四类
潮汐能	平均潮差/m	≥4	2～4	1～2	＜1
波浪能	平均波高/m	≥1.3	0.7～1.3	0.4～0.7	＜0.4
潮流能	最大流速/(m/s)	＞3.06	2.04～3.06	1.28～2.04	＜1.28

2. 潮流能区

潮流能区是指由潮汐在水平方向海水运动所产生的能量用于发电的区域。其划区条件如下。

（1）最大潮流速＞2m/s；

（2）可装机容量应＞500kW；

① °Be′为波美度，波美度=144.3–（144.3/比重），可用波美比重计测得。

（3）能源供给短缺的地区。

3. 波浪能区

波浪能区是指由海水波浪的水平和垂直运动所产生的能量用于发电的区域。波浪的能量与波高、波浪的运动周期以及迎波面的宽度成正比。波浪能是海洋能源中能量最不稳定的一种能源。波浪能是由风把能量传递给海洋而产生的，它实质上是吸收了风能而形成的。能量传递速率和风速有关，也和风与水相互作用的距离有关。波浪可以用波高、波长和波周期等特征来描述。其划区条件如下。

（1）平均波高＞0.7m；

（2）可装机容量应＞500kW；

（3）能源供给短缺的地区。

4. 温差能区

温差能区是指由海水表层水温与底层水温的温差在 18℃以上而产生的能量用于工业和商业发电的区域。其划区条件如下。

（1）表层水温与底层水温的温差＞18℃；

（2）可装机容量应＞1×10^4kW；

（3）能源供给短缺的地区。

5. 风能区

风能区是指由地球表面大量空气流动产生的能量用于发电的区域。其划区条件如下。

（1）年有效风能＞1200kW·h/m^2，或年有效风能密度＞200kW/m^2，或年有效风能出现频率＞65%；

（2）可装机容量应＞500kW；

（3）能源供给短缺的地区。

（五）特殊工业用水区

特殊工业用水区是指从事取卤、食品加工、海水淡化或从海水中提取供人类使用的其他元素等的区域。其划区条件如下。

（1）地形开阔，吸纳水口能远离排污区；

（2）环境质量符合有关规定。

（六）一般工业用水区

一般工业用水区是指利用海水做冷却水、冲刷库场等的区域。其划区条件如下。

（1）地形开阔，便于纳水；

（2）环境质量符合有关规定。

（七）核能利用区

核能利用区是指已建成或拟建核电站的区域。其划区条件如下。

（1）海域开阔，水交换条件良好，流速＞0.7m/s；

（2）基岩海岸，水深为 10m，等深线距岸＜2km；

（3）附近海域无重要产卵场、索饵场和自然保护区；

（4）远离居民区，周围无重要城镇、工矿企业和军事设施，非居住区半径＞0.5km，限制区半径＞5km；

（5）地层结构稳定，地质条件好，历史上无破坏性地震等自然灾害。

五、旅游休闲娱乐区

旅游休闲娱乐区是指适合于开发利用滨海和海上旅游资源，可供旅游景区开发和海上文体娱乐活动场所建设的海域。包括风景旅游区和文体休闲娱乐区。旅游休闲娱乐区主要为沿海国家级风景名胜区、国家级旅游度假区、国家5A级旅游景区、国家级地质公园、国家级森林公园等的毗邻海域及其他旅游资源丰富的海域。

（一）风景旅游区

风景旅游区是指具有一定质和量的自然景观区和人文景观的区域。其划区条件如下。

（1）有省内闻名的人文古迹、历史遗迹并且其文物资料保存较好；

（2）有省级知名度的风物景观、海洋景观和地质遗迹等；

（3）有独特的民族风情、风俗，能吸引国内外游客的区域；

（4）海水水质符合GB 3097—1997的二类标准，海洋沉积物质量达到GB 18668—2002的二类标准，海洋生物质量达到GB 18421—2001的二类标准；

（5）交通便利；

（6）面积在$2km^2$以上的划区，不足$2km^2$的为旅游点。

（二）度假旅游区

度假旅游区是指具有度假、运动及娱乐价值的区域。其划区条件如下。

（1）有供千人以上休息、度假、娱乐、运动的滨海公园、度假村、水上运动等休息运动娱乐场；

（2）海水水质符合GB 3097—1997的二类标准，海洋沉积物质量达到GB 18668—2002的一类标准，海洋生物质量达到GB 18421—2001的一类标准；

（3）交通便利。

六、海洋保护区

海洋保护区是指专供海洋资源、环境和生态保护的海域，是以保护海洋环境及其资源为目的，在海域、岛屿、海岸带、海湾和河口等，需要加以专门保护的区域，包括海洋自然保护区、海洋特别保护区。

（一）海洋自然保护区

海洋自然保护区是指为保护珍稀、濒危海洋生物物种、经济生物物种及其栖息地，以及有重大科学、文化和景观价值的海洋自然景观、自然生态系统和历史遗迹需要划定的海域。包括海洋和海岸自然生态系统、海洋生物物种、海洋自然遗迹和典型海洋景观4种类别海洋自然保护区。海洋自然保护区类型划分和选划标准按《海洋自然保护区类型与级别划分原则》（GB/T 17504—1998）的相关要求执行。

1. 海洋和海岸自然生态系统保护区

海洋和海岸自然生态系统保护区是指以具有一定代表性、典型性和完整性的生物群落和非生物环境共同组成的生态系统作为主要保护对象的区域，包括红树林、珊瑚礁、汇聚流、湿地和沼泽地等生态系统。

（1）湿地和沼泽地生态系统自然保护区划区条件为：湖泊浅水边缘部分或一年中有几个月积水的沿海低洼地，排水不畅的河口区域；面积 $20km^2$ 以上，植被覆盖率 50%以上；有湿地或沼泽地特有植物生长，有 2 种以上数量占优势的种类；生物群落极丰富，物种种源丰富，未遭开垦和围垦的原始区域。

（2）汇聚流生态系统自然保护区划区条件为：可辨认出不同流、水团或上升流的边界和具有内在均质性的功能单元；生物及其无机环境之间相互作用的一个系统，它是开放的，但在某种程度上有自我调节的能力；主流向和与主流向正交分量的方向有经、纬之分，在主流方向的两端流入和流出彼此平衡；通过富营养盐的深层水的涌升过程，使表层水变得肥沃的水域锋面，水域生产力高；有海洋生物多样性丰富或高生产力与种类高优势（低多样性）食物链短之类现象的海域。

（3）红树林生态系统自然保护区划区条件为：面积 $0.2km^2$ 以上，红树林覆盖率 50%以上；或虽遭破坏通过保护还能恢复的红树林分布区；生态系统的结构和功能比较稳定。

（4）珊瑚礁生态系统自然保护区划区条件为：具有以造珊瑚礁为主体，珊瑚群落礁体间有大量的多孔螅、柱星螅参与成礁，珊瑚种类多；岸礁或环礁为主，发育良好的造珊瑚群落。

2. 珍稀与濒危生物自然保护区

珍稀与濒危生物自然保护区是指以珍稀与濒危动、植物种群及自然生长环境作为主要保护对象的自然保护区。

（1）珍稀与濒危动物自然保护区划区条件为：有 1 种以上国家一、二类保护动物、珍稀与濒危动物物种的区域；具有珍稀与濒危动物种源，同时生态条件又适合这些种源的扩大和再生区域；珍稀鸟类和候鸟集中迁徙驿站或栖息区域；有重要经济价值、重要科研价值及特殊意义的野生动物的主要栖息地、繁殖区域；自然保护区周围环境不会对珍稀与濒危动物的永久性存在构成威胁。

（2）珍稀与濒危植物自然保护区划区条件为：凡是稀有、珍贵与濒危植物分布具有生态价值的极顶分布区；有 1 种以上珍稀植物物种，具有适宜的生长和繁殖环境，受人类影响较少的区域；国家规定保护的珍稀与濒危植物，或具有重要科研价值及特殊意义的野生植物种群的主要分布区域；能反映自然地带或地区自然环境与生态系统特点，或反映出一些特殊意义的过渡地带的植物群落分布区；面积能保证被保护自然种群生存繁衍和发展的需要。

3. 历史遗迹自然保护区

历史遗迹自然保护区是指自然历史或社会历史在发展演变过程中留下的遗迹，并具有重要的自然科学或社会科学研究价值的区域，可分为自然历史遗迹保护区和人类活动历史遗迹保护区。其划区条件如下。

（1）在自然演变历史研究方面具有重要科学价值，如地质剖面、海蚀-海积古海岸地貌等；

（2）对人类活动历史研究具有一定科学价值的遗迹；

（3）经县级以上人民政府批准的人类活动历史遗迹保护区。

4. 典型海洋景观自然保护区

典型海洋景观自然保护区是指经省级以上科委组织专家调研，认为具有科学研究或观赏价值、有代表性的地貌景观作为主要保护对象的区域。划区条件如下。

（1）地貌景观独特或具有自然地带代表性意义；

（2）具有重要研究和旅游观赏价值。

（二）海洋特别保护区

海洋特别保护区是指具有特殊地理条件、生态系统、生物与非生物资源及海洋开发利用特殊需要的区域。其划区条件如下。

（1）海洋生态环境独特，生态系统敏感脆弱或生态功能复杂，拥有下列特殊的生态结构环境特征：①沿岸与海洋体系界面；②陆地与斜坡界面；③软、硬海底交错处；④冷、暖水流的汇合处；⑤海洋生态上是地方性或边缘生物分布区；⑥在生态上是极重要的生物种分布区；

（2）海洋生物生产力高、生物种类多样及种群密度高，或有唯一的生物群体分布；

（3）海域对经济动物的物种维持起着重要作用的区域；

（4）海洋生态系统比较脆弱的地方有：①海洋生态上是地方性或边缘生物分布区；②在海洋生态上是极重要的生物种分布区；

（5）区域面积＞$5km^2$，具有一定社会经济效益。

七、特殊利用区

特殊利用区是指供其他特殊用途排他性使用的海域。包括用于海底管线铺设、路桥建设、污水达标排放、倾倒及军事的特殊利用区。

（一）海岸防侵蚀区

海岸防侵蚀区是指受海浪和沿岸流强烈侵蚀，出现明显的蚀退，已对沿岸耕地、村庄、城镇及工矿建设和重要交通线路带来严重影响和威胁，需要采取措施加以防范的地区。其划区条件如下。

（1）易受海浪和沿岸流侵蚀，已明显出现蚀退现象；

（2）蚀退速度＞0.4m/a；

（3）已对沿岸耕地、城镇及工矿建设和重要交通线路带来严重影响和威胁。

（二）防风暴潮区

防风暴潮区是指易受台风、气旋和寒潮大风影响，引起严重风暴潮、风暴潮海浪灾害的地区。其划区条件如下。

（1）地势平坦、低洼，在历史上是风暴潮，风暴海浪多发区；

（2）岸上有重要城镇、居民居住地、工矿企业、港口、养殖业、盐田、种植业、重要旅游景点或其他重要经济行业，需要加以保护、防范的区域；

（3）防风暴潮区可分为三级：Ⅰ级为重要城镇、工矿附近岸段，应防千年一遇的最高潮位及抗12级风；Ⅱ级为较重要的工、农业区，应防百年一遇的最高潮位及抗11级风；Ⅲ级为一般工业区、养殖区、盐田区，应防20年一遇的最高潮位及抗9级风。

（三）防海冰区

防海冰区是指海水结冰对港口、航道、海水养殖和海洋工程可能造成危害的区域。其划区条件如下。

（1）易受寒潮、寒流侵袭，且有结冰史的区域；

（2）重要的港口、航道、油气开发区、水上运动旅游区等重要功能区。

（四）石油平台

石油平台，又称钻油平台，是一个位于海上的大型的结构设施，用于钻井提取石油和天然气，并暂时储存，直到石油被运送到陆地上的炼油厂去裂解原油成为产品。在许多情况下，还包含开采设施及容纳劳动力的居住区。根据不同的情况，平台可以被固定到海底，可能是人工岛，或是漂浮于海上。多个海底油井也可以连接到一个石油平台，经由管线连接。

（五）海底管线区

海底管线，由钢管、保温层、配重层、加热系统、防腐系统组成的输油气、化学药剂的管路，用以联通平台、单点和陆上油库。

（六）跨海桥梁

跨海桥梁是指跨越海面，连接海峡、海湾两岸供车辆、行人、管道通过的架空建筑物。

（七）军事区

军事区是指由于军事需要，现已使用或者在区划的有效时段内随着军事发展预期需占用的陆域、岸段、水域。其划区条件如下。

（1）军事需要，现又使用或预期需要占用的区域；

（2）面积$>0.5km^2$。

（八）科学研究试验区

科学研究试验区是指具有特定自然条件和生态环境，用于试验、观察和示范等科学研究的区域。其划区条件如下。

（1）具有用科学研究的特定自然条件和生态环境；

（2）用于试验、观察和示范等的科学研究。

（九）污水达标排放区

污水达标排放区是指经当地人民政府批准在河口或直排口附近海域划出一定范围用以受纳指定污水的区域。其划区条件如下。

（1）有迫切的社会需求，确实需要向海洋排放指定污水；

（2）水体交换条件好，海区的自净能力强；

（3）排污混合区范围不得有海水养殖场、盐田纳水口、自然保护区、滨海风景游览区、重要的海洋生物产卵场和稚幼鱼索饵场等功能区；

（4）区内水质达一类—三类海水水质标准，边界外水质达一类海水水质标准。

（十）倾倒区

倾倒区是指用于倾倒疏浚物或固体废弃物的海区。其划区条件如下。

（1）海洋行政主管部门现已批准的各级倾废区；

（2）有向海洋倾废迫切社会需求，又能满足下列条件的区域：①海域开阔，有良好的水动力交换能力和沉积动力学条件，在倾倒疏浚物或倾倒固体废弃物符合海洋倾废管理条例规定时，倾废活动对环境的影响应符合《海水水质标准》（GB 3097—1997）相应的要求；②倾倒入海的废弃物扩散移动的方向应当朝向离岸方向；③对养殖区、产卵场、稚幼鱼索饵场、自然保护区等不会造成有害影响，并且远离盐田、主航道、锚地；

（3）符合科学、合理、经济的原则。

（十一）防护林带

防护林带是指用于防风固沙，改善田间小气候而营造的沿海防护林带。其划区条件如下。

（1）林带宽度＞30m，长度＞10km，已营造的防护林带；

（2）为减少风沙和风暴潮抵达危害，改善沿海环境必须营造防护林，具有适合当地土质的树种来源。

（十二）泄洪区

泄洪区是指为了避免或减少城镇、工矿企业遭受洪水、积涝威胁和危害，用于排泄洪水的区域。其划区条件如下。

（1）附近沿岸地带有重要城市和居民生活区或具有一定规模的工矿企业；

（2）易受海潮及洪涝侵袭、积涝成灾的区域；

（3）有地势低洼，可用做泄洪入海的区域。

八、保留区

保留区是指为保留海域后备空间资源专门划定的，在区划期限内限制开发的海域。保留区主要包括由于经济社会因素暂时尚未开发利用或不宜明确基本功能的海域，限于科技手段等因素目前难以利用或不能利用的海域，以及从长远发展角度应当予以保留的海域。其划区条件如下。

（1）主导功能已经确定，但目前还不具备开发条件的区域；

（2）资源已经探明，但按国家计划目前不准备开发，作为储备资源的地区；

（3）目前主导功能尚不能确定的区域。

第四节 区划方法

一、相关关系的处理

海洋功能区划的目的是为沿海各级政府进一步搞好海洋规划、管理、保护、合理利用，以及海洋环境保护提供操作性更强的政策指导性文件，为海洋开发和综合管理奠定科学基础，以确保海洋资源的持续利用。所以海洋功能区的划分除以自然属性和社会属性为主外，还参考了各部门、地方区划和规划等资料。

为了充分体现海洋功能区划的六项原则，提高海洋功能区划的科学性和可操作性，海洋功能区划要注意处理好海洋功能区划与海洋开发规划的关系、海洋与依托陆地的关系、海洋功能区划与开发利用现状的关系、重叠功能之间的关系、功能区划与行业和地方利益的关系和军用与民用的关系。

（一）海洋功能区划与海洋开发规划的关系

海洋功能区划以自然属性为主，兼顾社会属性，它考虑的是开发利用和治理保护的合理布局，以产生最佳效益。海洋开发规划则主要考虑社会需求，是一定时间内的工作安排。二者的主要差异主要表现在以下几个方面。

（1）功能区划只考虑开发利用和治理保护的合理布局，特定区域安排哪种功能可以产生最佳效益；而规划必须加以时间坐标，按不同经济发展时期安排开发利用和治理保护，它必须在功能区划所依据的条件上，充分考虑时间、资金和技术水平等因素。

（2）功能区划立足点是海洋合理开发利用及治理保护的选址问题，所以它立足于海洋的自然属性；而海洋规划则着眼于怎样实现海洋最佳经济效益，所以它立足于海洋的社会属性。

（3）功能区划考虑的核心问题，是具体区域具备什么样的功能，安排哪种功能开发利用最佳；海洋规划则执行价值规律，只要廉价，既可以用本地资源，也可以用外地资源，甚至是国外资源。

虽然二者存在着差异但无论是海洋功能区划还是海洋开发规划，都是人们通过海洋区域条件的客观认识所制定的一种选择性的安排，以便组织开发的各种活动，其所使用的基础资料基本相同，又都是具有为海洋管理服务的目的。因此，相互间具有互补和参考价值。功能区划工作中，使用规划资料时，既注意二者的相同点，又注意二者的不同点，对规划合理的内容进行融合和兼顾，对不合理的内容进行协调和调整，一旦功能区划完成后，海洋规划则以区划为基础，在安排开发项目时按照功能顺序优先选择各个海域的主导功能。

（二）海洋与依托陆地的关系

海洋功能区划将近岸水域与邻接的陆域结合起来考虑，进行功能的确定。

（1）海洋与所依托的陆域在大体相近的自然条件下，有的甚至还在同一生态系统中。海洋资源开发利用往往又是陆地资源开发利用向海洋的延伸，海洋开发必须依托陆域的社会条件和科技条件等。因此，海洋功能区划需要与其所依托的陆域功能区划衔接和协调。

（2）海洋国土是国家国土资源的一部分，现已作为开发利用的重要区域。滩涂受潮汐影响，虽然有的上露海面，严格地说，仍是海洋国土的组成部分。因此，这部分陆域也包括在海洋功能区划的范围之内。在《国务院办公厅关于印发国家海洋局职能配置内部机构和人员编制规定的通知》（国办发[1998]44 号）中明确指出海洋管理包括海岸带。

（3）海水是流体，不同于陆地，不经特殊安排不能作为开发海洋的居住体，即使建造海上设施一般只能承载有限的工具进行有限的活动，只有依靠陆地上的基地，才能有效地从事海洋开发利用。

（三）海洋功能区划与开发利用现状的关系

沿海地区经济的主导发展方向，是在本地区自身条件的基础上，经过长时期发展逐步形成的。任何具有特定发展规律的社会现象，其发展轴线都具有优化选择性，经济结构是一种自我完善的过程。在它发展过程中也会不可避免地掺入一些与这种主导经济方向相背离的产业。自我完善过程是对主导经济发展方向一致功能的发挥，不一致产业是不合理功能的使用。海洋功能区划工作中，强调发挥与主导经济方向一致的功能，调整不一致功能的使用。尽管特定区域往往是多功能的，但只要明确它的主导经济发展方向，就可以在功能区划工作中，按照轻重缓急、有主有次、有先有后的原则合理地选定功能。主要依据以下原则选定功能。

（1）凡已开发利用的功能和主导功能一致的，予以保留；

（2）在功能顺序中，已开发利用的功能虽不是主导功能，但与之不存在根本性矛盾，则这种开发现状在近期内可予保留，在以后的海洋开发规划中适当限制其规模，转向主导功能的开发；

（3）由于认识上的原因或者历史遗留下来的问题使开发现状不合理，与确定的主导功能或其他功能有根本性矛盾时，阐明开发的不合理性，建议调整开发方向。

（四）重叠功能之间的关系

海洋及其所依托陆域往往具有开发利用和治理保护的广宜性。所以仅根据区域自然属性划定功能区，会产生不同性质的功能区密集而又多层次重叠的问题。既有一致性、相互间没有不利影响的功能区重叠问题，又有非一致性、相互间有不利影响的功能区重叠问题，这样划定的功能区只能解决特定区域能够做什么、适合做什么的问题，因此可操作性很差。

为了提高海洋功能区划的可行性和可操作性，海洋功能区划在根据自然属性草拟功能区的基础上，又根据社会属性对其进行必要的调整，最后划定的各功能区既体现了自然属性，又兼顾了社会属性；既具科学性，又具可操作性。对于重叠的功能，按功能的兼容性分别进行处理。

1. 一致性（或可兼容）功能重叠的处理

当各功能间在开发利用时不互相干扰，有时还有利于发挥综合效益，那么此区域为多功能同时并存。

2. 不一致性功能重叠的处理

当多功能区各功能间存在矛盾且不能兼容时，依据海洋功能区划提出的六大原则确定主导功能，把与之不能兼容的功能舍去，然后依照下列优先原则确定功能顺序。

（1）对各功能区依据四效益统一原则进行综合分析，优先考虑能带动区划区域经济发展或对全局起重要作用的功能；

（2）优先安排海洋直接开发利用功能，注意安排海洋依托性开发利用功能，同时，不忽视不可少的非海洋性配套开发利用功能；

（3）资源和环境备择性窄的功能优先于备择性宽的功能进行安排；

（4）保护、保留功能优先于其他功能；

（5）再生资源和非再生资源发生矛盾时，优先考虑再生资源；

（6）对国家、省、市远景目标纲要中已安排为高新技术开发区的功能区段，只要从自然环境条件衡量基本合理的，可作为拟用功能确定。

（五）功能区划与行业和地方利益的关系

海洋功能区划采用统筹安排和重点保障并重的原则，统筹考虑海洋开发利用与保护、当前利益与长远利益、局部利益与全局利益的关系，合理配置开发类、保护类和保留类的海洋功能区。在海洋功能区划中处理好行业和地方利益是非常必要的，这些利益主要反映在与海洋有关的各种规划中。充分与这些规划进行协调，兼顾其中合理的内容，对其中不合理的和相互矛盾的内容进行调整，统筹安排各涉海行业用海，保障海上交通运输安全和国防安全，保证军事用海需要。

（六）军用与民用的关系

海洋作为国土资源的重要组成部分，但有别于陆域土地。因为海洋均位于国防前哨，军事地位十分重要。海洋功能区划必须处理好军用功能区和民用功能区之间的关系。按照《海洋功能区划技术导则》（GB/T 17108—2006）的标准，将军事区作为特殊功能区，并征求军事部门意见，优先予以安排。对于军民可以合用的区域，为了发挥综合效益，划定为军民两用混合区。军用是特殊需要，列为第一功能。

二、功能区划

（一）区划工作性质

海洋功能区划的核心问题是如何深刻揭示海洋特定区域固有的主导功能和如何协调好各种关系。通过资料分析，区划区域的自然资源及环境条件、产业基础及发展方向和社会经济发展及支撑条件，从海洋解决总体和全局出发，研究合理的产业结构，按照产业和海域分异规律，划分海洋功能区，提出因地制宜地发展海洋经济的途径和措施。在具体划分综合功能区时，必须分析区划区域的自然、经济、技术条件及特点的相似性，海洋经济发展存在问题和发展方向的相似性，海洋产业重大技术措施和建设途径的相似性，适当保证一定级别行政区的完整性。通过辨识海域差异，把海洋经济发展的条件、特点、问题及发展方向相似的地方划归为综合功能区，具有综合性和战略性的特点（李应中，1997）。

1. 综合性

海洋功能区划学研究方法的核心是综合聚类分析。海洋功能区划超脱于海洋各行业部门之上，博采多方建议，进行统筹规划和综合指导。综合性是海洋区划学的灵魂。

2. 战略性

海洋功能区划学重点研究区域为宏观海洋经济发展类型及模式，通过划分海洋功能区，选择并制定不同区域海洋经济发展战略目标、战略方针、战略重点和战略对策等。

3. 周期性

海洋功能区划是人们对客观存在的海域的主观认定与划分。由于海域的自然条件、社会经济条件和技术水平不断发展变化，已形成的海洋功能区必然处于经常重组、分化之中。因此，海洋功能区划也必然依据客观海洋功能区的分化组合状况，周期性地开展研究工作，从我国的现状来看，基本上以10年为周期。

4. 阶段性

海洋功能区划工作每一循环周期分为资源调查、区划和实施三个阶段。每一阶段的工作分别有其特定研究内容并持续一定的时期。

5. 超前性

海洋功能区划在分析海洋功能区的历史、现状的基础上，还需着眼未来，正确预测海洋产业发展变化的趋势，并对区划区域的海洋经济发展做前期论证与技术评估，为当地社会经济和海洋经济持续发展服务。

（二）区划的基本思路和工作方式

1. 海洋功能区划方法的基本思路

（1）由国家统一制定、修订划定海洋功能区的指标体系，即标准体系。作为判别海洋特定区域适合何种功能的基本标准。

（2）依据划定海洋功能区的指标体系判别海洋特定区域对各种功能的适应性，确定区域的各种功能。

（3）借助划定海洋功能区的原则和各种关系处理准则，对各种功能进行协调和调整，进行优化处理，利用层次分析法对各种功能进行排序。

（4）在优化处理和功能排序的基础上，确定特定区域的主导功能。

2. 工作形式

根据海洋特定区域的开发利用程度，海洋功能区划工作分别采用调整型、设计型和过渡型3种工作方式（葛瑞卿，2001）。

（1）调整型。工作区域开发利用程度高，现状开发利用和规划利用几乎布满全区，对于这类地区采用调整型工作方式。利用划定海洋功能区的指标体系判别现状开发利用和规划利用的合理性，合理的保留，不合理的舍去。在合理性判别的基础上，进行协调和调整；在协调和调整的基础上进行优化选择；在优化选择的基础上，进行功能排序，确定区划区域的主导功能。调整好开发利用功能、整治利用功能、保护功能和保留功能的合理组合。

（2）设计型。工作区域开发利用程度低，几乎是开发利用的空白区，采用设计型的工作方式。通过指标体系的判别，确定海洋特定区域的各种功能。围绕区域经济发展主线进行协调和调整，进行功能排序，选定主导功能。调整好各种功能的合理组合。

（3）过渡型。工作区域界于调整型和设计型之间的区域，结合利用调整型和设计型两种方式开展工作。

（三）分析方法

海洋功能区划遵循的是因果关系，对功能区的划定主要采用了经验法、指标法、因果法、聚类分析法、叠加法、综合分析法和层次分析法。

1. 经验法

主要是指在划定综合功能区时，借鉴历史经验，对历史形成的各种海洋功能区进行客观分析，从中找出规律性的东西，作为区划的依据，进行综合功能区的划分。

2. 指标法

功能区划依据各种定量或定性指标确认海洋不同区域对于各类海洋功能的适宜性。依据科学标准（指标）确认海洋不同区域对于各海洋功能的适宜性，在科学、合理划定海洋功能区的基础上，建立功能区分类体系。通过建立划定各类海洋功能区的指标体系，判别各类区域的固有功能。

3. 因果法

根据海洋特定区域的固有属性，应用划定海洋功能区的指标体系，判定、判别这些区域对于各种功能的适用性；对于调整性工作区，即判别这些区域的现状使用功能或规划功能的合理性和正确性；对于设计型工作区，是对这些地区的功能进行判定，重新设计。

4. 聚类分析法

聚类分析法是一种数理统计定量分析法。主要依据样本的自然属性和社会属性，定量地确定样本属性的相似性和差异性，把相似性较大的样本聚成一类，每一小类之间，属性差异较小，而各大类之间则有明显差异，最后得到一个树枝状的多级谱系，确定分区界线。

5. 叠加法

将所收集到的各类资料编绘成图件，缩放成相同的比例尺进行叠加，依据海洋功能区划的原则和相关关系处理准则，对这些功能的生态价值、资源价值、经济价值、社会价值，以及各功能对地区经济主线的体现程度等进行分析比较。保留合理的功能，舍去不合理的功能，比较、确定出主导功能。

6. 综合分析法

按照海洋功能区划原则，利用资料分析结果，综合考虑海域自然属性、社会属性和环境保护要求，协调各种用海关系，确定海洋功能区类型及功能的主次关系，实现开发利用功能、整治利用功能、保护功能和保留功能的合理组合，保证实现资源的可持续利用和地区经济的可持续发展。

划区指标是划定各种海洋功能区的基础，但不是唯一的依据。海洋功能区作为综合协调管理的行为规范，在划定各种海洋功能区时，还必须应用比较法、综合法和叠加法，协调好各种有关关系，进行优化处理。通过比较不同区域固有属性的差异性，综合考虑海洋不同区域的自然属性和社会属性，资源效益、经济效益、社会效益和生态效益四效益，开发利用与治理保护间的关系，近期与长远效益，不同地区间和不同行业间的利益等，通过把海洋不同区域的区位、自然资源、自然环境、社会条件及社会要求等因素叠加在一起，进行比较研究和系统分析，划出各类具体的海洋功能区。

7. 层次分析法

在选定区域各种功能的基础上，利用层次分析法，进行功能排序，选定主导功能。在海洋功能区划中，通过建立科学的协调原则和相关关系处理准则和应用层次分析法，遵循海洋功能区划六项原则和六种相关关系的处理方法，协调好各方面的关系，选定主导功能，完成海洋功能区划。

三、区划过程

（一）功能分析

海洋功能区划是依据区域区位条件、环境条件、资源状况和产业现状，并考虑海洋开发利用和海洋科学技术进步现状，以及经济社会发展需要、依托陆域的具体情况等，将海域划分成若干个有不同特定主导功能或有一定功能顺序的有利于资源合理开发利用、能够发挥最佳综合效益的区域。在多种功能同时并存情况下，依据区域自然属性和社会需要程度，分析对比选定最佳功能，即主导功能，根据主导功能划定的区域就是主导功能区。按主导功能安排开发利用活动，既能保证海域自然资源与环境客观价值的充分发挥，又能保证国家和地方的经济与社会持续发展。

在充分分析所有资料的基础上，根据功能区的划分标准和自然属性列出每个区的所有功能。有的区域只有一种功能，有的则具有多种功能。只有一种功能的区域为单功能区，这种功能就是主导功能。具备多种功能的区域为多功能区，根据各个功能的重要程度排出功能顺序，再行确定主导功能。

（二）功能选择

根据自然属性划定的功能，只能解决该区域能够做什么用的问题，但应该做什么和以什么功能为主导功能，则需要考虑开发现状等多种因素。区划区域有多种功能的多功能区，分析各种功能是否一致或兼容。

1. 一致或可兼容功能的选择

多功能区多种功能并存。这些功能有的可以兼容，功能一致，并互相促进，这样的功能为一致或可兼容功能。例如，海洋特别保护区的划定和建设，就是为了保护海洋的自然景观、生态环境和特殊保护对象，减少了破坏生态环境、产生污染的海洋产业，增加了公众亲水活动的空间，优化了自然景观，提高了旅游休闲娱乐的价值，促进旅游休闲娱乐功能的提高；海洋牧场建设，需要投放大量的人工构件，建设人工鱼礁区，同时种植或移植大型藻类构建海底森林，改善了海洋生态环境，营造适合于各种海珍品、鱼类等经济生物栖息的场所，提高了海域的经济生物资源量，对休闲海钓、底播增殖、生态环境保护和渔业资源保护等功能都有积极的意义。

功能一致或可兼容的多功能区，可以保留所有的功能，然后对这些功能进行排序，确定主导功能（图 2.1）。

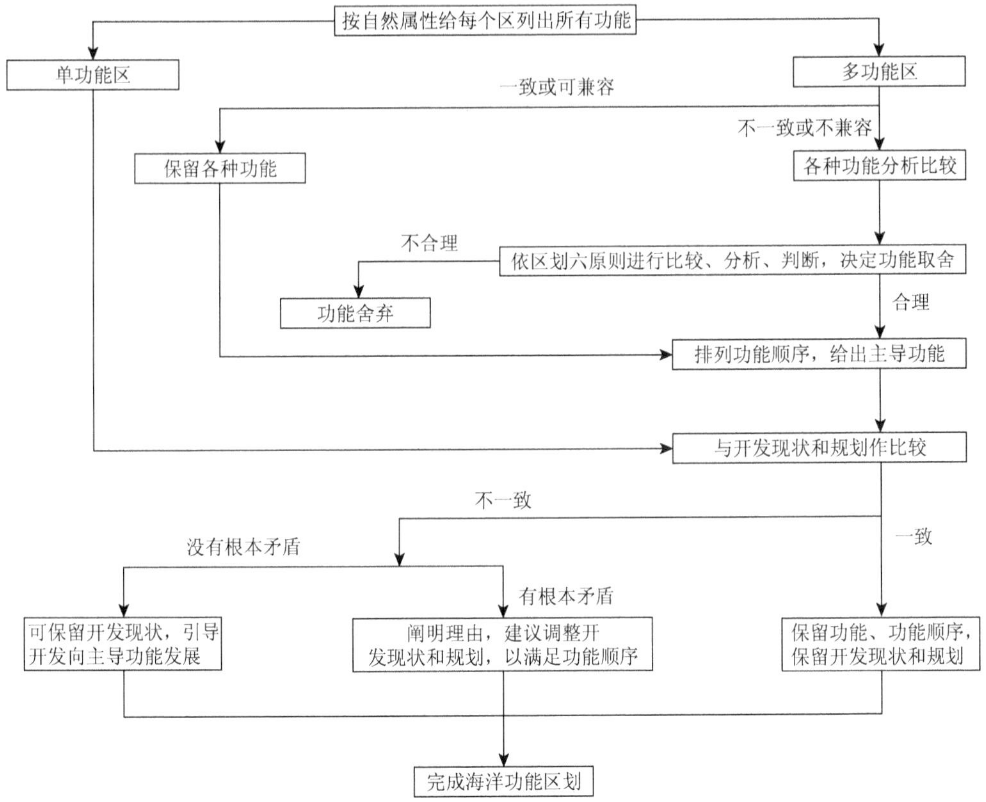

图 2.1 海洋功能区划过程

2. 不一致或不可兼容功能的选择

对于大多数占用空间资源的功能，它们的功能是不一致的、不能兼容的，这就是不一致或不兼容功能。例如，港口区划定后，它与农渔业区、矿产与能源区、海洋保护区、特殊利用区等功能是不能兼容的；围海造地建设的工业与城镇用海区，因为形成了土地资源，海洋的其他功能也随之消失；排污区、倾倒区等功能的使用，严重地限制了农渔业区、旅游休闲娱乐区、海洋保护区等功能的发挥。正因为海洋空间资源对海洋产业开发利用的多宜性，使依靠海洋资源发展的劳动密集型的海洋渔业作业渔场面积缩小，产业逐渐萎缩。《全国海洋功能区划（2011—2020 年）》把“以保护渔业为重点”列为工作原则。

功能不一致或不可兼容的多功能区，舍去那些与主导功能不一致的、不能兼容的功能，再行排序，确定主导功能。

3. 主导功能的确定

在多种功能并存的情况下，将一致的、可兼容的功能，按照社会属性，遵循海洋功能区划自然属性与社会属性兼顾原则、统筹安排和重点保障并重原则、促进经济发展和资源环境保护并重原则、协调与协商原则、备择性原则和前瞻性原则进行分析、比较、判断，将区划区域经济发展起带动作用，将综合效益最佳的功能确定为主导功能，并根据各个功能的重要程度排出功能顺序。

同时为了彰显海洋功能区划的延续性，还需与开发利用现状进行比较。

（三）海洋功能区划登记表

海洋功能区划登记表是海洋功能区划成果的重要组成部分。登记内容包括：主导功能区的类别；海洋功能区名称，按照地名+详细类型+二级功能区类型命名；地区，海洋功能区所在的市、区、县；地理范围，明确海洋功能区的地理位置，标注地理坐标；面积，明确海洋功能区的面积，单位为 hm^2；使用现状，说明开发利用现状，如与功能区划不符，需注明；管理要求，明确海洋功能区管理措施和环境保护要求；备注，海洋功能区位置的其他称呼等其他需要说明的内容。

（四）海洋功能区划图

1. 投影坐标和比例尺

海洋功能区划图件采用高斯-克吕格投影，大地坐标系。

海洋功能区划图件采用 A0 幅面，省级海洋功能区划图件比例尺为 1∶25 万～1∶10 万，市、县级海洋功能区划图件比例尺为 1∶5 万，重点海域比例尺为 1∶2.5 万～1∶5000。自由分幅。

2. 图件要素

海洋功能区划图件包括以下要素。

（1）基础地理要素，包括岸线、等深线、等高线、铁路、主要公路、河流、水库、居民地、经纬网络和文字标注；

（2）海洋功能区划专题要素，包括海洋功能区边界线、功能区编号和功能区类型等；

（3）采用统一的图例；

（4）必要的整饰内容，包括图廓、图名、比例尺、坐标高程系、接幅表、资料来源、制作时间及制作单位落款等。

3. 图件制作

采用图层叠加的方法制作海洋功能区划图件。图件制作流程序如下。

（1）制作海洋地理环境底图；

（2）添加岸线、等深线、等高线、铁路、主要公路、河流、水库、居民地、经纬网络和文字标注等各个图层；

（3）制作各种海洋功能区划的专题要素和图例图层；

（4）叠加所有地理要素和海洋功能区划的专题要素图层；

（5）进行图件必要的整饰。

思考题

1. 划分海洋功能区划的依据有哪些？

2. 海洋功能区划的原则是如何确定的？

3. 海洋功能区划有哪些原则？

4. 以自然属性为主、兼顾社会属性的原则是否合理？

5. 什么是四效益统一，如何做到四效益统一？

6. 如何做到统筹兼顾、突出重点？

7. 海洋功能区分类系统的确定原则是什么？

8. 五类四级分类系统对海洋功能区是如何划分的？

9. 二级多类分类系统的发展历程，目前海洋功能区是如何划定的？

10. 农渔业区、港口航运区、工业与城镇用海区、矿产与能源区、旅游休闲娱乐区、海洋保护区、特殊利用区和保留区的含义是什么？

11. 各种海洋功能区的划区条件是什么？

12. 各种海洋功能区的使用要求是什么？

13. 二级类划区是否可以增加？

14. 一级类和二级类划区条件有何差异？

15. 海洋功能区划使用资料来源于哪些方面？

16.《全国海洋功能区划（2011—2020年）》为何要以保护渔业为重点？

17. 海洋功能区划与海洋功能规划之间有何差异？

18. 如何处理海洋功能区划与规划、依托陆域、开发利用现状、重叠功能、行业及地方利益，以及军用与民用之间的关系？

19. 海洋功能区划采用了哪些方法？

20. 主导功能的含义，如何确定？

21. 一致或可兼容的功能如何选择主导功能？

22. 不一致或不兼容的功能如何选择主导功能？

第三章 法律基础

本章学习重点

1. 了解《联合国海洋法公约》的形成过程。
2. 熟悉《联合国海洋法公约》的内容。
3. 了解其他与海洋有关的法律、法规、习惯和条约。
4. 掌握《中华人民共和国海域使用管理法》的内容。
5. 了解国内与海洋有关的其他法律、法规。

第一节 国 际 法

一、世界海洋法律的发展

海洋法律制度同其他法律一样，是人类社会发展到一定阶段的产物，有它自己产生和发展的历史和规律。早在奴隶制社会就出现了海洋法律的萌芽。在罗马法中海洋被看作同空气一样，是“大家共有之物”，所有人都可以利用，但不能把它据为己有。

中世纪，海洋法的发展是同封建君主争夺海洋的要求联系在一起的。欧洲各国的君主在掠夺土地的同时，将他们的争夺扩展到了海洋，对所在的海域纷纷提出领有权或主权要求。自 10 世纪，英国国王就自称是“诸海的主权者”“海洋之王”，要求外国船只在他控制的海域内必须向英国国旗致敬，并缴纳一定的通行费。1493 年，西班牙和葡萄牙两个国家依据罗马教皇的一道谕旨，瓜分了整个大西洋，使争夺海洋的斗争达到登峰造极的地步。到 17 世纪初，整个欧洲的海洋几乎都被彻底瓜分了。

随着资本主义生产关系在封建结构内部逐渐成长，地理大发现时期，世界性航海贸易兴起，西方资产阶级开辟了到达世界各地的航线，寻找、考察当时他们未知的大陆和海岛，海洋法的发展也进入了一个新的阶段。新兴资产阶级为了能够在海上自由地航行和贸易，要求改变海洋被分割成各个势力范围的现状，建立有利于正常航行的海洋法律秩序。

第二次世界大战以后，世界范围内的经济恢复和发展，人口急剧增加，加剧了人类对海洋自然资源的需求。技术的迅猛发展，为人类提供了在更大范围和更广领域内开发利用海洋资源的可能性。第三世界国家的崛起，促使国际海洋法发生了革命性的变革。由主权国家和国际组织对世界海洋实行有组织的管理的趋势日益增强。

最初，国际海洋法表现为国际习惯，这些习惯构成了海洋法的最早渊源。在当代以至今后，习惯依然是国际法的主要渊源之一。国际海洋法的另一主要渊源是国际条约。各国在利用海洋过程中，往往通过缔结双边或多边的国际条约，把历史上形成的习惯，通过法律固定下来，或者制订新的国际海洋法原则和规则，确定各缔约国之间的权利、义务的关系。

1966 年，美国公布的《1966 年海洋资源和工程发展法》可以说是世界上第一个国家海洋总政策（薛桂芳和胡增祥，2009）。

1972 年，制定的《防止倾倒废物及其他物质污染海洋公约》（《1972 伦敦公约》），是为保护海洋环境、敦促世界各国共同防止倾倒废弃物而造成海洋环境污染的公约。

1973 年，制定的《国际防止船舶污染公约》（MARPOL73/78 公约），是为保护海洋环境，由国际海事组织制定的有关防止和限制船舶排放油类和其他有害物质污染海洋方面的安全规定的国际公约。

1982 年，决议的《联合国海洋法公约》，完成了海洋法历史上规模最大的一次编纂工作，是一部最全面、最综合的国际海洋管理公约。

1992 年，通过的《生物多样性公约》是一项有法律约束力的公约，旨在保护濒临灭绝的植物和动物，最大限度地保护地球上的多种多样的生物资源，以造福于当代和子孙后代。

1995 年，通过的《负责任渔业行为守则》，旨在通过各国自觉自愿地遵守其原则和规定，鼓励渔业部门从整体上调整结构，推动负责任渔业行为的效果。

二、《联合国海洋法公约》的制定与生效

（一）制定

联合国自 1945 年 10 月 24 日成立之日起，就承担起了逐渐发展与编纂海洋法在内的整个国际法的任务。为此，1947 年第二届联合国大会决定成立国际法委员会，其任务是“促进国际法的逐渐发展及编纂”。1949 年，国际法委员会召开第一届会议，拟定了一个编纂 14 个项目的清单，其中包括公海制度和领海制度。

在联合国的历史上，一共举行过 3 次海洋法会议。最终制定了《联合国海洋法公约》。

1. 第一次海洋法会议

第一次海洋法会议于 1958 年 2 月 24 日至 4 月 27 日，在日内瓦召开。参加会议的有 87 个国家的代表。当时，中华人民共和国还没有恢复在联合国的席位，因而未能参加这次会议。

在这次海洋法会议上，通过了《领海与毗连区公约》《公海公约》《捕鱼与养护公海生物资源公约》《大陆架公约》和《关于强制解决争端的任意签字议定书》，在海洋法的发展和编纂方面取得了重大成果。但会议未能对领海宽度问题达成协议。

2. 第二次海洋法会议

1960 年 3 月 17 日至 4 月 26 日，在日内瓦召开了联合国第二次海洋法会议。目的是解决领海宽度问题，参加会议国家与第一次会议相同。这次会议同第一次海洋法会议一样，在领海宽度问题上没有取得突破。

3. 第三次海洋法会议

第一次和第二次海洋法会议，由于当时历史条件所限，参加会议的国家中，亚洲、非洲和拉丁美洲的发展中国家只占其中半数。会议通过的 4 项日内瓦海洋法公约，即《领海和毗连区公约》《公海公约》《公海渔业与生物资源养护公约》和《大陆架公约》，不利于广大发展中国家，尤其是广大沿海国家维护主权和海洋权益。

进入 20 世纪 60 年代后，国际形势发生了巨大变化，随着广大的殖民地和半殖民地国家相继获得独立，第三世界国家在国际舞台上形成了一支举足轻重的力量。在反对海洋霸权主义，维护国家海洋权益的斗争中发挥了重要作用，使争取 200n mile[①]海洋权益的斗争

① 1n mile=1.852km。

如火如荼，形成了一股不可阻挡的潮流。

第三次联合国海洋法会议于1973年12月3日在纽约联合国总部拉开帷幕，任务是“通过一项处理一切有关海洋法的事项的公约”。这次会议是国际关系史上，会期最长，参加国家最多，意义重大的一次会议，是一次所有主权国家参加的全权外交代表会议，此外还有联合国专门机构的成员参加；也是迄今为止联合国召开时间最长、规模最大的国际立法会议。前后历时9年，共召开了11期16次会议，于1982年9月24日闭幕。参加会议的有167个国家和50多个单位代表。

自1971年第26届联合国大会决定恢复中华人民共和国在联合国的合法地位后，我国与广大发展中国家一道，同霸权主义做了不懈的斗争，为《联合国海洋法公约》的产生做出了应有的贡献。中国自始至终参加了会议，并作为会议副主席之一，参与了会议的领导和组织工作。

经过长达9年的努力，会议在所讨论的绝大部分问题上取得了协商一致的结果，最后，以130票赞成，4票反对（美国、以色列、委内瑞拉和土耳其），17票弃权，表决通过了《联合国海洋法公约》，完成了海洋法历史上规模最大的一次编纂工作。

《联合国海洋法公约》于1982年12月10日发布，并在牙买加开放签字，我国是第1批签字的国家之一，1982年12月10日中华人民共和国政府代表签署《联合国海洋法公约》。

（二）生效

按照《联合国海洋法公约》规定，公约应自第60份批准书或加入书交存之后12个月生效。从太平洋岛国斐济第一个批准《联合国海洋法公约》，到1993年11月16日圭亚那交付批准书止，已有60个国家批准《联合国海洋法公约》，这就意味着《联合国海洋法公约》到1994年11月16日正式生效。

截至2016年5月，缔约国的总数共有167个缔约国（组织），其中有163个联合国会员国，1个联合国观察员国——巴勒斯坦，1个国际组织——欧洲联盟（以下简称，欧盟），2个非会员国——库克群岛和纽埃。

我国是1996年5月15日，第八届全国人民代表大会第十九次会议通过决定，批准我国成为《联合国海洋法公约》缔约国，是世界上第93个批准该公约的国家。同时声明：

（1）按照《联合国海洋法公约》的规定，中华人民共和国享有200n mile专属经济区和大陆架的主权权利和管辖权；

（2）中华人民共和国将与海岸相向或相邻的国家，通过协商，在国际法基础上，按照公平原则划定各自海洋管辖权界限；

（3）中华人民共和国重申对1992年2月25日颁布的《中华人民共和国领海及毗连区法》第二条所列各群岛及岛屿的主权，中华人民共和国的陆地领土包括中华人民共和国大陆及其沿海岛屿、台湾及其包括的钓鱼岛在内的附属各岛、澎湖列岛、东沙群岛、西沙群岛、中沙群岛、南沙群岛，以及其他一切属于中华人民共和国的岛屿；

（4）中华人民共和国重申，《联合国海洋法公约》有关领海内无害通过的规定，不妨碍沿海国按其法律规章要求外国军舰通过领海必须事先得到该国许可或通知该国的权利。

三、《联合国海洋法公约》的内容

（一）概要

《联合国海洋法公约》包括17部分，共320条和9个附件，其内容涵盖了海洋法的各主要方面，包括：用语和范围、领海和毗连区、用于国际航行的海峡、群岛国、专属经济区、大陆架、公海、岛屿制度、闭海或半闭海、内陆国出入海洋的权利和过境自由、“区域”、海洋环境保护和保全、海洋科学研究、海洋技术的发展和转让、争端的解决、一般规定、最后条款。附件内容包括：高度洄游鱼类、大陆架界限委员会、勘探和开发的基本条件、企业部章程、调解、国际海洋法法庭规约、仲裁、特别仲裁、国际组织的参加。同时达成4个协议，即《国际海底管理局和国际海洋法法庭筹备委员会的建立》《关于对多金属结核开辟活动的预备性投资》《尚未取得完全独立或者尚未取得联合国所承认的某种其他自治地位的领土或殖民统治下的领土解决领土争端的决议》和《民族解放运动以观察员的身份签署会议〈最后文件〉的决议》。

《联合国海洋法公约》是世界范围内反对海洋霸权主义的产物。基本上反映了世界上绝大多数国家在开发利用海洋方面的共同愿望和利益。对维护人类共同继承财产和各国的海洋权益，规定了一系列重要的原则、规则和制度。《联合国海洋法公约》是国际间多种势力相妥协的产物，难免存在一些不足之处甚至严重缺陷。例如，关于大陆架的定义、军舰通过别国领海问题、相向或相邻国家间海域的划界问题、国际海底开发制度等对少数工业大国照顾过多等。但就总体而言，仍不失为迄今为止最全面、最综合的管理海洋的国际联合国海洋法公约。

（二）用语和范围

“区域”是指国家管辖范围以外的海床和洋底及其底土。

管理局是指国际海底管理局。

“区域”内活动是指勘探和开发“区域”的资源的一切活动。

海洋环境的污染是指人类直接或间接把物质或能量引入海洋环境，其中包括河口湾，以致造成或可能造成损害生物资源和海洋生物、危害人类健康、妨碍包括捕鱼和海洋的其他正当用途在内的各种海洋活动、损坏海水使用质量和减损环境优美等有害影响。

倾倒是指从船只、飞机、平台或其他人造海上结构故意处置废物或其他物质的行为，以及故意处置船只、飞机、平台或其他人造海上结构的行为。

缔约国是指同意受《联合国海洋法公约》拘束而《联合国海洋法公约》对其生效的国家。

（三）内水

1. 内水的定义

内水（internal waters）为领海基线向陆一面的水域，构成国家内水的一部分（图3.1）。内水包括湖泊、河流、内海、港口、领峡及其他位于领海基线以内的水域。内水享有与陆地国土同等的主权权利，沿海国对其拥有完全的排他的主权。

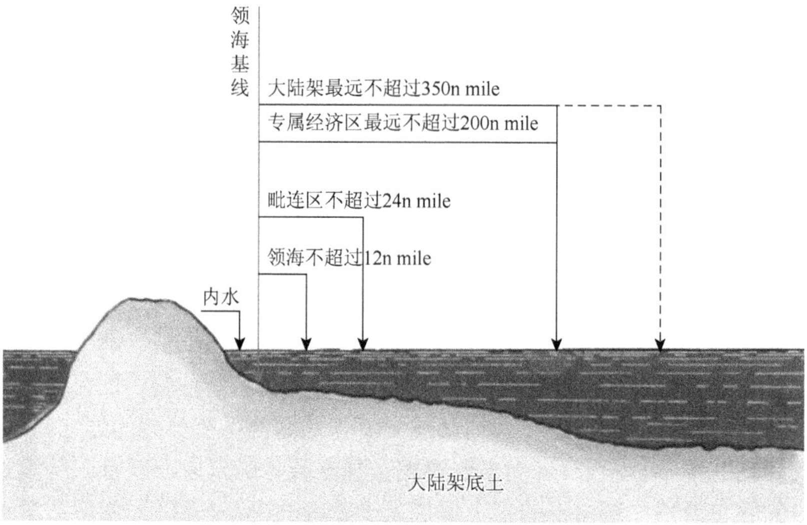

图 3.1 《联合国海洋法公约》对海域划分示意图

2. 领海基线

领海基线是沿海国测算领海宽度的起算线，领海基线由海岸向外最远至 12n mile。基线内向陆地一侧的水域称为内水，向海的一侧依次是领海、毗邻区、专属经济区、大陆架等管辖海域。领海基线分为正常基线、礁石基线和直线基线 3 种，沿海国为适应不同情况，可交替使用《联合国海洋法公约》规定的方法确定基线。

（1）正常基线：测算领海宽度的正常基线是沿海国官方承认的大比例尺海图所标明的沿岸低潮线。

（2）礁石基线：在位于环礁上的岛屿或有岸礁环列的岛屿的情形下，测算领海宽度的基线是沿海国官方承认的海图上以适当标记显示的礁石的向海低潮线。

（3）直线基线：在海岸线极为曲折的地方，或者如果紧接海岸有一系列岛屿，测算领海宽度的基线的划定可采用连接各适当点的直线基线法。在因有三角洲和其他自然条件以致海岸线非常不稳定之处，可沿低潮线向海最远处选择各适当点，而且，尽管以后低潮线发生后退现象，该直线基线在沿海国按照《联合国海洋法公约》加以改变以前仍然有效。直线基线的划定不应在任何明显的程度上偏离海岸的一般方向，而且基线内的海域必须充分接近陆地领土，使其受内水制度的支配。除在低潮高地上筑有永久高于海平面的灯塔或类似设施，或以这种高地作为划定基线的起讫点已获得国际一般承认者外，直线基线的划定不应以低潮高地为起讫点。确定特定基线时，对于有关地区所特有的并经长期惯例清楚地证明其为实在而重要的经济利益，可予以考虑。一国不得采用直线基线制度，致使另一国的领海同公海或专属经济区隔断。

3. 我国的领海基线

我国使用的是直线基线。中国大部分领海基线尚未划定，其中南海仍沿用 9 段线管理，南沙群岛等仍未公布领海基线。因为海岸非常曲折，中国确定基点和基线有一定的难度。选定哪些基点来确定领海基线，既要符合国际法的合理性，同时还要最大限度维护国家的海洋利益，这两者要找到一个合法的平衡点，这就需要进行严密的计算和测算。

1958 年 9 月 4 日，全国人民代表大会常务委员会第 100 次会议通过了《中华人民共和国全国人民代表大会常务委员会关于批准中华人民共和国政府关于领海声明的决议》。

宣布中国大陆及其沿海岛屿的领海以连接大陆岸上和沿海岸外缘岛屿上各基点之间的各直线为基线，从基线向外延伸 12n mile 的水域是中国的领海。在基线以内的水域，包括渤海、琼州海峡在内，都是中国的内海。在基线以内的岛屿，包括东引岛、高登岛、马祖列岛、白犬列岛、乌丘岛、大小金门岛、大担岛、二担岛、东碇岛在内，都是中国的内海岛屿。

1996 年 5 月 15 日，中华人民共和国政府公布《中华人民共和国政府关于中华人民共和国领海基线的声明》，宣布中华人民共和国大陆领海的部分基线和西沙群岛的领海基线，其中大陆领海的部分基线为 49 个相邻基点之间的直线连线，西沙群岛领海基线为 28 个相邻基点之间的直线连线。

2012 年 9 月 10 日，中华人民共和国政府公布《中华人民共和国政府关于钓鱼岛及其附属岛屿领海基线的声明》，宣布中华人民共和国钓鱼岛及其附属岛屿的领海基线为 17 个相邻基点之间的直线连线。

（四）领海

1. 领海的定义

领海（territorial sea）是沿海国的主权及于其陆地领土及其内水以外邻接的一带海域，在群岛国的情形下则及于群岛水域以外邻接的一带海域。领海主权及于领海的上空及其海床和底土。对于领海的主权的行使受《联合国海洋法公约》和其他国际法规则的限制。领海宽度为从基线量起向海不超过 12n mile。领海的外部界限是一条其每一点同基线最近点的距离等于领海宽度的线。

2. 领海的无害通过

所有国家，不论沿海国或内陆国，其船舶均享有无害通过领海的权利。通过是指为了穿过领海但不进入内水或停靠内水以外的泊船处或港口设施和驶往或驶出内水或停靠这种泊船处或港口设施通过领海的航行。通过应继续不停和迅速进行。通过包括停船和下锚在内，但以通常航行所附带发生的或由于不可抗力或遇难所必要的或为救助遇险或遭难的人员、船舶或飞机的目的为限。

只要不损害沿海国的和平、良好秩序或安全，这种通过就是无害通过（innocent passage）。

3. 有害通过

如果外国船舶在领海内进行下列任何一种活动，其通过即应视为损害沿海国的和平、良好秩序或安全。

（1）对沿海国的主权、领土完整或政治独立进行任何武力威胁或使用武力，或以任何其他违反《联合国宪章》所体现的国际法原则的方式进行武力威胁或使用武力；

（2）以任何种类的武器进行任何操练或演习；

（3）任何目的在于搜集情报使沿海国的防务或安全受损害的行为；

（4）任何目的在于影响沿海国防务或安全的宣传行为；

（5）在船上起落或接载任何飞机；

（6）在船上发射、降落或接载任何军事装置；

（7）违反沿海国海关、财政、移民或卫生的法律和规章，上下任何商品、货币或人员；

（8）违反《联合国海洋法公约》规定的任何故意和严重的污染行为；

（9）任何捕鱼活动；

（10）进行研究或测量活动；

（11）任何目的在于干扰沿海国任何通信系统或任何其他设施或设备的行为；

（12）与通过没有直接关系的任何其他活动。

4. 领海主权

领海隶属于沿海国主权之下，属国家领土组成部分，根据沿海国主权原则，沿海国对领海及其资源具有所有权并对其中的人、物和事具有管辖权，不许他国侵犯和干涉。这种所有权和管辖权具体表现为以下权利，但是领海与陆地领土和内水不同，外国船舶有无害通过领海的权利。

（1）资源的开发和利用权；

（2）沿海航运权；

（3）领空权；

（4）立法和管辖权。

（五）毗连区

1. 毗连区的定义

毗连区（contiguous zone）是指沿海国领海以外毗邻领海，由沿海国对其海关、财政、卫生和移民等类事项行使管辖权的一定宽度的海洋区域。毗连区从领海基线量起向海不超过 24n mile。毗连区又称“邻接区”、“海上特别权”，是指沿海国根据其国内法，在领海之外邻接领海的一定范围内，为了对某些事项行使必要的管制权，而设立的特殊海域。

2. 沿海国的权利

沿海国可在毗连区行使下列事由的管制。

（1）防止在其领土或领海内违反其海关、财政、移民或卫生的法律和规章；

（2）惩治在其领土或领海内违犯上述法律和规章的行为。

（六）用于国际航行的海峡

1. 法律地位

用于国际航行的海峡的通过制度，不应在其他方面影响构成这种海峡的水域的法律地位，或影响海峡沿岸国对这种水域及其上空、海床和底土行使其主权或管辖权。海峡沿岸国的主权或管辖权的行使受本部分和其他国际法规则的限制。

海峡沿岸国可对下列各项或任何一项制定关于通过海峡的过境通行的法律和规定。

（1）航行安全和海上交通管理；

（2）使有关在海峡内排放油类、油污废物和其他有毒物质的适用的国际规章有效，以防止、减少和控制污染；

（3）对于渔船，防止捕鱼，包括渔具的装载；

（4）违反海峡沿岸国海关、财政、移民或卫生的法律和规章，上下任何商品、货币或人员。

2. 过境通行

（1）船舶和飞机在行使过境通行权时，应毫不迟延地通过或飞越海峡。不对海峡沿岸国的主权、领土完整或政治独立进行任何武力威胁或使用武力，或以任何其他违反《联合国宪章》所体现的国际法原则的方式进行武力威胁或使用武力。除因不可抗力或遇难而有必要外，不从事其继续不停和迅速过境的通常方式所附带发生的活动以外的任何活动。遵守本部分的其他有关规定。

（2）过境通行的船舶，应遵守一般接受的关于海上安全的国际规章、程序和惯例，包括《国际海上避碰规则》；遵守一般接受的关于防止、减少和控制来自船舶的污染的国际规章、程序和惯例。

（3）过境通行的飞机，应遵守国际民用航空组织制定的适用于民用飞机的《航空规则》；国有飞机通常应遵守这种安全措施，并在操作时随时适当顾及航行安全。随时监听国际上指定的空中交通管制主管机构所分配的无线电频率或有关的国际呼救无线电频率。

（七）群岛国

1. 群岛国的概念

群岛国（archipelagic states）是指全部由一个或多个群岛构成的国家，并可包括其他岛屿。

群岛是指一群岛屿，包括若干岛屿的若干部分、相连的水域或其他自然地形，彼此密切相关，以致这种岛屿、水域和其他自然地形在本质上构成一个地理、经济和政治的实体，或在历史上已被视为这种实体。

2. 群岛基线

群岛国可划定连接群岛最外缘各岛和各干礁的最外缘各点的直线群岛基线，但这种基线应包括主要的岛屿和一个区域，在该区域内，水域面积和包括环礁在内的陆地面积的比例应在 1∶1～9∶1。这种基线的长度不应超过 100n mile。但围绕任何群岛的基线总数中至多 3%可超过该长度，最长以 125n mile 为限。

（八）专属经济区

1. 专属经济区范围

专属经济区（exclusive economic zone）是指领海以外并邻接领海的一个区域，专属经济区从测算领海宽度的基线量起，向海不超过 200n mile。

2. 沿海国权利

沿海国在专属经济区主要有两项主权权利和三个方面管辖权。

主权权利为：①勘探和开发、养护和管理海床上覆水域和海床及其底土的自然资源（不论为生物或非生物资源）；②在该区域内从事经济性开发和勘探，如利用海水、海流和风力生产能等其他活动。

管辖权为：①人工岛屿、设施和结构的建造和使用；②海洋科学研究；③海洋环境的保护和保全。

3. 生物资源的养护与利用

沿海国通过正当的养护、管理生物资源，科学论证制定可捕量，适度利用生物资源。其他国家的入渔，应遵守沿海国的法律和规章中所制订的养护措施和其他条款和条件。主要有以下的管理措施。

（1）发给渔民、渔船和捕捞装备的许可证，包括交纳规费和其他形式的报酬，而就发展中的沿海国而言，这种报酬可包括有关渔业的资金、装备和技术方面的适当补偿；

（2）决定可捕鱼种和确定渔获量的限额；

（3）规定渔汛和渔区，可使用渔具的种类、大小和数量以及渔船的种类、大小和数目；

（4）确定可捕鱼类和其他鱼种的年龄和大小；

（5）规定渔船应交的情报，包括渔获量和渔捞努力量统计和船只位置的报告；

（6）要求在沿海国授权和控制下进行特定渔业研究计划，并管理这种研究的进行，其中包括渔获物抽样、样品处理和相关科学资料的报告；

（7）由沿海国在这种船只上配置观察员或受训人员；

（8）这种船只在沿海国港口卸下渔获量的全部或任何部分；

（9）有关联合企业或其他合作安排的条款和条件；

（10）对人员训练和渔业技术转让的要求，包括提高沿海国从事渔业研究的能力；

（11）执行相关程序。

（九）大陆架

1. 大陆架范围

沿海国的大陆架是指其领海以外依其陆地领土的全部自然延伸，扩展到大陆边外缘的海底区域的海床和底土，如果从测算领海宽度的基线量起到大陆边的外缘的距离不到 200n mile，则扩展到 200n mile 的距离。大陆架在海床上的外部界线的各定点，不应超过从测算领海宽度的基线量起 350n mile，或不应超过连接 2500m 深度各点的等深线 100n mile。

2. 沿海国对大陆架的主权权利

沿海国对大陆架的主权权利是：为勘探大陆架和开发其自然资源的目的，对大陆架行使主权权利。该权利是专属性的，即任何人未经沿海国明示同意，均不得从事这种活动。

自然资源包括海床和底土的矿物和其他非生物资源，以及属于定居种的生物。

（十）公海

1. 公海的定义

公海（high seas）是指沿海国领海、毗连区、专属经济区和大陆架以外和群岛国的群岛水域以外的全部海域。公海应只用于和平目的。任何国家不得有效地声称将公海的任何部分置于其主权之下。每个国家，不论是沿海国或内陆国，均有权在公海上行驶悬挂其旗帜的船舶，具有救助、禁止贩卖奴隶、制止海盗行为、养护和管理生物资源的义务。

2. 公海自由

公海对所有国家开放，不论其为沿海国或内陆国。公海自由是《联合国海洋法公约》和其他国际法规则所规定的条件下行使的。公海自由对沿海国和内陆国而言，包括以下几点。

（1）航行自由；

（2）飞越自由；

（3）铺设海底电缆和管道的自由；

（4）建造国际法所容许的人工岛屿和其他设施的自由；

（5）捕鱼自由；

（6）科学研究的自由。

这些自由应由所有国家行使，但须适当顾及其他国家行使公海自由的利益，并适当顾及《联合国海洋法公约》所规定的同“区域”内活动有关的权利。

（十一）岛屿

岛屿是指四面环水并在高潮时高于水面的自然形成的陆地区域。岛屿的领海、毗连区、专属经济区和大陆架应按照《联合国海洋法公约》适用于其他陆地领土的规定加以确定。不能维持人类居住或其本身的经济生活的岩礁，不应有专属经济区或大陆架。

在《联合国海洋法公约》中，岛屿制度是非常重要的一部分。《联合国海洋法公约》的第八部分为岛屿制度，但这一部分只有一条（第一二一条）3 款组成了一个独立的部分。

（十二）闭海或半闭海

闭海或半闭海是指两个或两个以上国家所环绕并由一个狭窄的出口连接到另一个海或洋，或全部或主要由两个或两个以上沿海国的领海和专属经济区构成的海湾、海盆或海域。

闭海或半闭海沿岸国在行使和履行《联合国海洋法公约》所规定的权利和义务时，应互相合作。为此目的，这些国家应尽力直接或通过适当区域组织开展以下工作。

（1）协调海洋生物资源的管理、养护、勘探和开发；

（2）协调行使和履行其在保护和保全海洋环境方面的权利和义务；

（3）协调其科学研究政策，并在适当情形下在该地区进行联合的科学研究方案；

（4）在适当情形下，邀请其他有关国家或国际组织与其合作以推行闭海或半闭海沿岸国的合作。

（十三）内陆国出入海洋的权利和过境自由

1. 概念

内陆国（landlocked states）是指没有海岸的国家。

过境国（transit states）是指位于内陆国与海洋之间以及通过其领土进行过境运输的国家，不论其是否具有海岸。

过境运输是指人员、行李、货物和运输工具通过一个或几个过境国领土的过境，而这种通过不论是否需要转运、入仓、分卸或改变运输方式，都不过是以内陆国领土为起点或终点的旅运全程的一部分。

运输工具是指铁路车辆、海洋、湖泊和河川船舶，以及公路车辆；在当地情况需要时，也指搬运工人和驮兽。

2. 过境自由

为行使《联合国海洋法公约》所规定的各项权利，包括行使与公海自由和人类共同继承财产有关的权利的目的，内陆国应有权出入海洋。为此目的，内陆国应享有利用一切运输工具通过过境国领土的过境自由。行使过境自由的条件和方式，应由内陆国和有关过境国通过双边、分区域或区域协定予以议定。过境国在对其领土行使完全主权时，应有权采取一切必要措施，以确保本部分为内陆国所规定的各项权利和便利绝不侵害其合法利益。

（十四）“区域”

“区域”内的资源是指“区域”内在海床及其下原来位置的一切固体、液体或气体矿物资源，其中包括多金属结核。从“区域”回收的资源称为矿物。

“区域”及其资源是人类的共同继承财产。任何国家不应对“区域”的任何部分或其资源主张或行使主权或主权权利，任何国家或自然人或法人，也不应将“区域”或其资源的任何部分据为已有。任何这种主权和主权权利的主张或行使，或这种据为已有的行为，均应不予承认。

对“区域”内资源的一切权利属于全人类，由管理局代表全人类行使。这种资源不得让渡。但从“区域”内回收的矿物，只可按照本部分的规定和管理局的规则、规章和程序予以让渡。

我国在“区域”内作为先驱投资者已经申请了 $7.5\times10^4km^2$ 多金属结核矿区、$1\times10^4km^2$ 多金属硫化物矿区和 $0.3\times10^4km^2$ 富钴结壳矿区。

（十五）海洋环境的保护和保全

世界各国都有保护和保全海洋环境的义务，并依据其环境政策和按照其保护和保全海洋环境的职责开发其自然资源的主权权利。

（十六）海洋科学研究

所有国家，不论其地理位置如何，以及各主管国际组织，在《联合国海洋法公约》所规定的其他国家的权利和义务的限制下，均有权进行海洋科学研究。各国和各主管国际组织应按照《联合国海洋法公约》，促进和便利海洋科学研究的发展和进行。进行海洋科学研究时应适用下列原则。

（1）海洋科学研究应专为和平目的而进行；

（2）海洋科学研究应以符合《联合国海洋法公约》的适当科学方法和工具进行；

（3）海洋科学研究不应对符合《联合国海洋法公约》的海洋其他正当用途有不当干扰，而这种研究在上述用途过程中应适当地受到尊重；

（4）海洋科学研究的进行应遵守依照《联合国海洋法公约》制定的一切有关规章，包括关于保护和保全海洋环境的规章。

（十七）海洋技术的发展和转让

世界各国直接或通过主管国际组织，按照其能力进行合作，积极促进在公平合理的条款和条件上发展和转让海洋科学和海洋技术。在海洋科学和技术能力方面可能需要并要求技术援助的国家，特别是发展中国家，包括内陆国和地理不利国，促进其在海洋资源的勘探、开发、养护和管理、海洋环境的保护和保全、海洋科学研究，以及符合《联合国海洋法公约》的海洋环境内其他活动等方面海洋科学和技术能力的发展，以加速发展中国家的社会和经济发展。各国应尽力促进有利的经济和法律条件，以便在公平的基础上为所有有关各方的利益转让海洋技术。

（十八）争端的解决

各缔约国应按照《联合国宪章》第二条第三项以和平方法解决它们之间有关《联合国海洋法公约》的解释或适用的任何争端，并应为此目的以《联合国宪章》第三十三条第一项所指的方法求得解决。

任何缔约国于任何时候协议用自行选择的任何和平方法解决它们之间有关《联合国海洋法公约》的解释或适用的争端。

（十九）一般规定

诚意和滥用权利：缔约国应诚意履行根据《联合国海洋法公约》承担的义务并应以不致构成滥用权利的方式，行使《联合国海洋法公约》所承认的权利、管辖权和自由。

海洋的和平使用：缔约国在根据《联合国海洋法公约》行使其权利和履行其义务时，应不对任何国家的领土完整或政治独立进行任何武力威胁或使用武力，或以任何其他与

《联合国宪章》所载国际法原则不符的方式进行武力威胁或使用武力。

（二十）最后条款

签字：《联合国海洋法公约》应持续开放给各方签字。

批准和正式确认：《联合国海洋法公约》须经各国和第三〇五条第1款（b）、（c）、（d）和（e）项所指的其他实体批准，批准书和正式确认书应交存于联合国秘书长。

加入：加入书应交存于联合国秘书长。

生效：《联合国海洋法公约》应第60份批准书或加入书交存之日后12月生效。对于在第60份批准书和加入书交存以后批准或加入《联合国海洋法公约》的每一国家，在该国将批准书或加入书交存后第30天起生效。

第二节 国 内 法

伴随着近代人类开发和利用海洋而发展，大体上以20世纪70年代为阶段划分，在此之前是渔业、航运等行业管理时期；在此之后，1992年联合国环境与发展大会的召开和1994年《联合国海洋法公约》的生效，使可持续发展理念和海洋综合管理理论得以提出。进入21世纪，基于生态系统的方法实施海洋管理，成为美国、加拿大、欧盟等国家或组织的海洋政策的指导方针。

中华人民共和国成立初期到20世纪80年代初期，为基础保障服务与分散行业管理阶段，国家海洋局主要负责海洋调查科研等基础事业。其他部门包括了渔业、航运、油气和盐业等国民经济部门。20世纪80年代至90年代中期，为综合管理与行业管理的发展与调整阶段，国家海洋局被赋予海洋调查、科研、管理和公益服务职能。随着体制改革和政企分开，一些管理行为转变为企业经营活动。中国于1996年批准加入《联合国海洋法公约》，制定了《中国海洋21世纪议程》，明确提出了海洋综合管理和可持续发展战略，从而开创了海洋综合管理的新阶段，形成了目前海洋综合协调管理与分部门管理的总体格局。

一、海洋管理的形成基础

我国是海洋大国，毗邻太平洋，东部和南部被一系列边缘海所环绕。由北到南管辖海域依次有渤海、黄海、东海、台湾以东海域、南海五大海区。在这片海域里，如繁星般地散落着大大小小无数的海岛和岩礁。这些都是我们中华民族拥有的财富和资源，也为我国的海洋经济腾飞带来了希望。

我国海洋的主要资源有生物、矿产、能源和空间资源，从而产生了各个海洋产业，在我国国民经济中占有十分重要的地位。我国是海洋大国，但目前还不是海洋强国，海洋经济总体水平在世界海洋国家处于中上水平，部分海洋产业在国际上具有举足轻重的地位。例如，海洋盐业、海洋渔业、海洋造船业、海洋交通运输业等居世界第一。

海洋以其广阔空间和丰富资源，被视为人类未来可持续、可依赖的支持系统，可以说地球上正因为有了海洋，人类才有了今天的繁荣，也才会对明天充满信心。但是，目前人类对海洋开发利用，却使海洋受到了巨大的冲击。我国对海洋开发的持续高速增长，使海洋资源长期处于“无序、无度、无偿”状态，部门、区域之间的用海矛盾日益激化，海洋污染和生态环境破坏有增无减，赤潮等自然灾害不断发生，海洋资源破坏日趋严重，给海洋环境和资源带来了巨大的压力。

如何遏制海洋资源破坏，改善海域生态环境条件，提高海域利用的综合效益，保持海洋经济的可持续发展，是海洋管理者面临的一个严峻问题。

二、如何有效实施海洋管理

在《中华人民共和国海域使用管理法》实施之前，主要有生态系统管理、海岸带综合管理、行业管理等方式，各有特点（表 3.1），不能形成综合管理。

表 3.1　各种管理的特点

管理特点	行业管理	海岸带综合管理	生态系统管理
管理对象	单一物种或活动	海域使用者	生态系统
空间尺度	小尺度	大范围	大范围、多层
时间尺度	短期	长远	长远动态
人与自然关系	相互独立	和谐共存	人是生态系统的一部分
科学与管理关系	相互脱节	相互综合	适应性管理
管理目标	获得产品	综合效益	生态系统健康与服务
主要手段	行政手段	行政手段	政策与规划

经过多年的管理实践证明，推进海洋综合管理最好、最为可行的切入点就是建立并加强对海域使用的管理。通过海域使用权属管理、海洋功能区划、海域使用论证和海域使用审批等制度的确立，实现了对海域的综合管理，最终达到了海洋资源与环境的可持续利用，同时也是海洋综合管理的目的。

我国政府意识到这一点后，反映到法律制度建设上，就是通过建立健全海域使用的法律制度，保证海洋资源的可持续利用和海洋经济的可持续发展。

三、我国海洋法律体系

（一）国家主权方面的法律

海洋法律制度与陆地相关的法律制度相比，其突出的一个特点在于，沿海国将所管辖的海域划分为内水、领海、专属经济区和大陆架等区域，在不同的区域建立和施行不同的制度。

从适用的地理范围来看，主要适用于中国管辖海域（内水、领海及毗连区、专属经济区和大陆架）和海岛。

从涉及的权利与义务来看，主要包括主权权利、管辖权和相关义务。

从规范和调整的活动来看，包括海洋权益维护、海域使用及海岛管理、海洋资源开发管理、海洋环境保护、海上交通安全和海洋科学研究等。

1. 海洋权益直接相关的法律制度

《中华人民共和国政府关于领海的声明》（1958）、《中华人民共和国领海及毗连区法》（1992）、《中华人民共和国政府关于领海基线的声明》（1996）和《中华人民共和国政府关于钓鱼岛及其附属岛屿领海基线的声明》（2012）等，建立了内水、领海及毗连区制度。

《中华人民共和国专属经济区和大陆架法》（1998），规定了中国专属经济区和大陆架的范围，明确了一系列主权权利和管辖权。

2. 与专属经济区和大陆架相关的涉外法规

《中华人民共和国对外合作开采海洋石油资源条例》(1982/2011)、《中华人民共和国涉外海洋科学研究管理规定》(1996)、《铺设海底电缆管道管理规定》(1989)等国务院行政法规，对外国、外方或外企在中国专属经济区和大陆架上实施有关活动，专门作出具体的申请和行政审批规定。除此之外，涉及渔业、环境保护、测绘等活动，也在相关的法律中作出规定。为确保法律法规得到遵守，还规定可以采取登临、检查、逮捕、扣留和进行司法程序等必要的措施，依法追究法律责任。

(二)海域使用和海岛管理法律制度

《中华人民共和国海域使用管理法》(2001)，是中国海洋综合管理制度的创新，制定了海洋功能区划制度、海域所有权和海域使用权制度、海域有偿使用制度和海域使用监督管理体制 4 项基本制度。

《中华人民共和国海岛保护法》(2009)，是为了保护海岛及其周边海域生态系统，合理开发利用海岛自然资源，维护国家海洋权益，促进经济社会可持续发展，而制定的法规。制定了无居民海岛权属制度、海岛保护规划制度、海岛生态保护和特殊用途海岛的保护 4 项制度。

(三)海洋资源开发与保护直接相关的法律制度

1. 渔业资源

《中华人民共和国渔业法》(1987/2000/2004)、《水产资源繁殖保护条例》(1979)等法律法规建立了一系列渔业资源开发与保护的管理制度。主要对海洋捕捞业、养殖业、渔业资源的增殖与保护等作出详细规定。确立了对捕捞业实行可捕量制度、限额制度、许可证制度、到公海或他国管辖海域从事捕捞的审批制度，以及限定捕捞场所、时间、方法和工具等制度。对养殖业实行许可证制度、种苗审批制度。对渔业资源实施增殖保护费、捕捞禁限措施、禁渔区和禁渔期等增殖和保护制度。此外，还对建立渔业种质资源保护区和水生野生动植物保护区作出规定。

2. 矿产资源

《中华人民共和国矿产资源法》(1986/1996)，对开采海洋石油、天然气、海砂等矿产资源的勘查、开发和保护作出了一般规定，涉及矿产资源管理体制、规划管理、探矿权和采矿权管理，以及矿产资源有偿使用等。

3. 海水淡化及海水直接利用

《中华人民共和国循环经济促进法》(2008)，规定国家鼓励和支持沿海地区进行海水淡化和海水直接利用，节约淡水资源。

4. 海洋能

《中华人民共和国可再生能源法》(2005)，将海洋能列入可再生能源，其开发利用可适用该法相关规定。

5. 水下文化遗产

《中华人民共和国水下文物保护管理条例》(1989)，规定了水下文物的所有权制度、管辖权制度和保护制度，对水下文物的打捞、水下文物的考古勘探和发掘、水下文物保护单位和水下文物保护区等都作出了具体规定。对破坏、私自勘探发掘打捞或者贩运非法出售、出口水下文物等行为，都规定了相应的法律责任。

（四）海洋环境保护法律制度

《中华人民共和国海洋环境保护法》（1982/2016），建立了一套较为完整的海洋环境保护法律体系。该法律一方面规定了共性的、适用于所有海洋环境保护活动的制度，包括监督管理、排污总量控制、重大海上污染事故应急、海洋保护区等制度；另一方面通过配套法规分别规定了一些主要海洋开发活动的环境制度，主要包括《中华人民共和国防治陆源污染物污染损害海洋环境管理条例》（1990）、《中华人民共和国防治海岸工程建设项目污染损害海洋环境管理条例》（1990/2007）、《防治海洋工程建设项目污染损害海洋环境管理条例》（2006）、《中华人民共和国海洋石油勘探开发环境保护管理条例》（1983）、《中华人民共和国海洋倾废管理条例》（1985）、《防治船舶污染海洋环境管理条例》（2009）、《防止拆船污染环境管理条例》（1988/2017）等国务院行政法规，以及《海洋自然保护区管理办法》（国家海洋局，1995）、《海洋特别保护区管理办法》（国家海洋局，2010）、《中华人民共和国水生动植物自然保护区管理办法》（农业部，1997/2010）、《渤海生物资源养护规定》（农业部，2004）、《中国水生生物资源养护行动纲要》（农业部，2006）等海洋环境保护的部门规章和地方性法规。

（五）海上生产安全法律制度

以《中华人民共和国海上交通安全法》（1983/2016）、《中华人民共和国港口法》（2003/2015）、《中华人民共和国船舶和海上设施检验条例》（1993）、《中华人民共和国航道管理条例》（1987/2008）、《中华人民共和国航标条例》（1995/2011）、《中华人民共和国船员条例》（2007/2017）等配套法规为主体，围绕“船舶更安全、海洋更清洁”的目标，建立一系列海上交通安全秩序的法律制度，主要包括以下 5 个方面。

（1）海上通航管理方面：通航水域的航行制度、通航水域的作业制度、船舶航行区域的划定、航道和航标管理制度等。

（2）船舶安全管理方面：船舶及海上设施检验制度、船舶登记制度、船舶安全检查和港口监督制度等。

（3）船员管理制度方面：适航船舶船员定额配备，船员注册、任职、培训、职业保障，以及船员培训机构和服务机构许可制度等。

（4）港口管理方面：港口的规划、建设、维护、经营和管理，以科学实用的规划为港口发展的前提，规定了港口地位、种类和审批制度，对港口工程建设的安全和环保作出具体要求，港口经营实行许可证制度，并对港口设施保安作出严格规定。

（5）污染防治方面：污染物排放要求等。

四、《中华人民共和国海域使用管理法》

2002 年 1 月 1 日起实施的《中华人民共和国海域使用管理法》，是我国政府为全面强化国家海洋权益，彻底解决海域使用及其资源开发中长期存在的“无序、无度、无偿”状态，强化海洋综合管理的关键举措，是推进我国海洋管理法制化建设的重要标志。《中华人民共和国海域使用管理法》的颁布实施，开创了我国海域使用管理的新时期，也是海洋综合管理真正走向法制化管理时期的重要标志。它必将对 21 世纪我国海洋经济的健康发展产生巨大而深远的影响。

（一）概况

2001年10月27日，第九届全国人民代表大会常务委员会第二十四次会议通过了《中华人民共和国海域使用管理法》。

主要特点：强调海域属于国家所有，国务院代表国家行使海域所有权；单位和个人使用海域，必须依法取得海域使用权；海域管理实行由国务院海洋行政主管部门一个部门统一管理；海域必须有偿使用；海域使用必须符合海洋功能区划。

立法的宗旨和任务：为了加强海域使用管理，维护国家海域所有权和海域使用权人的合法权益，促进海域的合理开发和可持续利用。

适用范围：在内水、领海持续使用特定海域3个月以上的排他性用海活动。使用海域为中华人民共和国内水、领海的水面、水体、海床和底土，即海岸线至领海外部界限。

生效日期：2002年1月1日。

（二）基本制度

根据《中华人民共和国海域使用管理法》的立法宗旨和所要调整的社会关系的范围，总结海域使用管理工作的数年经验，《中华人民共和国海域使用管理法》建立起了海域使用监督管理体制、海域所有权和使用权制度、海洋功能区划制度和海域有偿使用制度4项基本制度。

1. 海域使用监督管理体制

管理体制是行政主体的组织制度和监督管理权限划分及工作运行机制。管理体制设定的科学合理与否，直接关系到是否能够实现国家海洋综合管理，相关法律能否成功实施。《中华人民共和国海域使用管理法》的管理体制是海域使用实行统一管理和分级管理相结合的管理体制，实现了一件事、一部法由一个部门管的思想。该法通过海域权属的统一管理，达到协调各用海行业矛盾，规范用海秩序的目的。

2. 海域所有权和使用权制度

通过立法，明确了海域属国家所有，国家应该是主权所及海域及其资源性资产或物权的唯一主体。在此之前，我国尚无法律对我国海域及其资源的所有权关系和使用中的关系进行全面规范，通过该法确立国家海域所有权及其使用关系，是立法的基本宗旨之一。古代法家代表人物商鞅曾说："一兔走，百人逐之，非此兔可分以为百也，由名分之未定也。夫卖兔者满市，而盗不敢取，由名分已定也"。法律的最大要义在于定纷止争。

海域使用权是海域所有权的附属权能，根据法学理论，所有权权能可以与使用权能分离存在，这种分离也是所有权人行使权利的一种方式。《中华人民共和国海域使用管理法》的第四章共14条，就是规范海域所有权在行使附属权能中，与海域使用权的关系。

随着社会生产力的发展，海洋资源开发创造的经济贡献显著增强，海域作为一类空间资源，被现实社会肯定并纳入物权的范畴也是必然的。国家根据海域及其资源的区位、资源条件、优势的社会功能价值及国家战略发展需要等，通过海域使用的许可和招标拍卖、有偿使用等制度，将海域使用权过渡到使用者手中。

将海域作为一种资产权或物权的使用权转移，采用市场经济机制实现，无疑对减少行政审批的弊端，减少腐败，提高海域使用管理的公开、公平、公正，是一个革命性的变革。

海域使用论证制度从1998年就已经正式实施，用海单位根据审批部门的要求，必须聘请有海域使用论证资质的单位为其项目用海进行可行性论证，论证结果由审批部门组织有关专家进行验收，海域使用管理部门会根据专家对报告的论证结果和其他相关材料，审核海域使用申请后，报有批准权的人民政府审批。

2002 年 1 月 1 日起实行的《中华人民共和国海域使用管理法》，将海域使用论证材料作为用海者必须提交的申请材料之一，加以法律规定，充分说明海域使用论证工作在海域使用审批中的重要性和必要性。

3. 海洋功能区划制度

《中华人民共和国海域使用管理法》虽然调整的对象是人在海洋活动中的各类关系，但因其立法目标之一是为了海洋客体自然平衡的维持。经反复调研论证，最终选定海洋功能区划作为《中华人民共和国海域使用管理法》的科学依据之一。

海洋功能区划是根据海域及相邻陆域的自然条件、环境状况和地理区位，并考虑到海洋开发利用现状和社会经济发展的需要，将海域划定为若干具有主导功能并在自然条件上具有相对独立的地理单元的海域。为开发利用者提供各海域适合干什么，不适合干什么的方向指导和海域使用定位；作为管理部门科学合理审批海域使用的依据。

海洋功能区划在《中华人民共和国海域使用管理法》中加以规定，基于以下 4 个理由。

（1）海洋功能区划是科学用海的基础；

（2）海洋功能区划是海洋系统的一项基本职责；

（3）开展海洋功能区划工作是建立统筹协调机制，解决部门、行业用海矛盾的需要；

（4）海洋功能区划写入《中华人民共和国海域使用管理法》是受同类现行法的启示。

4. 海域有偿使用制度

海域有偿使用制度是《中华人民共和国海域使用管理法》的重要制度之一。

我国长期存在“产品高价、原料低价、资源无价”的价格扭曲现象。海域及其资源是一类自然资源性的资产，它的社会属性就应该具有一切有形资产的属性。如果海域所有权在经济上得不到实现，那么，就是对所有权的实际废除。因此，海域使用者必须向国家缴纳海域使用金，贯彻有偿使用海域的原则。

国家实行海域有偿使用制度，对海域使用者收取海域使用金，既是所有权功能的实现，也是避免海洋资源开发利用中出现滥用和浪费的有效措施之一。建立海域有偿使用制度也是党和国家的基本方针和政策。实行海域有偿使用，有助于海洋资源的保护与合理利用。

《中华人民共和国海域使用管理法》本着法律责任规定要与设定的规范相对应、处罚规定要具体、可操作性强、罚款和行政处分的数量和类别等级要清楚等要求，从第四十二条到第五十一条共有 10 条法律责任规定。分别对未经批准非法占用海域，无权审批者违法审批，使用者不履行法定义务、阻挠与妨害海域使用权人依法用海，不依法缴纳海域使用金，擅自改变批准用途用海，使用期届满应拆除的设施和建筑物没有拆除等行为，都作了明确的处罚规定。

实施《中华人民共和国海域使用管理法》的关键在于海洋行政主管部门能不能严格依法行政。从我们国家行政机关的性质来看，宪法明确规定，政府是国家权力机关的执行机关。因此，政府能不能自觉地依法行政、严格依法办事，直接关系到法律、法规的实施效果，直接影响着法律、法规的尊严和权威。国家行政机关是否坚持依法行政、严格行政执法，也是直接关系到人民当家作主、管理国家事务的意志能不能实现的重大原则问题。

（三）管理效果

一是配套法规规章逐步完善，在有法可依的基础上保证了有章可循。2002 年以来，国务院先后批准了三个规范性文件，明确规定了沿海地方政府的项目用海审批权限、省级海洋功能区划和报国务院批准的项目用海的审批程序。国家海洋局会同财政部出台了《海域使用金减免管理办法》等一系列规范性文件，使《中华人民共和国海域使用管理法》更具可操作性。沿海地方依据法律和当地的实际情况，积极推进海域使用管理法治建设工作。目前，我国沿海山东、江苏、福建、海南、辽宁、上海等沿海省级人民代表大会常务委员会已出台了地方性法规或政府规章。

二是海洋功能区划体系已经形成，为科学管海、合理用海提供了决策依据。2002 年 8 月，国务院批准了《全国海洋功能区划》，2004 年以后沿海各省、自治区、直辖市的海洋功能区划也相继批复实施。随后，根据前期海洋功能区划实施的效果，以及自然环境条件、产业发展现状和社会经济发展的需要，2012 年国务院又相继批复实施了修订后的全国和沿海各省、自治区、直辖市的海洋功能区划（2011～2020 年），地方各级海洋行政主管部门也依法开展了市、县级海洋功能区划的编制、修订和报批工作。

三是确权发证工作稳步推进，有效维护了各类海域使用权人的合法权益。《中华人民共和国海域使用管理法》实施后，从国家到地方，对海域使用实行了严格的审批制度，例如，上海洋山港区、杭州湾跨海大桥、中国电信集团公司、中国海洋石油总公司等用海大户的海域使用申请，严格按照法定程序进行审核，有力地保障了国家重大建设项目的用海需求。在一般项目用海的监督管理上，各级海洋行政主管部门注重协调不同行业之间的用海矛盾，充分发挥海域使用权制度在海洋经济发展中的宏观调控作用。截至 2015 年年底，全国累计发放海域使用权证书 102917 本，确权海域面积 $374.63\times10^4hm^2$，各类用海逐步依法纳入海域使用管理。

四是海域有偿使用管理得到加强，实现了海域国有资源性资产的保值增值。海域使用金是国家海域所有权在经济上的重要体现。为科学、合理地征收海域使用金，开展了全国海域分等和海域使用金征收标准制定工作。各省相继制定或修订了海域使用金征收管理办法和标准。规范和加强了海域使用金的征收管理力度，确保应收尽收。截至 2015 年年底，全国累计征收海域使用金 757.69 亿元。

五是海域使用论证工作的管理得到加强。通过制度完善和人员培训等工作，提高论证人员的水平，保证论证质量。《中华人民共和国海域使用管理法》的有效实施，理顺了我国海洋开发秩序，使不同用海行业、类型和单位的用海矛盾，在海域使用审批和海洋功能区划的制定过程中得以协调解决，保护了海洋生态环境，推动了海域资源的科学利用，已经在我国海洋经济的可持续发展工作中发挥了积极有效的作用。

（四）目前海域管理中存在的主要问题

（1）对海洋整体特性的了解和认识还远远不够。对海洋中可再生资源的分布及再生规律的研究不够深入。对不可再生资源的分布及储量不清，掌握不够。

（2）不能科学用海。海洋资源开发利用带有一定的盲目性和急功近利等。例如围海造地、海水养殖等使用问题。

（3）不能及时有效地掌握海域使用的现状和问题。虽然《中华人民共和国海域使用管理法》实施多年了，但现代化海域状况的动态监视监测系统尚未建立。

（4）实施效果不能达到预期的目标。支持《中华人民共和国海域使用管理法》实施的科学保障体系和技术支持体系尚未建立，使海洋功能区划、海域使用论证等制度的实施不能达到预期的效果。

思 考 题

1. 早期的世界海洋法律与现代法律有何不同？
2. 《联合国海洋法公约》为何长达25年才编撰完成？
3. 《联合国海洋法公约》确立了哪些法律制度？
4. 专属经济区的含义是什么？
5. 领海基线有哪些确定方法，我国采用哪种方法？
6. 内水包括哪些区域？
7. 沿海国在毗连区有哪些权益？
8. 沿海国的大陆架范围及权益有哪些？
9. 公海有哪些公海自由？
10. 海岛的含义是什么？
11. 我国有哪些与海洋有关的法律制度？
12. 我国海洋管理制度是如何形成的？
13.《中华人民共和国海域使用管理法》制定了哪些基本制度？
14.《中华人民共和国海洋环境保护法》主要保护对象是什么？
15.《中华人民共和国渔业法》与其他法律有何不同？
16. 在海洋划界中，如何解决相向国家之间的争端？

第四章 区位条件

本章学习重点

1. 掌握区位条件的分析方法。
2. 熟悉我国的区位、区位优势和区域发展制约条件。
3. 掌握海洋环境条件的分析方法。
4. 熟悉我国社会经济发展条件。

第一节 社会经济条件

一、沿海地区范围

沿海地区（the coastal areas）是指有海岸线的地区。《中国海洋统计年鉴（2015)》给沿海地区下的定义是有海岸线（大陆岸线和岛屿岸线）的地区，按行政区划分包括14个沿海省级行政区，53个沿海城市，242个沿海县级行政区①。

美国科学家认为沿海地区是大陆或海岛周围空气、海洋与陆地的交界区域（Hansom and Gordon，1998)，可以进一步地认为向陆一侧到达海浪飞沫能及的地方，向海一侧到大陆架的范围。在生态学上则是一个转换区域或是一个群落交错区（ecotone)，位于海洋（湖泊）和地域系统之中（Beatley，1994)。

二、人口状况

人口（population）是一个内容复杂、综合多种社会关系的社会实体，具有性别和年龄及自然构成，多种社会构成和社会关系、经济构成和经济关系。人口的出生、死亡、婚配，处于家庭关系、民族关系、经济关系、政治关系及社会关系之中，一切社会活动、社会关系、社会现象和社会问题都同人口发展过程相关。

濒临海洋的沿海地区，受海洋的影响，一般都是生态环境优美、适合人类居住、有利于发展经济的精华地区。世界人口的60%居住在距海岸100km的沿海地区。中国的沿海地区也是这样，沿海地区基本上都是环境条件好、经济发达和人口承载力高的地区。第6次全国人口普查结果表明，2010年沿海地区常住人口总数为60714万人（含港澳台地区)，占全国人口总数的44.29%（表4.1)。2015年沿海地区常住人口总数为60249万人（未含港澳台地区)，占全国（未含港澳台地区）人口总数的43.83%。

表4.1 第6次全国人口普查沿海地区人口状况

地区	2010年人口/万人	占全国人口比例/%		人口增长率/%	人口密度/(人/km^2)
		2000年	2010年		
天津	1294	0.77	0.94	2.93	1144
河北	7185	5.21	5.24	0.65	384

① 沿海城市和沿海县级行政区的数据统计未包括港澳台地区。

续表

地区	2010年人口/万人	占全国人口比例/%		人口增长率/%	人口密度/(人/km²)
		2000年	2010年		
辽宁	4375	3.27	3.19	0.32	295
上海	2302	1.29	1.68	3.75	3630
江苏	7866	5.75	5.74	0.58	767
浙江	5443	3.61	3.97	1.64	535
福建	3689	2.68	2.69	0.63	304
山东	9579	7.01	6.99	0.55	610
广东	10430	6.68	7.61	2.07	581
广西	4603	3.47	3.36	0.25	195
海南	867	0.61	0.63	1.02	248
香港	710	0.52	0.52	0.47	6452
澳门	55	0.03	0.04	2.55	21744
台湾	2316	1.72	1.69	0.40	643
沿海地区	60714	42.62	44.29	1.00	459
全国				0.59	143

1. 人口承载力强

2010年，沿海地区总面积为$132.33\times10^4km^2$，占全部国土面积的13.78%，常住人口数量却接近全国的一半。全国平均人口密度为143人/km^2，沿海地区人口承载力最强，平均为459人/km^2，比全国平均人口密度提高了220.98%。

2. 人口流入量大

沿海地区气候湿润，雨量较多，土地肥沃，农业生产也很发达。大海还有持续的造陆功能，东南沿海地区约$1667\times10^4hm^2$的优良农田是由滩涂围垦形成的。随着科学技术的进步，人类将认识和开发海洋资源的能力提高到前所未有的高度，21世纪，海洋世纪的论断深入人心。内陆地区人口纷纷流入沿海地区，2010年沿海地区总人口占全国人口比例为44.29%，比2000年增加了1.67个百分点。2010年全国年平均人口增长率为0.59%，沿海地区人口增长率明显加快，为1.00%，超过全国人口增长率的69.49%。

3. 外来务工人口聚集

人口的地区分布一方面取决于生存、生产条件，另一方面还取决于地区的资源配置状况。沿海地区具有临海的区位优势，对外经济联系方便，成为经济、科技和文化中心，国内生产总值一直占全国的60%以上。由于珠江三角洲对外开放，长江三角洲的上海国际金融中心的建立，环渤海经济圈的形成，吸引了大量外来务工人口向沿海地区聚集。

4. 人口重心南移

2010年，在沿海地区的人口地理分布上，黄渤海沿海地区（辽宁、河北、天津和山东）人口数量最多，为22433万人，占沿海地区人口比例的36.95%；东海沿海地区（江苏、上海、浙江、福建和台湾）次之，为21616万人，占沿海地区人口比例的35.60%；

南海沿海地区（广东、香港、澳门、广西和海南）人口数量最少，为16665万人，占沿海地区人口比例的27.45%。从第5次和第6次人口普查结果分析，虽然北部人口比重和密度都较大，但是人口重心明显南移，南海沿海地区人口增长率达1.38%，明显高于黄渤海和东海沿海地区（表4.2）。

表4.2 2010年沿海地区人口分布情况

沿海地区	2010年人口/万人	占沿海地区人口比例/%		人口增长率/%	人口密度/(人/km²)
		2000年	2010年		
黄渤海	22433	38.16	36.95	0.65	446
东海	21616	35.31	35.60	1.09	587
南海	16665	26.53	27.45	1.38	369
合计	60714	100	100	1.00	459

5. 年龄构成与全国基本一致

2015年沿海地区人口总数60249万人，年龄结构按0～14岁、15～64岁和65岁以上分为3个年龄组，沿海地区各年龄组比例分别为15.89%、73.14%、10.97%，与全国各年龄组的比例（17.6%、71.9%和10.5%）基本一致，但沿海地区劳动力比例较高。

6. 文化教育程度较高

2015年沿海地区，具有大学文化程度的人口比例为9.71%。

三、城镇结构和分布

城镇指的是城市（city）和集镇（town），是以非农业产业和非农业人口集聚形成的具有一定规模的居民点。人口较稠密的、规模较大的地区称为城市，一般包括了住宅区、工业区和商业区并且具备行政管辖功能。规模较小并具有一定规模工商业的居民点称为集镇。城市的行政管辖功能可能涉及较其本身更广泛的区域，其中有居民区、街道、医院、学校、公共绿地、写字楼、商业卖场、广场和公园等公共设施。一个区域作为城市必须有质的规范性。

城镇化（urbanization）是人类生产、生活方式由农耕文化向工业文明转变，由乡村型向城市型转化的必然过程。城镇化是指第二、第三产业在城镇集聚，农村人口不断向非农产业和城镇转移，使城镇数量增加、规模扩大，城镇生产方式和生活方式向农村扩散、城镇物质文明和精神文明向农村普及的经济、社会发展过程。

中国沿海由北而南依次分布有辽宁、河北、天津、山东、江苏、上海、浙江、福建、台湾、广东、广西、香港、澳门和海南14个省级行政区。根据《中国海洋统计年鉴（2015）》给出沿海地区有53个沿海城市，242个沿海县级行政区。

四、主要海洋产业及依托陆域相关产业状况

（一）沿海地区经济结构

改革开放以来，中国经济取得了前所未有的成就，沿海地区的发展更是走在前列。2015年中国沿海地区人口为60249万人，占全国人口总数的43.83%，创造GDP总额为395355.63亿元，占全国总额的58.42%；产业结构中第一产业、第二产业和第三产业的比例分别为6.53%、45.27%和48.20%（表4.3）。

表 4.3　2015 年中国沿海地区 GDP 及产业结构

沿海地区	GDP/亿元	产业结构/%		
		第一产业	第二产业	第三产业
天津	16538.19	1.27	46.70	52.03
河北	29806.10	11.54	48.27	40.19
辽宁	28743.40	8.29	46.56	45.15
上海	24964.99	0.44	31.81	67.75
江苏	70116.40	5.69	45.70	48.61
浙江	42886.00	4.27	45.95	49.77
福建	25979.82	8.15	50.88	40.97
山东	63002.30	7.90	46.80	45.30
广东	72812.55	4.59	44.65	50.76
广西	16803.12	15.27	45.79	38.94
海南	3702.76	23.11	23.64	53.25
合计	395355.63	6.53	45.27	48.20

注：未包括港澳台地区。

（二）海洋产业经济

随着对海洋资源的开发利用，形成了海洋经济这一新兴的产业体系，包括海洋渔业、海洋油气业、海洋矿业、海洋盐业、海洋化工业、海洋生物医药业、海洋电力业、海水利用业、海洋船舶工业、海洋工程建筑业、海洋交通运输业和滨海旅游业 12 类产业，分布在国民经济序列的 33 个中类，45 个小类中，涉及 100 多个相关的产业部门，成长为庞大的产业群。

根据《2015 年中国海洋经济统计公报》统计，2015 年我国涉海就业人员为 3589 万人，全国海洋生产总值为 64669 亿元，比上年增长 7.0%，海洋生产总值占国内生产总值的 9.6%。其中，海洋产业增加值为 38991 亿元，海洋相关产业增加值为 25678 亿元。海洋第一产业增加值为 3292 亿元，第二产业增加值为 27492 亿元，第三产业增加值为 33885 亿元，海洋第一产业、第二产业、第三产业增加值占海洋生产总值的比例分别为 5.1%、42.5%、52.4%。我国海洋产业总体保持稳步增长。其中，主要海洋产业增加值为 26792 亿元，比上年增长为 8.0%。海洋科研教育管理服务业增加值为 12199 亿元，比上年增长了 8.7%。环渤海地区，海洋生产总值为 23437 亿元，占全国海洋生产总值的比例为 36.2%。长江三角洲地区，海洋生产总值为 18439 亿元，占全国海洋生产总值的比例为 28.5%。珠江三角洲地区，海洋生产总值为 13796 亿元，占全国海洋生产总值的比例为 21.3%。

五、基础设施

基础设施（infrastructure）是指为社会生产和居民生活提供公共服务的物质工程设施，是用于保证国家或地区社会经济活动正常进行的公共服务系统。它是社会赖以生存发展的一般物质条件。

基础设施包括交通、邮电、供水供电、商业服务、科研与技术服务、园林绿化、环境保护、文化教育和卫生事业等市政公用工程设施和公共生活服务设施等。它们是国民经济各项事业发展的基础。在现代社会中，经济越发展，对基础设施的要求越高，完善的基础设施对加速社会经济活动，促进其空间分布形态演变起着巨大的推动作用。建立完善的基础设施往往需较长时间和巨额投资。对新建项目、扩建项目，特别是远离城市的重大项目和基地建设，更需优先发展基础设施，以便项目建成后尽快发挥效益。

沿海地区有比较好的发展基础，市场化程度较高，经济发展水平远远高于其他区域。多年的快速发展，使沿海地区有了一定的资本积累，能够用于基础设施的建设。沿海公路、铁路、航空、管道网络和港口等交通运输设施不断完善，建设进程加快，能源、供排水、邮电通信、环保和防灾设施等设施建设取得新进展，对经济发展的支撑保障能力不断增强。

六、科学技术

科学技术（science and technology）是科学与技术的通称，通常人们先于掌握科学的原理之前，早有利用该原理的技术。科学是指研究自然现象及其规律的自然科学；技术泛指根据自然科学原理生产实践经验，为某一实际目的而协同组成的各种工具、设备、技术和工艺体系，但不包括与社会科学相应的技术内容。科学与技术是辩证统一体，技术提出课题，科学完成课题；科学是发现，是技术的理论指导；技术是发明，是科学的实际运用。一般认为，高科技是一种人才密集、知识密集、技术密集、资金密集、风险密集、信息密集、产业密集、竞争性和渗透性强，对人类社会的发展进步具有重大影响的、前沿的、高端的和精锐的科学技术。这将是推动各行各业发展的关键因素。

沿海地区的科技发展走在全国的前列，是教育、科技等资源的密集区域。2015 年我国在沿海地区的科技经费投入达到 8714.2 亿元，占全国总经费的 61.50%。主要投入到工业企业、政府属研究机构、高等学校及研究与试验发展活动相对密集行业（涉及农、林、牧、渔业，建筑业，交通运输、仓储和邮政业，软件和信息技术服务业，金融业，租赁与商务服务业，科学研究与技术服务业，水利、环境与公共设施管理业，卫生与社会工作，文体、娱乐业等）中从事研究与试验发展活动的企事业单位。科技进步在沿海地区的经济发展中的贡献十分突出。沿海地区科技成果、专利、技术等自主创新能力增强，人才队伍继续壮大，创新平台建设步伐加快，信息产业、社会服务稳步发展，科技进步在经济增长中的比重不断提高。

第二节　区 位 特 征

一、区位的概念

区位（location）是指某一主体或事物所占据的场所，具体可标识为一定的空间坐标。区位一方面指该事物的位置，另一方面指该事物与其他事物的空间联系。海洋产业生产活动及其依托陆域社会经济的形成和发展都必须有一个确定的空间位置，也离不开与其他事物的联系，这种联系可以分为两大类：一是与自然环境的联系，二是与社会经济环境的联系。要分析生产活动和社会经济的发展规律，就要从对其起作用的自然环境和社会经济要素着手，分析反映不同的地理坐标或空间位置所标识的经济利益差别。在一定的经济系统中，由于社会经济活动的相互依存性、资源空间布局的非均匀性和分工与交易的地域性等特征，各空间位置具有不同的市场约束、成本约束、资源约束、技术约束和信息约束等，从而具有不同的经济利益。地理区位直接影响生存环境的质量、可更新自然资源的丰度、区域开发方向及国际合作与交流的便捷程度。

区位条件是指区位本身具有的条件、特点、属性和资质。其构成因素主要包括：自然资源、地理位置，以及社会、经济、科技、管理、政治、文化、教育、旅游等方面。

区位因素是指影响区位主体分布的原因。对区位主体产生大的影响的因子就是主要因子，影响比较小的为次要因子。在自给自足的农业社会，土地资源是经济的基础，决定农牧产品产量的土地资源和影响农牧业的集约程度、技术传播与市场的距离是区位优势的主要因子。工业革命后，新技术和新市场的出现，由工业社会初期的自然资源、劳力、运输优势发展到后期的技术、市场、政策及企业关联等优势。知识经济时代的区位优势不同于传统的区位优势，人的因素占主导地位，培育并吸引高科技人员成为发展经济、提高区位优势的关键。

二、沿海各地的区位特征

（一）辽宁

辽宁自辽冀海域行政区域界线至鸭绿江口，面积＞$500m^2$的海岛有265个，海域总面积为$36686km^2$，其中浅海面积为$34990km^2$、滩涂面积为$1696km^2$，是我国东北地区通向世界的海陆进出口门户。在同国际的联系上，辽宁东临朝鲜，隔海与日本相望，北上可达蒙古、俄罗斯的远东和西伯利亚地区，南下有联结东南亚的海陆交通线，西去为我国亚欧大陆桥北线的东端桥头堡，是欧亚两洲海上与内陆、东北亚地区与南亚地区之间贸易与文化交流的国际通道。近年来，辽宁沿海地区与周边各国的经济活动日益活跃，已成为我国对外开放的重要区域。目前，全省已初步形成海洋渔业、港口运输、滨海旅游、海洋油气开采、海洋化工及内外贸易为主体的海洋产业体系。海洋产业总产值逐年快速上升，全省已由海洋大省向海洋强省迈进。

（二）河北

河北海域面积为 $7227.76km^2$，位于渤海西部，由南北两部分组成。北部东起秦皇岛山海关区渤海镇张庄崔台子冀辽分界线，西至唐山丰南区黑沿子镇涧河村冀津分界线。南部北起沧州黄骅市南排河镇歧口冀津分界线，南至漳卫新河河口鲁冀分界线。地处环渤海经济圈的中心区域，是国家沿海发展战略的重要组成部分。毗邻京津两大都市圈，有接受京津经济科技辐射、开拓京津大市场、利用京津大窗口的有利条件。拥有华北、西北地区广阔的腹地，是中西部能源基地的便捷入海通道和对外开放的重要门户，在“东出西联”的互动格局中占有重要地位，是建设沿海经济、社会发展强省的龙头和桥头堡。

（三）天津

天津海域面积为$2146km^2$，南北各至津冀分界线。地处我国华北平原的东北部，东临渤海湾，北依燕山，西接首都北京，南北分别与河北省接壤，是华北、西北和东北三大区域的结合部和环渤海经济圈的中枢部位。地理位置优越，腹地广阔，立体交通网络发达，是京津冀城市群和环渤海城市带的交汇点，是我国北方对外开放的轴心，是我国北方地区进入东北亚，走向太平洋的重要门户，是亚欧大陆桥连接我国内陆与中亚、西亚和欧洲的海上通道。

（四）山东

山东海域面积为$47300km^2$，面积＞$500m^2$ 的海岛有201个。北起漳卫新河河口鲁冀分界线，南至绣针河河口鲁苏分界线，是海洋大省，濒临渤海和黄海，沿海有滨州、东营、潍坊、烟台、威海、青岛、日照7市。地处我国东部偏北沿海，黄河下游，与辽东半岛、朝鲜半岛、日本列岛隔海相望，海域环绕我国最大的半岛——山东半岛，以蓬莱角为界，向西为渤海，向东为黄海。具有得天独厚的区域发展优势，北邻渤海湾经济圈和东北老工业基地，西连黄河流域，南接长江三角洲地区，是环渤海地区与长江三角洲地区的重要结合部、黄河流域地区最便捷的出海通道和东北亚经济圈的重要组成部分，辐射、带动作用明显。区域在促进黄海和渤海科学开发、深化沿海地区改革开放、提升我国海洋经济综合竞争力等方面具有重要的战略地位。

（五）江苏

江苏海域面积为34766.15km^2，北起苏鲁分界线，南至苏沪分界线，沿海有连云港、盐城和南通3市，位于我国海域中部、西太平洋沿岸带中心，与朝鲜、韩国、日本隔海相望。在海洋地理上，绝大部分水域属黄海，仅有启东园陀角至韩国济州岛一线以南水域属东海。地处我国生产力布局主轴线交汇区域，是我国加强国际交流、参与国际分工的重要区域，南邻我国最大经济中心长三角经济圈，北接环渤海经济圈，区位条件优越，战略地位重要。

（六）上海

上海北起长江北支北岸的启东咀苏沪分界线，南至金丝娘桥沪浙分界线。地处东部沿海的中部，位于我国沿海岸线与长江入海口的交汇点，构成了T字形的独特空间区位，是我国经济、科技、文化最发达的地区之一，是长江三角洲经济区发展的龙头，具有广阔的腹地和国内市场，是沟通我国东西南北经济联系的纽带和桥梁。上海与浙江、江苏相邻，组成以上海为中心的规模巨大的港口群，洋山深水港区的建设和长江深水航道治理工程的实施为上海国际航运中心的地位奠定了坚实的基础。随着世界经济趋于全球化和一体化，国际贸易和全球航运市场的份额主要集中在亚洲—北美、亚洲—欧洲和北美—欧洲三大WE向航线上，构成集装箱运输全球网络的主要骨架。上海处于太平洋西岸，靠近世界环球航道，具有沟通东西、承接南北、对内辐射、对外扩散的战略地位，是我国对外经济、文化、科技交流的窗口，以及我国重要的交通枢纽和对外贸易口岸，是国际经济、金融、贸易中心和航运中心。

（七）浙江

浙江海域面积为4.44×10^4km^2，面积＞500m^{2}的海岛有2878个，北起金丝娘桥浙沪分界线，南至虎头鼻浙闽分界线。地处中国长江三角洲南翼、东南沿海中部，东临东海，南接福建，西与江西、安徽相连，北与上海、江苏接壤，位于我国T字形经济带和长江三角洲世界级城市群的核心区，是长江三角洲地区与海西地区的联结纽带，依托广阔腹地和深水岸线等资源，既可作为我国海上交通运输主枢纽，又可作为石油、天然气和铁矿石等战略物资的储运、中转和贸易主基地，还可作为海防前哨，是加强海上通道安全保护的主阵地。

（八）福建

福建海域面积为13.60×10^4km^2，面积＞500m^{2}的海岛有1374个，北起虎头鼻浙闽分界线，南至大埕湾闽粤分界线。位于我国东南沿海，东临台湾海峡，与台湾地区隔海相望，北接浙江省，西连江西省，西南部与广东省接壤。台湾海峡是连接东海和南海的重要通道，处于东北亚到东南亚的海上交通要冲。北承长江三角洲经济区，南接珠江三角洲经济区，与沿海各省、市经济联系密切，与香港、澳门和台湾地区及东南亚国家交往方便。福建省是海峡西岸经济区的主体，与台湾省具有“地缘近、史缘久、血缘亲、文缘同、语缘通、商缘广”的独特优势。

（九）广东

广东海域面积为64784km^2，面积＞500m^{2}的海岛有759个，东起大埕湾闽粤分界线，西至英罗港粤桂分界线，南到东沙群岛。面向南海，毗邻港澳，是我国大陆与东南亚、中东，以及大洋洲、非洲、欧洲各国海上航线最近的地区，是我国参与经济全球化的主体区域和对外开放的重要窗口，也是我国推进海洋强国建设的主力省。广东处于珠江三角洲城市群和华南经济圈的核心区，粤港澳、粤闽和粤桂琼三大海洋经济合作圈是分别连接港澳、海峡西岸经济区、北部湾经济区和海南国际旅游岛的重要区域。

（十）广西

广西海域面积为7000km^2，东起英罗港粤桂分界线，西至北仑河口中越分界线。地处我国沿海西南端，面向东南亚，西南与越南毗邻，东邻粤、港、澳，背靠大西南，是我国西部大开发地区唯一的沿海区域，是西南地区最便捷的出海通道，在我国与东南亚的经济交往中占有重要地位。

（十一）海南

海南包括海南岛和散布于南海的西沙、中沙、南沙等群岛、岛屿及其附近海域，现为经济特区，地处华南和西南陆地国土和海洋国土的接合部，既是大西南走向世界的前沿，又是开发利用南海资源的基地；近傍香港，遥望台湾，内靠经济发达的珠江三角洲，外邻亚太经济圈中最活跃的东南亚；位于西太平洋环形带上，处在日本到新加坡的中段，直接面向东南亚，靠近国际深水航道，连接亚洲和大洋洲、太平洋和印度洋，是我国通往东南亚、印度洋直到非洲、欧洲的海上通道，海运交通位置重要；地处北回归线以南，是我国热带宝岛，是良好的避寒胜地。丰富的光热资源使海南岛成为我国最大的热带物种基因库，为发展热带高效农业提供了良好环境。海南省是全国海洋面积最大的省份，管辖海域面积占全国的海洋面积的2/3，主要有生物、油气等海洋资源。

第三节　区 位 优 势

一、区位优势分析

区位优势是指对该区域的社会经济发展起积极作用，相对于其他区域具有优势的因素。区位优势是区域的综合资源优势，也是某一地区在发展经济方面客观存在的有利条件或优越地位。其构成因素主要包括自然资源、地理位置，以及社会、经济、科技、管理、政治、文化、教育和旅游等方面。区位优势是一个综合性概念，单项优势往往难以形成区位优势。一个地区的区位优势主要就是由自然资源、人力资源、产业聚集、地理位置及交通环境等决定。同时区位优势也是一个发展的概念，随着有关条件的变化而变化（周宏燕和于振涛，2004）。

影响区位优势的因素很多。从影响的方式来理解，可以分为直接区位优势和间接区位优势。直接区位优势是区域本身所固有的有利因素所形成的区位优势，如区域的自然环境、社会经济环境、人力资源条件及政策优惠等。间接区位优势是由于人为的干预，外联内合，将某些不利因素改变形成的区位优势，如引进外资、建立跨国公司、引进人才及技术合作等。

从影响的性质来看，可以分为硬件优势和软件优势。硬件优势是指传统意义上的区位优势，包括地理优势、自然环境优势、资源优势、交通运输优势及信息通信优势等硬件条件上的优势。软件优势是指现代意义上的优势，包括政策优势、市场潜力优势、市场化优势、对外开放优势、产业集群效应和外资集群效应等软件条件方面的优势。

在市场经济下，市场在资源配置中起着基础性作用，而且经济是开放的，要素是流动的，资金和人才总是向区位优势的区域集中。那些市场因素更活跃的地方，具有充满活力的机制和文化，往往对各种资源具有巨大的吸引力，从而能够实现快速发展。

二、我国沿海的区位优势

（一）地理区位优势

1. “一带一路”的主战场

“一带一路”（The Belt and Road，B&R）是“丝绸之路经济带”和“21 世纪海上丝绸之路”的简称。“一带”是指“丝绸之路经济带”，从中国出发，在陆地有三个走向：一是经中亚、俄罗斯到达欧洲；二是经中亚、西亚至波斯湾、地中海；三是中国到东南亚、南亚和印度洋。“一路”是指“21 世纪海上丝绸之路”，重点方向有两条：一是从中国沿海港口过南海到印度洋，延伸至欧洲；二是从中国沿海港口过南海到南太平洋。国际合作范围包括海洋科考、渔业、旅游业和资源开发等。

沿海各城市是“21 世纪海上丝绸之路”的核心区，在“一带一路”建设中发挥至关重要的作用。

2. 新亚欧大陆桥的桥头堡

大陆桥（land bridge）是指连接两个海洋之间的陆上通道，是横贯大陆的、以铁路为骨干的、避开海上绕道运输的便捷运输大通道。主要功能是便于开展海陆联运，缩短运输里程。

横贯东西、沟通太平洋和大西洋的亚欧大陆桥主要有两条：一条是跨越亚欧大陆将太平洋和大西洋联结起来的俄罗斯的西伯利亚铁路，称为亚欧大陆桥；另一条则是途经中国，沿丝绸之路到达荷兰鹿特丹港，全长为 10900km，在中国境内长约 4200km，称为新亚欧大陆桥。

新亚欧大陆桥，东起太平洋西岸中国东部连云港及周边港口，西达大西洋东岸荷兰鹿特丹、比利时的安特卫普等港口。据测算，把太平洋西部国家的货物通过亚欧大陆桥运往欧洲，比绕道印度洋海运，费用和时间可分别节省 20%和 70%。

途经中国的大陆桥明显优于途经西伯利亚的大陆桥。第一，新亚欧大陆桥比西伯利亚大陆桥运程缩短了 1326km，到中亚、西亚各国，优势更为突出。第二，运输时间缩短了 1 个月，运费可节省近 1/3。第三，途经西伯利亚大陆桥东端在远东的纳霍德卡港，冬季酷寒，每年 11 月至翌年 3 月有 4 个多月的冰封期，无法航运。新亚欧大陆桥的整个陆桥避开了高寒地区，港口无封冻期，自然条件好，吞吐能力大，可以常年作业。第四，新亚欧大陆桥辐射面更广，辐射亚欧大陆 40 余国。第五，对亚太地区吸引力更大。随着亚欧大陆桥货运量的不断增加，远东港口的吞吐能力已显不足，需要增加大陆桥的运输能力。

新亚欧大陆桥的建成，除中国外，日本、韩国、东南亚各国，以及一些大洋洲国家，均可利用此线开展集装箱运输。

3. 亚太经济圈西环带的重要部位

亚太经济圈（Asia-Pacific economic circle）是指亚洲和环太平洋的国家和地区，重点指西太平洋的“新月带”。亚太地区政治比较稳定，经济持续强劲增长，充满活力。随着科学技术的进步和交通通信技术的提高，促进了全球化进程。全球化是物质和精神产品的流动冲破区域和国界的束缚，影响到地球上每个角落的生活。自中国改革开放以来，我国沿海地区先后对外开放，国际合作越来越多，与周边各国的经济活动日益增加，成为世界经济大格局的一个“生长点”。

4. 中国对外开放的前沿

对外开放为我国经济发展注入了活力，沿海是我国对外开放的前沿阵地，是我国西部地区对外开放的窗口，作为我国走向世界的主要门户和踏板，在改革开放中起到了至关重要的作用。

5. 沿海地区是拉动全国经济发展的龙头

我国沿海有 14 个省、自治区、直辖市，53 个沿海城市，242 个沿海区县。濒临海洋的沿海地区，受海洋的影响，都是环境条件好、经济发达、人口承载力高的地区。作为全国重点开放地带，外引内联的功能日益突出，对全国的国民经济发展起到重要的拉动作用。

6. 捍卫国家主权和海洋权益的阵地

古今中外的史实证明，凡大力向海洋发展的国家，皆可国势走强。反之，则有可能沦为落后挨打的地步。昔日的海上强国葡萄牙、西班牙和荷兰，当年的日不落帝国——英国，第二次世界大战后的苏联和美国两个超级大国，无一不是走的海上兴兵强国之路。华夏 5000 年的文明史更是直接证明中国的统一、稳定、繁荣和昌盛与海洋休戚相关，秦朝的统一、西汉的强盛、唐朝的繁荣、明朝以后的海禁、清朝末期的挨打，以及近代海防危机和现代海洋权益之争，无一不折射出海洋对中华民族历史进程的重大影响。

为了捍卫海洋国土上的主权和利益，必然要考虑国家在海洋国土上的防御问题，巩固我国海洋安全、国防安全。

（二）气候条件优势

1. 四季变化明显

我国位于亚欧大陆东部的北半球中纬度地区，气候变化受陆地影响最为强烈。由北向南可分为寒温带、温带、暖温带、亚热带、热带多个温度带。98%的疆土位于北纬 20°～北纬 50°，温带、亚热带面积广阔，光热条件好。四季更替典型，季节变化明显，直接影响人们的行为习惯及万物变化，形成了适应我国气候条件的独特的产业体系。

2. 季风气候显著

我国地处亚欧大陆东部，太平洋西岸，位于世界最大陆与最大洋之间，南邻热带印度洋，西部深入内陆，高山盘踞，是世界最典型的季风国家，盛行风向随季节变化而有明显转换的现象（张家诚和林之光，1985）。沿海区域夏季盛行偏南风，冬季盛行偏北风。春、秋两季风向不定，风力较小，有利于各种海洋产业活动。

3. 年降水量的空间分布具有由东南沿海向西北内陆减少的特点

各地降水量季节分配很不均匀，全国大多数地方降水量集中在 5～10 月，占全年降水量的 80%，有利于农作物的生长。

（三）海洋环境优势

1. 环境类型多样

我国近海海岸类型多种多样，除没有寒带和极地冰冻海岸类型外，其他类型的海岸都有。从海岸的成因和形态分类可以分为基岩海岸、粉砂淤泥质平原海岸和生物海岸 3 种类型。从海域生态类型分析，全球高生产力的红树林、珊瑚礁、上升流和河口湿地四大生态系统在我国沿海均有分布。多样化的海洋环境为海洋产业类型的多元化奠定了基础。

2. 近海水体比较活跃，海况条件较好

影响我国近海海水活动的因素很多，主要有海流、潮汐、风和大陆径流等。黑潮是地球上最强的暖流，控制着我国全部海域。我国沿海的大陆径流非常强盛，年径流量约 $1.59\times10^{12}m^3$。同时，风、地形等的作用，往往形成东海和南海的夏季上升流、山东半岛南部和辽东半岛南部秋季上升流。在这些动力的作用下，我国近海海域的水体活动十分活跃，交换能力较强，海况条件较好，适合于各类海洋产业的发展。

3. 海水营养盐丰富，水质肥沃

大量的大陆径流为我国近海带来丰富的营养物质，同时由于上升流、潮汐等海洋现象的作用，使近海水域较为肥沃，近海海域是世界高生产力海域之一，成为优良的渔场。

4. 浅海、滩涂广阔

我国近海的浅海、滩涂十分宽广，滩涂面积超过 $1.69\times10^4km^2$，水深 0～10m 的浅海面积为 $8.56\times10^4km^2$，水深 0～50m 的浅海面积为 $33.26\times10^4km^2$，为发展海水养殖、渔业资源增殖、盐业生产、旅游度假等产业提供了有利条件。

（四）海洋资源优势

我国近海海域海洋资源种类繁多，蕴藏量十分丰富，主要有生物资源、矿产资源、能源资源和空间资源，开发利用潜力巨大。其中海洋生物有 20278 种，海洋鱼类有 3032 多种；海洋石油储量约 239×10^8t，天然气资源量为 $20.9\times10^{12}m^3$；滨海矿资源储量为 31×10^8t；滨海旅游景点有 1500 多处；深水岸线＞400km，深水港址有 60 多处。

（五）海洋产业优势

1. 多元化的海洋产业格局已经形成

目前已经形成了以海洋渔业、海洋油气业、海洋矿业、海洋盐业、海洋化工业、海洋生物医药业、海洋电力业、海水利用业、海洋船舶工业、海洋工程建筑业、海洋交通运输业和滨海旅游业 12 类产业为主体的产业格局，同时海水农业、休闲渔业等新型产业不断形成。

2. 新型海洋产业发展迅速

海水养殖业、海洋油气业、滨海旅游业、海洋医药业和海水利用业等新兴海洋产业发展迅速，有力地带动了海洋经济的发展。产业结构正在从劳动密集型和资源密集型产业向高附加值的产业转变。

3. 部分产业规模位居国际前茅

我国海洋渔业和盐业产量连续多年保持世界第一，造船业、港口数量及货物吞吐能力、滨海旅游业收入居世界前列。

第四节　制 约 因 素

一、海洋灾害多有发生

地震、台风、热带风暴、风暴潮、海啸、海冰、海浪、寒潮、霜冻、冰雹、海雾、赤潮、厄尔尼诺和拉尼娜现象等自然灾害时有发生，这些灾害给海洋经济带来了巨大的损失。

二、海平面上升的威胁

根据古海洋和古地理研究表明，在过去的3000～4000年，世界海平面基本是平稳的，没有普遍上升或下降的趋势。但20世纪30年代以来，海平面却明显地上升了。据联合国组织专门研究的结论，预测在今后的一个较长时期，全球海平面仍呈上升的趋势，并推断到2030年海平面在全球范围内将平均上升20～30cm。

三、海岸侵蚀和海水倒灌

海岸侵蚀、海水倒灌及土地盐渍化是世界各地区沿海普遍的海洋灾害。2015年监测结果表明：渤海滨海平原地区海水入侵和土壤盐渍化严重；黄海、东海滨海地区海水入侵和土壤盐渍化范围较小，但个别监测区近岸站位氯离子含量明显升高；南海滨海地区海水入侵范围小，土壤盐渍化较轻。我国海岸侵蚀依然严重，砂质海岸侵蚀状况基本保持稳定，粉砂淤泥质海岸侵蚀加重。

四、海洋开发利用程度不均

由于各个地区的社会经济基础和科学技术水平参差不一，对海洋的开发利用程度也不相同。局部地区开发利用过度，加之入海径流的污染等，海洋环境遭到不同程度的破坏，并超过其自身的承载能力。

五、海洋污染得不到控制

近岸局部海域污染依然严重，2015年劣于四类海水水质标准的海域面积仍居高不下，占我国管辖海域面积的2.20%。污染海域主要分布在辽东湾、渤海湾、莱州湾、江苏沿岸、长江口、杭州湾、浙江沿岸和珠江口等近岸海域，主要污染要素为无机氮、活性磷酸盐和石油类。

六、海洋生态环境破坏无法遏制

海砂开采、填海造地、海岛及沿岸矿石开采等长期存在，溢油事故时有发生，渤海、黄海和东海局部滨海地区海水入侵，重要河口淤积和土壤盐渍化加重，砂质海岸和粉砂淤泥质海岸侵蚀严重。

思 考 题

1. 区位条件考虑哪些因素？
2. 我国沿海地区的区位条件有哪些特征？
3. 我国沿海地区经济发展有哪些区位优势？

4. 制约沿海地区社会经济发展的因素有哪些?
5. 简述山东半岛蓝色经济区的区位优势和制约因素。
6. 简述社会经济条件在支撑海洋经济发展中的作用。
7. 我国沿海地区的在地理位置上有哪些区位优势?
8. 我国沿海地区的在气候条件上有哪些区位优势?
9. 我国沿海地区的在环境条件上有哪些区位优势?
10. 我国沿海地区的在资源条件上有哪些区位优势?
11. 我国沿海地区的在产业基础上有哪些区位优势?

第五章　环 境 条 件

本章学习重点

1. 掌握海洋环境条件分析方法。
2. 熟悉我国海洋环境基本条件。
3. 熟悉我国的地质地貌、气候气象、海洋水文、海水环境、海洋生态和自然灾害。

第一节　环境条件概况

中国位于亚欧大陆的东部，太平洋的西北部，地跨热带、亚热带和温带，不仅陆域辽阔，资源丰富，还有广阔的海域和众多的岛屿。毗邻中国大陆和岛屿边缘的海洋有渤海、黄海、东海、台湾以东海域和南海，渤海是我国的内海。

一、海岸

（一）大陆岸线长度

我国大陆海岸线北自中朝交界的鸭绿江口，南至中越交界的北仑河口，大陆海岸线长 19088km，岛屿面积在 $500m^2$ 以上的有 7002 个，岛屿岸线总长 14247km。由于人工岸线增加、大陆径流造陆等因素，我国大陆岸线长度在不断地延长，比国家以往公布的 1.8×10^4km 增加了 1088km（表 5.1）。

表 5.1　我国大陆岸线长度统计（关道明和阿东，2013）

地区	大陆岸线/km	比例/%
辽宁	2110	11.05
河北	485	2.54
天津	153	0.80
山东	3345	17.52
江苏	889	4.66
上海	211	1.11
浙江	2218	11.62
福建	3487	18.27
广东	4144	21.71
广西	1629	8.53
香港	396	2.07
澳门	21	0.11
合计	19088	99.99①

注：未包括台湾地区。

①由于四舍五入，加和不等于 100%。

（二）海岸类型

在海岸地质构造上，大体以杭州湾为界。杭州湾以北的海岸线，分别穿过黄海—苏北平原盆地、辽河平原—华北平原（包括渤海）两个沉降带和燕山山地向东延伸的辽西—冀东、山东半岛—辽东半岛两个隆起带。由于构造上的差异，海岸表现为隆起的山地和下沉的平原海岸交错分布。杭州湾以南的海岸，基本上全是隆起的山地海岸。

中国海四周地形和地质构造复杂，河流、潮汐、波浪对海岸影响大，形成我国多样化的海岸类型，主要有平原堆积海岸、山地丘陵基岩海岸和生物海岸 3 类。

（1）平原堆积海岸。主要分布在杭州湾以北，东部大平原的前缘。它包括三角洲和三角湾海岸、砂质和砂砾质平原海岸及淤泥质海岸。

（2）山地丘陵基岩海岸。主要有山东半岛和辽东半岛海岸，杭州湾以南的浙、闽、粤海岸，海南岛的南海岸及台湾岛的东海岸。它包括岬湾式海岸和断层海岸。

（3）生物海岸。分布在北回归线以南的平原堆积海岸和山地丘陵基岩海岸上，有些地方发育形成了珊瑚礁或红树林，使海岸发生变化，称为生物海岸，包括珊瑚礁海岸和红树林海岸。

（三）滨海湿地

截至 2007 年年底，我国滨海湿地面积为 $693\times10^4hm^2$，其中自然湿地面积 $669\times10^4hm^2$ 占总湿地面积的 96.54%；人工湿地面积 $24\times10^4hm^2$，占总湿地面积的 3.46%。在自然湿地中，浅海湿地面积为 $499\times10^4hm^2$，滩涂湿地面积为 $46\times10^4hm^2$，滨海沼泽面积为 $5\times10^4hm^2$，河口水域和河口三角洲湿地面积为 $119\times10^4hm^2$。人工湿地中，水库面积为 $3\times10^4hm^2$，养殖池塘面积为 $14\times10^4hm^2$，盐田面积为 $7\times10^4hm^2$。主要湿地有双台子河口湿地、天津滨海湿地、黄河口滨海湿地、盐田滨海湿地、长江口湿地和杭州湾湿地。

二、海域

我国近海海域总面积约 $470\times10^4km^2$。管辖海域包括内水、领海、毗连区、专属经济区和大陆架，管辖海区有渤海、黄海、东海、南海和台湾以东海域 5 个海域，主张管辖海域面积为 $300\times10^4km^2$。

（一）渤海

渤海是中国的内海，位于中国近海最北部，深入中国的近封闭型浅海。地理位置为北纬 37°07′～北纬 41°00′，东经 117°35′～东经 121°10′，北、西、南三面被辽宁、河北、天津和山东包围，仅东面有渤海海峡与黄海沟通。大陆海岸线长约 2700km，海域南北长约 556km，东西宽约 296km，面积约 $7.7\times10^4km^2$。

渤海为近似封闭的大陆架浅海，是一个陆架浅海海盆，海底地势由辽东湾、渤海湾、莱州湾向渤海中部和渤海海峡倾斜，平均坡度为 28.9″，平均水深为 18m，最大水深在渤海海峡北部，水深为 82m。辽河口、海河口附近海域水深约 5m，沿岸海域水深均在 10m 之内，10m 等深线以内的海域占渤海面积的 26%。

渤海底质多泥和泥沙。有黄河、海河、滦河和辽河等注入。沉积物大部分为现代沉积，主要是粒度较细的软泥和砂质泥。近岸地区粒度较细，海区中央粒度较粗，全部为陆源碎屑物，其分布除与海区轮廓和地形有关外，更重要的是与河流的影响密切相关。

渤海为暖温带季风气候区。冬季盛行偏北风，寒潮侵袭频繁。夏季多偏南风，受热带气旋影响很少。沿岸年均降水量约 500mm。冬季表层水温为–1～–2℃，夏季表层水温为 24～28℃。海水透明度小。海岸多为粉砂淤泥质，辽东湾两侧和莱州湾东侧分布有基岩海岸。

渤海的北部是辽东湾，西部为渤海湾，南部为莱州湾。通常把渤海分为 5 个部分：①辽东湾，位于渤海北部，走向呈 NEN，以河北秦皇岛金山嘴至辽宁长兴岛西南角连线为界；②渤海湾，位于渤海西部，湾口以大清河至现代黄河入海口一线为界；③莱州湾，位于渤海南部，湾口以现代黄河入海口至屺姆岛一线为界，面积为 6966km^2；④渤海中部，为渤海的主体部分，位于辽东湾、渤海湾、莱州湾 3 个海湾湾口之间，东至渤海海峡；⑤渤海海峡。渔业上则分为辽东湾、滦河口、渤海湾和莱州湾 4 个渔场。

（二）黄海

黄海是中国大陆与朝鲜半岛间太平洋西部边缘海，是三面被陆地包围的半封闭浅海，呈反 S 形，位于北纬 31°40′～北纬 39°50′，东经 119°10′～东经 126°50′。东北部以鸭绿江口与朝鲜交界，北岸为我国辽宁省和朝鲜平安北道，西岸是我国山东省和江苏省，东岸为朝鲜平安南道、黄海南道和韩国京畿道、忠清南道、全罗北道、全罗南道，西北有渤海海峡与渤海相通，南部与东海相接。

黄海大陆海岸线约 4000km，海域南北长约 800km，东西宽约 650km，面积约 38×10^{4}km^2。成山角与朝鲜长山串连线是黄海 WE 向最窄处，宽度约 193km，以此线为界将黄海分为北黄海和南黄海。

黄海为近似 NS 向的半封闭大陆架浅海。海底地势自西、北、东向中央东南方向倾斜，海底平均坡度为 1′22.5″，地势比较平坦，深度由北向东南之间变深，如同一个口向南开的簸箕，平均水深为 44m，最大水深在济州岛北侧，约 140m。海底地形平坦，NW-SE 微倾。大部为软泥和砂底。有鸭绿江、灌河、淮河支流、大同江和汉江等注入。

黄海底，残留沉积和现代沉积均有分布。北黄海几乎全为现代沉积物，仅有渤海海峡附近有残留沉积。南黄海大部分为现代沉积，东西各有一块残留沉积。沉积物的性质与渤海相似，大都是大陆源物。大陆径流输入的泥沙和悬浮物质，成为黄海沉积物的主要来源。

黄海属温带、亚热带季风气候区。冬季多西北风，夏季多东南风。年平均降水量为 600～800mm。年均表层水温为 12～26℃。终年有黄海暖流沿东部北上，沿岸流沿山东半岛北岸绕成山角南下。

山东半岛、辽东半岛多为山地丘陵海岸，岸线曲折，多港湾、岛屿。苏北海岸为砂岸，岸线平直，近岸浅滩多。朝鲜半岛西岸多悬崖陡壁，岸线曲折，岛屿、岬湾罗列。从鸭绿江口至朝鲜长山串一线以东为西朝鲜湾。从山东日照岚山区佛手嘴至江苏连云港高公岛一线以西为海州湾，面积为 876.39km^2。

（三）东海

东海是中国大陆东侧太平洋西部边缘海，比较开阔，位于北纬 21°54′～北纬 33°17′，东经 117°05′～东经 131°03′，北面以江苏启东角与济州岛西南端连线与黄海相接，东北经对马海峡与日本海相通，东界为日本九州岛、琉球群岛和中国台湾岛，经大隅海峡、吐噶喇列岛和台东海峡等通往太平洋，西面是我国的上海、浙江和福建，南面以福建诏安铁炉港与台湾岛南端猫鼻头连线为界与南海毗连。东海是中国近海中仅次于南海的第二大边缘海。

东海海域大陆岸线长度约5700km，走向呈NE-SW，长约1294km，宽约741km，面积约$77\times10^4km^2$，其中大陆架面积为$54\times10^4km^2$。大陆架平均宽度为376km，长江口外最大宽度为560km。平均水深为370m，最大水深在冲绳海槽，为2719m。海底西北部为大陆架浅水区，约占总面积的2/3，东南部为大陆斜坡深水区，主体为冲绳海槽。底质以泥、砂为主。有长江、钱塘江、瓯江、闽江和浊水溪等注入。

东海为大陆架较宽的边缘海，地形与我国大陆地形相似，西北高，东南低，NW-SE倾斜，扇形状展布，形成大陆架、大陆坡、海槽、岛弧及海沟等地貌类型。根据地形趋势，可分为西部大陆架浅水区和东部大陆坡深水区。东海大陆架特别发育，崇明岛至男女群岛向外最宽发育640km，是全球大陆架最宽的区域之一。东海南端自台湾岛的富贵角向西，至海坛岛北端痒角，再至中国大陆海岸点位，是东海与台湾海峡分界线。大陆架面积约为$54\times10^4km^2$，占总面积的70.13%。

50m等深线西部为内陆架，是现代沉积物分布区，主要有粉砂、黏土软泥及粉砂质黏土软泥。东部为外陆架，是残留沉积分布区，主要有细砂、中砂、砾石，细砂分布最广。琉球群岛附近的沉积物为砂质。

东海属亚热带季风气候区。冬季盛行偏北风，夏季盛行偏南风。年均降水量为800～2000m。夏季表层水温为27～29℃，冬季西部为7～14℃、东部为19～23℃。有黑潮及其分支沿东部北上，西部沿岸流南下。

主要海湾有杭州湾、象山港、三门湾、温州湾、乐清湾、三都澳、兴化湾、泉州湾、东山湾和诏安湾等。主要岛屿有台湾岛、钓鱼岛、澎湖群岛、崇明岛、舟山群岛、东矶列岛、马祖列岛、海坛岛、金门岛和东山岛等。东海北部的杭州湾，位于浙江省北部、上海市南部，东至上海南汇县芦潮港至浙江省镇海甬江口连线，东西长约 90km，湾口宽约100km，面积约$5000km^2$。

（四）南海

南海是中国大陆南侧太平洋西部边缘海，是濒临我国的三个边缘海之一，是世界上最大的边缘海之一，位于北纬2°30′～北纬23°30′，东经99°10′～东经121°50′，外形似菱形。四周几乎被大陆、岛屿包围。北面以福建诏安铁炉港与台湾岛南端猫鼻头连线为界，与东海的台湾海峡毗连。北部是我国的广东、广西、台湾和海南。西部为中南半岛和马来西亚半岛的越南、柬埔寨、泰国、马来西亚和新加坡。东部是菲律宾的吕宋、民都洛和巴拉望岛，经巴士海峡等连接太平洋。南部沿岸有印度尼西亚的苏门答腊、邦加岛、勿里洞岛、加里曼丹岛，以及马来西亚和文莱。

南海四周有众多海峡与太平洋、印度洋及邻近海域沟通，北有台湾海峡与东海相连，东有巴士海峡、巴林塘海峡、巴布延海峡与太平洋相通，并有民都洛海峡、利纳帕次海峡、巴拉巴克海峡与苏禄海相通。南有邦加海峡、加斯帕海峡、卡里马塔海峡与爪哇海相通，西南有马六甲海峡与印度洋的安达曼海相通。

南海西部以广西北仑河口与越南交界。南海大陆岸线约5800km，南北长约3100km，东西宽约1200km，面积约$350\times10^4km^2$，平均水深为1212m，最大深度达5559m。

南海是西太平洋边缘海，海底地形复杂，四周较浅，中央深陷，为深海盆地。大陆架面积为126.4×10^4km^2，占南海总面积的36.11%。中央深海盆地的面积为43×10^4km^2。南海大陆架有北陆架、南陆架、西陆架及东陆架四部分，在大陆架之间是中央深海盆地。有珠江、红河、湄公河和湄南河等注入。

南海底质以泥、砂为主，珊瑚次之。沉积物类型繁多，以陆源碎屑和生物碎屑沉积为主。陆源碎屑沉积多分布在大陆架和岛架浅海区，而生物碎屑沉积主要分布在陆坡和深海盆地。另外在深海盆中还有部分生物源—陆源和火山源—生物源—陆源沉积类型。

南海属热带气候和赤道气候，年降水量为1000～3000mm。冬季盛行东北风，夏季盛行西南风。冬季表层水温为16～27℃，夏季为28～29℃。海水透明度为20～30m。主要大的海湾有北部湾和泰国湾。南海岛屿众多，重要岛屿有海南岛、东沙群岛、中沙群岛、西沙群岛、南沙群岛、万山群岛、纳土纳群岛、亚南巴斯群岛和拜子龙群岛等。

南海有泰国湾和北部湾两大海湾。泰国湾也叫暹罗湾，是南海最大的海湾，位于南海西南部的中南半岛和马来半岛之间，北侧是泰国和柬埔寨，东临越南，西接泰国和马来西亚，南部湾口以金瓯角至哥打巴鲁连线为界与南海相连，宽约370km，面积为25×10^4km^2。北部湾位于南海西北部，呈扇形，东侧和北侧是我国海南、广东和广西，西侧为越南，南以海南岛西南的莺歌海角与越南连线为界，湾口宽为227.5km，面积约12.9×10^4km^2。

（五）台湾以东海域

台湾以东海域位于太平洋西北部的菲律宾海盆西北部，北与日本交界，南与菲律宾相邻，东侧为狭窄的大陆架。台湾东岸直接连接太平洋，海底地势从东岸向太平洋急剧倾斜，从三貂角至乌石鼻一带，水深为60～1000m，海底坡度较缓，岛架宽为7～17km，海底地貌以岛坡为主。乌石鼻至三仙石一带是断崖峭壁面临深海，岛架极其狭窄，仅为2～4km，岛架和岛坡坡度约10°，其中花莲岸外35km处的水深即可达到3700m。大陆架外侧是陡峭的大陆坡直临海沟或海盆，大部分海域水深超过5000m。

地貌类型基本齐全，分布有大陆架、大陆坡和大洋盆地，但没有与台湾岛对应的海沟，主要是岛坡和深海盆地，水深，坡陡，地形复杂，不仅有海底山脉和峡谷，还有海沟和深海平原。

三仙石以南的台湾东南海域，分布2列水下岛链：一是台湾山脉向海延伸形成的西部水下岛链，向南达到吕宋岛以西的NS向海岭；二是由火烧岛、兰屿等S向延伸形成的东部水下岛链，延伸到吕宋岛东部，岛链的东坡急转直下到达菲律宾海盆。

海盆的西北角便是琉球海沟，呈NE-SW向分布于琉球岛弧与菲律宾海盆之间，长为1350km，宽为60～80km，最窄处仅为20km，平均水深为6000m，最大水深为7881m。海沟的横断面呈不对称的V形，两侧沟坡坡度超过4°。海底地形复杂，常有海山、海丘和洼地。

海沟以东和以南便是菲律宾海盆，海盆地势平坦开阔，水深为5000～6000m。海盆两端，在东经123°附近有一条NS向的海脊，称卡爪脊。台湾岛南北纵长约395km，东西宽度最大约145km，总面积约35778km^2。包括台湾岛及兰屿、绿岛、钓鱼岛等21个附属岛屿和澎湖列岛64个岛屿，环岛海岸线长约1139km，含澎湖列岛总长约1520km。扼西太平洋航道的中心，是中国与亚太地区各国海上联系的重要交通枢纽和战略要地（苏纪兰和袁业立，2005）。

台湾东岸有砾石、砂沉积，沉积物粒级较大。岛架200m以内大都是细砂和中砂，并有少量的钙质生物遗壳及其碎屑。台湾东南的岛架上，遗壳物质丰富。台湾以东岛坡上分布有有孔虫软泥和火山碎屑。菲律宾海盆为深海软泥。

台湾以东海域属于副热带海洋性气候，具有明显的季风变化，冬季为东北季风，夏季为西南季风。黑潮是影响这一海区环流结构和水文特征的最重要因素。火山、地震活动频繁。

三、海峡

中国管辖海域内的海峡主要有渤海海峡、台湾海峡和琼州海峡。中国海与相邻海洋之间的海峡主要有：东海通往日本海的对马海峡；东海通往太平洋的吐噶喇海峡；南海通往太平洋的巴士海峡、巴林塘海峡和巴布延海峡；南海通往苏禄海的民都洛海峡、利纳帕次海峡和巴拉巴克海峡；南海通往爪哇海的邦加海峡、加斯帕海峡和卡里马塔海峡；南海通往印度洋的安达曼海的马六甲海峡和新加坡海峡。

1. 渤海海峡

它位于渤海与黄海的天然分界带，宽约106km，其中分布着庙岛群岛，它把渤海海峡分成6个水道。

2. 台湾海峡

它位于福建省与台湾省之间。北部以福建省平潭岛至台湾省富贵角的连线为界，宽约172km。南部以广东南澳岛至台湾省台南市安平的连线为界，宽约307km。南北长为315～333km。平均水深约60m。澎湖列岛和台湾之间的三角形水道为澎湖水道，宽为43km，水深为50～160m。澎湖列岛的西南侧为椭圆形的台湾浅滩，水深为10～20m，东西长为139km，南北宽为74km。

3. 琼州海峡

它位于广东省雷州半岛与海南岛之间，南北宽为22～37km，东西长为93～111km，平均水深为44m。

四、岛屿

我国大陆沿海、大陆架、大陆斜坡和深水海盆中的岛屿众多，其中面积＞500m^{2}的海岛7002个（加上海南省本岛和台湾省所属224个海岛、香港特别行政区所属183个海岛、澳门特别行政区所属3个海岛，应为7413个海岛），岛屿面积为6705.23km^2，岸线长度为12779.50km（关道明和阿东，2013）。其中常住居民岛屿433个，人口近452.72万人（表5.2）。大型海岛有台湾岛（35778km^2）、海南岛（33920km^2）、崇明岛（1087km^2）和舟山岛（476.16km^2）。面积超过100km^{2}的还有辽宁省的北牛岛和长兴岛，浙江省的玉环岛，福建省的海坛岛、金门岛、厦门岛和东山岛，以及广东省的南澳岛、彩凤山岛、南大澳岛、上川岛、海陵山岛和东海岛。浙江沿海岛屿星罗棋布，面积＞500m^{2}的海岛3061个，占全国岛屿总数的40%以上。

表 5.2　中国近海岛屿情况（关道明和阿东，2013）

地区	岛屿数量/个	常住居民岛屿数量/个	常住人口/人	岛屿面积/km^2	岸线长度/km
辽宁	265	31	93112	191.54	686.70
河北	132	2	54	8.43	199.09
天津	1	—	—	0.02	0.56
山东	326	35	81914	136.31	686.23
江苏	17	6	14476	36.46	67.76
上海	13	3	810509	1276.19	356.13
浙江	3061	189	1478387	1940.39	4792.73
福建	1546	102	1321581	1400.13	2804.30
广东	759	44	679906	1599.93	2416.15
广西	651	9	42696	67.10	460.80
海南	231	12	4586	48.73	309.05
合计	7002	433	4527221	6705.23	12779.50

注：未包括港澳台地区。

按岛屿的形成过程，我国沿海岛屿有三类：与大陆和大陆架的地质构造直接相关的基岩岛、陆源物质不断堆积形成的冲积岛和热带海洋中生物源性质的珊瑚礁岛。我国沿海极大部分是基岩岛，台湾岛、海南岛、舟山群岛、长山群岛、大万山群岛、澎湖列岛和钓鱼列岛等都是基岩岛。崇明岛及其东南侧的长兴岛、横沙岛等是长江口由泥沙沉积而成的冲积岛。珊瑚礁岛分布于南海，主要有南海北侧的东沙群岛、西侧的西沙群岛、中部的中沙群岛及其东侧的黄岩岛、南侧的南沙群岛。

五、海湾

海湾是深入陆地形成明显水曲海域，湾口两个对应岬角的连线是海湾与海的分界线。>$10km^2$ 的海湾有 150 多个，面积 $5km^2$ 以上的海湾有 200 个（中国海湾志编纂委员会，1991）。

依据海湾的形成原因分为原生湾和次生湾。原生湾包括潟湖湾、连岛坝湾、三角洲湾和环礁湾等，约占海湾总数的 2/3，主要分布在长江以南、山东半岛和辽东半岛等山地基岩海岸。次生湾以潟湖湾居多，主要分布在山东、广东和海南 3 省潮差偏小的海岸。连岛坝湾分布在潮汐作用不明显的浪控海岸，烟台的芝罘湾是典型的连岛坝湾。火山口湾分布在北部湾中的涠洲岛和斜阳岛。环礁湾分布在南海诸岛。三角洲湾由建设型三角洲围水而成，滦河三角洲与现代黄河三角洲之间的渤海湾就是一种典型的三角洲湾类型。

六、径流

因我国地势西高东低，许多河流由西向东流入我国近海。我国近海每年接纳的大陆径流量约为 $17883\times10^8m^3$，同时也接纳了大陆输沙为 19.50×10^8t（表 5.3）。其中由北向南较大的河流主要有鸭绿江、辽河、海河、黄河、长江、钱塘江、闽江、浊水溪、珠江、南流江和南渡江等，径流量最大的是长江，输沙量最大的是黄河。

表 5.3 中国近海大陆径流流量和输沙量

海域	大陆径流		大陆输沙	
	流量/（$\times10^8m^3$）	所占比例/%	输沙量/（$\times10^8t$）	所占比例/%
渤海	801	4.48	12.09	61.99
黄海	561	3.14	0.15	0.75
东海	11699	65.42	6.30	32.34
南海	4822	26.96	0.96	4.92
合计	17883	100	19.50	100

第二节 地 质 地 貌

海洋地质（marine geology）泛指地球的性质和特征，主要是指地球的物质组成、结构、构造及发育历史等，包括地球的圈层、物理性质、化学性质、岩石性质、矿物成分、岩层和岩体的产出状态、接触关系，地球的构造发育史、生物进化史、气候变迁史，以及矿产资源的赋存状况和分布规律等。海洋地貌（marine geomorphology）是指地球表面的形态特征、成因、分布及其演变规律的学科，又称地形，是地理学的分支，也是地质学的一部分。

一、海底构造

中国近海海底构造复杂，有海底山脉、高原、盆地、峡谷和海沟等各种地形。通常将海域分为大陆架、大陆坡、大洋盆地和海沟 4 个部分。

（1）大陆架。海洋靠近陆地的部分，从沿岸起缓慢往外倾斜，平均坡度仅为 0°07′，即向外延伸 1km，平均加深 1.5m 左右。大陆架的宽度与陆地地形有关，有些海洋几乎没有大陆架，而中国沿海大陆架宽度最大达到 640km。大陆架水深可达 200m。

（2）大陆坡。在大陆架和大洋底之间，其主要特点是坡度明显增大（有的可达 20°～30°），水深也急剧增加，平均可达 2440m 左右。

（3）大洋盆地。在大陆坡以外，地形广阔而平坦，是海洋的主要部分，水深可达 6000m 左右。

（4）海沟。狭而长，水深超过 6000m 以上，最深的海沟是马里亚纳海沟，水深达 11095m。

海洋的水平分区与大陆架相对应的浅海称为近岸区或近海区，大陆坡以外的广大海域称为大洋区。近海区面积小，仅占全球海洋总面积的 8%，但由于陆地大量营养物质注入，因此是生物生长、繁殖的重要场所，同时也是人类开发利用海洋的主要场所。

二、海底地形

中国近海海底地形，总的趋势呈 NW-SE 倾斜。以中国海南省南面经台湾省至日本九州以西的五岛列岛连成一线，可把中国近海的海底地形分为两种不同类型的区域。一是该线以西海域，海底较为平坦，起伏和坡度都很小；二是该线以东海域，海底地形急转直下，坡度骤然变陡，并有海沟、海槽和海脊。南海是一个深度较大，地形复杂，四周浅中央深的菱形海盆，海盆水深为3400～4400m，海盆中还有几处隆起的岛礁，是由珊瑚虫滋生形成的西沙、中沙和东沙群岛等。最大的特点就是有广阔的大陆架。中国近海大陆架位于大陆边缘，宽度从低潮线起算，向海以极缓的倾斜伸至坡度显著增大的转折处，一般深度在200m以内，具有深度浅、坡度小的特点，是相邻大陆在水下的自然延伸的部分。渤海和黄海全部在大陆架上，东海约2/3的海域属于大陆架，南海也有近1/2 的海域属于大陆架。除大陆架外，中国近海还有地形险峻的大陆坡和深海海盆，海盆分布在开阔的海域，深海盆地只存在于南海。大陆坡除东海东南部有一小块外，主要分布在南海。

三、沉积物

中国近海海底沉积物分布明显地体现陆源的特征。这些陆源沉积碎屑是大陆径流搬运、海水水动力作用和海岸、岛屿、海底剥蚀等综合结果，以大陆径流输入为主。黄渤海具有封闭性特点，海区轮廓复杂，大陆径流和潮流较强，沉积物大部分以粒级较小的软泥和砂质泥为主。东海以砂质占优势，很少有软泥沉积。南海被大陆、岛屿包围，岛弧外侧有海沟，是地震、火山频繁发生地带。在生物和热带、亚热带气候等影响下，沉积物不仅有陆源物质，同时还有生物遗壳和火山碎屑物，粒级较小的沉积物广泛分布。离大陆较远的南海中央，沉积物以砂质软泥为主，同时又聚集动物群的残余贝壳和珊瑚等（苏纪兰和袁业立，2005）。

第三节　气 候 气 象

气候（climate）是指大气物理特征的长期平均状态，时间尺度为月、季、年、数年到数百年以上。气候以冷、暖、干、湿这些特征来衡量，通常由某一时期的平均值和离差值表征。气象（meteorology）是大气层内各层大气运动的规律、对流层内发生的天气现象和地面上旱涝冷暖的分布等，包括云、雾、雨、雪、冰雹、雷电、台风和寒潮等一切大气的物理现象，研究范围是地球表面的大气层，厚约3000km，按热力结构自下而上可分为对流层、平流层、中间层、暖层和散逸层。

一、基本特征

（一）特点

总体来说，我国气候有显著的季风特色、明显的大陆性气候和多样的气候类型三大特点。

1. 显著的季风特色

我国绝大多数地区一年中风向发生着规律性的季节更替，这是由我国所处地理位置的海陆配置所决定的。由于大陆和海洋热力特性的差异，冬季严寒的亚洲内陆形成一个冷性高气压，东部和南部的海洋上空相对成为一个热性低气压，高气压区的空气要流向低气压区，就形成我国冬季多偏北风和西北风。相反夏季大陆热于海洋，高温的大陆成为低气压区，凉爽的海洋成为高气压区。因此，我国夏季盛行从海洋向大陆的东南风或西南风。由于大陆来的风带来干燥气流，海洋来的风带来湿润空气，所以我国的降水多发生在5～10月偏南风盛行的夏季。

我国的季风特色不仅反映在风向的转换，也反映在干湿的变化上。形成我国季风气候特点为：冬冷夏热，冬干夏雨。这种雨、热同季的气候特点对农业生产十分有利，冬季作物已收割或停止生长，一般并不需要太多水分，夏季作物生长旺盛，正是需要大量水分的季节。我国降水量的季节分配与同纬度地带相比，在副热带范围内和美国东部、印度相似，但与同纬度的北非相比，那里是极端干燥的沙漠气候，年降雨量仅为 110mm，而我国华南地区年降雨量在 1500mm 以上。撒哈拉沙漠北部地区降水只有 200mm，而我国长江流域年降雨量可达 1200mm，黄河流域年降雨量为 600mm，比同纬度的地中海多 1/3，而且地中海地区雨水集中在秋冬。由此可见，我国东部地区的繁荣和发达与季风带来的优越性不无关系。

2. 明显的大陆性气候

由于陆地的热容量较海洋的热容量要小，所以当太阳辐射减弱或消失时，大陆又比海洋容易降温，因此，大陆温差比海洋大，这种特性称为大陆性气候（张家诚和林之光，1985）。我国大陆性气候表现在，与同纬度其他地区相比，冬季我国是世界上同纬度最冷的国家，1 月平均气温东北地区比同纬度平均要偏低 15～20℃，黄淮流域偏低 10～15℃，长江以南地区偏低 6～10℃，华南沿海地区也偏低 5℃。夏季则是世界上同纬度平均最热的国家（沙漠除外），7 月平均气温，东北地区比同纬度平均偏高 4℃，华北地区偏高 2.5℃，长江中下游地区偏高 1.5～2℃。

3. 多样的气候类型

我国幅员辽阔，最北的漠河位于北纬 53°左右，属寒温带，最南的南沙群岛的曾母暗沙位于北纬 3°左右，属赤道气候；而且高山深谷，丘陵盆地众多，青藏高原 4500m 以上的地区四季常冬，南海诸岛终年皆夏，云南中部四季如春，其余绝大部分四季分明。

（二）影响因素

1. 大气环流

我国近海气候的变化主要反映在气温、降水、大风、海雾、雨季及热带风暴活动等方面。

2. 海陆分布

我国海洋分布在大陆的东南面，影响最大的是气温，同时对降水的影响也非常重要。

3. 季风

季风是海陆之间季风环流的简称，大陆和海洋之间盛行风随季节的变化有显著的转变现象。冬季，海洋的温度比陆地高，亚洲大陆由强大的西伯利亚高压控制，大陆东部盛行偏北风。夏季，大陆温度高于海洋，亚洲大陆由强大的印度低压控制，大陆东部盛行偏南风。

青藏高原在动力和热力方面都对亚洲的季风有很大的影响。由于高原阻拦作用，冬季冷空气沿着高原东侧及其沿海南下，使这些区域的冬季风进一步加强，夏季阻拦了南亚季风北上，使我国西部降水量稀少，非常干旱。同时，冬季青藏高原是冷源，夏季是热源，对季风有加强的作用。由副热带高压形成的夏季风，对我国沿海及朝鲜半岛、日本的影响很大。

4. 太阳活动

太阳活动引起地球大气中能量的中心分配，从而影响大气平流层和对流层的状况，大气环流又决定了大范围的天气和气候变化。研究表明，太阳活动存在 11 年的周期性变化，这种变化与水温的变化周期一致。

二、气温

气温（air temperature）是指空气的温度。中国用摄氏温标，以℃为单位，是地面气象观测规定 1.5m 高度上百叶箱所测得的空气温度。

气温记录的温标单位有摄氏温标、华氏温标和热力学温标 3 种。这 3 种温标的换算关系为

$$t=T-273.15 \tag{5.1}$$

$$t=5/9F \tag{5.2}$$

式中，t——摄氏温度，单位为℃；

T——热力学温度，单位为 K；

F——华氏温度，单位为℉。

气温变化分日变化和年变化。日变化，最高气温一般出现在 14～15 时，最低气温一般出现在早晨日出前后的 5～6 时。北半球年变化，7 月陆地气温最高，8 月海洋气温最高；1 月陆上气温最低，2 月海洋气温最低。南半球与北半球相反。

气温从低纬度向高纬度递减，等温线与纬线大体上平行。同纬度海洋陆地的气温是不同的。夏季等温线陆地上向高纬方向凸出，海洋向低纬方向凸出。

日平均气温是指某一天的最高气温和最低气温的平均值。月平均气温是指某一月的多日平均气温的平均值。年平均气温是指一年多月平均气温或多日平均气温的平均值。极端气温是指历年中给定时段内所出现的气温极端值，可分为极端最低气温和极端最高气温。全国多年平均气温为 9.6℃。极端最高气温是 1975 年 7 月 13 日吐鲁番民航机场观测到的 49.6℃，极端最低气温是 1969 年 2 月 13 日漠河观测到的 −52.3℃。

北方海域冬冷夏暖，四季分明；南部海域终年炎热，长夏无冬。东海和南海北部，冬季温度梯度较大，夏季等温线走向接近于纬向。与同纬度大洋相比，冬季大部分海域气温偏低。冬季，渤海气温较低，每年都有海冰发生，遇到严冬，会出现严重冰情。自黄海、东海至南海，气温自北向南递增。春季，随着大陆冷空气势力减弱，气温开始回升，北方海域回升幅度大。夏季，受夏季风影响，南北海域温差明显缩小，渤海增温更为显著。秋季，夏季风退缩，冬季风再次开始盛行，海域气温下降，北方海域下降明显，与南方海域的温差增大。

三、风

风（wind）是指空气相对于地面或海底的水平运动，是大气显示能量的一种方式，风可以使地球上南北之间、上下之间空气发生交换，同时伴有水汽、热量和动量的交换。这种交换对整个地球大气的运动状态有重要意义。

风是矢量，既有大小又有方向。风向是指风的来向。例如，北方吹来的风叫北风，南方吹来的风称南风等。常用 16 个方位或方位度数（0°～360°）表示。风的大小可以用风速表示，也可以用风力等级表示。风速（wind speed）是单位时间内空气所流经的水平距

离，常用的风速单位有：m/s、km/h、n mile/h、kn。风力等级（wind force scale）是根据风对地面或海面的影响程度来确定的，目前国际上采用的风力等级是 1805 年拟订的蒲福风级（Beaufort wind scale），将风力从 0～12 级共分 13 个等级。为便于研究较大的风速，1946 年后，把蒲福风级扩展到最大 17 级。

风的脉动是指风向摇摆不定，风速一阵大一阵小的这种现象。近地面层风速的日变化基本上与气温的日变化趋势一致，在没有明显气压系统影响的情况下，风速从早晨开始逐渐增大，在 13 时左右达到最大，以后就开始减弱，在清晨风速达最小。风的日变化幅度，通常晴天比阴天大，夏季比冬季大，陆地上比海洋上大。

风的年变化因地而异。风向的年变化在季风地区有明显的规律，在非季风地区则很难看到规律性的变化，风速的年变化也不存在普遍规律。

由于风速大小、方向等的不同，会产生许多类型的风。当空气的流动速度变化时，会使风变得忽而大，忽而小，吹在人的身上有一阵阵的感觉，这就是生活上认定的阵风。当空气携带灰尘在空中飞舞形成漩涡时，这就是旋风。当空气跨越山脊时，空气下沉，背风坡上容易发生一种暖或热而干燥的风，就叫焚风。

从积雨云中伸向地面的一种范围很小，破坏力极大的空气涡旋，发生在陆地上的叫陆龙卷，发生在海洋上的叫海龙卷，风速最大可达 100m/s 以上。在山区，白天风沿山坡、山谷往上吹，夜间则沿山坡、山谷往下吹，随昼夜交替而转换风向的风叫山谷风。在近海岸地区，白天风从海上吹向大陆上，夜间又从陆上吹向海上，昼夜交替、有规律地改变方向的风称海陆风。在白昼和夜间，沿着冰川下坡方向所吹的浅层风称为冰川风。随着季节交替，盛行风向有规律地转域的风称为季风，冬季空气从高压的陆上流向低压的海上的叫冬季风，夏季从海上吹向陆上的叫夏季风。在低层大气中，从副热带高压吹向赤道地区广大区域内的持续性的风为信风，北半球信风盛行风向是东北向，南半球则是东南向。在赤道地方上升的热空气到了大气上层分向两级流动，这种气流就称反信风，北半球反信风偏右，南半球偏左，反信风不断把氛围带到纬度 30°～35°的地带，构成空气聚积的状态，形成副热带高压带。

（一）中国近海各季节风向的变化特点

中国近海属东亚季风区，冬夏两大季风的发展和变化过程基本上决定了海上气候特征，也决定了海区风向风速的变化特征。

（1）冬季风时间长。9 月，冬季风开始爆发，东海以北出现偏北风，尔后北风向南推进，10 月中旬到达南海北部，10 月下旬到达南海南部。自北而南，均为东北季风所控制，方向呈顺时针变化，渤海、黄海吹西北风或北风，到东海南部转为东北风，整个南海主要吹东北风，仅北部湾、越南中部沿海和吕宋岛北部沿海为偏北风。冬季风盛行期间的 11 月至翌年 3 月，风向稳定，风力较强，自北而南均为偏北风，方向呈顺时针变化。黄海、渤海刮西北风或北风，合成风速为 2～4m/s。东海南部转为东北风，合成风速为 6～8m/s。南海北部和中部则为东北风，合成风速为 7～10m/s。南海南部转为偏北风，合成风速为 2～3m/s。在冬季风期间，寒潮冷空气一次次爆发，风力强度也随之变化，在强寒潮爆发时，渤海、黄海最大风速可达 40m/s。

（2）夏季风持续时间为 6～8 月，比冬季风短，海区吹南—西南风，稳定性也比冬季风差，风力较弱。7 月在赤道北纬 5°00′以南为偏北风，北纬 5°00′以北为盛行西南风，到东经 130°，北纬 20°附近，西南季风和太平洋东南季风相汇合，形成辐合带，辐合带以北为东南季风，以南为偏东风，台湾岛东岸为偏南风，东海和黄海为偏南风为主，渤海为南风。

（3）4～5 月冬季风向夏季风转变，过渡时间长达 2 个月。夏季风向冬季风转变，相对较快，一般 9 月北方冬季风开始，到 10 月初到达南海。

（二）中国近海平均风速分布的特点

（1）中国近海是同纬度海面较强风区之一。中国海位于世界上最大的大陆——亚欧大陆与最大的海洋——太平洋之间，海陆热力差异形成的季风得以充分发展，尤其是冬季强大的亚欧大陆冷高压入海，造成风速比同纬度的洋面上大得多。

（2）中国近海季风年变化的特点是冬强夏弱，这与印度洋季风区的年变化正好相反。

（3）中国近海的大风发生在强冷空气入侵、温带气旋生成和热带气旋的影响过程中，这些天气系统移至海区内，获得大量的热量和水分，得以充分发展，形成海区的大风天气，并使该区的月平均风速增大。

（三）中国近海各海区的风场

由于各海区气流的来源，盛行天气系统又受大陆、岛屿等影响的程度不同，因而在风向、风速的变化上，各海区也存在一定的差异。

渤海，冬季受大陆冷高压影响频繁，从 9 月到翌年 5 月，海区多偏北风（西北—北风），风速较大，自西向东增大，西岸较小。北部风速比南部的大。夏季 6～8 月，冷空气影响减弱，海区多偏南风，各月平均风速变化不大。

黄海，受大陆冷高压和阿留申低压的影响，冬季多偏北风，夏季多偏南风，春秋为转换季节。9 月北风出现次数增多，10 月沿海北及东北风已居第一，11 月全海都以偏北风为最多，冬季风速最大。春季风向逐渐由偏北风转为偏南风，4 月风向多变，西北风、西南风和南风频率各占 20%。南黄海中部和南部主要为北风和南风。5～6 月盛行南风和东南风，7 月达最盛，8 月偏南风频率降低。

东海，冬季也受大陆冷高压影响，海区多偏北风，夏季受副热带高压和热带气旋的影响，多偏南风，春季受东海气旋的影响较大。受地形的影响，各地风向风力不同，北部小，南部大。北部多偏北风，南部以东北风为主。

南海，属于典型的季风气候区，最显著的特点是东北季风和西南季风的变化。冬半年受冷空气南下，平均 4～6 天有一次冷空气南侵，海区为东北季风所控制。每年 9 月中旬东北季风在北部沿海逐步建立，10 月初扩展到南海中部的北纬 15°附近海面，以后逐渐向南推进，并趋于稳定。11 月至翌年 2 月为最强盛时期，直到 3 月底，风力才逐渐减弱。5 月，偏南风和西南风逐渐增加，西南季风开始形成，6～8 月为最盛，海区西南部较大。在南沙群岛与西沙群岛之间海区形成一个西南-东北向的较大风速区。4 月和 9 月是季风的转换季节，风向不定，风力较小。

四、降水

降水（precipitation）是液态的或固态的水汽凝结物从云中降至地面的现象。在海上，强度较大的降水对能见度有较大影响，暴雨、冰雹等恶劣天气将严重影响船舶的安全航行，连续阴雨天气会严重影响某些货物的装卸进程。降水有液体的，如雨、毛毛雨和冻雨；也有固态的，如雪、冰雹、冰粒、霰和冰针等；此外，还有雨夹雪。降水量是指包括近地面凝结出的露水在内的降水，未经蒸发、渗透和流失，在水平面上所积聚的水层深度，以mm为单位。在天气学中常根据降水的不同性质，将降水分为连续性降水（来自雨层云和厚的高层云）、间歇性降水（来自层积云和厚薄不均匀的高层云）。

全国多年平均降水量为629.6mm，其中5～9月为汛期，平均降水量为494.7mm，占全年降水量的78.57%。

我国近海的降水主要受夏季风的制约，降水集中于夏季。降水量分布特点是，南方多于北方，东部多于西部。

渤海和黄海北部，降水主要集中在7～8月，占全年降水量的50%。南海南部，降水集中在6～9月，占全年降水量的60%～75%。东海和南海北部，一年有春秋两个雨季，盛夏有台风影响时，也可带来丰富的降水。

雨季的起止与季风活动相匹配，雨季的开始时间南早北晚，结束时间北早南晚，雨带进退与夏季风进退完全一致，具有跳跃、停滞和再跳跃的现象。

五、日照

日照（sunshine）是指太阳在地球上的光照情况，包括日照时间和日照强度。日照时数（sunshine duration）是指太阳每天在垂直于其光线的平面上的辐射强度超过或等于120W/m^{2}的时间长度。日照是植物生长必要的条件，一直是气象观测的重要指标。

日照与季节、云量等有关，但与纬度没有直接的关系。例如，拉萨与成都的纬度相差不大，但拉萨市是全国日照时数较高的区域，1961～1970年的年平均日照时间为3005.7h，相对日照为68%，年平均晴天为108.5天，阴天为98.8天，年平均太阳总辐射量为81.6×10^{4}J/cm^2，比全国其他省区和同纬度的地区都高；素有“雾都”之称的成都市，年平均日照时数仅为1152.2h，相对日照为26%，年平均晴天为24.7天，阴天达244.6天。我国日照分布特点如下。

（1）中国年平均日照时数的分布形势是东南少而西北多，从东南向西北增加。

（2）秦岭、淮河以北和青藏高原、云南高原东坡以西的高原地区年平均日照时数都在2200h以上。

（3）青岛—兰州一线，北纬36°以北地区，除了东北的北部和东部以外，日照时数都在2600h以上。

（4）锡林浩特、呼和浩特、银川、西宁、拉萨一线西北的内陆地区，年平均日照时数普遍在3000h以上，是中国日照最多的地区，其中局部地区甚至可以达到3300～3500h。

（5）淮河、秦岭以南，青藏高原和云南高原东坡以东的地区，年平均日照时数多在2000h以下，是我国少日照地区。其中四川盆地、贵州大部分地区是少日照的中心地区，年平均日照时数不到1400h。该中心地区中四川盆地西坡、川东南、黔西北和鄂西南交界地区年平均日照时数更在1200h以下，有些地方甚至不足1000h。

六、蒸发

蒸发（evaporation）是指水由液态或固态转变成气态，逸入大气中的过程。蒸发量是指在一定时段内，水分经蒸发而散布到空中的量，单位为mm。一般来说温度越高、湿度越小、风速越大和气压越低，则蒸发量就越大。

据中国472个气象站1957～2001年的实测资料分析，全国年平均蒸发量为1767.40mm，并呈递减趋势（任国玉和郭军，2006）。

在地球上，各地的地形不同、气候不同，蒸发量的大小也就不一样。中国蒸发量最大的地区是青海省的察尔汗盐湖，年平均蒸发量为3518mm。各个大洲的蒸发量从大到小依次为亚洲、非洲、南美洲、北美洲、大洋洲和欧洲。

第四节　海 洋 水 文

海洋水文（marine hydrography），也称物理海洋，是指海水的物理性质和运动的发生规律。主要研究对象有水温、盐度、透明度、水色、海流、潮汐、波浪、水团、海发光、海冰，以及海洋与大气相互作用等水文要素。

一、水温

水温（water temperature）是指海水的温度，表示海水冷热的物理量，以℃为单位。水温升高或降低，标志着海水内部分子热运动平均动能的增加或减少。水温的高低，取决于辐射过程、海洋与大气之间的热量交换和蒸发等因素。

海洋水温通常由表层向下递减，到达一定深度，水温降低显著，即温跃层。深层带和深渊带水温一般为1～4℃。许多海洋生物往往只能在一定水层生活，如浮游植物生活在上层带。海洋表层水温在一年中的变化，随水体所处纬度而不同，形成相应的纬度自然带：①热带，表层水温最低在20℃以上，水温变化范围小，一般仅2～3℃；②亚热带，最低水温在15℃以上，水温变化范围较大，可达6～7℃；③温带，水温在15℃以下，可近于0℃，水温变化范围最大；④近极区，水温最高不超过10℃，水温变化范围为2～3℃；⑤极区，水温最高不超过0℃（或5℃），水温变化范围很小，沿岸常有冰层覆盖。

（一）影响中国近海水温分布和变化的因素

1. 太阳辐射

太阳辐射是影响表面水温分布和变化的主要因素，蒸发和海流等也是重要的因素。渤海、黄海和东海太阳辐射年平均盈余的热量约为 $29.30\times10^4J/cm^2$，全年蒸发热平均约为 $41.86\times10^4J/cm^2$，加上全年感热交换损失约为 $4.19\times10^4J/cm^2$，使全年热收支约亏损为 $16.75\times10^4J/cm^2$。这部分热量主要由黑潮暖流补充，黑潮的消长盛衰对我国近海海域的水温分布变化影响很大。

2. 水团

黄海冷水团是影响黄海水温分布变化的主要因素，黄海冬季表层水强烈冷却，加上对流混合和湍流混合的作用，使上下层水基本均匀一致。夏季表层水剧烈增温，风力一般较小，湍流混合不发达，因此冬季留下的低温水团一直保持在海水中下层，变化较小。由于两种热性质不同的水团叠置，在潮汐和风浪的影响下，可同时使表层和底层的水温产生复杂的变化。

3. 大陆径流

夏季大陆径流水温高于海水水温，冬季大陆径流水温低于海水水温，是影响河口及其附近海域水温的主要因素。

4. 风

影响冬季浅海水温的主要因素是大风，它可以加速海水蒸发、对流和湍流混合，北风风速越大，持续时间越长，水温下降就越快。风频与水温分布变化的关系也很密切。风向转季迟早，直接影响水温的分布变化。

5. 潮汐

潮汐和潮流对水温的日变化有显著的影响，一方面是潮汐诱发的内波所形成的很大的水温日较差，另一方面是潮流引起的海水水平方向移动，也使水温产生日变化。

（二）中国近海水温分布特点

中国近海是太平洋的边缘海，大部分海区在大陆架上，水深较浅，近海水温受亚洲大陆气候的影响较大，季节变化明显。外海主要受黑潮影响，沿岸与大陆径流有关，水温的分布和变化非常复杂。从历史资料综合分析，中国近海水温范围、空间分布和季节变化等特征的年际变化不大，基本相似（唐启升，2006）。其特点主要有以下 4 个方面。

（1）水温的季节变化显著，冬季水温低，为–1～27℃，南北温差大，相差达 28℃；夏季水温高，海区普遍增温，为 22～29℃，个别海区达 30℃，南北温差较小，仅相差 7℃。

（2）水温等值线大致与海岸线或等深线平行，在大江河入海处，如长江、珠江口等形成明显的水舌，近海水温等值线密集、梯度大，外海等温线稀疏、梯度小。

（3）水温的年较差变化范围很大，也十分复杂，基本上是随着地理纬度的增高而增大，从西沙的 6℃左右，增至辽东沿岸的 28℃左右。

（4）中国近海范围广，分布于热带、亚热带和温带 3 个温度带，水温的分布和变化存在极大的区域差异。

（三）各海域水温分布

1. 渤海

渤海位于我国近海的最北部，三面被陆地包围，仅东南面的渤海海峡与黄海相通。水温的分布和变化主要受大陆气候影响。渤海的海流只有黄海暖流余脉进入，冬季各水层水温分布趋势基本相同，等温线大体与等深线平行。水温分布由渤海中央向近岸递减，东部高于西部，垂直分布呈均匀状态，沿岸浅滩海域每年有短期的冰情。

年平均水温为 11～14℃，多年平均值为 11.6℃。1～2 月水温最低，平均为 0～1℃，大部分沿岸水温在 0℃以下。由于水浅，对气温的响应较快，故 1 月水温比 2 月还低，三大海湾的顶部水温均在 0℃以下。夏季水温则沿岸高，渤海中部低，8 月渤海北部水温为 26℃左右，南部为 27℃。

根据国家海洋局的《2015 年中国海洋环境质量公报》统计，2015 年渤海月平均表层水温为 1.3～26.4℃，以 2 月最低，8 月最高，变动幅度达到 25.1℃，年平均表层水温为 13.1℃（表 5.4、图 5.1）。

表 5.4 2015 年中国近海月平均表层水温 （单位：℃）

月份	渤海	黄海	东海	南海
1	1.4	9.0	16.6	24.4
2	1.3	7.6	15.2	24.7
3	3.7	8.8	16.6	26.0

续表

月份	渤海	黄海	东海	南海
4	8.4	11.9	18.8	27.4
5	14.6	16.4	21.5	29.6
6	20.5	20.9	25.2	30.2
7	24.3	23.8	26.9	29.1
8	26.4	26.7	28.5	29.6
9	23.3	24.9	27.2	29.6
10	17.9	21.1	25.3	28.8
11	10.8	17.2	22.9	28.3
12	4.1	12.6	19.4	26.5
年平均	13.1	16.7	22.0	27.9

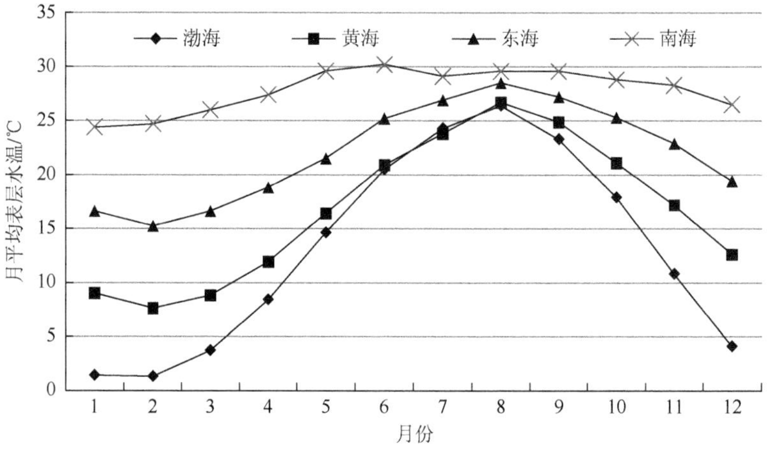

图 5.1　2015 年中国近海月平均表层水温

2. 黄海

黄海是三面被陆地包围的半封闭浅海，黄海暖流、黄渤海沿岸流、黄海冷水团直接影响水温的分布和变化，同时还受东西两岸和北部陆地的影响。冬季，黄海北部与渤海相同，有短期冰情。黄海暖流自南往北伸入，水温由南向北、自中部向近岸递减，南部等温线呈明显的舌状分布。夏季，表层水温最高达 28℃，水平分布较均匀，梯度小，底层水平分布梯度较大。表层至 20m 水层的各层水温分布格局差异较大，有跃层存在，温跃层水深为 10～20m，20m 至底层的各水层水温分布格局基本相似。

黄海北部多年平均表层水温为 13℃，黄海中部为 14.9℃，黄海南部为 16.9℃。冬季黄海北部沿岸表层水温为 1～2℃，中部为 2～3℃，南部为 4～5℃。夏季黄海北部沿海表层水温较低为 23～24℃，黄海中部表层水温升高，黄海南部水温较高为 27～28℃。受黄海暖流的影响，外海水温略高，暖水舌从南黄海经北黄海，可直指渤海海峡。冬季水温等值线呈舌形，由南向北伸展，南部为 7～8℃，北部为 2～3℃；夏季分布较为均匀，为 24～26℃，南黄海高，北黄海低。

2015 年黄海月平均表层水温为 7.6～26.7℃，以 2 月最低，8 月最高，变动幅度达到 19.1℃，年平均表层水温为 16.7℃。

3. 东海

东海是太平洋西部边缘海，比较开阔。沿岸海域受沿岸流控制，近海主要是沿岸流和黑潮等大洋水汇汇合区，外海受黑潮控制。冬季，表层水温分布范围为 3.4～22.7℃，西部海域是沿岸流与东海暖水的汇合区。中南部台湾暖流由南向北移动，有明显的水舌出现，水舌以西水温为 7～14℃，分布梯度较大，至浙江沿岸水温一般都在 9℃以下。水舌以东的黑潮流域水温为 19～23℃，等温线与海岸线平行。外海等温线分布与黑潮路径一致。夏季，沿岸表层水温达 21～26℃，最高为 28～29℃，水平分布梯度不大，长江口至浙南为高温区，长江口以东 0～10m 水层和舟山外海渔场常出现温跃层，温跃层强度为 0.20/m。

台湾海峡冬季水温南高北低，东高西低，等温线与海岸线平行。夏季水温升高的幅度大，表层水温可达 28～29℃，至 10m 水层开始显著减小，垂直梯度大，季节变化明显。

2015 年东海月平均表层水温为 15.2～28.5℃，以 2 月最低，8 月最高，变动幅度达到 13.3℃，年平均表层水温为 22.0℃。

4. 南海

水温终年较高，水平梯度小，水温年较差自北向南逐渐减小。1000m 以下深层的水温的水平分布比较均匀，季节变化较小。

南海表层水温的分布北部低。向南部逐渐升高，年平均表层水温为 21.9～26.9℃，底层水温为 16.5～23.0℃。冬季北部近海水温较低，表层水温为 17.7～25.0℃，底层水温为 16.5～24.2℃，其中粤东沿岸因有来自台湾海峡的低温沿岸流，使该海区的月平均表层水温可下降到 15℃左右。夏季，北部海域表层水温为 24.3～30.6℃，底层水温为 18.3～30.0℃。

南海南部海域水温较高，表层水温为 27.5～29.5℃，底层水温为 14.7～20.5℃。底层分布梯度较大，空间分布的梯度也较大，存在明显的分层现象，出现厚度较大的温跃层。

粤东海域存在着范围较小，水温较低的温跃层。

2015 年南海月平均表层水温为 24.4～30.2℃，以 1 月最低，6 月最高，变动幅度达到 5.8℃，年平均表层水温为 27.9℃。

5. 台湾以东海域

台湾以东海域终年受黑潮控制，表层水温为 24～29℃。

二、盐度

盐度（salinity）是海水中含盐量的一个标度。1902 年首次定义为：1000g 海水中的溴和碘全部被等当量的氯置换，而所有的碳酸盐转化为氧化物后，其所含无机盐的总重量，单位是 g/kg，以符号 S‰表示。1978 年盐度单位改用实用盐标（practical salinity scale），为无量纲单位。海水总的含盐量在 35 左右，个别水蒸发量大的海域含盐量偏高，如红海高达 40，在河口可低至 1～2。

（一）影响中国近海盐度分布的因素

1. 潮汐和海流

海洋与外界不断进行水量交换，同时又通过海流和混合等过程在海洋内部进行调整，达到总的水量平衡。

2. 黑潮

黑潮暖流带来高温高盐海水，近海海水与高盐海水的混合，提高盐度。其他增盐的因素有蒸发、结冰、高盐平流及含盐沉积物的溶解等。

3. 大陆径流

大陆径流是沿岸海域降低盐度的最主要因素，其他降低盐度的因素有降水、融冰、低盐平流及与低盐海水的混合等。分析历史资料显示，由于大陆径流的流量变化，黄河口、长江口和珠江口等大型大陆径流入海口及邻近海域的盐度产生较大的变化，尤其是黄河口附近海域，由于多年来黄海径流量的减少，盐度升高，低盐水舌范围缩小，整个渤海的平均盐度升高。

（二）中国近海盐度分布特点

（1）近岸尤其是河口附近海域盐度低，外海盐度高。

（2）北面海域盐度低，南面海域盐度高。

（3）近岸特别是河口附近海域，因受大陆径流影响，盐度变化剧烈，水平梯度大，外海变化缓慢，水平梯度小。

（4）春季和夏季降雨量高，表层盐度普遍降低，秋季和冬季降雨量少，表层盐度较高。

（三）各海域盐度分布

各海域因地理位置和环境条件差异，盐度的分布和变化特点有很大的差异。

1. 渤海

渤海盐度最低，年平均约为 30。渤海海峡受黄海暖流余脉的影响，盐度在 31 左右。近岸河口三角洲海域终年是低盐区，盐度约 26。冬季各水层盐度分布基本相同，等盐线走向与海岸线平行。东部盐度高于西部。

2. 黄海

黄海因入海河流较少，除了北部鸭绿江口海域外，盐度的分布与变化主要取决于黄海暖流的消长变化。黄海暖流流经的黄海东南部盐度较高，通常＞32。近海海域盐度较低，一般在 32 以下，烟台近海盐度为 32.5。随黄海暖流北上，盐度递减。黄海暖流与沿岸流交汇于成山头附近海域，盐度水平梯度较大。苏北沿岸流分布区，盐度较低。冬季整个黄海盐度垂直分布较均匀，黄海暖流势力增强，形成高盐水舌伸至北部，水平梯度大，达 3～4，在东南部最高可达 33.7，32 等盐线可伸至渤海海峡附近，其他区域盐度在 32 以下。通常以 32.5 等盐线进入渤海海峡的程度判断黄海暖流的势力强弱。

3. 东海

东海盐度分布特点是外海向近岸递减，南部高于北部。冬季，盐度为 21.8～34.7，整个东海空间分布均匀。台湾海峡及其附近海域分布，反映了外海黑潮、台湾暖流和沿岸水等高低盐水系的消长。海峡西部的盐度终年较低，东部较高。冬季出现最低盐度，西部盐度约为 31，东部盐度为 33～34，水平分布梯度较大。等盐线呈 NE-SW 走向。

4.南海

近海和沿岸都存在低盐区。盐度季节变化明显。南海北部近岸海域表层盐度变化范围为 30.7～33.7，底层盐度为 32.9～34.3。近海海域表层盐度为 33.2～34.1，底层盐度为 34～34.6。外海海域表层盐度为 34～34.1，底层盐度为 34.5～34.6。

5. 台湾东部海域

主要受黑潮水系控制，常年盐度为较高。盐度为34.5～35，水平梯度很小。在吕宋海峡南侧出现较高的盐度值为35.5，它与水温相适应，是高盐水的主流区。

三、透明度

海水透明度（sea water transparency）是表征海洋水体透明程度的物理量，是指在阳光不能直接照射的地方，用直径30cm的白色圆板观测到的最大可见深度，单位为m。水色（water colour）是指位于透明度值一半的深度处，白色透明度盘上所显示的海水颜色，用水色计的色级号码（1～21号）表示。蓝色号码小，水色高；褐色号码大，水色低。

海洋的水层可垂直划分为若干带：上层带，下限为浮游植物的补偿深度，即光合作用产生的氧，恰与呼吸作用消耗的氧相等的深度，一般为10～120m，平均约为50m；中层带，下至200～300m深处；次中层带，水深可达600～700m；半深带，水深由600～700m至2000～2500m，几乎无光；深层带，水深在2500～6000m，无光；深渊带，水深在6000m以下，无光。

（一）总体特征

水色与透明度都取决于海水的光学特性。海水中光线越强，透入越深，透明度就越大。反之则越小。一般说来，水色高透明度大，水色低透明度小。

中国近海大陆架浅水区域，由于入海河流多，海水中浮游生物和悬浮物含量大，水色低，透明度小。东海和南海的深水区域，主要受黑潮暖流控制，具有水色高，透明度大的特点。除河口海区外，等透明度线的分布大致与海岸线平行。长江和黄河影响的海域均有低透明度水舌。整个中国近海由北向南，自近岸到外海，透明度逐渐增大，水色逐渐变高。各海域自然条件不同，水色和透明度的分布变化具有很大的区域性差异。

（二）各海域特点

渤海是三面被陆地包围的内陆海，入海河流多，特别是黄河携带大量泥沙入海，故海水浑浊，水色低，透明度小。其中又以辽东湾、渤海湾和莱州湾水色最低，一般在15号左右，常呈黄色，透明度＜5m。中央海区水色为4～10号，呈绿色，透明度可达10m以上。

黄海沿岸海区水色为11号和12号，呈黄绿色，透明度约10m。中部海区水色为9号和10号，呈绿色，透明度约15m。夏季，因长江冲淡水带有大量泥沙进入黄海，故水色低，透明度小，这一水平分布广而厚度较薄的水体，对东海北部及黄海南部海况影响很大。大陆径流量大的月份，一直可影响到济州岛附近。冲淡水所及区域，水色变化可达10号（5～15号），而透明度变化可达15m（1～15m）以上。

东海沿岸海区水色为9号和10号，呈绿色，透明度约15m。长江口附近海区由于冲淡水影响，水色为15号和16号，呈黄色。东海因受黑潮影响，水色和透明度均比黄海、渤海高。东海黑潮主流区水色最高，一般为1号和2号，呈蓝黑色，透明度为40m左右。等水色线、等透明度线的分布，类似等温线及等盐度线的分布，大致是SW-NE走向。

南海除珠江口及湄公河口附近水色较低，呈黄绿色外，大部分沿岸区均为9号和10号，呈绿色，透明度约15m。外海水色较高，为1号和2号，呈深蓝色，透明度多在40m左右。

（三）季节变化

中国近海的水色、透明度具季节性变化。冬季，海水冷却下沉，对流混合加剧。大陆架浅海区因混合达到海底，使泥沙上搅，海水变浑，水色低，透明度小，而且分布趋势较夏季更为一致。夏季，表层水温增加，垂直稳定度增大，出现温跃层，上层水、下层水不易混合，因而水色较高，透明度较大。特别是跃层强盛期，水色最高，透明度最大。河口海区则例外，如黄河口及长江口，该时期大陆径流量大，海水浑浊，透明度＜0.1m，水色为 21 号，呈黄褐色。

四、海流

海流（ocean current）是指海水因热辐射、蒸发、降水和冷缩等而形成密度不同的水团，再加上风应力、地转偏向力和引潮力等作用而大规模相对稳定的流动，它是海水的普遍运动形式之一，包括大洋环流、风海流、坡度流、升降流（上升流和下降流）、密度流和涡流等。海流对海洋环境起着积极主导的作用，大洋环流是大洋海流的骨干，而上升流区域则是重要的渔场。

中国近海东部海域的表层环流由外海流系和沿岸流系组成。外海流系为高温高盐的黑潮及其分支台湾暖流、对马暖流和黄海暖流。沿岸流系为低盐性质的大陆径流和盛行季风引起的风海流。南海的海流主要由南海暖流和南海北部沿岸流组成。

（一）黑潮流系

黑潮（Kuroshio）是北太平洋副热带总环流系统中强大的西部边界流。具有流速强、流量大、流幅窄、高温、高盐等特征。起源于吕宋岛以东海域北赤道流的主分支，挟带着北太平洋的亚热带海水，沿着菲律宾群岛北上。黑潮通过台湾东侧与石垣岛之间，沿东海大陆坡北上，穿越吐噶喇海峡，沿日本南岸东流。黑潮流速在吕宋岛东为 0.5～1.0m/s，至日本南岸可达 1.5～2.0m/s，平均流量为 $42\times10^6 m^3/s$。流速和流量春季强、秋季弱。流速超过 1.0m/s 的流幅＞50km，最大可达 100km。流轴西侧水位差约 lm，厚度约 500m，最大可达 1000m。黑潮在北纬 35°附近有一分支沿日本东海岸北上，与北方南下的亲潮汇合后折向东流。黑潮流系包括始源的吕宋海流、台湾地区东至北纬 35°日本东海岸之间的黑潮本体、北纬 35°的鹿岛滩和常磐附近的离岸东流、东经 142°～东经 160°的黑潮续流，以及东经 160°以东的北太平洋流，还包括由黑潮和黑潮续流分离出来，从外海转向西南—西方向流动黑潮逆流。黑潮在熊野滩、远州滩外常发生逆时针方向的大弯曲，形成若干环流。黑潮大弯曲的持续时间往往长达数年。

黑潮是具有高温高盐性质的强大的海流，是整个中国海环流的主干。它在东海的流幅约 80km，厚度约 600m。流速在台湾东可达 1.5m/s，进入东海后渐缓。平均流轴走向与东海大陆坡的 200～1000m 等深线走向一致，流量相当于长江年平均流量的 1000 倍。黑潮有许多分支，其中在中国近海的主要有台湾暖流、对马暖流、黄海暖流和黑潮南海分支。

1. 台湾暖流

黑潮在台湾南部海域分出一支沿台湾海峡北上，出海峡后与主干汇合。主干经台湾东部海域向东北方向行进，到达台湾东北部时分出另一支进入东海。来自台湾东部海域和台湾海峡的黑潮分支，称为台湾暖流（Taiwan warm current）。台湾暖流沿闽、浙海域北上，抵达北纬 31°，东经 123°附近的长江口外海，与沿岸流汇合成锋面，形成良好的舟山、长江口渔场。表层流向受季风影响变化较大，中下层流向稳定向北。台湾暖流夏强冬弱。夏季台湾暖流使长江冲淡水向北转向，它的分支在黄海下层形成一支较弱的斜压黄海暖流的海流，同时它诱导产生济州岛气旋式涡，流速往北逐渐减弱。

2. 对马暖流

黑潮在九州西南北纬 28.5°～北纬 30°，东经 127.5°～东经 128°附近海域，有一分支与大陆架水汇合后北上，并穿过对马海峡和朝鲜海峡进入日本海，称为对马暖流（Tsushima current）。其流量约为东海黑潮主流流量的 1/7。流幅、流速和流量夏强冬弱。

3. 黄海暖流

对马暖流进入对马海峡之前，在济州岛西南伸入黄海的黑潮分支，称为黄海暖流（Yellow Sea warm current）。黄海暖流是黄渤海区环流的主干，流向稳定偏北向，流速较小。高温、高盐水舌从南黄海明显地伸展到渤海。黄海暖流冬强夏弱。

4. 黑潮南海分支

黑潮在台湾南端分出一支，由巴士海峡进入南海北部，在东沙群岛南部约在 1000～1500m 等深线附近海域变为西—西南向的海流，并流经西沙北部海区，流向较稳定，流速冬强夏弱。

（二）沿岸流

沿岸流是大陆径流沿海岸流动的海流，具有低盐性质。中国近海的沿岸流主要有渤海沿岸流（Bohai coaster current）、黄海沿岸流（Yellow Sea coaster current）、东海沿岸流（East China Sea coaster current）、南海沿岸流（South China Sea coaster current），以及影响范围很小的辽南沿岸流和西朝鲜沿岸流。

（1）渤海沿岸流。源自海河、黄河等径流，沿鲁北沿岸和山东半岛北部沿岸，转为东向流往渤海海峡。

（2）黄海沿岸流。渤海沿岸流沿山东半岛北岸继续前行，流向为东，大部分绕过成山头，沿 40～50m 等深线南下，汇集苏北大陆径流，至长江口流向由北向转向东南，流入东海。它将黄海低盐水输向东海，至北纬 32°～北纬 35°附近折向东南，一部分加入黄海暖流，构成黄海的反气旋环流，另一部分前锋可达北纬 30°附近。黄海沿岸流受地形、大陆径流和季风的影响较大。冬季偏北风促使沿岸流发展，同时黄海暖流也相应地增强。夏季受偏南风影响，沿岸流的发展受到限制。黄海冷水团的发展也削弱了黄海暖流的势力。

（3）东海沿岸流。沿浙、闽沿岸流动的海流。主要由长江和钱塘江入海径流组成，流向随季风变化。冬季受东北风影响，流幅较窄，流向稳定，可南下越过台湾海峡。夏季受偏南风影响，流向东北，流幅扩展，长江冲淡水低盐水舌可伸展到济州岛海域。

（4）南海沿岸流。沿广东省沿岸和海南省东岸及中南半岛东海岸流动的海流，包括粤东沿岸流、珠江沿岸流和粤西沿岸流。随季风转换而变化，海流流向冬季为西南向，夏季为东北向。粤东沿岸流，10 月在南海东北部，秋季形成的东北季风使海流向西南流入粤东近海区，冬季和珠江沿岸流汇合，继续西流，是一支紧靠海岸，南北狭窄，东西较长的海流，冬季势力最盛。珠江沿岸流，由珠江径流入海形成，势力强盛。珠江沿岸流分为 3 支：西支由于地转偏向力作用，流向向西，冬季东北季风盛行，厚度增大，与粤西沿岸流汇合紧贴海洋流动；5～9 月在强盛径流的推动下，形成偏南向流动的南支；东支是西南季风盛行引起东向流动，西南季风过后消失，主要出现在夏季 6～8 月，6～7 月最显著。珠江沿岸流势力夏季最盛，冬季最弱，与粤东沿岸能正相反。粤西沿岸流，为粤西近海大陆径流向外冲溢，沿岸向南流动的沿岸流，夏季在西南季风作用下向东流动。

（三）南海暖流

南海暖流终年存在于外海，强盛时出现于中部海区。冬季黑潮支流经巴士海峡左旋进入南海北部，与沿岸水汇合，流向为西南向，并与砂拉越东北向海岸流构成逆时针方向的环流。夏季盛行西南季风，有利于南海暖流深入浅海区，连同大部分沿岸流，流向东北，北上经台湾海峡流入东海。一部分南海暖流在西南季风的作用下，流经巴士海峡，汇入黑潮主流。

南海位于热带季风区，夏季盛行西南风，冬季盛行东北风，季风方向与海区长轴一致，有利于稳定流系的发展。南海表层环流的方向和强度随季风变化，呈季风漂流的性质。冬季在东北季风的作用下，沿岸流流向西南，与南海暖流构成南海逆时针方向的环流。夏季在西南季风的作用下，南海暖流与沿岸流汇合，流向东北。

五、潮汐

潮汐（tide）是指在引潮力作用下所发生的海水周期性的涨落现象，它包括海面周期性的垂直涨落和水平流动，前者称为潮汐，后者称为潮流。由月球、太阳等天体的引潮力引起的潮汐叫天文潮，其中由月球的引潮力引起的潮汐叫太阴潮，由太阳的引潮力引起的潮汐叫太阳潮。由气象（风、气压、降水等）原因引起海面升降的潮汐叫气象潮。由热带风暴、温带气旋、海上飑线等风暴过境所伴随的强风和气压骤变而引起的局部海面振荡或非周期性的水位异常升高（降低）现象，叫风暴潮。在河口海区受河床变形、摩擦效应及上游下泄径流的影响，形成河口潮汐。

（一）潮汐类型

中国近海潮汐的形成主要是由太平洋潮波传入，海区本身直接受月球和太阳的引潮力而产生的潮汐较小。西太平洋潮波分两支进入中国海区，一支经琉球群岛呈东南-西北传播，进入东海，引起东海、黄海和渤海海面发生振动；另一支经巴士海峡进入南海，引起南海海面发生振动。潮汐的涨落现象因时因地而异，但从涨落周期来说，根据潮位曲线分析，可划分为 4 种类型。

（1）半日潮。半日潮是指周期约为半日的潮汐，一昼夜有两次高潮和两次低潮。两次高潮和两次低潮的高度相差不大，两次相邻的潮差几乎相等，两次相邻高潮或低潮之间的时间间隔也几乎相等，都是 12h24min 左右，如青岛港、厦门港和杭州湾瞰浦等。

（2）全日潮。全日潮是指周期约为一日的潮汐，一昼夜有一次高潮，一次低潮。主要特点是在半个月中有连续 1/2 以上天数是日潮，其余为半日潮。我国南海的北部湾、红岛、北海、八所和德顺港等许多海域的潮汐涨落情况属于这种类型，其中北部湾是世界上最典型的全日潮海区之一。

（3）不正规半日潮。基本上具有半日潮的特征，但在一个太阳日内相邻的高潮或低潮的潮位相差很大，涨潮时和落潮时也不等。在浅海或江河口，一般是落潮时间大于涨潮时间，如南海红岛、浙江镇海港等。

（4）不正规日潮。在半个月中，日潮的天数不超过 7 天，其余天数为不正规半日潮，如榆林港等。

（二）潮汐性质

渤海区域大部分潮汐属于半日潮和不正规半日潮。渤海湾和烟威渔场为不正规半日潮。秦皇岛附近有一小块海区为日潮，其外围一小环形为不正规日潮。在莱州湾西北黄河口外，也有一小块海区为不正规日潮。渤海海峡、黄海北部海岸、黄海沿岸、东海直至福建沿岸都是半日潮和不正规半日潮。台湾西侧为不正规半日潮，东侧为半日潮。福建、广东沿海大部分为不正规半日潮。南海以不正规日潮和全日潮为主，其中以不正规日潮占优势，广州湾和海南岛附近为不正规日潮，只有北部湾和琼州湾等少数地区为全日潮。

（三）潮差

在琉球群岛附近潮差约为 2m，向西北方向逐渐增加，等潮差线几乎与海岸线平行，并且靠近大陆潮差显著增大。渤海，中部潮差为 2m，近岸约为 3m，辽东湾顶部及渤海湾顶部较大，在 4m 以上。黄海，中央及山东半岛北岸潮差为 2～3m，辽宁南岸为 3～8m，山东南岸及江苏沿岸在 4m 以上。东海，浙江、福建沿岸为我国潮差最大的地方，大部分海区在 7m 以上，其中特别是杭州湾瞰浦，最大潮差为 8～9m。这与地形有密切关系，当前进波传至海岸附近，由于水深逐渐变浅，潮波能量集中，使潮差迅速增大。南海，从台湾海峡到珠江口一带及广州湾附近，潮差较大，广州湾附近约为 3.5m，海南岛东岸只有 1.8m。整个南海以北部湾潮差最大为 3～5m，其顶部潮差可达 5～6m。中国近海潮差分布规律如下。

（1）潮波系统中心潮差小，边缘潮差大；

（2）潮波传播方向右边比左边潮差大，如黄海沿岸潮差大都在 3～4m，而朝鲜西岸不少海区潮差达 8m 以上；

（3）海湾的湾顶比湾口潮差大，近岸比外海潮差大；

（4）海域中央潮差较小，越靠近海岸越大，海湾里面更大。

（四）潮流

黄渤海潮流多为旋转式，流速中央小，近岸大，东岸又比西岸大。海域中央潮流流速约 50cm/s。沿岸海域流速较大，中国沿岸为 100cm/s 左右，朝鲜沿岸最大可超过 125～150cm/s。

东海潮流近岸多为往复流，外海多为旋转流，但长江口附近佘山海区也为旋转流，近岸流速大，外海小。佘山附近海域流速为 103～232cm/s。杭州湾北岸东部海域为 257～309cm/s。东海近岸由于海湾岛屿较多，潮流情况极为复杂。台湾海峡潮流为北-南向，北面流速不超过 100cm/s，澎湖列岛以南为 100～150cm/s。

南海潮流一般不大，广州湾附近约为 80cm/s，海南岛海区最强不超过 50cm/s。

六、波浪

波浪（wave）是指具有自由表面的液体，其局部质点受到扰动后，离开原来的平衡位置而作周期性起伏运动，并向四周传播的现象。波浪形成后，可以看到液体表面作此起彼伏的波动。波浪是一种具有明显周期性的海水运动形式。海浪是海洋中由风产生的波浪，包括风浪及其演变而成的涌浪。风浪是风直接作用下产生的水面波动，它的外形比较复杂，波面粗糙时有浪花和泡沫出现，波的传播方向几乎与风向一致。涌浪是风浪离开作用海区后或风作用海区内风速急剧下降或风向急剧改变后形成的，涌浪的外形比较规则，波面平缓光滑。波浪周期为0.5～25s，一般波高在20m以下，在罕见的情况下，波高可达30m。波浪的基本要素有：波峰、波顶、波谷、波底、波高、波长、周期、波速、波向线和波峰线等。

（一）波向

波向是指波浪传来的方向。风浪的波向主要受风向的控制，波向的分布和变化与风向的分布和变化相一致。我国位于亚欧大陆东部、太平洋的西海岸，是典型的季风气候，冬季盛行偏北浪，夏季盛行偏南浪，春、秋季为过渡季节，季节变化十分明显。冬季，北部海域为西北浪，中部为北浪，南部为东北浪。夏季，南部海域为西南浪，北部为东南浪。

（二）波高

中国近海平均波高（$H_{1/10}$）总的分布态势是北部小，南部大。就年平均波高来看，渤海沿岸为0.3～0.6m，山东半岛南部、苏北、长江口和浙江沿岸为0.6～1.2m，广东沿岸为1.0m，西沙沿岸为1.4m，海南岛和北部沿岸为0.6～0.8m。

最大波高的分布基本上与平均波高的分布一致。冬季受寒潮的影响，北方沿岸的最大波高比南方沿岸大。夏季受热带风暴的影响，南方沿岸比北方沿岸大。

（三）季节变化

冬季，我国受寒潮的影响，大陆沿岸以偏北浪为主，偏东浪为次。渤海海峡地处开阔海面，冷空气畅通无阻，所以大风较多，大浪也较多，如北隍城的北向浪最大波高达8.0m。山东半岛南部沿岸，大风大浪也较多，如千里岩的西北向浪最大波高为6.0m。南海沿岸最大波高一般都在4.0m以下。只有长江口和西沙等局部沿岸最大波高＞4.0m。西沙的东北浪最大波高为4.4m。

夏季，受偏南季风影响，沿岸波高较大，尤其是东海和南海沿岸，热带风暴活动频繁，波高很大。渤海沿岸偏南浪的最大波高一般都在3.6m以下，渤海海峡和黄海北部最大波高为5.7m，山东半岛南部沿岸南浪最大波高为4.4m，苏北、长江口和浙江北部沿岸偏南浪的最大波高一般都在3.6m以下，浙江南部、福建和广东云澳一带偏南浪的最大波高一般都在5.9～8.5m。南海沿岸最大波高分布无规律，如粤东沿岸的遮浪，西西北浪最大波高为7.2m；粤西沿岸的硇洲岛，北浪最大波高为9.8m；北部湾的涠洲岛，南东南浪最大波高为4.6m；海南岛北部沿岸，东北浪最大波高为7.0m，西沙南西南浪最大波高为10m。

七、水团

水团（water mass）是指源地和形成机制相近，具有相对均匀的物理、化学和生物特征及大体一致的变化趋势，而与周围海水存在明显差异的宏大水体。

中国近海的海水由几个性质不同的水团组成。太平洋是主要源地，中国近海外海区的海水与太平洋水交往频繁，其结构与太平洋水相似，形成外海水团。在大陆沿岸，入海径流与海水混合，形成了低盐的沿岸水团。中国近海大部分为水深200m以浅的浅海，东侧的黑潮及其分支、西侧的江河径流，季节变化显著，它们的消长变化，使中国浅海区的水团及其变性十分复杂。

（一）东中国海外海水团

东中国海外海水团受黑潮控制。在黑潮流径的海域，海水结构在铅直方向上大致可分为 4 层。

（1）东海表层水团。它也称黑潮表层水团，分布在黑潮及其分支流域，实际上是北太平洋中央水团上部的一个有显著季节变化的表面覆盖层，厚度为 150～200m。在东海，由于它受到当地气象条件及沿岸水的影响，盐度较大洋区域有显著降低，通常在 34～34.8。冬季，在对流混合下，水团温度垂直分布均匀，水温为 18～24℃。夏季，均匀层仅 25～50m，水温为 22～30℃。

（2）东海次表层水团。它也称太平洋中央水团，分布在表层水团以下到水深 400m 处，具有高盐特征，盐度为 34.6～35。随深度增加，盐度逐渐增高，约在 150m 处达到最高值为 35。水温逐渐降低，从 24℃降到 14℃。冬季主要分布在黑潮主流和对马暖流流域。夏季，东海表层水团变薄，东海次表层水团厚度加大，并随黑潮涌升到大陆架上，常逼近浙江近岸、长江口一带，直接位于沿岸水团之下。

（3）东海中层水团。随黑潮进入东海的北太平洋中层水团，具有低温、低盐和低溶解氧特征。水温和盐度的变化范围分别为 6～15℃和 34.3～34.5，水深 600m 处有盐度降到极小值 34.3。水团下界到达 800m 深处。在黑潮主流左侧及对马暖流流域的大陆坡上，该水团的上界涌升到 250m 深处。

（4）东海深层水团。它只存在于冲绳海槽里，占据着水深 800m 以下的全部水层。由于琉球海岭最大深度只有 800m，所以东海深层水团与太平洋深层水团的交换是相当微弱的。

（二）东中国海沿岸水团

沿岸水团主要受沿岸河流带来的大陆径流影响，特点是：盐度低，一般＜30；水色低，透明度小；潮流和风的混合作用强烈，水层上下均匀一致；受大陆和气象条件影响大，水温年较差大；夏季相对于周围海水为高温，冬季相对于周围海水为低温。

东中国海沿岸水团主要有以下 7 个水团。

（1）北黄海沿岸水团：主要是鸭绿江的冲淡水，分布在辽东半岛南岸和朝鲜北部西岸约 30m 等深线以浅的海区，冬季往朝鲜西部扩展，夏季向渤海海峡北部延伸，最低盐度为 25，最高水温仅为 25℃。

（2）辽东湾沿岸水团：与辽河径流关系密切，盐度年较差在 10 以上，冬季结冰，水温低于–1℃。

（3）渤莱沿岸水团：在冀东、鲁北沿岸，夏季，最低盐度为 19.6，最高水温为 26～29℃。

（4）苏北沿岸水团：主要是苏北沿岸的冲淡水，分布在海州湾到长江口北岸 20～30m 等深线以浅的海区，夏季水温高达 28℃，盐度年变化小，波动在 29.4～30.8，这与入海径流年较差小有关。

（5）江浙沿岸水团：分布在长江口附近与浙江沿海一带，水平扩展范围及盐度年较差都与长江、钱塘江径流有关，盐度年较差高达 20，夏季最低盐度仅为 4.5，水团水温年较差小，水团厚度在夏季仅为 10～20m，冬季厚度约 50m。

（6）闽台水团：主要在台湾海峡内，盐度低于 33.5～34，水温在 11～28℃，厚度为 20m 左右。

（7）西朝鲜沿岸水团：位于沿岸 30m 等深线内，范围小，水温为 4～25℃，盐度为 29～31。

（三）黄海水团

黄海水团是东海表层水团与沿岸水混合，并受当地气象条件影响而形成的特殊水团，位于东中国海北部的广阔水域，北自渤海中央区域，南到北纬 30°附近，水深在 100m 以内。水温年较差为 17～24℃，盐度年较差为 1～4。水团跨越纬度较大，水温南北差异悬殊，冬季达 4～15℃。盐度在 29～34，通常为 32～33.5，经向变化不大。冬季强烈的对流混合，使该水团自海面至海底形成均匀层，水团的热盐结构随季节而变化。

夏季，表层增温剧烈，盐度因径流影响而降低。但是在强大的温跃层下，水体仍保持冬季低温的特征，这就是黄海冷水团（Yellow Sea cold water mass），是东中国海夏季重要的水文特征。黄海冷水团水温为 7～13℃，盐度为 31～33，冷水团上部的温跃层深度，自北向南略有增加，渤海和北黄海温跃层深度为 10～25m，南黄海及东海区域温跃层深度为 25～30m。由于夏季沿岸水团向外扩展，使黄海冷水团向岸伸展的范围比冬季缩小，一般只达到 40m 等深线一带。长江、钱塘江汛期，江浙沿岸水团呈舌状向东扩张，把黄海冷水团几乎分成南北两部分。黄海冷水团与东海表层水团之间的锋面位置与冬季不同。南段锋面退缩到北纬 30°附近，而北段锋面则向东扩张到济州岛附近。南北两段锋面的进退关系与冬季一样。黄海冷水团向外海的扩张范围，夏季比冬季小些。

冬季，黄海冷水团向周围扩张，向岸可达 20m 等深线。在渤海，直达河北沿岸，分隔辽东沿岸水团和渤莱沿岸水团。在南黄海，它越过长江口浅滩，一支向南，舌锋可达北纬 28°；另一支向东南，前锋达大陆架边缘。同时，在济州岛以西，东海表层水团随黄海暖流向北楔入黄海冷水团，形成一个 S 形的锋面。例如，以北纬 32°为界，此锋线可分为南、北二段，它们的进退有一定的关系。黄海冷水团向南扩展的势力越强，东海表层水团北上的势力也越强，反之则弱。黄海冷水团底层向外海扩展比表层大时，黄海冷水团在东中国海大陆架上沿海底斜坡向下滑动，楔入东海表层水团之下。黄海冷水团在表层扩展比底层要广时，东海表层水团则楔入黄海冷水团之下。

（四）南海外海水团

南海是一个比较典型的热带深海盆，具有热带深海的水团特征。与东中国海外海水团一样，南海外海水团也分成 4 层。

（1）南海表层水团。它是一个暖性水团，水温较高，变化范围为 22～31℃，分布在南海大部分海区的表层。在巴士海峡与太平洋表层水团相连。南海年降水量大于蒸发量，太平洋表层水团进入南海后降盐，形成盐度较低的南海表层水团，盐度为 32.5～34.5。

南海一年内受不同季风控制，表层水团的消长呈现强烈的季节性变化。冬季，在东北季风作用下，太平洋表层水团主要从巴士海峡进入南海，这时大陆径流较小，使表层盐度升高，水温下降，并向西延伸到越南沿岸。在广东以南的大陆架上，南海表层水团被东北季风吹离海岸，而南海次表层水升至海面，与沿岸水团相邻。夏季盛行西南季风。雨季沿岸水团扩展，使表层水团相应缩小，盐度下降，水温升高。南海表层水团一部分随季风漂流离开南海，大部分则与沿岸水团在大陆架上相遇，并楔入沿岸水团的底部，最强时可达 20m 深处。由于南海垂直环流的作用，南海中部夏季表层水团的厚度约 40m，冬季加深到 80m。

（2）南海次表层水团。水团厚度约 200m。保持了太平洋次表层水团所固有的高盐特征，平均盐度为 34.5，比其上、下水团的盐度都高，在 150m 深处出现盐度极大值 35。随着深度增加，水温由 24℃降到 13℃。其垂直位置夏季较浅，冬季较深。冬季在太平洋次表层水进入南海时，南海中层水却向外流出，盐度提高，所处深度向下移动 40m。夏季正相反，次表层水所处深度向上提升。在这种升降过程中，水团厚度变化不大。

（3）南海中层水团。水团底部可达水深 1000m 处，主要特征是具有明显的盐度极小值，400～500m 深处盐度仅为 34.3～34.5。水深 600m 处，存在一个独特的溶解氧含量低于 15mg/L 的最低含量层，水温为 5～8℃。在季风的影响下，冬季太平洋次表层水经巴士海峡进入南海，部分南海中层水以补偿形式进入太平洋，夏季返回南海。

（4）南海深层水团。水深 2000～2500m 以下，水团性质与太平洋深层水团相似。水深 2000～2500m 以浅，具有海盆水性质，整个水团的水温低于 4℃，盐度为 34.5～34.6，溶解氧含量随水温递减而略增。在 3000m 深处，水温最低仅为 2.38℃，盐度为 34.6，溶解氧含量为 2.4mg/L。水深 3000m 以下的水温和溶解氧含量略有上升，盐度不变。

（五）南海沿岸水团

（1）广东沿岸水团。它主要是珠江的冲淡水，分布在雷州半岛至汕头附近水深约 40m 以内的浅水区。每年 4～8 月，由于高盐、低温的次表层水涌升到海面，在海陆丰外海，把沿岸水团截成粤东和粤西沿岸水团。前者与闽台沿岸水团连成一体，后者的消长与珠江径流、南海环流有密切关系。在珠江径流和沿岸流的作用下，它在东南方向扩展剧烈，形成一个低盐水舌，其西侧却向广州湾西部移动。平均厚度为 10m，最大约 20m。其余各季，广东沿岸水团转为沿海岸向西南扩展，不超过 40m 等深线。2 月最低水温为 16℃。

（2）北部湾沿岸水团。它分布在雷州半岛与越南沿岸一带。受沿岸大陆径流影响大，盐度＜32.0，梯度大。水温为 15～29.5℃。春季紧贴北部湾西北部近岸海区，8 月水团最强，9 月可伸展到北纬 20°附近，但厚度仅为 15～25m。

第五节 海 水 环 境

海水环境（hydrochemistry）是指海水化学成分及其在空间和时间上的分布和演变，以及在自然条件下和人为活动影响下水化学成分的形成与动态和水质评价。

一、海水的化学组成

海水是非常复杂的多组分水溶液，几乎可以从海水中检测出自然界中所有的化学元素。海水的化学成分是地球上生命起源和进化的物质基础，海水化学成分包括常量元素、微量元素、营养元素、溶解气体和有机物质等。溶解于海水中的化学元素绝大多数是以盐类离子的形式存在的，其中氯化钠最多，占 88.6%；硫酸盐占 10.8%。海水的常量元素之间的浓度比例相对较为稳定，主要以 K^+、Na^+、Ca^{2+}、Mg^{2+}、Sr^{2+}5 种阳离子、Cl^-、SO_4^{2-}、Br^-、HCO_3^-、F^-5 种阴离子和 H_3BO_3 分子形式存在，这些物质占海水盐分的 99.9%，且具有一定的恒定性。

海水中的常量元素是指含量＞1mg/L 的元素，除氢和氧外，主要涉及氯、钠、镁、硫、

（8）生物污染：近岸海域养殖渔业密集区，由于养殖渔业的超负荷发展，形成了生物污染，破坏了海域的生态平衡和渔业生态环境。其一，浅海养殖渔业产生的排泄物、废弃物等，形成了海水的水质污染和化学耗氧量污染，赤潮发生频繁，赤潮形成以后使海域生物资源遭受严重损失。其二，浅海养殖减少了海域生物资源的生存空间和饵料来源，使生物资源量下降。其三，养殖渔业在海域进行，由浅海养殖渔业产生的病害必然地流入海区，给自然生物资源携带了大量的病菌、病毒，将会诱发生物资源的病害发生。

（三）环境质量评价

1. 单因子评价

水质环境、沉积物环境和生物体质量评价，采用单因子污染指数法（郦桂芬，1989），按式（5.3）计算：

$$I_i=S_i/C_i \quad (5.3)$$

式中，I_i——i 项污染物的污染指数；

C_i——i 项污染物的实测浓度（或平均值）；

S_i——i 项污染物相应海水质量等级的评价标准。

对水中溶解氧（DO）采用式（5.4）计算，

当 $DO \geqslant DO_s$ 时：

$$I_i(DO)=\left| DO_f - DO \right|/(DO_f - DO_s) \quad (5.4)$$

当 $DO < DO_s$ 时：

$$I_i(DO)=10-9DO/DO_s \quad (5.5)$$

其中，

$$DO_f=468/(31.6+t) \quad (5.6)$$

式中，$I_i(DO)$——溶解氧标准指数；

DO_f——现场水温及盐度条件下，水样中氧的饱和浓度；

DO_s——溶解氧标准值；

t——现场水温。

pH 的计算式为

$$I_{pH_i}=\left| pH_i - pH_{中值} \right|/(pH_{上限} - pH_{中值}) \quad (5.7)$$

式中，I_{pH_i}——pH 的标准指数；

$pH_{上限}$——pH 评价标准上限值；

$pH_{中值}$——pH 标准的中间值；

pH_i——pH 的实测值。

2. 综合评价

为了评价海域的总体环境质量，则采用综合评价指数进行评价，公式为

$$Q=\sum_{j=1}^{m} Q_j / m \quad (5.8)$$

$$Q_j=\sum_{i=1}^{n} P_i I_{ij} \quad (5.9)$$

式中，Q——评价海域的综合环境质量指数；

Q_j——j 站位的综合环境质量指数；

I_{ij}——j 站位 i 因子的污染指数；

P_i——i 因子的权重，P_i 的综合为 1；

m——站位总数；

n——评价因子数。

3. 富营养化程度评价

富营养化状态依据富营养化指数 E 的评价结果来确定，计算公式为

$$E=\text{COD}\times\text{DIN}\times\text{IP}\times10^6/4500 \tag{5.10}$$

式中，E——富营养化指数；

COD——化学耗氧量；

DIN——无机氮含量；

IP——活性磷酸盐含量。

当富营养化指数 E 超过 1 时，即可认定海域处于富营养化。其中，$E\leqslant0.5$ 为贫营养；$0.5<E\leqslant1$ 为中营养；$1<E\leqslant3$ 为轻度富营养化；$3<E\leqslant9$ 为中度富营养化；$E>9$ 为重度富营养化。

4. 有机污染指数

$$A=\text{COD}/\text{COD}_{标准}+\text{DIN}/\text{DIN}_{标准}+\text{IP}/\text{IP}_{标准}-\text{DO}/\text{DO}_{标准} \tag{5.11}$$

式中，A——有机污染指数；

COD——化学耗氧量；

DIN——无机氮含量；

IP——活性磷酸盐含量；

DO——溶解氧含量；

$\text{COD}_{标准}$——化学耗氧量的海水水质标准值；

$\text{DIN}_{标准}$——无机氮含量的海水水质标准值；

$\text{IP}_{标准}$——活性磷酸盐含量的海水水质标准值；

$\text{DO}_{标准}$——溶解氧含量的海水水质标准值。

根据有机污染指数判断有机污染程度和水质质量，分级如下：

0 级，$A<1$，水质质量良好；

Ⅰ级，$0\leqslant A<1$，水质质量较好；

Ⅱ级，$1\leqslant A<2$，水质开始受到污染；

Ⅲ级，$2\leqslant A<3$，水质受到轻度污染；

Ⅳ级，$3\leqslant A<4$，水质受到中度污染；

Ⅴ级，$A>4$，水质受到严重污染。

三、海水环境特征

1998～2000 年，对我国近海的海水环境各要素进行了全面的调查和分析，主要要素有 DO、pH、COD、活性硅酸盐、活性磷酸盐、DIN（包括硝酸盐、亚硝酸盐、氨氮）、重金属、石油类等，反映了中国近海海水环境要素的特征（唐启升，2006）。

（一）DO

中国近海DO的总体分布特点是北高南低，表层高底层低，冬、春季高，夏、秋季较低，各海域年平均值为6.15～7.84mg/L（表5.5）。

表5.5　中国近海表层DO季节变化　　（单位：mg/L）

海域	春季	夏季	秋季	冬季	全年
渤海	9.60	6.81	7.10	—	7.84
黄海	8.66	7.02	7.67	8.02	7.84
东海	7.71	6.02	7.45	7.00	7.05
南海北部	5.85	6.02	6.27	6.47	6.15

（二）pH

中国近海各海域pH平均值为8.17～8.29，总体分布特点是黄渤海较高，南海北部最低，垂直方向上分布比较均匀，各海域的季节变化规律不一致。其中渤海和南海北部是秋冬季高，春夏季低；黄海是春季最高，冬季最低；东海是春季最高，夏季最低（表5.6）。

表5.6　中国近海pH季节变化

海域	春季	夏季	秋季	冬季	全年
渤海	8.15	8.14	8.31	—	8.20
黄海	8.44	8.27	8.27	8.19	8.29
东海	8.30	8.15	8.25	8.26	8.24
南海北部	8.01	8.10	8.20	8.36	8.17

（三）活性硅酸盐

中国近海活性硅酸盐的总体分布特点是北高南低，底层高表层低，夏、秋季高，冬、春季低，各海域年平均值为2.31～17.78μmol/L（表5.7）。

表5.7　中国近海表层活性硅酸盐季节变化　　（单位：μmol/L）

海域	春季	夏季	秋季	冬季	全年
渤海	14.11	20.08	19.16	—	17.78
黄海	3.43	3.02	11.60	7.75	6.45
东海	6.02	3.09	2.70	7.82	4.91
南海北部	0.35	2.16	2.75	3.96	2.31

（四）活性磷酸盐

中国近海各海域活性磷酸盐年平均值为0.36～0.59μmol/L，总体分布特点是除渤海外，北高南低；底层高表层低（表5.8）。

表 5.8 中国近海表层活性磷酸盐季节变化 （单位：μmol/L）

海域	春季	夏季	秋季	冬季	全年
渤海	0.42	0.27	0.40	—	0.36
黄海	0.16	0.35	0.60	1.25	0.59
东海	0.12	0.68	0.05	0.62	0.37
南海北部	0.16	1.21	0.14	0.14	0.41

（五）DIN

中国近海各海域 DIN 年平均值为 3.11～7.66μmol/L，总体分布特点是渤海和东海高，黄海和南海北部低。在垂直分布上，东中国海为底层高表层低；南海则是表、底层低，中层高。在季节变化上，各海域差异较大，渤海和东海春季较高，其他季节较低；黄海夏、秋季高，冬、春季低；南海北部则是冬、夏季高，春、秋季较低（表 5.9）。

表 5.9 中国近海表层 DIN 季节变化 （单位：μmol/L）

海域	春季	夏季	秋季	冬季	全年
渤海	10.49	5.83	6.66	—	7.66
黄海	3.73	5.67	6.38	3.42	4.80
东海	12.80	3.55	2.04	2.39	5.20
南海北部	0.96	3.19	1.65	6.65	3.11

四、海洋环境质量现状

（一）海水质量

2015 年，达到第一类海水水质标准的海域占我国管辖海域的 93.05%，近岸以外海域海水质量良好。近岸局部海域海水环境污染依然严重，其中冬季第二类海水水质标准海域面积为 72440km^2，占管辖海域面积的 2.38%；第三类海水水质标准海域面积为 40030km^2，占管辖海域面积的 1.31%；第四类海水水质标准海域面积为 32290km^2，占管辖海域面积的 1.06%；劣于第四类海水水质标准的海域面积为 67150km^2，占管辖海域面积的 2.20%（表 5.10）。污染海域主要分布在辽东湾、渤海湾、莱州湾、江苏沿岸、长江口、杭州湾、浙江沿岸和珠江口等近岸海域，主要污染要素为无机氮、活性磷酸盐和石油类。

因气候、海流、大陆径流等影响，海水污染面积有较大的季节变化。其中冬季未达到第一类海水水质标准的海域面积最大，达到 211910km^2，占我国管辖海域面积的 6.96%。夏季污染面积最小，为 154610km^2，占我国管辖海域面积的 5.08%。春秋两季分别占我国管辖海域面积的 5.37%和 6.43%。

表 5.10 2015 年我国管辖海域未达到第一类海水水质标准的各类海域面积 （单位：km^2）

（国家海洋局，2016a）

海域	季节	二类	三类	四类	劣于四类	合计
渤海	冬季	23160	10300	6430	7200	47090
	春季	12910	8540	5090	4680	31220
	夏季	12010	8090	4750	4060	28910
	秋季	24810	5490	3910	7330	41540

续表

海域	季节	二类	三类	四类	劣于四类	合计
黄海	冬季	23600	7750	4730	6110	42190
	春季	13900	8490	5940	8190	36520
	夏季	15570	9490	8020	4680	37760
	秋季	19750	6450	8930	8660	43790
东海	冬季	19180	13290	19750	50520	102740
	春季	21400	11430	10330	33980	77140
	夏季	22050	9410	9000	26670	67130
	秋季	16080	14480	12880	40770	84210
南海	冬季	6500	8690	1380	3320	19890
	春季	5870	6130	1850	4890	18740
	夏季	4490	9910	1800	4610	20810
	秋季	6330	9740	3650	6470	26190
合计	冬季	72440	40030	32290	67150	211910
	春季	54080	34590	23210	51740	163620
	夏季	54120	36900	23570	40020	154610
	秋季	66970	36160	29370	63230	195730

根据国家海洋局 2001～2015 年中国海洋环境质量公报分析，中国近海海域受污染程度有增无减，海洋环境污染问题依然非常严重。未达到第一类海水水质标准的海域面积在波动中有所增加，其所占比例由 2001 年的 5.69%上升到 2015 年的 6.96%（图 5.2）。由于陆地污染源的污染强度的提高，海洋工程项目的增加，以及沿海经济区建设的全面开展，填海造陆等集约用海面积的扩大，劣于第四类海水水质标准的重污染海域面积迅速增加，其所占比例由 2001 年的 1.07%增加到 2015 年的 2.20%，增加了 1 倍多（图 5.3）。

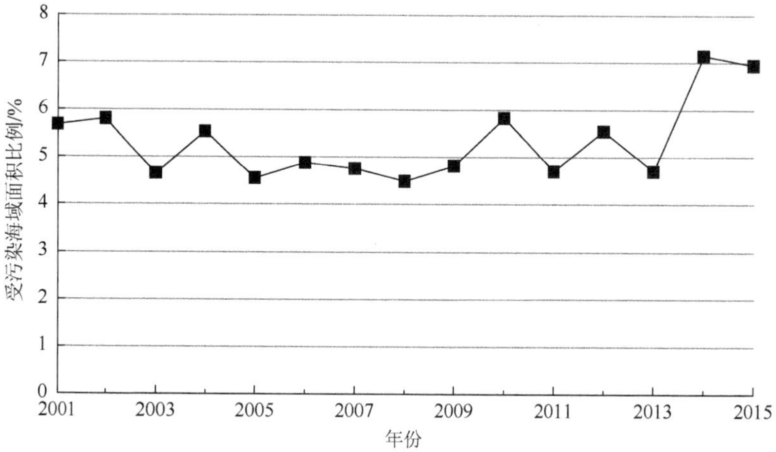

图 5.2　2001～2015 年中国近海受污染海域面积变化趋势

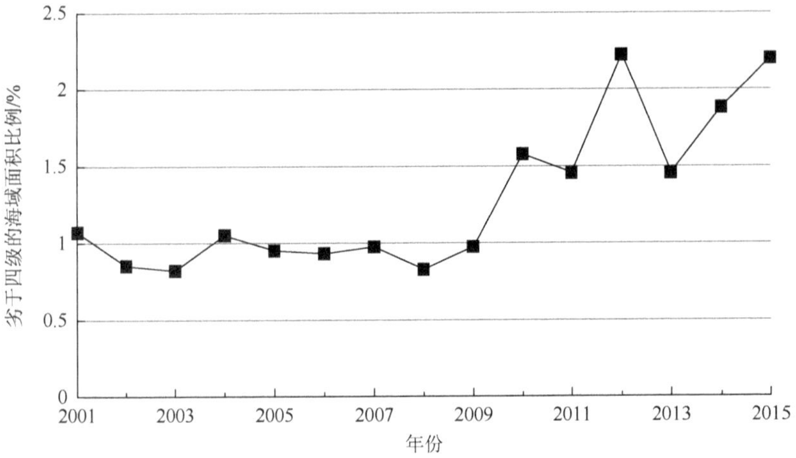

图 5.3 2001～2015 年中国近海重污染海域面积变化趋势

（二）营养盐

中国近海营养盐的含量和分布，受到近海海洋生物活动的影响，也受大陆径流、水体运动和底质的影响，随季节变化而不同。由于海洋污染，局部海域富营养化严重，重度富营养化海域主要集中在辽东湾、长江口、杭州湾和珠江口等近岸海域。

冬季，生物活动减弱，营养盐消耗减小，冬末大陆径流增加，河口附近和部分沿岸海区营养盐增加，致使营养盐含量增高。同时，冬季垂直循环强烈，底层富营养水体上升，加上降温及风力影响，水体上下对流作用强烈，使营养盐垂直分布均匀。2015 年冬季中国近海富营养化海域面积为 120370km^2，占管辖海域面积的 3.95%，其中轻度富营养化面积为 65900km^2，中度富营养化面积为 32260km^2，重度富营养化面积为 22210km^2（表 5.11）。

表 5.11 2015 年中国近海富营养化海域面积 （单位：km^2）

海域	季节	轻度	中度	重度	合计
渤海	冬季	16610	3530	970	21110
	春季	7450	3210	650	11310
	夏季	7720	2310	510	10540
	秋季	13130	6180	1320	20630
黄海	冬季	10560	4300	130	14990
	春季	8000	3690	480	12170
	夏季	12850	4880	1150	18880
	秋季	13120	9700	2370	25190
东海	冬季	34810	22830	19860	77500
	春季	13650	10460	14780	38890
	夏季	12870	12150	16340	41360
	秋季	17840	19750	16720	54310
南海	冬季	3920	1600	1250	6770
	春季	3730	1310	1700	6740
	夏季	2950	1830	2190	6970
	秋季	3720	3610	2450	9780

续表

海域	季节	轻度	中度	重度	合计
合计	冬季	65900	32260	22210	120370
	春季	32830	18670	17610	69110
	夏季	36390	21170	20190	77750
	秋季	47810	39240	22860	109910

春季，浮游植物大量繁殖，营养盐消耗大增。渤海、黄海区生物因素为主，东海区水文因素为主，均使营养盐普遍大幅度降低。同时，入春后仍有明显的垂直混合，使营养盐垂直分布较为均匀。2015 年春季富营养化面积为 69110km^2，占管辖海域面积的 2.27%，其中轻度富营养化面积为 32830km^2，中度富营养化面积为 18670km^2，重度富营养化面积为 17610km^2，

夏季，浮游植物生长最旺盛，营养盐继续下降至最低。由于径流影响，呈现沿岸高，外海低。但是，长江口外东海区由于长江水体的补充，营养盐含量并不低。同时，由于水体垂直稳定度高，垂直分布明显。2015 年夏季富营养化面积为 77750km^2，占管辖海域面积的 2.55%，其中轻度富营养化面积为 36390km^2，中度富营养化面积为 21170km^2，重度富营养化面积为 20190km^2。

秋季，由于海洋生物活动逐渐减弱，大陆径流增加，而且海底有机尸骸和有机碎屑无机化使底层营养盐积累，造成营养盐含量逐月增加，河口区含量高，外海低。同时垂直混合循环逐步增强，使浅海区垂直分布逐渐消失，外海区消失较迟。2015 年秋季富营养化面积为 109910km^2，占管辖海域面积的 3.61%，其中轻度富营养化面积为 47810km^2，中度富营养化面积为 39240km^2，重度富营养化面积为 22860km^2。

（三）沉积物

我国管辖海域沉积物质量状况总体良好。近岸海域沉积物评价因子均有超第一类沉积物标准的站位，其中铜含量符合第一类标准的站位比例最低，仅为 92.78%，硫化物的超标率也比较高，符合标准的第一类比例为 93.42%，其余监测要素含量符合第一类标准的站位比例均在 95%以上，镉的符合率最高，达到 99.49%（图 5.4）。其中砷超标站位主要分布在南海沿岸以外的海域，多氯联苯超标站位主要分布在渤海湾中部。

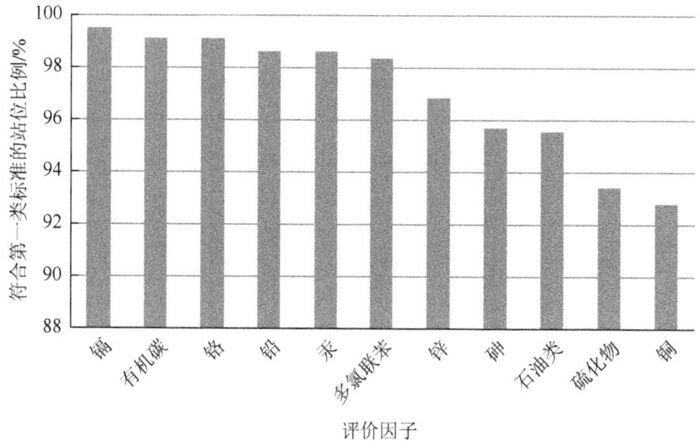

图 5.4　2015 年中国近海沉积物各种评价因子符合第一类标准的站位比例

辽东湾和珠江口近岸海域沉积物质量状况一般，其余重点海域沉积物质量状况良好。其中辽东湾东侧局部海域石油类含量超第三类海洋沉积物质量标准。珠江口海域沉积物的主要超标要素为铜、砷、锌、铅等，超第一类海洋沉积物质量标准的站位比例分别为48%、37%、18%和15%。

（四）海湾环境状况

2015年，面积＞100km^{2}的44个海湾中，21个海湾四季均出现劣于第四类海水水质标准的海域，主要污染要素为无机氮、活性磷酸盐和石油类。辽东湾和汕头湾沉积物质量状况一般，其余海湾沉积物质量状况良好。其中辽东湾个别站位石油类含量超第三类海洋沉积物质量标准，汕头湾的主要污染要素是石油类和铜。

（五）大陆径流污染源

我国沿岸入海河流的水质状况令人担忧，2015年通过对77条入海河流的监测，大陆径流入海监测断面水质，枯水期、丰水期和平水期劣于V类地表水水质标准的比例分别为58%、56%和45%（表5.12）。劣于V类地表水水质标准的污染要素主要为化学需氧量、总磷、氨氮和石油类。

表5.12　2015年河流入海监测断面地表水水质类别统计　（单位：条）

（国家海洋局，2016a）

监测时段	Ⅰ～Ⅲ类水质	Ⅳ类水质	Ⅴ类水质	劣于Ⅴ类	合计
枯水期	14	9	9	45	77
丰水期	17	12	5	43	77
平水期	18	21	3	35	77

（六）入海排污口

2015年，通过对沿海445个陆源入海排污口实施监测，其中工业排污口占32%，市政排污口占41%，排污河占21%，其他类排污口占6%。3月、5月、7月、8月、10月和11月监测的入海排污口达标排放比例分别为44%、47%、52%、51%、52%和52%，全年入海排污口达标排放次数占监测总次数的50%。98个入海排污口全年各次监测均达标，114个入海排污口全年各次监测均超标。入海排污口排放的主要污染物为总磷、化学需氧量、悬浮物和氨氮。

不同类型入海排污口中，工业和市政排污口达标排放次数比例分别为59%和42%，排污河和其他类排污口达标排放次数比例分别为46%和63%。

入海排污口邻近海域环境质量状况总体较差，88%以上无法满足所在海域海洋功能区的环境保护要求。82%的排污口邻近海域的水质污染严重，主要污染要素为无机氮、活性磷酸盐、化学需氧量和石油类，个别排污口邻近海域水体中重金属、粪大肠菌群等含量超标。34%的排污口附近海域的沉积物质量不能满足所在海洋功能区沉积物质量要求，主要污染要素为石油类、铜、铬、汞、镉、硫化物和粪大肠菌群。58%的排污口邻近海域贝类生物质量超标，主要污染要素为粪大肠菌群、铅、镉、锌和石油烃，个别排污口生物体中滴滴涕含量超标。

（七）大气污染物

2015 年，在大连老虎滩、大连大黑石、营口仙人岛、盘锦、葫芦岛、秦皇岛、塘沽、东营、蓬莱、北隍城、青岛小麦岛、舟山嵊山和珠海大万山等监测站对海洋大气气溶胶污染物含量监测中，气溶胶中硝酸盐和铵盐含量最高值均出现在东营监测站，分别为 $24.7\mu g/m^3$ 和 $8.3\mu g/m^3$；硝酸盐含量最低值出现在舟山嵊山监测站，为 $6.7\mu g/m^3$；铵盐含量最低值出现在珠海大万山监测站，为 $3.1\mu g/m^3$。气溶胶中铜含量最高值出现在舟山嵊山监测站，最低值出现在盘锦监测站，分别为 $472.8ng/m^3$ 和 $5.8ng/m^3$。气溶胶中铅含量最高值出现在大连老虎滩监测站，最低值出现在营口仙人岛监测站，分别为 $89.7ng/m^3$ 和 $15.7ng/m^3$。

在大连大黑石、营口仙人岛、盘锦、葫芦岛、秦皇岛、塘沽、东营、蓬莱和北隍城监测站渤海监测大气污染物湿沉降通量，硝酸盐和铵盐湿沉降通量最高值均出现在葫芦岛监测站，分别为每年 $9.8t/km^2$ 和 $2.2t/km^2$，硝酸盐湿沉降通量最低值出现在东营监测站，为每年 $1.1t/km^2$，铵盐湿沉降通量最低值出现在蓬莱监测站，为每年 $1.0t/km^2$。铜和铅湿沉降通量最高值均出现在葫芦岛监测站，分别为每年 $10.8t/km^2$ 和 $3.6t/km^2$；最低值均出现在东营监测站，分别为每年 $0.9t/km^2$ 和 $0.2t/km^2$。

（八）海洋垃圾

2015 年，通过 41 个区域的海面漂浮垃圾、海滩垃圾和海底垃圾的种类、数量和来源等海洋垃圾分布状况监测结果分析，海洋垃圾密度较高的区域主要分布在旅游休闲娱乐区、农渔业区、港口航运区及邻近海域，旅游休闲娱乐区海洋垃圾多为塑料袋、塑料瓶等生活垃圾；农渔业区内塑料类、聚苯乙烯泡沫类等生产生活垃圾数量较多。

海面漂浮垃圾主要为聚苯乙烯泡沫塑料碎片、塑料袋和塑料瓶等。大块和特大块漂浮垃圾平均个数为 38 个/km^2。中块和小块漂浮垃圾平均个数为 2281 个/km^2，平均密度为 $18kg/km^2$。聚苯乙烯泡沫塑料类垃圾数量最多，占 43%，其次为塑料类和木制品类，分别占 36%和 11%。79%的海面漂浮垃圾来源于陆地，21%来源于海上活动。

海滩垃圾主要为塑料袋、聚苯乙烯泡沫塑料碎片和烟头等。平均个数为 69203 个/km^2 和平均密度为 $1105kg/km^2$。塑料类垃圾数量最多，占 56%，其次为聚苯乙烯泡沫塑料类和纸类，分别占 19%和 7%。96%的海滩垃圾来源于陆地，4%来源于海上活动。

海底垃圾主要为塑料袋等，平均个数为 1325 个/km^2 和平均密度为 $34kg/km^2$。其中塑料类垃圾数量最多，占 87%。

第六节 海 洋 生 态

海洋生态（marine ecology）是指海洋生物之间，以及海洋生物与海洋环境之间的相互关系，包括浮游生物、底栖生物和游泳生物等生物类群。

一、海洋生态研究内容及方法

（一）生物多样性

生物多样性（biodiversity）是指地球上的生物在所有形式、层次和联合体中生命的多样化，包括生态系统多样性、物种多样性和基因多样性。生物多样性是地球上生命经过几十亿年发展进化的结果，是人类赖以生存的物质基础，是一定范围内多种多样的活的有机体有规律地结合所构成稳定的生态综合体。这种多样包括动物、植物和微生物的物种多样性、物种的遗传与变异的多样性及生态系统的多样性。其中，物种的多样性是生物多样性的关键，它既体现了生物之间及环境之间的复杂关系，又体现了生物资源的丰富性。迄今为止，地球上大约 175 万个物种被鉴定，科学家估计地球上大约有 300 万到 1 亿个物种。

生物多样性是生物及其与环境形成的生态复合体，以及与此相关的各种生态过程的总和，由遗传（基因）多样性、物种多样性、生态系统多样性和景观多样性等部分组成。遗传（基因）多样性和物种多样性是生物多样性研究的基础，生态系统多样性是生物多样性研究的重点。遗传（基因）多样性是指生物体内决定性状的遗传因子及其组合的多样性。物种多样性是生物多样性在物种上的表现形式，可分为区域物种多样性和群落物种（生态）多样性。生态系统多样性是指生物圈内生境、生物群落和生态过程的多样性。景观多样性是指由不同类型的景观要素和生态系统构成的景观在空间结构、功能机制和时间动态方面的多样化或变异性。

海洋生物资源多样性研究的方法主要有：重要性指数、物种丰富度指数、物种多样性指数和物种均匀度指数。通常以物种多样性指数、物种丰富度指数和物种均匀度指数综合评价海洋生态的健康水平。

1. 重要性指数

Pinkas 从各种类在数量、重量中所占比例和出现频率 3 个方面进行综合评价相对重要性指数，判断其在群落中的重要程度，即：

$$\mathrm{IRI}=(N+W)F \tag{5.12}$$

式中，IRI——相对重要性指数；

N——在数量中所占的比例；

W——在重量中所占的比例；

F——出现频率。

根据多年的研究经验，一般认为：IRI＞1000 为优势种，100＜IRI＜1000 为重要种，10＜IRI＜100 为常见种，1＜IRI＜10 为一般种，IRI＜1 为少见种（赵晓娟等，2011）。

2. 物种丰富度指数

物种丰富度指数为

$$D=(S-1)/\ln N \tag{5.13}$$

式中，D——物种丰富度指数；

S——种类数；

N——总尾数。

3. 物种多样度指数

物种多样度指数系根据各个种类所占比例进行分析，即：

$$H'=-\Sigma P_i\ln P_i \tag{5.14}$$

式中，H'——物种多样度指数；

P_i——i种鱼的群落中所占的比例，在鱼类研究中多使用重量比例。

4. 物种均匀度指数

Pielou 和 Theoret（1966）在物种多样度指数基础上又加入了种类多少的概念，研究了群落的物种均匀度指数：

$$J'=H'/\ln S \tag{5.15}$$

式中，J'——物种均匀度指数；

H'——物种多样度指数；

S——种类数。

（二）资源量评估

扫海面积法是目前国际上普遍采用的资源量评估方法，适用于大面调查结果的资源量评估。扫海面积评估法为

$$B=AN/ap \tag{5.16}$$

式中，B——资源数量；

A——渔场总面积；

a——每个调查网次的扫海面积；

N——平均网获渔获量，即相对资源量；

P——捕捞系数。

二、初级生产力

初级生产力（primary productivity）是指绿色植物利用太阳光进行光合作用，即太阳光+无机物质+H_2O+CO_2 $\longrightarrow$ 热量+O_2+有机物质，把无机碳（CO_2）固定、转化为有机碳（如葡萄糖、淀粉等）这一过程的能力，单位为（mg·C）/（m^2·d）。初级生产力又可分为总初级生产力和净初级生产力。总初级生产力（gross primary productivity，GPP）是指单位时间内生物（主要是绿色植物）通过光合作用途径所固定的有机碳量，又称总第一性生产力，GPP 决定了进入生态系统的初始物质和能量。净初级生产力（net primary productivity，NPP）则表示植被所固定的有机碳中扣除本身呼吸消耗的部分，这一部分用于植被的生长和生殖，也称净第一性生产力。两者的关系：NPP=GPP−Ra，其中 Ra 为自养生物本身呼吸所消耗的同化产物。

初级生产力很难直接测定，在海洋调查中往往通过 ^{14}C 法测定叶绿素 a，再换算初级生产力。叶绿素是植物进行光合作用的主要色素，是一类含脂的色素家族，位于类囊体膜。叶绿素吸收大部分的红光和紫光但反射绿光，所以叶绿素呈现绿色，它在光合作用的光吸收中起核心作用。叶绿素为镁卟啉化合物，包括叶绿素 a、b、c、d、f，以及原叶绿素和细菌叶绿素等。叶绿素很不稳定，光、酸、碱、氧、氧化剂等都会使其分解。酸性条件下，叶绿素分子很容易失去卟啉环中的镁成为去镁叶绿素。叶绿素有造血、提供维生素、解毒和抗病等多种用途。

中国近海叶绿素含量较高，各海域平均值为 0.34～2.79μg/L，换算成初级生产力为 309～491（mg·C）/（m^2·d）（表 5.13）。初级生产力总体分布特点为：北高南低，近岸高外海低，表层高底层低，夏季最高冬季最低（唐启升，2006）。

表 5.13 中国近海叶绿素 a 和初级生产力分布（唐启升，2006）

项目	海域	春季	夏季	秋季	冬季	全年
叶绿素 a/（μg/L）	渤海	3.44	2.61	2.31	—	2.79
	黄海	0.66	0.65	0.44	0.48	0.56
	东海	0.62	0.33	0.60	0.24	0.45
	南海北部	0.19	0.34	0.34	0.49	0.34
初级生产力/[（mg·C）/（m^2·d）]	渤海	319	420	189	—	309
	黄海	580	629	428	326	491
	东海	530	339	515	162	387
	南海北部	274	570	368	430	411

三、浮游植物

浮游植物（phytoplankton）是指在水流运动的作用下，被动地漂浮在水层中，以浮游方式生活的微小植物，通常浮游植物就是指浮游藻类，包括蓝藻门、绿藻门、硅藻门、金藻门、黄藻门、甲藻门、隐藻门和裸藻门八个门类的浮游种类，已知全世界藻类植物约有40000 种。浮游植物是海洋中的初级生产者，是浮游动物和海洋中食植动物的重要饵料，浮游植物的多少直接决定海洋初级生产力的大小。浮游植物的数量又与海洋中营养盐和捕食者的数量与分布直接有关。中国近海共出现浮游植物 532 种，种类数量由北向南逐渐递增。浮游植物的种类和数量均以硅藻门占优势，其次是甲藻门，蓝藻门、绿藻门、金藻门、黄藻门较为稀少。黄渤海以温带近海性种类和温带广布性种类为主，东海以温带近海性种类和热带外海性种类为主，南海以热带外海性种类、暖水性沿岸种类和暖温性广布种类占优势。浮游植物平均密度为 55.35×10^4 个/m^3，其中南海最高为 81.08×10^4 个/m^3，其次东海为 68.50×10^4 个/m^3，黄海最少为 12.15×10^4 个/m^3（唐启升，2006）。

四、浮游动物

浮游动物（zooplankton）是指以浮游方式生活，本身不能制造有机物的异养型动物类群，包括无脊椎动物和脊索动物幼体。浮游动物是生物资源及其幼体的重要饵料，它对生物资源的补充和生存起着重要作用。由于它大量摄食浮游植物，对浮游植物种群数量起着重要的调控作用，从而也对全球气候系统产生较大的影响。因此，它在海洋生态系统中的地位非常重要。中国近海共出现浮游动物 909 种，种类数量由北向南逐渐递增。黄渤海主要以温带近海性种类为主，中部深水区长年受低温高盐的冷水系统控制，分布着相当数量的寒温带种类，南部受黄海暖流影响，即便是冬季，也出现少量的热带外海性种类。东海主要以高温高盐种类居多，但以广温广盐性种类和温带低盐性种类的数量占优势。南海以热带外海种类和暖水性沿岸种类为主，但以热带近海低盐性种类和广温广盐性种类数量占优势（唐启升，2006）。其中渤海浮游动物有 46 种，平均生物量为 342mg/m^2，以近岸暖温性和河口低盐性两大生态系统类群为特征。黄海浮游动物有 67 种，平均生物量为 38.52mg/m^2，以近岸低盐、低温高盐和高温高盐 3 大生态系统类群为主。东海浮游动物有 613 种，平均生物量为 65.34mg/m^2，以暖温近岸低盐、广温广盐、低温高盐、低温广盐、高温广盐和高温高盐 6 大生态系统类群为主。南海北部浮游动物有 709 种，平均生物量为 26.94mg/m^2，以沿岸低盐、广温广盐、低温广盐、高温广盐和高温高盐 5 大生态系统类群为主。

五、游泳动物

游泳动物（nekton）是指在水层中能克服水流阻力自由游动的水生动物生态类群，一般体型较大，分布较广，有些种类产量很高，是海洋渔业生产的主要捕捞对象，产量占世界水产品总量的 90%左右，是人类食品中动物蛋白质的重要来源。其中以鱼类占主要地位，其次是虾蟹类、头足类、哺乳类和爬行类等。鱼类是海洋中游泳动物的代表，分布在沿岸、近海、外海和深海水域内，种类和数量在渔获物中占首位。此外，还有游泳性的海鸟。海洋中游泳动物分布虽然广，但仍以近岸、浅海水域居多。因为海洋中在 1m 深处日射能量就减弱一半，在 200～400m 深处，射入的阳光已极微弱，浮游植物难以生存。从海水上层落到深处可作食饵的动植物残骸又有限，所以深水中的游泳动物不多。这些动物多具一些特殊的适应环境的器官和能力。例如，有的鱼视觉极为发达，有的鱼有触觉器官，以适应深水中的黑暗生活。中国近海共出现游泳动物 1288 种，其中鱼类 1196 种，虾蟹类 221 种，头足类 71 种，种类数量由北向南逐渐递增（唐启升，2006）。其中，渤海游泳动物 95 种，平均生物量为 9.00kg/h，优势种主要有斑鰶、黄鲫、银鲳、蓝点马鲛、赤鼻棱鳀、小黄鱼、小带鱼、花鲈、鳀、矛尾鰕虎鱼、白姑鱼、青鳞小沙丁鱼、尖海龙、云鳚、中华栉孔虾虎鱼、中颌棱鳀、绯䲗、短吻红舌鳎和尖嘴扁颚针鱼。黄海游泳动物 177 种，数量最多的为鳀、其次为竹筴鱼、鲐、小黄鱼、带鱼和玉筋鱼。其他种类的产量所占比重很小，仅为 7.2%。鳀和玉筋鱼为一般经济鱼类，竹筴鱼、鲐、小黄鱼和带鱼为优质经济鱼类。东海游泳动物 602 种，主要有大黄鱼、小黄鱼、带鱼、乌贼、银鲳、鳓、鲐、蓝圆鲹、马面鲀、海鳗、虾蟹类和枪乌贼等经济种类。南海北部游泳动物 851 种（包括未能鉴定到种的分类阶元），其中鱼类 655 种，甲壳类 154 种，头足类 42 种。南海中部获游泳动物 349 种，其中鱼类达 291 种，头足类有 35 种，甲壳类 23 种。南海岛礁鱼类 242 种，其中 185 种属于珊瑚礁鱼类，另外 57 种为非岩礁鱼类。

六、底栖生物

底栖生物（benthos）是指生活在海底表层或沉积物中的生物类群。底栖生物群落中含众多的生产者、消费者和分解者，通过底栖生物的营养关系，水层沉降的有机碎屑得以充分利用，并且促进营养物质的分解，在海洋生态系统的能量流动和物质循环中起很重要的作用。在海洋生物各种生态类群中，底栖动物的种数最多，分布也很广泛，从潮间带到深海沟都有，但仍以大陆架区种类最多、数量最大。海洋底栖动物中有许多种类可做食品、药物、工业原料和农业肥料等，具有经济价值。而且它们也能把大量的有机碎屑和小型生物转化为鱼饵，在海洋食物链中是重要的一环。此外，底栖动物的分布和数量变化与海洋环境因素——水温、盐度、海流、底质和污染等有密切关系，可以作为这些因素的生物学标志。

按生物属性，可分为海洋底栖植物和海洋底栖动物。根据体形大小的不同，海洋底栖生物分为微型、小型和大型 3 类。按栖息环境可分为底上生物和底内生物。按营养类型可分为自养型海洋底栖生物和异养型海洋底栖生物。按食性和方式可划分为滤食性动物、沉积食性动物、肉食性动物和寄生性动物 4 种类型。按生活方式可分为埋栖、固着、表栖和游泳 4 种类型。

中国近海共出现底栖生物 1297 种，其中黄渤海 414 种，东海 855 种，南海 690 种，以多毛类、软体类和甲壳类为主。各海域平均生物量为 21.27～58.33g/m^2，平均生物密度为 122～455 个/m^2（表 5.14）（唐启升，2006）。

表 5.14　中国近海底栖生物状况

项目	海域	春季	夏季	秋季	冬季	全年
生物量/（g/m^2）	渤海	55.00	50.00	70.00	—	58.33
	黄海	50.75	32.64	35.35	29.94	37.17
	东海	41.27	12.45	21.12	10.23	21.27
	南海	13.26	12.44	9.73	7.88	10.83
生物密度/（个/m^2）	渤海	509	304	551	—	455
	黄海	359	186	165	290	250
	东海	348	178	461	146	283
	南海	110	126	121	130	122

第七节　自然灾害

自然灾害（natural disasters）是指自然异常变化造成的人员伤亡、财产损失、社会失稳和资源破坏等现象或一系列事件。它的形成必须具备两个条件：一是要有自然异变作为诱因，二是要有受到损害的人、财产、资源作为承受灾害的客体。地球上的自然变异，包括人类活动诱发的自然变异，自然灾害孕育于由大气圈、岩石圈、水圈和生物圈共同组成的地球表面环境中，无时无地不在发生，当这种变异给人类社会带来危害时，即构成自然灾害。因为它给人类的生产和生活带来了不同程度的损害，包括以劳动为媒介的人与自然之间，以及与之相关的人与人之间的关系。灾害都是消极的或破坏的作用。所以，自然灾害是人与自然矛盾的一种表现形式，具有自然和社会两重属性，是人类过去、现在和将来所面对的最严峻的挑战之一。

中国近海位于亚欧大陆和太平洋两大板块的碰撞地带，并处于世界最大的大陆与大洋之间，西有喜马拉雅山——地球最高峰，东有马里亚纳海沟——地球最深处，形成巨大的地势反差，同时又处于世界人口最密集的区域，人类的活动最频繁，这些因素使我国成为世界上自然灾害种类最多的国家。

我国近海主要自然灾害有台风及热带风暴、风暴潮、灾害性海浪、海冰、海啸、地震、寒潮、海冰、海岸带灾害（海岸侵蚀、滑坡、海水入侵、土地盐渍化、海水污染等）、赤潮、海雾、霾及厄尔尼诺和拉尼娜的危害等。据统计，1989～2015 年我国每年因海洋自然灾害而形成的直接经济损失达到 20.00 亿～332.40 亿元（国家海洋局，2016b），平均为 124.32 亿元（图 5.5）。

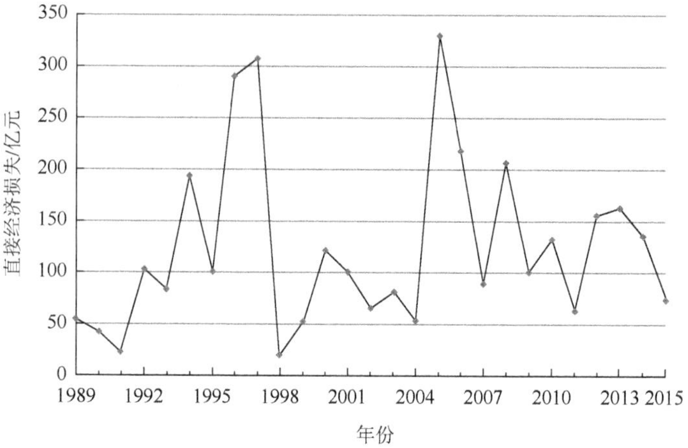

图 5.5　1989～2015 年海洋自然灾害形成的直接经济损失

一、台风及热带风暴

（一）热带气旋等级与命名

热带气旋（tropical cyclone）是一种在热带地区离赤道平均 3°～5°纬度外的南北太平洋、北大西洋和印度洋海面上形成低气压天气系统，其移动主要受到科氏力，以及其他大尺度天气系统影响，最终在海上消散、转化为温带气旋或在登陆后消散。不同大洋形成的热带气旋具有不同的名称，东太平洋和大西洋（美国两岸）的热带气旋称为飓风（hurricanes），印度洋的热带气旋称为热带风暴，南半球的热带气旋称为热带气旋，西太平洋的热带气旋称为热带风暴，风力＞12 级时为台风。

我国按国际惯例，依据中心最大风力将热带气旋分为热带低压、热带风暴、强热带风暴、台风、强台风和超强台风。

（1）热带低压（tropical depression），最大风速＜8 级或＜17.2m/s；

（2）热带风暴（tropical storm），最大风速为 8～9 级或 17.2～24.4m/s；

（3）强热带风暴（severe tropical storm），最大风速为 10～11 级或 24.5～32.6m/s；

（4）台风（typhoon），最大风速为 12～13 级或 32.7～41.4m/s；

（5）强台风（severe typhoon），最大风速为 14～15 级或 41.5～50.9m/s；

（6）超强台风（super typhoon），最大风速≥16 级（≥50.9m/s）。

台风的生命期一般为 3～8 天，台风直径一般为 600～1000km，最大的可达 2000km，最小的只有 100km。在北半球台风集中发生在 7～10 月，尤以 8 月、9 月最多。据统计，每年 5～11 月台风可能影响或登陆我国。

全球每年平均大约有 80 个热带气旋发生，其中半数以上可以发展成台风，台风集中发生在西北太平洋、孟加拉湾、东北太平洋、西北大西洋、阿拉伯海、南印度洋、西南太平洋和澳大利亚西北海域 8 个地区。西太平洋是全球热带气旋发生最多的地区，约占全球总数的 1/3，每年平均 30 个。热带气旋的多发地带集中在 5°～10°纬度带内，而南北半球纬度 5°以内几乎没有热带气旋发生。

（二）结构

发展成熟的热带气旋由风眼区、云墙、螺旋云雨带构成。

（1）眼区。即在深厚云区的中间有近似圆形的晴空少云区，眼区为微风或静风，气压最低，平均直径为30～40km。

（2）云墙。眼区外围的圆环状云区称为云墙或眼壁，云墙区主要是由一些高大对流云组成，其高度通常在15km以上，宽度为20～30km，在云墙区域有强烈的上升运动，其值可达5～13m/s，云墙附近是风雨最剧烈的地区，摧毁性的大风暴雨常发生在这里。

（3）螺旋云雨带。台风云墙到台风外缘是台风的螺旋云雨带，它也是热带气旋的重要特征之一，是由一条或几条螺旋云带旋向中心眼壁形成的，云带区对流活动旺盛，有显著的上升运动。

（三）影响中国海的路径

西太平洋和南海的热带气旋生成后，主要移动路径有西行、西北行和转向型三种情况，但也出现异常路径，如打转、突然转向和蛇行路径等。热带气旋移动路径主要有三条：西行、西北行和转向行。

热带气旋移动除受自身旋转的影响外，最重要的是受环境流场的影响。副热带高压对热带气旋移动的影响是最直接、最主要的大型天气系统。这不仅是因为副热带高压离热带气旋近，而且由于其时间持久、空间尺度大。当副热带高压呈西-东向带状且较强时，位于其南侧的热带气旋将稳定西行。当热带气旋东侧有副热带高压脊南伸，热带气旋移动具有明显的北分量。当热带气旋位于副热带高压西南侧时，将转向北上。当热带气旋进入西风带，处于副高压北侧时，将在副高压和西风带系统共同作用下，向东东北方向移动。此外，热带气旋的移动还受西风带天气系统和热带天气系统等的影响。

（四）热带气旋形成条件

（1）纬度＞5°。因热带气旋起始时刻空气具有一定的水平旋转，有利于气旋性涡旋的发生，所以必须具有足够大的科氏力才行。

（2）水温＞26.5℃。必须有热带洋面水汽凝结潜热释放以维持热带气旋的暖心结构，这样在低层有高温高湿的大气，有充沛的水量与热量供给。

（3）弱的垂直切变。切变大，通风效果好，积雨云释放的凝结潜热迅速离开扰动区上空向四周扩散，热量无法集中。切变小，对流层上下相对运动小，凝结释放的潜热始终加热同一气柱而很快形成暖心；积雨云对流联系热带气旋上下流场，把洋面或底层得到的能量源源不断地传输给高空。

（4）初始扰动。东风波为初始扰动的一种形式，另外，ITCZ（副热带高压）、高空冷涡诱生低压和斜压场也可诱发热带气旋。

（五）特点

（1）季节性。热带气旋一般发生在夏秋之间，最早发生在5月初，最迟发生在11月。

（2）热带气旋中心登陆地点难以准确预报。风向时有变化，常出人预料，热带气旋登陆地点往往与预报相左。

（3）具有旋转性。其登陆时的风向一般先北后南。

（4）损毁性严重。对不坚固的建筑物、架空的各种线路、树木、海上船只、海上网箱养鱼、海边农作物等破坏性很大。

（5）伴生灾害。强台风发生常伴有大暴雨、大海潮、大海啸。

（6）人员伤亡。强台风发生时，人力不可抗拒，易造成人员伤亡。

（六）危害

热带风暴是一种破坏力很强的灾害性天气系统，但有时也能起到消除干旱的有益作用。其危害性主要有 3 个方面。

（1）大风。热带气旋达台风级别的中心附近最大风力为 12 级以上。

（2）暴雨。热带气旋是带来暴雨的天气系统之一，在其经过的地区，可能产生 150～300mm 降雨，少数能直接或间接产生 1000mm 以上的特大暴雨，如 1975 年第 3 号热带气旋登陆后，其倒槽在河南南部产生的特大暴雨，打破了部分地区的降雨记录（河南 75·8 溃坝事件）。

（3）风暴潮。能使沿岸海水产生增水，江苏省沿海最大增水可达 3m。9608 号和 9711 号台风增水，使江苏省沿江沿海出现超历史的高潮位。

热带气旋过境时常带来狂风暴雨天气，引起海面巨浪，严重威胁航海安全。登陆后带来的风暴增水可能摧毁庄稼、各种建筑设施等，造成人民生命、财产的巨大损失。热带气旋是所有自然灾害中最具破坏力的，每年在全世界造成的损失高达 60 亿～70 亿美元，它所引发的风暴潮、暴雨、洪水和暴风所造成的生命损失占所有自然灾害的 60%。

濒临中国的西北太平洋，是世界上最不平静的海洋，属于自然灾害的“重灾区”。每年盛夏和初秋，中国东南沿海一带，经常遭受热带气旋的侵袭。其中造成灾害的台风每年近 20 次，相当于美国的 4 倍，俄罗斯的 30 倍。台风是中国沿海地区危害程度最严重的灾害。

二、风暴潮

风暴潮（storm surges）是来自海上的一种巨大的自然灾害现象，指强烈的大气扰动，如强风和气压骤变，所招致的海面异常升高的现象。它结合了通常的天文潮，特别是若恰好赶上了高潮阶段，则往往会使其影响所及的海域水位暴涨，乃至海水浸溢内陆，酿成巨灾。

（一）风暴潮种类

风暴潮分类的方法并不是唯一的。如果按照诱发风暴潮的大气扰动特征来分类，通常把风暴潮分为由热带风暴（如台风、飓风等）所引起的和由温带气旋所引起的两大类。另外，在中国北方的黄渤海还存在另一种类型的风暴潮，只是尚未引起国际上风暴潮界的注意。

1. 热带风暴型风暴潮

热带风暴在其所路经的沿岸带都可能引起风暴潮，以夏秋季为常见。经常出现这种潮灾的地域非常之广，包括北太平洋西部、南海、东海、北大西洋西部、墨西哥湾、孟加拉湾、阿拉伯海、南印度洋西部及南太平洋西部诸沿岸和岛屿等处。例如，日本沿岸，因受太平洋西部台风的侵袭，遭受风暴潮害颇多，特别是面向太平洋及东中国海的诸岛更易遭受潮灾；中国东南沿海也频频遭受台风潮的侵袭；在墨西哥湾沿岸及美国东岸遭受由加勒比海附近发生的飓风的侵袭而酿成飓风潮。印度洋发生的热带风暴，通常称为旋风，旋风也诱发风暴潮。例如，孟加拉湾的风暴潮，其势是举世罕见的。

当热带风暴所引起的风暴潮传到大陆架或港湾中时将呈现出一种特有的现象，它大致可分为三个阶段。

第一阶段，在台风或飓风还远在大洋或外海的时候，即在风暴潮尚未到来以前，在验潮曲线中往往已能觉察到潮位受到了相当的影响，有时可达到 20cm 或 30cm 波幅的缓慢的波动。这种在风暴潮来临前趋岸的波，称为先兆波。先兆波可以表现为海面的微微上升，有时也表现为海面的缓缓下降。然而必须指出，先兆波并非是必然呈现和存在的现象。

第二阶段，风暴已逼近或过境时，该地区将产生急剧的水位升高，潮高能达到数米，称为主振阶段，招致风暴潮灾主要是在这一阶段。但这一阶段时间不太长，一般为数小时或 1 天的量阶。

第三阶段，当风暴过境以后，即主振阶段过去之后，往往仍然存在一系列的振动——假潮或自由波。在港湾乃至大陆架上都会发现这种假潮，特别是当风暴平行于海岸移行时，在大陆架上，显现出一种特殊类型的波动——边缘波。这一系列事后的振动，称为余振，长可达 2～3 天。这个余振阶段的最危险的情形在于它的高峰若恰巧与天文潮高潮相遇时，则实际水位（即余振曲线对应地叠加上潮汐预报曲线）完全有可能超出了该地的“警戒水位”，从而再次泛滥成灾。

2. 温带气旋型风暴潮

温带气旋引起的风暴潮主要发生于冬季、春季。其特点是：增水过程比较平缓，增水高度低于台风风暴潮；主要发生在中纬度沿海地区，以欧洲北海沿岸、美国东海岸及我国北方海区沿岸为多。

上述两类风暴潮的明显差别在于：由热带风暴引起的风暴潮，一般伴有急剧的水位变化；而由温带气旋引起的风暴潮，其水位变化是持续的而不是急剧的。可以认为，这是由于热带风暴比温带气旋移动迅速，而且其风场和气压变化也来得急剧的缘故。

3. 黄渤海型风暴潮

在春、秋过渡季节，渤海和北黄海是冷、暖气团角逐较激烈的地域，由寒潮或冷空气所激发的风暴潮是显著的。其特点是水位变化持续而不急剧。由于寒潮或冷空气不具有低压中心，因而可称这类风暴潮为风潮（wind surge）。这种类型的风暴潮，是黄渤海所特有的。

（二）中国的风暴潮

中国沿岸常有台风或寒潮大风的袭击，是一个风暴潮危害严重的国家。据统计，渤海湾至莱州湾沿岸、江苏小羊口至浙江北部海门港、浙江省温州和台州地区、福建省宁德地区至闽江口附近、广东省汕头地区至珠江口、雷州半岛东岸和海南岛东北部等岸段是风暴潮的多发区。中国有验潮记录以来的最高风暴潮记录是 5.94m，名列世界第三位，是由 8007 号台风在南渡引起的。中国风暴潮一般具有以下特点。

（1）一年四季均有发生，夏季和秋季，台风常袭击沿海而引起台风潮（typhoon surge），但其多发区和严重区集中在东南沿海和华南沿海；受冬季寒潮大风、春秋季的冷空气与气旋配合的大风及气旋影响，也常在北部海区，尤其是渤海湾和莱州湾产生强大的风暴潮；

（2）发生的次数较多；

（3）风暴潮位的高度较大；

（4）风暴潮的规律比较复杂，特别是在潮差大的浅水区，天文潮与风暴潮具有较明显的非线性耦合效应，致使风暴潮的规律更为复杂。

（三）危害

风暴潮淹没农田、冲垮盐场、摧毁码头、破坏沿岸的国防和工程设施，也是开发浅海油田时难防的大患。总之，给国防、工农业生产和国民经济都会带来意外的巨大损失，特别在中华人民共和国成立前，沿海受灾地区的人民更是家破人亡、颠沛流离、惨不忍睹。1970 年 11 月 13 日在孟加拉湾沿岸发生了一次震惊世界的热带气旋风暴潮灾害，这次风暴增水超过 6m 的风暴潮夺去了恒河三角洲一带 30 万人的生命，溺死牲畜 50 万头，使 100 多万人无家可归。

我国是风暴潮的重灾区。例如，1992 年 8 月 28 日至 9 月 1 日，受 9216 号台风风暴潮强热带风暴和天文大潮的共同影响，我国东部沿海发生了 1949 年以来影响范围最广、损失非常严重的一次风暴潮灾害。潮灾先后波及福建、浙江、上海、江苏、山东、天津、河北和辽宁等省、直辖市。受风暴潮、巨浪、大风和大雨的综合影响，使南自福建东山岛，北到辽宁省沿海，遭受到不同程度的袭击。受灾人口达 2000 多万，死亡 194 人，毁坏海堤 1170km，受灾农田 $193.3\times10^4hm^2$，成灾面积 $33.3\times10^4hm^2$，直接经济损失 90 多亿元。

如果风暴潮位非常高，虽然未遇天文大潮或高潮，但也会造成严重潮灾。8007 号台风风暴潮就属于这种情况。当时正逢天文潮平潮，由于出现了 5.94m 的特高风暴潮位，仍造成了严重的风暴潮灾害。

风暴潮灾害居海洋灾害之首位，世界上绝大多数因强风暴引起的特大海岸灾害都是由风暴潮造成的。风暴潮灾害同样也是我国海洋灾害中经济损失最大的自然灾害，2001～2015 年直接经济损失达到 48.81 亿～329.80 亿元，年平均为 119.70 亿元，占海洋灾害直接经济损失的 91.21%（表 5.15）。

表 5.15　2001～2015 年我国海洋灾害直接经济损失　　（单位：亿元）

年份	风暴潮	赤潮	巨浪	溢油	海冰	浒苔
2001	87.00	10.00	3.10	—	—	—
2002	63.10	0.20	2.50	—	—	—
2003	78.77	0.43	1.15	0.17	—	—
2004	52.15	0.00065	2.07	—	—	—
2005	329.80	0.69	1.91	—	—	—
2006	217.11	—	1.34	—	—	—
2007	87.15	0.06	1.16	—	—	—
2008	192.24	0.02	0.55	—	—	13.22
2009	84.97	0.65	8.03	—	0.17	6.41
2010	65.79	2.06	1.728	—	63.18	—
2011	48.81	0.03	4.42	—	8.81	—
2012	126.29	20.15	6.96	—	1.55	0.30
2013	153.96	—	6.30	—	3.22	—
2014	135.78	—	0.12	—	0.24	—

续表

年份	风暴潮	赤潮	巨浪	溢油	海冰	浒苔
2015	72.62	—	0.06	—	0.06	—
年平均	119.70	2.29	2.76	0.01	5.15	1.33
占比/%	91.21	1.74	2.10	0.01	3.92	1.01

注：占比由于四舍五入，加和不等于 100%。

三、灾害性海浪

灾害性海浪是指在海上引起灾害的海浪，通常是指波高 6m 以上的海浪，主要由台风、温带气旋、寒潮等天气系统引起，并在强风作用下形成的。灾害性海浪按天气系统可分成：冷高压型（也称寒潮型）、台风型、气旋型和冷高压与气旋配合型。

灾害性海浪在近海常能掀翻船舶，摧毁海上工程，给海上航行、海上施工、海上军事活动和渔业捕捞等带来危害。在岸边不仅冲击摧毁沿海的堤岸、海塘、码头和各类构筑物，还伴随风暴潮，沉损船只、席卷人畜，并致使大片农作物受淹和各种水产养殖珍品受损。海浪所导致的泥沙运动使海港和航道淤塞。灾害性海浪到了近海和岸边，对海岸的压力可达 30～50t/m^2，巨浪冲击海岸能激起 60～70m 高的水柱。据记载，在一次大风暴中，巨浪曾把 1370t 重的混凝土块移动了 10m，20t 的重物也被它从 4m 深的海底抛到了岸上。

我国灾害性海浪引起的灾害比较严重，2001～2015 年经济损失为 0.06 亿～8.03 亿元，年平均为 2.76 亿元，占海洋灾害直接经济损失的 2.10%。

四、海冰

海冰（sea ice）是指直接由海水冻结而成的咸水冰，也包括进入海洋中的大陆冰川（冰山和冰岛）、河冰及湖冰，海冰是极地海域和某些高纬度区域突出的海洋灾害之一。海冰是大气和海洋相互作用的结果，是在一定的海域中，以内能和热能的转化为主要矛盾，并达到临界状态（水温低于海冰的冰点）的产物，其生成、发展和消融是一个复杂的物理和化学过程。海水结冰时，是其中的水冻结，而将其中的盐分排挤出来，部分来不及流走的盐分以卤汁的形式被包围在冰晶之间的空隙里形成盐泡。此外，海水结冰时，还将来不及逸出的气体包围在冰晶之间，形成气泡。海冰实际上是淡水冰晶、卤汁和气泡的混合物，盐度比周围海水低 2～10。

（一）海冰形成的条件

（1）气温比水温低，水中的热量大量散失。

（2）相对于水开始结冰时的水温（冰点），已有少量的过冷却现象。

（3）水中有悬浮微粒、雪花等杂质凝结核。淡水在 4℃左右密度最大，水温降到 0℃以下即可结冰。

（二）危害

我国冬季易于结冰区域主要是渤海、辽东半岛沿海及山东半岛部分海湾。随着人类海上活动的增加，冬季海冰的危害和威胁也逐渐显现：推倒海上石油平台，破坏海洋工程设施、航道设施或撞坏船舶，造成重大海难；阻碍船舶航行，损坏螺旋桨或船体，使其失去航行能力；海冰封锁港湾，使港口不能正常运作或大量增加使用破冰船破冰引航的费用；使渔业休渔期过长和破坏养殖设施、场地等，造成经济损失。

例如，俄罗斯北方航线的某些航段，每年通航期仅有2～4个月。而冰山更是航海的大敌，45000t的泰坦尼克号大型豪华游船，就是在1912年4月14日夜里在北大西洋被冰山撞沉的，使1500余人遇难。1969年2～3月，中国渤海曾发生严重冰封，除了海峡附近外，渤海几乎全被冰覆盖，港口封冻，航道阻塞，海上石油钻井平台被冰推倒，海上航船被冰破坏，10^4t级的货轮被冰挟持，随冰漂流达4天之久，海上活动几乎全部停止。渤海在1936年和1947年也曾发生过相当严重的冰情。近年来渤海的海冰冰情趋于严重，2010年1月中下旬冰情，是近40年的最大海冰范围，最大离岸距离200km，厚度为10～30cm，最大厚度达到55cm，由海冰灾害引起的直接经济损失高达63.18亿元。

我国海冰引起的海洋灾害主要集中在北方地区，尤其是渤海。2001～2015年经济损失在0.06亿～63.18亿元，年平均为5.15亿元，占海洋灾害直接经济损失的3.92%，处于海洋灾害的第二位。

五、海啸

海啸（tsunami）是指由海底地震、火山爆发、海底滑坡、陨石撞击及气象变化产生的破坏性海浪。海啸的波速高达700～800km/h，在几小时内就能横过大洋。波长可达500～600km，可以传播整个大洋而能量损失很小。在茫茫的大洋里波高不足1m，但当到达海岸浅水地带时，波长减短而波高急剧增高，可达数十米，骤然形成含有巨大能量的“水墙”，并伴随着隆隆巨响，瞬时侵入滨海陆地，吞没良田和城镇、村庄，然后海水又骤然退去，或先退后涨，有时反复多次，对人类生命财产造成巨大损失。

（一）海啸形成的条件

海啸是一种灾难性的海浪。在海底50km以下出现垂直断层、里氏震级>6.5级的条件下，最易引发破坏性海啸。水下或沿岸山崩或火山爆发也可能引起海啸。在一次震动之后，震荡波在海面上以不断扩大的圆圈，传播到很远的距离，正像卵石掉进浅池里产生的波一样。海啸波长比海洋的最大深度还要大，轨道运动在海底附近也没受多大阻滞，不管海洋深度如何，波都可以传播过去。产生海啸的条件如下。

（1）引起海啸的海底地震震源较浅，为20～50km；

（2）里氏震级的6.5级以上；

（3）必须有海底的大面积垂直运动；

（4）发生海底地震的海区要有一定的水深，尤其是横跨大洋的大海啸，一般水深都在1000m以上。

（二）海啸类型

海啸可分由气象变化引起的风暴潮、火山爆发引起的火山海啸、海底滑坡引起的滑坡海啸和海底地震引起的地震海啸4种类型。地震海啸是海底发生地震时，海底地形急剧升降变动引起海水强烈扰动。其机制有2种形式，即下降型海啸和隆起型海啸。

1. 下降型海啸

地震引起海底地壳大范围的急剧下降，海水首先向突然错动下陷的空间涌去，并在其上方出现海水大规模积聚，当涌进的海水在海底遇到阻力后，即翻回海面产生压缩波，形成长波大浪，并向四周传播与扩散，这种下降型的海底地壳运动形成的海啸在海岸首先表现为异常的退潮现象。1960 年智利地震海啸就属于此种类型。

2. 隆起型海啸

地震引起海底地壳大范围的急剧上升，海水也随着隆起区一起抬升，并在隆起区域上方出现大规模的海水积聚，在重力作用下，海水必须保持一个等势面以达到相对平衡，于是海水从波源区向四周扩散，形成汹涌巨浪。这种隆起型的海底地壳运动形成的海啸波在海岸首先表现为异常的涨潮现象。1983 年 5 月 26 日，日本海 7.7 级地震引起的海啸属于此种类型。

地震海啸的地震波传播速度比海啸的传播速度快。地震纵波传播速度为 6000～7000m/s，比海啸的传播速度要快 20～30 倍，所以在远处，地震波要比海啸早到达数十分钟乃至数小时，具体数值取决于震中距和地震波与海啸的传播速度。例如，1960 年智利特大地震激发的特大海啸 22h 后才到达日本海岸。

（三）危害

海啸不会在深海大洋上造成灾害，正在航行的船只甚至很难察觉这种波动。海啸发生时，越在外海越安全。一旦海啸进入大陆架，由于深度急剧变浅，波高骤增，可达 20～30m，这种巨浪可带来毁灭性灾害。

全球的海啸发生区大致与地震带一致，太平洋西北部是海啸的多发地带。全球有记载的破坏性海啸有 260 次左右，平均 6～7 年发生一次。发生在环太平洋地区的地震海啸就占了约 80%。日本列岛及附近海域的海啸占太平洋地震海啸的 60%左右，日本是全球发生地震海啸次数最多，并且受害最深的国家。

2004 年 12 月 26 日，强达 9.1～9.3 级大地震袭击了印度尼西亚苏门答腊岛海岸，持续时间长达 10min。此次地震引发的印度洋海啸甚至危及到远在索马里的海岸居民。总死亡人数为 22.6 万人，其中印度尼西亚 16.6 万人，斯里兰卡 3.5 万人。印度、印度尼西亚、斯里兰卡、缅甸、泰国、马尔代夫和东非有 200 多万人无家可归。

我国位于太平洋西岸，受琉球群岛和东南亚诸国阻挡，加之大陆架宽广，越洋海啸进入这一海域后，能量衰减较快，海啸危害较小。例如，2010 年 2 月 27 日 14 时智利中部近岸发生 8.8 级强烈地震并引发海啸，28 日 16 时 20 分起，海啸波在穿越整个太平洋后进入我国东南沿海。在本次海啸影响我国过程中，浙江省、福建省、台湾省东部、广东省及海南省监测到 0.01～0.32m 的海啸波幅，未产生较大危害。对我国危害最大的一次是在 1782 年，由地震引发的华南海啸，使我国台湾省死亡人数达 4 万人，淹没岛上土地超过 $120km^2$。

六、地震

地震（earthquake）是地壳在快速释放能量过程中造成振动，期间会产生地震波的一种自然现象。地球上板块与板块之间相互挤压碰撞，造成板块边缘及板块内部产生错动和破裂，是引起地震的主要原因。地震开始发生的地点称为震源，震源正上方的地面称为震中。破坏性地震的地面振动最强烈处称为极震区，极震区往往也就是震中所在的地区。地震常常造成严重的人员伤亡，能引起火灾、水灾、有毒气体泄漏、细菌及放射性物质扩散等灾害，还可能造成海啸、滑坡、崩塌和地裂缝等次生灾害。迄今为止，世界震级最大的是 1960 年 5 月 21 日的智利 9.5 级大地震；中国震级最大的是 1950 年 8 月 15 日的西藏墨脱 8.6 级地震；中国死亡人数最多的是 1556 年 1 月 23 日陕西华县地震，因黄土崩塌死亡 83 万人；世界地震损失最大的是 2011 年 3 月 11 日的日本本州岛海域地震，损失金额达 1220 亿～2350 亿美元。

（一）地震类型

1. 构造地震

地球的最外层是地壳，地壳下面的部分为地幔，地球最中心的部分是地核。地球的平均半径约为 6371km，地壳厚度约为 33km，大多数破坏性地震就发生在地壳内。

地球表面，并不是一块完整的岩石，而是由大小不等的板块彼此镶嵌组成的，其中有太平洋板块、欧亚板块、美洲板块、非洲板块、印度洋板块和南极洲板块 6 大板块，这些板块在地幔上面每年以几厘米到十几厘米的速度漂移运动，相互挤压和碰撞。由于地下深处岩层错动、破裂所造成的地震称为构造地震。这类地震发生的次数最多，破坏力也最大，约占全世界地震的 90%以上，汶川地震就属于此类地震。

地震释放的能量决定地震的震级，释放的能量越大震级越大，地震相差一级，能量相差约 30 倍。1995 年日本大阪神户 7.2 级地震所释放的能量相当于 1000 颗二战时美国向日本广岛长崎投放的原子弹的能量。

2. 火山地震

由于火山作用，如岩浆活动、气体爆炸等引起的地震称为火山地震。只有在火山活动区才可能发生火山地震，这类地震只占全世界地震的 7%左右。

3. 陷落地震

由于地下岩洞或矿井顶部塌陷而引起的地震称为陷落地震。这类地震的规模比较小，次数也很少，即使有，也往往发生在溶洞密布的石灰岩地区或大规模地下开采的矿区。

4. 人工诱发地震

由于人类活动而引发的地表变化的地震称为人工诱发地震。例如，三峡水库的修建，2013 年 4 月 20 日在四川省雅安市芦山县（北纬 30.3°，东经 103.0°）处发生 7.0 级地震，又发生了多次余震，多地震感强烈，震源深度为 13km。

（二）地震带分布

地震的地理分布受一定的地质条件控制，具有一定的规律。板块之间的消亡边界是形成地震活动活跃的地震带。全世界主要有三个地震带。

（1）环太平洋地震带。处于太平洋板块和美洲板块、欧亚板块、印度洋板块的消亡边界，以及南极洲板块和美洲板块的消亡边界上，环绕地球中的太平洋板块，包括南、北美洲太平洋沿岸，以及阿留申群岛、堪察加半岛、千岛群岛、日本列岛，经中国台湾再到菲律宾转向东南直至新西兰，是地球上地震最活跃的地区，集中了全世界 80%以上的地震，迄今为止，地球上最大的 5 大地震，有 4 次在这一地震带。

（2）欧亚地震带。地处欧亚板块和非洲板块、印度洋板块的消亡边界上，大致从印度尼西亚西部、缅甸，经中国横断山脉、喜马拉雅山脉，越过帕米尔高原，经中亚细亚到达地中海及其沿岸。

（3）中洋脊地震带。包含延绵世界三大洋（即太平洋、大西洋和印度洋）和北极海的中洋脊，中洋脊地震带仅含全球约 5%的地震，几乎都是浅层地震。

中国地震主要分布在台湾地区、西南地区、西北地区、华北地区和东南沿海地区 5 个区域。

（三）危害

据统计，地球上每年约发生 500 多万次地震，每天发生约 9200 次地震。其中绝大多数太小或太远，以至于人们感觉不到；真正能对人类造成严重危害的地震为：6～7 级每年约 120 次，7～8 级每年约 18 次，8 级以上每年约 1 次，9 级以上的地震 20 年约发生 1 次。

地震发生时，地震波从地下向地面传来，纵波首先到达产生连续振动，横波接着产生大振幅的水平方向晃动，是造成地震灾害的主要原因。1960 年智利大地震时，最大的晃动持续了 3min。地震造成的灾害首先是破坏房屋和建筑物。例如，1976 年 7 月 28 日唐山的 7.8 级浅源地震，震源深度为 12km，70%～80%的建筑物倒塌，死亡人数为 24.28 万人，人员伤亡惨重。

大地震能使局部地形改观，或隆起，或沉降。使城乡道路坼裂、铁轨扭曲、桥梁折断。在现代化城市中，由于地下管道破裂和电缆被切断造成停水、停电和通信受阻，煤气、有毒气体和放射性物质泄漏可导致火灾和毒物、放射性污染等次生灾害。在山区，地震还能引起山崩和滑坡，常造成掩埋村镇的惨剧。崩塌的山石堵塞江河，在上游形成地震湖。例如，2008 年 5 月 12 日汶川 8.0 级地震，形成众多堰塞湖，造成 6.92 万人死亡。

七、寒潮

寒潮（cold wave）是指冬季北方冷空气大规模向南侵袭我国的一种大型天气过程，会造成沿途大范围的急剧降温、大风和雨雪天气，一般多发生在秋末、冬季和初春时节。其标准为：一次冷空气活动使长江流域及以北地区 48h 内降温 10℃以上，长江中下游地区最低水温达到或者低于 4℃，陆地上有相当于三个行政区的范围出现 5～7 级大风，沿海有三个海区伴有 6～8 级大风。

（一）寒潮的发生原因

侵入中国的寒潮，主要是在北极地带、西伯利亚及蒙古等地暴发南下的冷高压。这些地区，大多分布在北极地带，冬季长期见不到阳光，到处被冰雪覆盖，停留在那些地区的空气团越来越冷、越来越干，最低气温可降到−60～−70℃，当这股冷气团积累到一定的程度，气压增大到远远较南方高时，就会向气压较低的南方泛滥、倾泻，这就形成了寒潮。每一次寒潮爆发后，西伯利亚的冷空气就要减少一部分，气压也随之降低。但经过一段时间后，冷空气又重新聚集堆积起来，孕育着一次新的寒潮的爆发。

（二）寒潮侵入中国的路径

（1）西路：从西伯利亚西部进入中国新疆，经河西走廊向东南推进。

（2）中路：从西伯利亚中部和蒙古进入中国后，经河套地区和华中南下。

（3）东路：从西伯利亚东部或蒙古东部进入中国东北地区，经华北地区南下。

（4）东路加西路：东路冷空气从河套下游南下，西路冷空气从青海东南下，两股冷空气常在黄土高原东侧，黄河、长江之间汇合，汇合时造成大范围的雨雪天气，接着两股冷空气合并南下，出现大风和明显降温。

（三）主要特点

寒潮在不同的地域环境下，具有不同的特点：在西北沙漠和黄土高原，表现为大风少雪，极易引发沙尘暴天气；在内蒙古草原则为大风、吹雪和低温天气；在华北、黄淮地区，寒潮袭来常常风雪交加；在东北地区，表现为更猛烈的大风、大雪，降雪量为全国之冠；在江南地区，常伴随着寒风苦雨。

（四）危害

受到寒潮侵袭的地方，常常是风向迅速转变，风速增大，气压突然上升，气温急剧下降，同时还可能下雨、下雪，出现霜和冰冻现象。寒潮南下，在中国西北和内蒙古及北方地区常有大风沙天气。在淮河以北地区一般表现为少雨，偶尔有降雪。过淮河后，降水机会增多。在中国冬季，寒潮一般是每隔 3～8 天出现一次，但比较强大的寒潮，平均每年有 4 次左右。大致出现在 10 月底至翌年 1 月下旬，个别年份在 2 月下旬也有寒潮发生。

1. 寒潮造成的大面积降雪

会造成沿途大范围的剧烈降温、大风和风雪天气，由寒潮引发的大风、霜冻、雪灾和雨凇等灾害对农业、交通、电力、航海及人类健康都有很大的影响。寒潮和强冷空气通常带来的大风、降温天气，是中国冬季主要的灾害性天气。寒潮大风对沿海地区威胁很大。

2. 形成寒潮大风

寒潮大风涉及面较广，中国北方地区的内蒙古、甘肃、宁夏、陕西北部、山西北部、河北、河南北部，以及黑龙江、吉林和辽宁等地均是寒潮大风频发的地区，淮河以南到中国南海中部海域也可能出现寒潮大风。寒潮大风主要是偏北大风，风力通常为 5～6 级，当冷空气强盛或地面低压强烈发展时，风力可达 7～8 级，瞬时风力会更大。

中国沿海较内陆大风时间长，北方较南方大风时间长，偏北大风比偏南大风持续时间长。寒潮大风对农业生产、渔业生产、航运和军事活动等会造成很大影响，严重的可酿成灾害，给国民经济带来巨大的损失。

3. 大幅度降温

一般降温 10℃以上，北方沿海往往形成海冰，给生产、生活带来巨大的损失。

八、海岸侵蚀

海岸侵蚀（coastal erosion）是指在风、浪、流、潮等自然力的作用下，海洋泥沙支出大于输入，沉积物净损失的过程，即海水动力的冲击造成海岸线的后退和海滩的下蚀。海岸侵蚀现象普遍存在，中国 70%左右的砂质海岸线，以及几乎所有开阔的淤泥质岸线均存在海岸侵蚀现象。海岸主要受海水动力因素侵蚀所产生的各种形态，又称海蚀地貌。它是海岸地貌的一大类别。塑造海岸侵蚀地貌的主要动力因素是波浪和潮流，但高纬度地带的海岸还受到冰冻的侵蚀，热带和亚热带的海岸则受到丰富的地表水和强烈的化学风化作用的侵蚀。海岸侵蚀地貌的发育过程，除与沿岸海水动力的强弱和海岸的纬度地带性有关以外，还受组成海岸的岩性的抗蚀能力所制约。

（一）原因

引起海岸侵蚀的原因有两种：一是自然原因，如河流改道或大海泥沙减少、海面上升或地面沉降、海洋动力作用增强等，导致海岸侵蚀；二是人为原因，如拦河坝的建造、滩涂围垦、大量开采海滩砂矿和珊瑚礁、滥伐红树林，以及不适当的海岸工程设置等，均会引起水动力方向和流速改变，造成海岸侵蚀。

（二）现状

江苏废黄河口附近海岸，1855～1970 年岸线以平均每年 147m 的速度后退，1970 年以来，岸线后退速率仍达 20～40m/a。近代黄河三角洲刁口至神仙沟岸段，每年后退达 350m 以上。海南省文昌市由于珊瑚礁被开采，海岸后退 200m 以上，造成大量的椰树林被海水倾倒。蓬莱浅滩海砂开采，海滩失去平衡，发生侵蚀，使部分民房被毁，$17hm^2$ 的农田没入海中，沿海公路被侵蚀 1000m，只好改道。1994 年日照市岚山头以北岸段观察，侵蚀速度加快，10 个月海岸后退 5～7m，当地部分渔民临时工房和测量标志倒入海中，海岸防护林带受到威胁，已成为不容低估的海洋灾害之一。

根据 2015 年对全国重点海岸的监测，局部区域的砂质海岸和粉砂淤泥质海岸侵蚀依然严重，海岸侵蚀速度在 2.3～14.0m/a（表 5.16）。

表 5.16　2015 年重点岸段侵蚀状况监测结果

重点岸段	海岸类型	监测海岸长度/km	侵蚀海岸长度/km	平均侵蚀速度/（m/a）
辽宁绥中	砂质	112.2	34.2	2.3
辽宁盖州	砂质	12.8	3.5	3.0
江苏振东河闸至射阳河口	粉砂淤泥质	60.4	37.9	14.0
上海崇明东滩	粉砂淤泥质	48.0	2.7	7.9
广东雷州赤坎村	砂质	0.7	0.6	3.7
海南海口镇海村	砂质	1.2	0.6	2.6

由于海岸侵蚀使土地大量失去、海岸构筑物破坏、海滨浴场退化、海滩生态环境恶化、海岸防护压力增大，以及侵蚀下来的泥沙又搬运到港湾淤积而使航道受损，从而成为一种严重的环境地质灾害。

九、海水入侵

海水入侵（seawater intrusion）是一种由于长时间大范围持续干旱，以及人类不合理开采地下水使海水侵入地下淡水区所发生的环境恶化现象。随着工农业生产进一步发展和人民生活的不断提高，对淡水的需求急剧增长。连年干旱，降水减少，河流沿途水利工程对径流的堵截使沿海平原地带地表径流下降，超量开采地下水导致地下水位下降，淡水压强减少，如遇地形地貌、水文地质条件合适就会发生海水入侵。海水入侵酿成灾害是现代社会发展中新出现的一类资源与环境问题。海水入侵灾害广泛存在于美国、英国、荷兰、比利时、法国、西班牙、意大利、墨西哥、日本及我国的山东半岛、辽东半岛、冀东、长江三角洲等地区。

出现海水入侵后，若地下水位降到海平面以下的负值，海水入侵就会加剧。另外，海水养殖业、盐田的扩大也人为地将大量海水引上陆地，增加了海水的渗透压，加重入侵程度。

（一）海水入侵现状

1970 年山东省发现海水入侵以来，其发展速度之快令人吃惊，海水入侵已经遍及全国沿海。渤海滨海平原地区海水入侵和土壤盐渍化严重。黄海、东海滨海地区海水入侵和土壤盐渍化范围较小，但个别监测区近岸站位氯离子含量明显升高。南海滨海地区海水入侵范围小，土壤盐渍化较轻。

2015 年监测结果表明，海水入侵严重地区主要分布于渤海滨海平原地区，近岸站位氯离子含量高，海水入侵范围大，46%以上监测区海水入侵距离距岸 10～43km，主要分布在河北和山东沿岸。黄海和东海滨海地区海水入侵范围总体较小，约 86%监测区海水入侵距离距岸 5km 以内。南海滨海地区海水入侵范围小、程度低，90%监测区海水入侵距离距岸 0.5km 以内。

2011～2015 年，渤海滨海地区的辽宁盘锦和葫芦岛部分监测区海水入侵距离有所增加；黄海滨海地区的江苏连云港监测区海水入侵范围逐渐扩大；东海滨海地区的福建长乐漳港镇近岸站位氯离子含量明显升高，海水入侵距离逐渐增加；南海滨海地区的广东茂名龙山监测区海水入侵距离呈缓慢上升趋势。

（二）土壤盐渍化

土壤盐渍化严重地区主要分布于渤海平原地区的辽宁盘锦、河北唐山和沧州、天津、山东潍坊监测区，盐渍化距离一般距岸 10～43km，主要盐渍化类型为硫酸盐—氯化物型盐土和氯化物—硫酸盐型中盐渍化土和盐土。黄海滨海地区盐渍化总体较轻，大部分监测区盐渍化距离距岸 5km 以内，盐渍化主要类型为硫酸盐—氯化物型中盐渍化土和氯化物—硫酸盐型重盐渍化土。东海和南海滨海地区土壤盐渍化范围较小，约 91%监测区盐渍化距离距岸 1.2km 以内。

十、赤潮

赤潮（red tide）是指在特定的环境条件下，海水中某些藻类、原生动物或细菌爆发性增殖或高度聚集而引起水体变色的一种有害生态现象。赤潮并不一定都是红色，主要包括淡水系统中的水华、海洋中的一般赤潮和近几年新定义的褐潮（抑食金球藻类）、绿潮（浒苔）等。赤潮是海洋生态系统中的一种异常现象，它是由海藻家族中的赤潮藻在特定环境条件下爆发性地增殖造成的。根据引发赤潮的生物种类和数量的不同，海水有时也呈现黄色、绿色、褐色等不同颜色。

（一）赤潮的发生原因

赤潮是在特定环境条件下产生的，相关因素很多，但其中一个极其重要的因素是海洋污染。大量含有各种含氮和含磷有机物的废水、污水排入海水中，促使海水富营养化，这是赤潮藻类能够大量繁殖的重要物质基础。国内外大量研究表明，海洋浮游藻类是引发赤潮的主要生物，在全世界 4000 多种海洋浮游藻类中有 260 多种能形成赤潮，其中有 70 多种能产生毒素。它们分泌的毒素有些可直接导致海洋生物大量死亡，有些甚至可以通过食物链传递，造成人类食物中毒。由于海洋污染日益加剧，我国赤潮灾害也有加重的趋势，由分散的少数海域，发展到成片海域，一些重要的养殖基地受害尤重。赤潮是一种复杂的生态异常现象，发生的原因也比较复杂，其发生与下列环境因素密切相关。

1. 人类活动

随着现代化工、农业生产的迅猛发展，沿海地区人口的增多，大量工农业废水和生活污水排入海洋，其中相当一部分未经处理就直接排入海洋，导致近海、港湾富营养化程度日趋严重。同时，由于沿海开发程度的增高和海水养殖业的扩大，也带来了海洋生态环境和养殖业自身污染问题；海运业的发展导致外来有害赤潮种类的引入；全球气候的变化也导致了赤潮的频繁发生。目前，赤潮已成为一种世界性的公害，美国、日本、中国、加拿大、法国、瑞典、挪威、菲律宾、印度、印度尼西亚、马来西亚和韩国等 30 多个国家和地区赤潮发生都很频繁。

2. 海水富营养化

海水富营养化是赤潮发生的物质基础和首要条件。由于城市工业废水和生活污水大量排入海中，使营养物质在水体中富集，造成海域富营养化。此时，水域中氮、磷等营养盐类，铁、锰等微量元素及有机化合物的含量大大增加，促进赤潮生物的大量繁殖。赤潮检测的结果表明，赤潮发生海域的水体均已遭到严重污染，富营养化，氮、磷等营养盐物质大大超标。工业废水中含有某些金属可以刺激赤潮生物的增殖，在海水中加入＜3mg/L 的铁螯合剂和＜2mg/L 的锰螯合剂，可使赤潮生物卵甲藻和真甲藻达到最高增殖率。一些有机物质也会促使赤潮生物急剧增殖，加入酵母提取液培养简裸甲藻，生长显著；加入土壤浸出液和维生素 B12 时，光亮裸甲藻生长特别好。

3. 水温

水文气象和海水理化因子的变化是赤潮发生的重要原因。水温是赤潮发生的重要环境因子，20～30℃是赤潮发生的适宜水温范围。科学家发现一周内水温突然升高＞2℃是赤潮发生的先兆。海水的化学因子，如盐度变化，也是促使生物因子——赤潮生物大量繁殖的原因之一。盐度在 26～37 均有发生赤潮的可能，但是海水盐度在 15～21.6 时，容易形成温跃层和盐跃层。温跃层、盐跃层的存在为赤潮生物的聚集提供了条件，易诱发赤潮。由于径流、涌升流、水团及海流的汇合作用，使海底层营养盐上升到上层，造成沿海水域高度富营养化。营养盐类含量急剧上升，引起硅藻的大量繁殖，特别是骨条藻的密集常常引起赤潮。据监测资料表明，在赤潮发生时，水域多为干旱少雨、天气闷热、水温偏高、风力较弱、潮流缓慢等水域环境。

4. 海水养殖

海水养殖的自身污染使赤潮发生的频率增加。随着全国沿海养殖业的大发展，一方面，人工投喂大量配合饲料和鲜活饵料，残饵增多，水质受到污染；另一方面，由于排换水，将大量污水排入海中，这些带有大量残饵、粪便的水中含有氨氮、尿素、尿酸及其他形式的含氮化合物，加快了海水的富营养化。

5. 适宜的自然环境

自然因素也是引发赤潮的重要原因。赤潮多发除了人为原因外，还与纬度位置、季节、洋流、海域的封闭程度等自然因素有关。

6. 氮磷比失调

氮和磷是海水中营养盐的主要元素，Redfield 等（1963）对大洋水无机氮与磷酸盐的数据进行相关分析后发现，无机氮和磷酸盐之间呈线性关系，其氮磷比为 16∶1。另外，浮游植物元素组分的统计分析表明，其氮磷比均值也为 16∶1。有外源营养盐输入时，由于输入的比例的差异，海域的氮磷比失调。不同的生物，对营养盐的氮磷比要求是不同的。

例如，硅藻类需要有一定量的硅元素，绿藻类需要较高的氮元素。有研究表明，近些年发生在黄海的浒苔灾害，与近海的氮磷比有很大的关联性，当氮磷比＞31∶1时容易诱发浒苔暴发，当氮磷比＜10∶1时浒苔开始消亡。

（二）发生过程

赤潮的长消过程，大致可分为起始、发展、维持和消亡4个阶段。

1. 起始阶段

海域内具有一定数量的赤潮生物种（包括营养体或胞囊）。并且，此时的水环境各种物理、化学条件基本适宜于某种赤潮生物生长、繁殖的需要。

2. 发展阶段

当海域内的某种赤潮生物种群有了一定个体数量时，且水温、盐度、光照及营养等外界环境达到该赤潮生物生长、增殖的最适范围，赤潮生物即可进入指数增殖期，就有可能较快地发展成赤潮。

3. 维持阶段

维持时间长短主要取决于水体的物理稳定性和各种营养盐的富有程度，以及当营养盐被大量消耗后补充的速率和补充量。如果这阶段海区风平浪静，水体垂直混合与水平混合较差，水团相对稳定，且营养盐等又能及时得到必要的补充，赤潮就可能持续较长时间；反之，若遇台风、阴雨，水体稳定性差或因营养盐被消耗殆尽，又未能得到及时补充，那么，赤潮现象就可能很快消失。

4. 消亡阶段

所谓消亡阶段是指赤潮现象消失的过程。引起消失的原因可能是刮风、下雨或营养盐消耗殆尽，也可能是水温已超过该赤潮生物的适宜范围，还可能是潮流增强，赤潮被扩散。赤潮消失过程经常是赤潮对渔业危害的最严重阶段。

（三）危害

陆源污染和海洋自身污染加重，赤潮发生频率增加，给海洋开发利用产业造成了巨大的损失。赤潮对环境和生产带来的危害是严重的，主要表现在以下几个方面。

（1）中断海洋生物食物链，使局部区域在短时间内生态失去平衡；

（2）妨碍海洋动物滤食和呼吸，甚至窒息而死亡；

（3）使食用赤潮生物的鱼、虾、贝类中毒死亡，危害海洋环境、海洋渔业和海水养殖业，造成巨大经济损失；

（4）赤潮生物死亡后，藻体在分解过程中大量消耗水中的溶解氧，导致鱼类及其他海洋生物因缺氧死亡，同时还会释放出大量有害气体和毒素，严重污染海洋环境，使海洋的正常生态系统遭到严重破坏。

（5）有些藻类可分泌有毒物质，使水体污染，导致鱼类死亡。

（四）中国近海赤潮现状

1. 赤潮

2015年，我国管辖海域共发现赤潮35次，累计面积约2809km^2。东海发现赤潮次数最多，为15次。渤海赤潮累计面积最大，为1522km^2。赤潮高发期主要集中在5～6月（表5.17）。

表 5.17 2015 年中国近海赤潮情况

海域	赤潮次数/次	赤潮面积/km^2
渤海	7	1522
黄海	1	48
东海	15	1098
南海	12	141
合计	35	2809

引发赤潮的优势藻类共 11 种，甲藻类、鞭毛藻类等引发赤潮共计 25 次，占 71%。其中，夜光藻作为第一优势种引发的赤潮次数最多，为 9 次；中肋骨条藻次之，为 8 次；东海原甲藻 4 次，米氏凯伦藻和球形棕囊藻各 3 次，多环旋沟藻和赤潮异弯藻各 2 次，抑食金球藻、针胞藻、多纹膝沟藻和锥状斯克里普藻各 1 次。

2. 浒苔

2015 年 5～8 月，黄海沿岸海域发生浒苔绿潮。5 月，浒苔绿潮主要分布于江苏沿岸海域，首先在江苏射阳、如东海域发现有零星漂浮浒苔，逐渐向北漂移并不断扩大，最大分布面积为 42000km^2，最大覆盖面积为 166km^2。6 月，漂浮浒苔进入山东黄海沿岸海域，继续向北漂移并迅速扩大，影响至海阳、乳山及荣成南部等沿岸海域，最大分布面积约为 52700km^2。7 月初，漂浮浒苔覆盖面积达到最大，约为 594km^2，之后漂浮浒苔范围开始逐渐缩小，至 8 月中旬，在山东黄海沿岸海域未发现漂浮浒苔。

2015 年，黄海沿岸海域浒苔绿潮分布面积是 2011～2015 年来最大的一年，较 2011～2015 年的平均值增加了 48%；最大覆盖面积比近 5 年平均值略大（表 5.18）。

表 5.18 2011～2015 年黄海浒苔绿潮规模

年份	最大分布面积/km^2	最大覆盖面积/km^2
2011	26400	560
2012	19610	267
2013	29733	790
2014	50000	540
2015	52700	594
平均	35689	550

十一、海雾

（一）海雾形成条件

雾（fog）是指近地面层中悬浮的小水滴、小冰晶或两者的混合物使水平能见度＜1km（或 0.5n mile）的天气现象。水平能见度在 1～10km 时，则称为轻雾（mist）。雾与云在本质上是一样的，都是发生在大气中的水汽凝结现象。雾和云的区别在于：雾的下层贴近地面，是发生在低空的水汽凝结现象，而云是发生在高空的水汽凝结现象，二者存在的高度是不同的。

我国沿海春季由冷转暖时，经常会出现海雾。在这两个过程中还要具备两个条件：一是在凝结时必须有一个凝聚核，如盐粒或尘埃等，否则水汽凝结是非常困难的；二是水滴或冰晶必须悬浮在近海面层中，使水平能见度＜1km。雾的形成大致有以下 3 种过程。

（1）冷却过程。空气中的水汽含量不变，气温降低，使空气达到饱和而发生凝结。

（2）蒸发过程。气温不变，通过蒸发过程使空气中的水汽含量不断增加，使空气达到饱和而发生凝结。

（3）既有冷却过程，又有蒸发过程。海洋上的雾的形成往往既有蒸发过程，又有冷却过程。

（二）海雾类型

按照雾的形成原因，一般把海洋及沿海常见的雾分为平流雾、蒸发雾和辐射雾 3 类。

（1）平流雾。暖湿空气流经较冷的下垫面（水面或陆面）时，贴近下垫面的空气冷却，达到并维持饱和状态，水汽凝结而形成平流雾（advection fog），是我国沿海最为典型的海雾。

（2）蒸发雾。较暖的水面或水滴不断蒸发水汽，进入低层较冷的空气中，使空气达到饱和而形成蒸发雾（evaporation fog）。

（3）辐射雾。由地面辐射冷却而形成的辐射雾（radiation fog），晴夜、微风和近地面气层中水汽比较充沛是形成辐射雾的 3 个主要条件。

（三）我国近海雾的分布特点

（1）雾区范围南窄北宽。北起渤海湾南至北部湾，雾区大致呈带状分布，并具有南窄北宽的分布特点。南部宽 100～200km，舟山群岛一带宽约 400km，北部更宽些，如黄海 6～7 月几乎全部是雾区。

（2）发生频率南少北多。琼州海峡和北部湾西北部冬春季雾多，年雾日为 20～30 天。台湾海峡和福建沿海年雾日为 20～35 天。闽浙沿海到长江口一带，年雾日增加到 50～60 天。黄海中部水域雾日达 50～60 天以上。山东半岛南部成山头和石岛一带海面雾最频，年雾日超过 80 天，最长连续雾日超过 25 天，有“雾窟”之称。从鸭绿江口到济州岛的朝鲜西部沿海雾也比较多，年雾日达 50 天，有时与山东南部沿海的雾区连成一片。

（3）分布 3 个相对多雾中心和 3 个相对少雾中心的地理差异。3 个相对多雾中心分别是黄海中南部、长江口至舟山群岛和北部湾。3 个相对少雾中心分别是渤海（暖流不易到达，也不存在水温不连续带，因而雾很少）、台湾海峡（风较大，不利于雾的形成）和南海南部（终年受暖流控制，缺乏冷却条件，因而基本无雾）。

十二、厄尔尼诺和拉尼娜的危害

（一）厄尔尼诺

厄尔尼诺（El Nino）是指在南美厄瓜多尔和秘鲁沿岸，由于暖水从北边涌入，每年圣诞节前后海水都会出现季节性的增暖现象。在南美洲西海岸、南太平洋东部，自南向北流动着一股著名的秘鲁寒流，每年的 11 月至次年的 3 月正是南半球的夏季，南半球海域水温普遍升高，向西流动的赤道暖流得到加强。恰逢此时，全球的气压带和风带向南移动，东北信风越过赤道受到南半球地转偏向力的作用，向左偏转成西北季风。西北季风不但削弱了秘鲁西海岸的离岸风——东南信风，使秘鲁寒流冷水上泛减弱甚至消失，而且吹拂着水温较高的赤道暖流南下，使秘鲁寒流的水温反常升高。这股悄然而至、不固定的洋流被称为厄尔尼诺暖流。大范围热带太平洋增暖，会造成全球气候的变化，从而影响海洋产业，尤其是对海洋渔业的影响更为显著。

对于中国来说，厄尔尼诺易导致暖冬，南方易出现暴雨洪涝，北方易出现高温干旱，东北易出现冷夏。比起单纯的气温变化，极端天气更容易引发危险。厄尔尼诺对中国近海的影响主要表现如下。

（1）热带气旋减少。西太平洋热带气旋（台风）的产生次数及在我国沿海登陆次数均较正常年份少。

（2）夏季风较弱。季风雨带偏南，位于中国中部或长江以南地区。北方地区夏季容易出现干旱、高温，南方易发生低温、洪涝。近百年来我国的严重洪水。例如，1931 年、1954 年和 1998 年长江中下游地区的洪水，都发生在厄尔尼诺现象出现的次年。

（3）出现暖冬。厄尔尼诺现象发生后的冬季，我国北方地区容易出现暖冬。

（二）拉尼娜

拉尼娜（La Niña）是厄尔尼诺现象的反相，指赤道附近东太平洋水温反常下降的一种现象，表现为东太平洋明显变冷，同时也伴随着全球性气候混乱，总是出现在厄尔尼诺现象之后。

拉尼娜是一种厄尔尼诺年之后的矫正过度现象。这种水文特征将使太平洋东部水温下降，出现干旱，与此相反的是西部水温上升，降水量比正常年份明显偏多。科学家认为拉尼娜这种水文现象对世界气候不会产生重大影响，但将会给中国的广东、福建、浙江乃至整个东南沿海地区带来较多并持续一定时期的降雨。

思考题

1. 我国沿海的环境条件有哪些特征？
2. 简述我国海洋环境质量现状。
3. 简述海洋环境污染的主要原因。
4. 我国近海有哪些自然灾害？
5. 简述我国近海海洋生态环境现状。
6. 简述我国近海水文特征。

第六章 资源条件

本章学习重点

1. 掌握海洋资源条件的分析方法。

2. 熟悉我国海洋资源的种类组成和分布。

3. 了解我国矿产资源、生物资源、能源资源和空间资源现状。

海洋资源（marine resource）是指形成和存在于海洋的上空、海水和底土中，可为人类开发利用的物质、能源、空间及人文等资源的总称。海洋资源包括海水中生存的生物，溶解于海水中的化学元素，海水波浪、潮汐及海流所产生的能量、贮存的热量，滨海、大陆架及深海海底所蕴藏的矿产资源、自然景观和人文景观，以及海水所形成的压力差、浓度差等自然资源，还包括海洋社会资源。海洋资源按生命性质分为生物资源和非生物资源；按存在空间分为空中资源、水域资源和海底资源；按经济价值分为经济生物资源、次经济生物资源和非经济生物资源；按资源性质可分为可再生资源和不可再生资源；按开发利用性质分为交通运输资源、渔业资源、旅游资源、矿产资源、海盐资源、土地资源、能源资源和水资源。总的来说海洋资源可以划分为生物资源、矿产资源、能源资源和空间资源 4 类。

第一节 生物资源

生物资源（biological resources）是主要海洋资源之一，也是最早为人类开发利用的海洋资源。海洋生物资源是指天然海域中可供人类使用的动植物，以及为这些动植物提供食物保障的饵料生物种类和数量的总称。

人类对海洋生物资源的利用主要通过渔业生产、海洋药物等产业来完成，包括海洋捕捞、海水养殖、渔业资源增殖、休闲海钓、海产品加工和海洋药物生产等。捕捞渔业主要采用定置网、拖网、流刺网、围网和钓具 5 大类作用工具开发利用渔业资源。海水养殖业采用筏式养殖、港湾养殖、围堰养殖、网箱养殖和工厂化养殖等方法获得海产品。增殖渔业主要有增殖放流、人工鱼礁及海洋牧场、底播增殖和滩涂护养等方式。

海洋生物资源的主要用途是以海洋生物为基础原料，生产各种有用物质为人类利用。目前，人们对海洋生物资源的利用主要以水产品的形式流通到市场，仅仅开发利用了其作为食品的功能。随着海洋生物技术的进一步开发应用，可以肯定，还将有更多更新的海洋生物所独有的重要功能会被不断地开发出来。海洋生物资源的主要用途包括：食品、药物、新材料、能源物质和海洋生物农药及肥料等。

（1）食品。全球海洋总的渔获量，已经成为世界上动物蛋白的最大源泉，来自海洋的动物蛋白占人类所需动物蛋白的 20%左右。值得注意的是，这些水产品的加工率（折合原料计），发达国家为 70%，我国仅为 30%。海洋生物技术的运用，必将提高渔获物的加工率，提高水产品的利用率。

（2）药物。海洋生物是生物活性物质的宝库。20 世纪 60 年代以来，已从海洋生物中分离得到 6000 余种结构明确的化合物，且其中有近 3000 种具有一定的生理活性。这些活性独特化合物的结构，给药物学家提供了难得的药物设计分子模型，启迪着他们的药物设计思维。

（3）新材料。利用海洋生物各种特性和能力，合成和生产其他新材料。例如，美国科学家正在研究把银胶菊基因转移到海藻，企图利用蓝藻大量生产天然橡胶；日本 TDK 公司从 1988 年起与东京农业研究所合作，研究从磁细菌生产超高密度的磁性记录材料。这些都是海洋生物技术的应用成果。

（4）能源物质。国外有些研究机构正在研究开发产氢藻和产油藻，利用固定化藻类生产氢能。美国海洋能源研究所已开发出从养殖海藻提取燃油的实用技术。海藻每年可提取燃油 $150L/m^2$ 以上。据推测，21 世纪将出现以海藻为原料生产氢燃料的行业。

（5）海洋生物农药及肥料。这是海洋生物技术的另一重要领域，是海洋农牧化的主要技术支撑，也是提高水产品产量的重要途径。通过基因工程、分子生物学等方法，培育出可以作为有机农药、有机肥料的产品。

海洋生物资源种类繁多，分布面广，可以按照不同的方法分成各种类型。按生态类群，可分为浮游生物、游泳动物和底栖生物。按生态系统，可分为热水性生物、暖水性生物、暖温性生物、温水性生物、冷温性生物和冷水性生物等。按用途，可分为渔业资源、药用生物资源、生物能源资源、饵料基础资源和新材料生物资源等。按经济价值，可分为经济生物资源、次经济生物资源和非经济生物资源。按分布区域，可分为滩涂资源、浅海资源、近海资源、外海资源和大洋资源。按渔业资源类群，可分为中上层渔业资源、底层渔业资源、虾蟹类资源、头足类资源、贝类资源和其他渔业资源。按洄游分布特征，可分为长距离洄游生物资源、短距离洄游生物资源和地方性生物资源。

一、海洋渔业资源

海洋渔业资源（marine fisheries resource）是指天然海域中可供人类捕捞生产使用的动植物的种类和数量的总称。联合国粮食及农业组织（FAO）估计，全球常规渔业资源可捕量约 9300×10^4t，目前捕捞量约为 8000×10^4t（FAO，2014），其中鱼类种群中已有 30%处于过度开发状态，60%处于充分开发状态，10%处于轻度和中度开发状态。

（一）中国近海渔业资源特点

渔业资源是一种可再生的生物资源，具有其固有的自然属性。

（1）可再生性。渔业资源通过不断的繁殖和生长，抵消自然死亡和人类捕捞而产生的种群数量的减少，维持种群的延续。在再生过程中，随着生态系统的变化和人类活动的影响，不断改变其种群属性以适应外部因素的胁迫，资源结构不断更新。

（2）洄游性。鱼类、虾蟹类、头足类等作为渔业资源的动物，大都是变温动物，由于地球气候的变化，水温等环境因子随之产生以年为周期的变化，这些动物为了适应这种有规律的周期性变化，以及本身的生理习性要求，会出现一种周期性、定向性和集群性的规律性移动，在产卵场、索饵场和越冬场之间洄游，同时也产生了各海域之间分布的不均匀性和时空的变化。

（3）波动性。渔业资源通过繁殖扩大种群数量，摄取营养，维持个体的生长，提高种群资源量，其发生率、生长率、死亡率和补充率等都受到外部因子的制约，由于环境条件的变化，产生资源的波动。

（4）有限性。种群数量因环境条件限制和人类干扰不断地变动和自我调节，这种变动受制于海洋的空间、饵料基础等渔业资源生存的保障条件，加之不同种群有其固有的属性特征，种群数量只能在一定的范围内变动。

（5）人类干扰性。渔业资源为人类提供取之不尽的食物来源，是人类最早认识海洋和开发利用的海洋资源，随着人口数量的增加，对渔业资源的需求也不断增加，不断更新捕捞工具和设备，提高捕捞技术，以期获得更多更优的水产品，人类的干扰成为了渔业资源变动的主要因素。

（6）抗压力性。渔业资源在不断增加的捕捞压力下，为了维持种群的延续，必然地产生对人类干扰的适应。例如，我国近海的蓝点马鲛、带鱼、小黄鱼等渔业资源，通过提高繁殖力、延长产卵期、扩大产卵场、提前性成熟年龄、加快生长速度和减少自然死亡率等种群属性的适应性改变，增加种群数量，保持种群的稳定和延续。

（7）公共财富性。渔业资源具有洄游性，尤其是高度洄游的游泳动物种群，分布有明显的产卵场、索饵场和越冬场，这些栖息场所并非在同一区域内，对于海域内的周边国家是一种共有的资源。我国《中华人民共和国海域使用管理法》明确规定，海域所有权归国家所有，海域的资源同样归国家所有，是国家的公共财富，企业、单位、个体可以通过申请获得海域使用权。

我国渔业资源除了具有以上的渔业资源共性之外，由于所处的地理环境和社会环境特点，形成了独有的个性。主要表现在以下几个方面（刘效舜等，1990）。

（1）封闭性。中国近海位于太平洋西北部，其中的渤海、黄海、东海和南海为半封闭的大陆边缘海，主要渔业资源种类中缺乏世界性的广布种，资源具有相当的独立性。

（2）多样性。中国海域从北加里曼丹北端到渤海的最北部，纵越热带、亚热带和温带3个气候带；渔业资源区系组成既复杂又多样，热水性、暖水性、暖温性、温水性、冷温性和冷水性等多种生态类型的渔业资源共存。

（3）陆架宽广。除台湾以东海域大陆架仅数海里外，其他各海域的大陆架极为宽广，是世界上大陆架最为宽广的海域之一；渤海和黄海全部处在大陆架上，东海大陆架由北部的350n mile逐渐缩小到130n mile，南海的大陆架宽度在100～140n mile；从全球范围来看，大陆架是渔业资源的主要分布区，也是主要渔场。全球大陆架面积为$2.74\times10^7\text{km}^2$，约占海洋总面积的7.59%，渔获量则占90%以上。

（4）环境优越。中国近海大陆架宽广，水深极小，为渔场的形成提供了良好的条件；沿岸众多大陆径流，带来了丰富的营养物资，为渔业资源的繁殖、育肥、生长提供了优越的场所，其中渤海是东海、黄海渔业资源的主要产卵场。

（二）渔业资源种类

我国渔业资源比较丰富，海洋生物物种繁多，已经鉴定有20278种，其中鱼类3032种、贝类1923种、蟹类734种、虾类546种、藻类790种，作为经济捕捞对象，在渔业统计和市场上列名的有200多种。渔业资源主要由底层鱼类、中上层鱼类、虾蟹类、头足类、贝类及其他生物资源6大类组成。

1. 底层鱼类

分布于海域的底层或近底层，是近海渔业资源的主要组成部分。在我国渔获物中经济价值较高、数量较大的种类主要有小黄鱼、大黄鱼、黄姑鱼、白姑鱼、叫姑鱼、棘头梅童鱼、黑鳃梅童鱼、多齿蛇鲻、金线鱼、花斑蛇鲻、短带鱼、带鱼、花鲈、鲬、方头鱼、大泷六线鱼、许氏平鲉、真鲷、黑鲷、黄鲷、发光鲷、二长棘鲷、短尾大眼鲷、黄斑篮子鱼、黄带绯鲤、深水金线鱼、鳄齿鱼、水珍鱼、石斑鱼、大头鳕、玉筋鱼、多鳞鱚、长蛇鲻、大银鱼、鲮、鲻、短鳍红娘鱼、绿鳍鱼、海鳗、星康吉鳗、绵鳚、细纹狮子鱼、孔鳐、褐牙鲆、高眼鲽、黄盖鲽、石鲽、木叶鲽、长鲽、半滑舌鳎、绿鳍马面鲀、石斑鱼类和东方鲀类等。

2. 中上层鱼类

分布于海域的表层和中层，有时也分布于底层，是近海和大洋渔业资源的主要组成部分。

在我国渔获物中经常出现，且经济价值较高的种类有：蓝点马鲛、银鲳、灰鲳、刺鲳、鲐、太平洋鲱、远东拟沙丁鱼、金色小沙丁鱼、青鳞小沙丁鱼、康氏小公鱼、鳓、竹筴鱼、蓝园鲹、沟鲹、鲯鳅、黄条鰤、燕鳐、赤鼻棱鳀、鳀、黄鲫、斑鰶、凤鲚、刀鲚、鲮、鲻、鲣、沙氏下鱵和尖嘴扁颚针鱼等。

在大洋中捕捞较多的主要有金枪鱼类。

3. 虾蟹类

虾蟹类是近海渔业资源的主要组成部分，而且经济价值价高。渔获物中出现较多的有：中国对虾、葛氏长臂虾、哈氏仿对虾、鹰爪虾、中华管鞭虾、日本对虾、戴氏赤虾、细巧仿对虾、周氏新对虾、鲜明鼓虾、脊腹褐虾、滑脊等腕虾、凹管鞭虾、大管鞭虾、高脊管鞭虾、假长缝拟对虾、须赤虾、菲赤虾、东海红虾、九齿扇虾、红斑后海螯虾、扁足异对虾、日本单肢虾、斑节对虾、仿对虾类、细螯虾、中国毛虾、日本毛虾、中国安乐虾、脊尾白虾、三疣梭子蟹、红星梭子蟹、细点圆趾蟹、日本蟳、锈斑蟳、武士蟳、双斑蟳、光掌蟳、大蝼蛄虾、口虾蛄和大寄居蟹等。

4. 头足类

头足类是近海和大洋的主要渔业资源，主要栖息于海域的中上层。我国近海头足类资源主要有短蛸、长蛸、真蛸、太平洋褶柔鱼、菲律宾双柔鱼、夏威夷双柔鱼、鸢乌贼、中国枪乌贼、日本枪乌贼、剑尖枪乌贼、尤氏枪乌贼、神户枪乌贼、杜氏枪乌贼、长枪乌贼、金乌贼、曼氏无针乌贼、莱氏拟乌贼和双喙耳乌贼等。我国远洋渔业在北太平洋、阿根廷、秘鲁、智利、新西兰和印度洋等渔场的鱿钓渔业的捕捞对象主要有太平洋褶柔鱼、阿根廷滑柔鱼、巴氏柔鱼、茎柔鱼、双柔鱼和鸢乌贼等大洋性头足类。

5. 贝类

贝类资源栖息或埋栖于海底，大多数贝类资源的经济价值较高，且资源量非常大。分布于滩涂或近海。我国较为常见并具有较高经济价值的滩涂贝类主要有扁玉螺、泥蚶、紫贻贝、四角蛤蜊、中国蛤蜊、菲律宾蛤仔、长竹蛏、缢蛏、大竹蛏、小刀蛏、总角截蛏、近江牡蛎、长牡蛎、密鳞牡蛎、文蛤、青蛤、日本镜蛤、紫石房蛤、江户布目蛤、西施舌、彩虹明樱蛤、紫彩血蛤、光滑河蓝蛤、滑顶薄壳鸟蛤、加州扁鸟蛤、砂海螂和大沽全海笋等。近海较深海域的贝类资源主要有皱纹盘鲍、福氏玉螺、香螺、脉红螺、毛蚶、魁蚶、栉孔扇贝和栉江珧等。

6. 其他渔业资源

上述 5 类之外的渔业资源，大多为近海或滩涂资源，约 100 种。我国已经开发利用的主要有：海蜇、刺参、紫海胆、马粪海胆、单环刺螠、太平洋磷虾、儿岛米糠虾、长额刺糠虾、黄海刺糠虾、日本新糠虾、海带、裙带菜、石花菜、紫菜、羊栖菜和沙蚕等。

（三）开发利用过程

我国在 5 万多年前就已经开始开发利用渔业资源，历史十分悠久，但一直处于初级开发状态。中华人民共和国成立以后，渔业资源开发利用才真正得到重视，海洋渔业迅速发展。由于海洋渔业的捕捞生产、海洋生态环境变化等诸多因素，我国海洋渔业资源同世界海洋渔业资源一样，在开发利用过程中，经历了开发不足阶段、加速发展阶段、利用过渡阶段和资源管理阶段。

1. 开发不足阶段

20 世纪五六十年代，海洋渔业生产正处于发展壮大阶段，木质风帆船逐步向钢壳或木壳机帆船转换，棉线网具也逐步由聚乙烯等材料网具所取代，捕捞技术逐步提高，捕捞力量逐年增加，渔获量稳步上升。由于开发利用技术和设备比较落后，开发能力不高的传统性小型产业进行开发利用，主要为带鱼、小黄鱼、大黄鱼、海鳗、鳓、银鲳、鲐、真鲷、金线鱼、花鲈、蓝点马鲛、蓝圆鲹、半滑舌鳎、褐牙鲆、高眼鲽、金乌贼、中国对虾和鹰爪虾等经济价值较高的渔业资源。由于对局部渔场和个别种类的大肆捕捞，渔业资源的开发利用极不平衡，带鱼、小黄鱼、大黄鱼和鳓等处于充分利用或过度利用状态，但大多数渔业资源仍未开发利用或开发利用不足。

2. 加速发展阶段

20 世纪七八十年代，海洋渔业生产渔船全部机动化，捕捞网具主要有拖网、围网、流刺网和定置网，网具的革新和捕捞技术的进一步提高，伴随着船、网捕捞力量的成倍增加，近海渔业资源已经被渔业生产充分开发利用。期间除继续开发利用的带鱼、小黄鱼、大黄鱼、海鳗、鳓、银鲳、鲐、真鲷、黄鲷、金线鱼、二长棘鲷、花鲈、蓝点马鲛、蓝圆鲹、半滑舌鳎、褐牙鲆、高眼鲽、金乌贼、中国对虾、鹰爪虾等经济价值较高的渔业资源外，还相继开发利用了太平洋鲱、远东拟沙丁鱼、白姑鱼、黄姑鱼、叫姑鱼、梅童鱼、鮸　、青鳞小沙丁鱼、黄鲫、斑鰶、小鳞鱵、龙头鱼、蛇鲻、黄带绯鲤、尖嘴扁颚针鱼、风鲚、刀鲚、鲮、鲻、方头鱼、焦氏舌鳎、绿鳍鱼、日本枪乌贼、中国枪乌贼、剑尖枪乌贼、太平洋褶柔鱼、曼氏无针乌贼、中国毛虾、日本毛虾、太平洋磷虾、糠虾、周氏新对虾、魁蚶和鸟蛤等海区内除鳀和玉筋鱼以外所有可以开发利用的资源。带鱼、小黄鱼、大黄鱼和鳓等传统经济渔业资源已经过度利用，甚至枯竭（如带鱼等），这些传统渔业资源在渔业生产中，已无法形成专捕渔业和明显的渔汛。1972 年，太平洋鲱开始旺发，渔获量曾达 18.2×10^4t 历史最高纪录，但数年后也逐步衰退至仅能维持 1000t 左右的渔获量。1973 年，拖网开发外海绿鳍马面鲀和黄鳍马面鲀资源，1986 年渔获量达到 42.7×10^4t。1974 年，围网开发利用黄海中部、南部的鲐（秋、冬汛索饵越冬群体资源），时值鲐、蓝园鲹和竹筴鱼等中上层鱼类资源旺盛年份，维持了多年的较高渔获量。1986 年远东拟沙丁鱼和 1987 年太平洋褶柔鱼资源的增多，给海洋渔业生产增加了作业机会。同时，魁蚶、鸟蛤、周氏新对虾、青鳞小沙丁鱼、黄鲫、斑鰶、沙氏下鱵和曼氏无针乌贼等资源，以及东海虾类资源的相继兴盛和开发利用，加速了海洋渔业资源种群的更替。

3. 利用过渡阶段

20 世纪 90 年代，随着水产品加工与贮藏技术的提高，许多冷冻加工运输船加入到海洋生物资源的开发利用活动中，形成了海洋生物资源利用的一条龙开发体系，海洋渔业生产发展到空前的规模，近海渔业进入到捕捞过度阶段，期间渔期为周年生产，渔场不断东扩，许多渔船进入到周边国家的专属经济区作业，除经济生物资源外，又开发利用了鳀、玉筋鱼、云鳚、鰕虎鱼、太平洋褶柔鱼、青鳞小沙丁鱼、赤鼻棱鳀、黄鲫、斑鰶、小鳞鱵、多鳞鱚、梅童鱼和东海虾类等海域内所有可以利用的生物资源，主要渔获物有海鳗、鳓、鳀、沙丁鱼、鲱、石斑鱼、鲷、蓝圆鲹、白姑鱼、黄姑鱼、鮸、大黄鱼、小黄鱼、梅童鱼、方头鱼、玉筋鱼、带鱼、金线鱼、鲅、鲐、马鲛、金枪鱼、鲳、马面鲀、竹筴鱼、鲻、毛虾、对虾、鹰爪虾、口虾蛄、梭子蟹、青蟹、蟳、乌贼、鱿鱼、章鱼和海蜇等。渔获量达到了历史的最高水平，但单位捕捞努力量（CPUE）则迅速降到最低，渔业成本迅速提高，许多捕捞渔船因亏损而不得不停港待渔，海洋渔业经济效益严重下降（张秋华等，2007）。

4. 资源管理阶段

进入 21 世纪以后，海洋渔业发展成为包括远洋捕捞、海水养殖、增殖和水产品加工的综合性海洋产业，海洋生物资源开发利用转向资源管理阶段，近海捕捞实施产量“零增长”战略，配套伏季休渔、渤海禁止拖网、废旧渔船报废、水生生物养护等现代渔业管理措施，2016 年开始实施海洋渔业资源总量管理制度，各省试点实施个别种类的总允许捕捞量（TAC）管理。

目前，渔获量在 50×10^4t 以上的有带鱼、鳀、蓝圆鲹、梭子蟹、毛虾，渔获量在 10×10^4t 以上的有鲐、马鲛、金线鱼、海鳗、鱿鱼、小黄鱼、鲳、鹰爪虾、梅童鱼、口虾蛄、海蜇、马面鲀、鲷、鲅、沙丁鱼、乌贼、章鱼、鲻、玉筋鱼、石斑鱼和白姑鱼。

（四）渔业资源现状

中国近海的游泳性渔业资源年平均现存资源量为 13043960t（表 6.1），其中春季为 9516192t，夏季最低为 7091493t，秋季最高为 13728310t，冬季为 8897993t（唐启升，2006）。

表 6.1 中国近海游泳性渔业资源声学评估现存资源量 （单位：t）

海域	春季	夏季	秋季	冬季	年平均
渤海	—	407749	—	2203	204976
黄海	514443	2062697	1778090	2412518	1146266
东海	4250545	2367694	8291925	2595309	6271235
南海北部	2317738	2253353	3658295	3887963	2988017
南海中部	1297740	—	—	—	1297740
南海南部	1135726	—	—	—	1135726
合计	9516192	7091493	13728310	8897993	13043960

渤海年平均现存资源量为 204976t，优势种为鳀、黄鲫、青鳞小沙丁鱼、小带鱼、小黄鱼、银鲳、蓝点马鲛、赤鼻棱鳀、口虾蛄、花鲈、三疣梭子蟹、斑鰶、细纹狮子鱼和短蛸。

黄海年平均现存资源量为 1146266t，优势种为鳀、竹筴鱼、鲐、细纹狮子鱼、脊腹褐虾、玉筋鱼、银鲳、太平洋褶柔鱼、黄鮟鱇、黄鲫、高眼鲽和绵鳚。

东海年平均现存资源量为 6271235，优势种为带鱼、竹筴鱼、鳀、发光鲷、黄鳍马面鲀、小黄鱼、剑尖枪乌贼、太平洋褶柔鱼、银鲳、细点圆趾蟹、刺鲳、蓝点马鲛、龙头鱼、绿鳍马面鲀、鲐、细条天竺鲷、黄鲫、夏威夷双柔鱼、黄鲷、鳄齿鱼、蓝圆鲹、水珍鱼、短尾大眼鲷和灰鲳。

南海年平均现存资源量为5421483t，其中南海北部为2988017t，南海中部为1297740t，南海南部为1135726t。优势种主要有多齿蛇鲻、金线鱼、花斑蛇鲻、短带鱼、带鱼、黄斑篮子鱼、二长棘鲷、短尾大眼鲷、黄带绯鲤和深水金线鱼；中上层主要有康氏小公鱼、蓝圆鲹、竹筴鱼、剑尖枪乌贼、中国枪乌贼、太平洋褶柔鱼，价值低的有黄斑鲾、发光鲷、黄鳍马面鲀、棕腹刺鲀和弓背鳄齿鱼。

（五）渔业资源开发利用存在的问题

中国近海渔业资源开发利用存在的问题主要有以下5个方面。

（1）海洋渔业资源可持续利用观念较差，渔业资源保护和合理利用意识低，渔业资源管理手段落后，不能与世界先进管理技术接轨，致使许多经济渔业资源严重衰退，甚至枯竭。

（2）捕捞力量发展速度太快，长期失控；捕捞力量过于庞大，甚至过剩；渔业资源普遍被过度利用，经济效益下降。

（3）渔业生态环境破坏严重，海水遭到严重污染，水质较差，赤潮、病害频繁发生，致使渔业资源量下降，影响渔业生产。

（4）周边国家200n mile专属经济区相继实施，我国海洋渔业作业渔场缩小，多数在外海和远洋渔场作业的渔船撤回近海作业，加剧了近海渔业资源不足与捕捞力量过剩的矛盾。

（5）近海生物资源利用种类不足，开发利用模式和途径陈旧，几十年一贯如一，资源利用率不高（陈新军和周应祺，2001；韩书文等，2003；吕振波等，2010）。

二、增殖渔业资源

增殖渔业资源（enhancement fishery resources）是指用人工方法向天然水域中投放鱼、虾、贝、藻等水生生物幼体或成体、卵等以增加种群数量，改善和优化水域的渔业资源群落结构，水域中增加的渔业资源。渔业资源增殖主要方法有增殖放流、底播增殖和移植培植等，因各种增殖方法增殖的对象不同，而形成了不同类型的渔业资源。

（一）游泳性增殖资源

游泳性增殖资源是指通过增殖放流，将一定规格和数量的人工繁殖培育的苗种，在度过自然条件下高死亡率的发育阶段后，选择环境条件适宜、敌害少和饵料资源丰富的水域放流，充分利用水域的天然饵料资源自然生长，而增加的游泳性渔业资源。

增殖放流的对象选择条件：①经济价值高且易于进行苗种培育和放流的地方种群；②食物链等级较低、适应性较强的种类；③生活周期短、生长快的种类；④移动范围小的底栖性种类或回归性很强的种类（邱盛尧，1999）。此外还要考虑到移入水域各生物种间的关系、原有饵料的基础以及各类饵料资源的充分利用等。

1984年首先在山东半岛南部海域开展中国对虾增殖放流以后，先后在我国沿海各地进行了多种类的增殖放流，增殖对象涉及鱼类、虾蟹类、头足类和其他渔业资源，形成专捕渔汛的主要有中国对虾、海蜇和日本对虾，形成一定规模的增殖渔业资源主要有三疣梭子蟹、金乌贼、褐牙鲆、半滑舌鳎、黄盖鲽、鲮、许氏平鲉、大泷六线鱼和黑鲷等，同时还有许多种类开展了增殖放流试验，如圆斑星鲽、大黄鱼、真鲷、花鲈、长毛对虾、中华虎头蟹、斑鲦和曼氏无针乌贼等（金显仕等，2006，2014）。

（二）底栖性增殖资源

底栖性增殖资源是指通过底播增殖，将一定规格和数量的人工繁殖培育的苗种，在度过自然条件下高死亡率的发育阶段后，选择环境条件适宜、敌害少和饵料资源丰富的水域底播，充分利用水域的天然饵料资源自然生长，增加的底栖性渔业资源。

底栖性增殖资源相对于海水养殖来说，有许多优势：一是采用低密度、不给饵的底播增殖方式，充分利用海域的饵料基础，保障了生物在自然环境中自然生长，提高了海域的生态利用效率；二是充分利用海水的自净能力，保证了养殖生物的安全和质量，并能有效防止病害发生；三是栖息场所位于海底，水温低、日差较小，适合于冷水性生物养殖；四是受风浪等自然环境变化影响较小，种群资源比较稳定，可持续发展前景较好。但底播增殖需要较大海域，而且用海方式是排他性的，大都需要确权使用。

底播增殖包括滩涂护养和浅海底播，增殖对象主要是贝类、腔肠动物、环节动物和棘皮动物等底栖、埋栖的种类。底播增殖在我国有较为悠久的历史，规模较大的主要有刺参、皱纹盘鲍、大连紫海胆、马粪海胆、方格星虫、单环刺螠、沙蚕、虾夷扇贝、栉孔扇贝、紫石房蛤、文蛤、青蛤、菲律宾蛤仔、中国蛤蜊、四角蛤蜊、光滑河蓝蛤、江户布目蛤、日本镜蛤、西施舌、毛蚶、泥蚶、魁蚶、缢蛏、长竹蛏、大竹蛏、脉红螺和昌螺等。

（三）固着性增殖资源

固着性增殖资源是指通过移植或培植固着性或附着性生物苗种，增加的渔业资源。增殖对象为固着性或附着性的植物和动物，主要有海带、紫菜、裙带菜、石花菜、大叶藻、鼠尾藻、马尾藻、孔石莼、紫贻贝和牡蛎等。

三、药用生物资源

目前已知具有药用作用的海洋生物有1556种，其中动物1431种，藻类125种，它们分别隶属海洋细菌、真菌、植物和动物的各个门类。

（一）药用植物

现知药用植物100多种，研究较多的为海洋藻类中的药用种类。主要分布在蓝藻门、绿藻门、褐藻门、金藻门、甲藻门和红藻门。

成书于秦汉时期（公元前221～公元220年）的《神农本草经》记载海藻指的是羊栖菜，其“味苦寒，主瘿瘤气，颈下核，破散结气，痈肿症瘕坚气”等。

紫菜可以防治甲状腺肿大、淋巴结核，近年来发现它能去除血管壁上积累的胆固醇，有软化血管、降低血压和预防动脉硬化的效用。

海带的提取物和制剂有缓解心绞痛、镇咳和平喘的功效，可治高胆固醇、高血压和动脉硬化症。

（二）药用动物

海洋动物的各个门类几乎都有，现知在1000种以上，研究较多的为腔肠动物、海洋软体动物、海洋节肢动物、棘皮动物、海洋鱼类、海洋爬行动物和海洋哺乳动物的一些种类。

药用腔肠动物有数十种，分布在水螅纲、钵水母纲和珊瑚虫纲中。例如，《本草纲目拾遗》中指出：白皮子，指海蜇，其“味咸涩，性温，消痰行积，止带祛风”，用于妇女劳损、积血带下和小儿风疾、丹毒等。柳珊瑚的前列腺素衍生物，可用于节育、分娩、人工流产、月经病、胃溃疡和气喘，还有调节血压和代谢的作用。

药用软体动物有数百种，中国已知有130多种，分属海洋软体动物中的多板纲、双壳纲、腹足纲和头足纲。例如，成书于战国时代中国最早的医学文献《黄帝内经》中，记载有以乌（即乌贼）骨作丸、饮以鲍鱼汁治疗血枯；《神农本草经》记载近江牡蛎等6种海洋药用软体动物；贻贝，俗名淡菜，能养肾清补、降低血压和抗心律失常；珍珠能抑制老人脂褐素增多，促使细胞增强活力，延缓细胞老化，起到抗衰老的功效。

药用节肢动物有数百种，研究较多的是海洋甲壳动物软甲纲中十足目的种类，主要包括虾类、寄居蟹（或寄居虾）类和蟹类，以及肢口纲中的鲎类。例如，寄居蟹有清热散血、滋阴补肾、壮阳健胃、除湿热、利小便、破瘀解毒、消积止痛、抑制胆固醇和治心血管病等功效，而且含有抑瘤成分。已知中国有寄居蟹类93种。对虾有补肾壮阳功能，可治神经衰弱、手足搐搦、乳疮、头疮、全身瘙痒、皮肤溃疡和疥癣等疾病。中国鲎的血液制成的鲎试剂，能检测细菌内的毒素和热原，已广泛应用于临床和制药工业。

药用棘皮动物现知数十种，主要分布在海参纲、海胆纲和海星纲中。例如，刺参有补肾壮阳益气补阴、通肠润燥和止血消炎等功能，用于治疗肾虚、阳痿、肠燥、便秘、肺结核、再生障碍性贫血、糖尿病、癫病、十二指肠溃疡和小儿麻疹等；紫海胆有制酸止痛、清热和消炎功效，用于治疗胃及十二指肠溃疡和甲沟炎等；由陶氏太阳海星和罗氏海盘车制成的海星胶代血浆，效用很好。

药用鱼类现知数百种，海洋鱼类的3个纲，圆口纲、软骨鱼纲和硬骨鱼纲均有。已知中国有200种以上。例如，海洋鱼类普遍含有廿碳五烯酸，现已证实它具有防治心血管疾病的功用。鲨鱼中的角鲨烯有抗癌的用途。海马和海龙是早已闻名的中药，具有补肾壮阳、散结消肿、舒筋活络和止血止咳等功能，主治神经衰弱、妇女难产、乳腺癌、跌打损伤、哮喘、气管炎、阳痿、疔疮肿毒和创伤流血等。鲻和鲮有健脾益气和消食导滞的效能，用于治疗消化不良、小儿疳积和贫血等。

药用爬行动物现知数十种，包括海蛇类和海龟类。例如，玳瑁为名贵中药。海龟胶有滋阴、潜阳和柔肝的功效。海蛇类均有药用价值，海蛇肉能滋补强壮，海蛇胆有行气化痰和清肝明目等效能，海蛇血能补气血、壮筋骨，海蛇油用于治疗冻伤、烫伤和皮肤皲裂，海蛇酒有祛风活血和止痛等作用。

药用哺乳动物主要是海洋哺乳动物的鲸目和鳍脚目，中国现知有十多种。例如，真海豚的脂肪、肝、脑垂体、胰及卵巢等均可药用，能提制抗贫血剂和胰岛素，以及催产素和促肾上腺皮质激素等多种激素。斑海豹雄性的阴茎和睾丸入药（即海狗肾），有补肾壮阳、益精补髓的功效，用于治疗虚损劳伤、阳痿精衰和腰膝痿弱等；脂肪入药（即海狗油）有润滑肌肤和解毒的效用，用于治皮肤皲裂和冻伤等；肝和胆可治肋膜炎等。

四、海水养殖资源

全国可进行海水养殖的生物资源1000多种，主要有软体动物、甲壳类、藻类、环节动物、棘皮动物、鱼类和其他生物。养殖生物种类分布的区域性较强，有各海区的共有广布种，也有各区所特有的种类，由此形成各区之间各具特色的养殖资源生物的种类特征。

其中适合于黄渤海养殖的软体动物主要有栉孔扇贝、海湾扇贝、虾夷扇贝、紫贻贝、褶牡蛎、大连湾牡蛎、太平洋牡蛎、四角蛤蜊、中国蛤蜊、西施舌、文蛤、菲律宾蛤仔、日本镜蛤、青蛤、紫石房蛤、毛蚶、泥蚶、魁蚶、缢蛏、长竹蛏、大竹蛏、皱纹盘鲍、太平洋皇蛤、栉江珧、脉红螺、扁玉螺、福氏玉螺和蓝蛤等。棘皮动物有刺参、大连紫海胆和马粪海胆等。鱼类有鲅、鲻、真鲷、黑鲷、红鳍东方鲀、假睛东方鲀、虫纹东方鲀、褐牙鲆、大菱鲆、花鲈、大泷六线鱼、许氏平鲉、半骨舌鳎、斑鰶、大黄鱼、鮸和美国红鱼等。虾蟹类有中国对虾、日本对虾、斑节对虾、凡纳滨对虾、口虾蛄、三疣梭子蟹、中华绒螯蟹、日本蟳、青蟹和脊尾白虾等。头足类有金乌贼和曼氏无针乌贼等。藻类有海带、裙带蔡、紫菜、石花菜和羊栖菜等。其他生物有单环刺螠、沙蚕、卤虫和海蜇等。

中国近海 20m 以内浅海的海域面积为 $1680\times10^4hm^2$，其中滩涂可养殖面积为 $242\times10^4hm^2$，20m 以内浅海可养殖面积为 $260\times10^4hm^2$，海水养殖前景看好。

第二节 矿 产 资 源

海洋矿产资源（marine mineral resources）是指经过地质成矿作用而形成的，天然赋存于地壳内部和海洋的底土或水体中，呈固态、液态或气态的，并具有开发利用价值的矿物或有用元素的集合体。矿产资源属于不可再生资源，其储量是有限的。海洋是个巨大的聚宝盆，水中和地下多蕴藏有丰富的矿产资源，陆地上所蕴藏的所有矿产资源，在海洋中都有，矿产资源包括能源矿产、化学资源、水资源、金属矿产和非金属矿产资源。

已知的矿物约 3000 种，绝大多数是固态无机物、液态和气态矿物，固态有机物仅油页岩、琥珀等数十种。在固态矿物中，绝大部分都属于晶质矿物，只有水铝英石等极少数属于非晶质矿物。来自地球以外其他天体的天然单质或化合物，称为宇宙矿物。

一、能源矿产

（一）油气资源

油气资源（oil and gas resource）是石油和天然气资源的合称。石油是一种黏稠的、深褐色液体，主要成分是各种烷烃、环烷烃、芳香烃的混合物，由古代海洋或湖泊中的生物经过漫长地演化形成，属于生物沉积生油，是不可再生资源。石油是根据中国北宋杰出的科学家沈括（1031～1095 年）在所著《梦溪笔谈》中描述这种油“生于水际沙石，与泉水相杂，惘惘而出”而命名的。天然气是指天然蕴藏于地层中的烃类和非烃类气体的混合物，包括油田气、气田气、煤层气、泥火山气和生物生成气等。现代石油历史始于 1846 年，直到 20 世纪 50 年代煤依然是世界上最重要的燃料，但石油的消耗量增长迅速。开采的石油 88%被用作燃料，其他的 12%作为化工业的原料。

根据国土资源部发布的 2015 年全国油气资源动态评价成果，中国近海油气沉积盆地约 $70\times10^4km^2$，石油地质资源量为 239×10^8t，占我国石油总量 1257×10^8t 的 19.01%；可采量为 71×10^8t，占总可采量 301×10^8t 的 23.59%。天然气地质资源量为 $20.9\times10^{12}m^3$，占总资源量 $90.3\times10^{12}m^3$ 的 23.15%；可采量为 $12.2\times10^{12}m^3$，占总可采量 $50.1\times10^{12}m^3$ 的 24.35%。70%油气资源蕴藏于深海区域。我国石油探明程度的 33%，处于勘探中期；天然气探明程度的 18%，处于勘探早期。远低于世界平均的探明率 73%和美国的探明率 75%，勘探开发潜力巨大。

（1）渤海油气盆地，面积约 $8\times10^4km^2$，是辽河油田、大港油田和胜利油田向渤海的延伸，也是华北盆地新生代沉积中心，沉积厚度达 10000m 以上。海域内有 14 个构造带和 230 多个局部构造，是我国油气资源比较丰富的海域之一。已开发油田主要有锦州凝析油气田、绥中油田、秦皇岛油田、渤西油田群、埕北油田、渤南油田群及渤中油田等，优势资源是原油。

（2）南黄海油气盆地，面积约为 $10\times10^4km^2$，是中、新生代沉积盆地，以新生代沉积为主。它是陆地苏北含油盆地向黄海的延伸，共同构成苏北—南黄海含油盆地。盆地分南、北两个拗陷。北部拗陷面积为 $3.9\times10^4km^2$，中、新生代沉积厚度超过 4000m，这里有 8 个凹陷、5 个凸起、9 个构造带，具有较好的储油条件。南部拗陷面积为 $2.1\times10^4km^2$，拗陷内部的中、新生代厚度一般都超过 5000m。初步调查勘探，这个盆地石油地质储量在 2×10^8～3×10^8t。

（3）东海油气盆地，面积约为 $46\times10^4km^2$，是白垩纪—古近纪形成的大型含油气盆地。其中，东海大陆架盆地面积最大，约 $28.4\times10^4km^2$。盆地中、新生代沉积发育拗陷面积达 $15\times10^4km^2$。拗陷内沉积厚度达 15000m，中、新生代沉积厚度为 6000m，并可能存在新近系和古近系两套生油岩系。现已发现和固定的局部构造封闭 100 多个，并在西湖凹陷中发现了 3 个含油气构造。东海盆地是我国近海已发现的沉积盆地中面积最大、远景最好的盆地，该区的油气储量为 40×10^8～60×10^8t。已开发油田主要有春晓油气田和平湖油气田。

（4）南海油气盆地，海域面积占中国近海面积的 3/4，石油地质储量约 230×10^8t。已具一定开发规模的油气田主要有涠洲油田、东方气田、崖城气田、文昌油田群、惠州油田、流花油田、陆丰油田和西江油田等，但更为广阔的南海深水海域仍尚待开发。

（二）煤、油页岩、泥炭

1. 煤矿

煤（coal）是古代植物埋藏在地下经历了复杂的生物化学和物理变化逐渐形成的固体可燃性矿物，主要由碳、氢、氧、氮、硫和磷等元素组成，碳、氢、氧三者总和约占有机质的 95%以上，是非常重要的能源，也是冶金、化学工业的重要原料，有褐煤、烟煤、无烟煤和半无烟煤几种类型。中国是世界上煤炭产量最大的国家，2011 年煤炭产量为 32.4×10^8t，占世界产量的 48.3%。

龙口煤田是中国发现的第一座滨海煤田。已探明产煤矿区 12 处，主体在龙口市境内，一部分在蓬莱境内，东西长为 27km，南北长为 14km。探明含煤总面积 $391km^2$，探明储量 11.8×10^8t，该区近岸海域尚有储量 11×10^8t。

2. 油页岩

油页岩（oil shale）属于非常规油气资源，以资源丰富和开发利用的可行性而被列为 21 世纪非常重要的接替能源，它与石油、天然气、煤一样都是不可再生的化石能源。油页岩是一种高灰分的含可燃有机质的沉积岩，它和煤的主要区别是灰分超过 40%，与碳质页岩的主要区别是含油率＞3.5%。油页岩经低温干馏可以得到页岩油，页岩油类似原油，可以制成汽油、柴油或作为燃料油。除单独成矿外，油页岩还经常与煤形成伴生矿藏，一起被开采出来。

油页岩产油率低于6%者属贫矿，高于10%的属富矿。世界已探明的产油率在4%以上的油页岩储量折合页岩油约 4700×10^8t，超过已探明的石油储量。中国探明油页岩资源储量为 7199×10^8t，储量折合页岩油约 476×10^8t。其中抚顺矿区油页岩储量 36×10^8t，平均产油率约5.5%；

广东茂名、辽宁和山东沿海是中国近海油页岩的主要分布区。广东茂名油页岩矿可采储量为 40×10^8t，平均产油率为6.0%。山东省滨海油页岩探明总储量为 1.99×10^8t，在黄河口济阳拗陷东部也发现有煤和油页岩，其远景储量为 84.99×10^8t。

3. 泥炭

泥炭（peat）是一种经过几千年所形成的天然沼泽地产物，是煤化程度最低的煤，同时也是煤最原始的状态，无菌、无毒、无污染，通气性能好，质轻、持水、保肥、有利于微生物活动，增强生物性能，营养丰富，既是栽培基质，又是良好的土壤调解剂，并含有很高的有机质，腐殖酸及营养成分，是不可再生资源。

泥炭在自然状态下，呈块体，含水量一般为80%～90%，比重一般为1.20～1.60，组成物质横跨液相、气相和固相三种状态。其中固相物质部分的有机质主要是纤维素、半纤维素、木质素、腐殖酸和沥青物质等，腐殖酸含量常为10%～30%，高者可达70%以上，无机物主要是黏土、石英和其他矿物杂质。

在山东省沿海，泥炭分布在莱州至蓬莱岸段，多为海湾或潟湖堆积，主要有蓬莱大杨家、莱州市小辛台和朱由3处，泥炭储量为 7.8×10^4t。除大杨家矿点已开采外，其余均未开采。

（三）地下热水

地下热水（hot spring）是指因地下局部热源或在正常地温梯度下加热而形成的地下水。地下热水的水温不一，以20℃为下限。在现代火山活动地区由于强大的热源，在地壳浅部即可形成高温过热水和蒸汽。中国台湾大屯火山区地下热水水温达293℃，美国塞罗普里埃托水温高达388℃。在褶皱带和盆地等正常地温梯度地区，1000m深度范围内水温一般不超过100℃。地下热水沿着岩层裂隙或断裂构造上涌溢出地表，便形成温泉、喷泉或间歇喷泉。

1. 地下热水类型

地下热水在医疗卫生、水产养殖及发电等方面都有重要的利用价值。从疗养和水产养殖用途可分为20～37℃的温水、37～42℃的热水和>42℃的高热水。从利用地下热水发电用途可分为>150℃的高焓热水、90～150℃的中焓热水和<100℃的低焓热水。按形成的地质作用和赋存特征，地下热水可以分为火山和岩浆活动有关的地下热水、褶皱山地断裂带深循环型地下热水和沉降盆地型地下热水。

（1）火山和岩浆活动有关的地下热水。通常是高温热水或蒸汽，在地面上常出露有热泉、沸泉和喷气孔。这类地下热水酸度较大，常含有较多的硫酸、硅酸、偏硼酸，以及铵、铁、氟、砷、锂等元素，气体成分常有二氧化碳、二氧化硫、盐酸气和硫化氢等。

（2）褶皱山地断裂带深循环型地下热水。多为低矿化碱性中低温地下热水，在断裂和岩层裂隙带常以温泉的形式出露地表。在中国的一些主要褶皱山地或山间盆地有广泛分布，如东部的一些山地、秦岭、吕梁山和天山等。世界一些褶皱带，如阿尔卑斯山脉和比利牛斯山脉等均有分布。这一类地下热水多为低矿化的重碳酸型淡水。在中国东部地区，尤其是分布在燕山期花岗岩类岩石地区的地下热水中，常含有较高含量的硅酸、氟和放射性氡，气体成分以氮气为主。

（3）沉降盆地型地下热水。在中国许多大型自流盆地内，分布着不同矿化度和气体成分的中低温地下热水。在东部的一些盆地，如华北盆地在1000m深度内可获得50～70℃的地下热水。西部的一些盆地内，一般在1000m深度内能得到40℃左右的地下热水。世界一些盆地，如巴黎盆地、匈牙利盆地和俄罗斯西伯利亚盆地等也都有地下热水的分布。中国盆地地下热水的化学成分和矿化度有很大的差别。东部一些盆地，如松辽盆地和华北盆地地下热水的矿化度一般较低，通常都＜10g/L，而江汉盆地、四川盆地和柴达木盆地等分布着高矿化地下热水，矿化度最高可达360g/L，并富集有碘、溴、硼、锶、锂、钡和铷等元素。气体以甲烷和硫化氢为主，这种地下热水常与油田共生。

2. 地热分布

在一定地质条件下的“地热系统”和具有勘探开发价值的“地热田”都有它的发生、发展和衰亡过程，绝对不是只要往深处打钻，到处都可发现地热。作为地热资源的概念，它也和其他矿产资源一样，有数量和品位的问题。就全球来说，地热资源的分布是不平衡的。地温梯度＞30℃/km的地热异常区，主要分布在板块生长、开裂——大洋中脊和板块碰撞衰亡—消减带部位。除了在板块边界部位形成地壳高热流区而出现高温地热田外，在板块内部靠近板块边界部位，在一定地质条件下也可形成相对的高热流区。其热流值大于大陆平均热流值1.46热流单位，而达到1.7～2.0热流单位，如中国东部的胶东半岛、辽东半岛、华北平原及东南沿海等地。环球性的地热带主要有以下几个。

（1）环太平洋地热带。它是世界最大的太平洋板块与美洲板块、欧亚板块、印度板块的碰撞边界，世界许多著名的地热田，如美国的盖瑟尔斯、长谷和罗斯福、墨西哥的塞罗和普列托，新西兰的怀腊开、中国的台湾马槽，以及日本的松川和大岳等均在这一带。

（2）地中海—喜马拉雅地热带。它是欧亚板块与非洲板块和印度板块的碰撞边界，世界第一座地热发电站意大利的拉德瑞罗地热田就位于这个地热带中，中国的西藏羊八井地热田和云南腾冲地热田也在这个地热带中。

（3）大西洋中脊地热带。这是大西洋海洋板块开裂部位，冰岛的克拉弗拉、纳马菲亚尔和亚速尔群岛等一些地热田就位于这个地热带。

（4）红海—亚丁湾—东非裂谷地热带。它包括吉布提、埃塞俄比亚和肯尼亚等国的地热田。

3. 开发利用

地下热水被广泛地用于工业、农业、医疗、发电、采暖和旅游业。在工业方面用于纺织、印染、缫丝、造纸、酿造、制革、蒸馏、干燥、制盐、木材加工和制冷等工艺流程。从热卤水中可提取碘、溴、钾、硼和锶等，利用地下热水还可生产重水。中国北京、天津等城市的一些纺织厂利用地下热水，提高了产品质量。地下热水在农业方面用于育秧、农作物良种培育、土壤加温、孵化、养鱼及培植水生生物等。天津、北京、河北等地，都建起了规模较大的地下热水温室，种植各种蔬菜。在中国西藏高原，利用海拔4300m的羊八井地下热水，建立了2000m^2的温室，种植了西红柿、黄瓜和青椒等蔬菜。地下热水中常含有某些特殊的化学元素，如硅、氟、铁、硼、锂、碘、砷，以及铀、镭等放射性物质，此外还含有较多的气体成分，如二氧化碳、氮、硫化氢、甲烷和放射性氡等。由于地下热水中的这些特殊成分对人体具有生理上的影响，有医疗作用，因此，自古便将它用于治疗疾病。地下热水和蒸汽还可用于发电。中国截至1986年年底，总装机容量已达15000kW，西藏羊八井地下热水电站，装机容量已达13000kW。

4. 中国沿海分布

中国沿海广泛分布有地下热水，主要分布在辽东半岛、秦皇岛附近、渤海湾、山东半岛、江苏南部、福建、台湾、广东、广西和海南等沿海区域。其中山东省滨海地区主要分布在垦利县五号桩和孤岛地区、利津县胜索坨工区、沾化县义和庄以及烟台、威海、即墨等地。

（四）可燃冰

可燃冰，即在地质上的天然气水合物（natural gas hydrate），是由天然气与水在高压低温条件下结晶形成的固态混合物。纯净的可燃冰外观呈白色，形似冰雪，可以像固体酒精一样直接点燃。一旦温度升高或压强降低，甲烷气则会逸出，固体可燃冰便趋于崩解。$1m^3$ 的可燃冰在常温常压下可释放 $164m^3$ 的天然气和 $0.8m^3$ 的淡水。固体状的可燃冰往往分布于水深大于 300m 的海底沉积物或寒冷的永久冻土中。海底可燃冰依赖巨大水层的压力来维持其固体状态，其分布可以从海底到海底之下 1000m 的范围内，再往深处则由于地温升高其固体状态遭到破坏而难以存在。

1. 可燃冰的成因

可燃冰是天然气分子被包进水分子中，在海底低温与压力下结晶形成的。形成可燃冰需要温度、压力和原材料 3 个基本条件。首先，可燃冰可在 0℃以上生成，但超过 20℃便会分解。而海底温度一般保持在 2～4℃，提供了温度的条件。其次，可燃冰在 0℃时，只需 30 个标准大气压即可生成，而以海洋的深度，30 个标准大气压很容易保证，并且气压越大，水合物就越不容易分解。最后，海底的有机物沉淀，其中丰富的碳经过生物转化，可产生充足的气源。海底的地层是多孔介质，在温度、压力、气源三者都具备的条件下，可燃冰晶体就会在介质的空隙间中生成。

2. 世界可燃冰的分布

世界上绝大部分的可燃冰分布在海洋里，据估算，海洋里天然气水合物的资源量是陆地上的 100 倍以上。据最保守的统计，全世界海底可燃冰中贮存的甲烷总量约为 $1.8\times10^{16}m^3$，约合 $11\times10^{12}t$。已发现的主要分布区是：大西洋海域的墨西哥湾、加勒比海、南美东部陆缘、非洲西部陆缘和美国东海岸外的布莱克海台等；西太平洋海域的白令海、鄂霍茨克海、千岛海沟、冲绳海槽、日本海、四国海槽、日本南海海槽、南海、苏拉威西海和新西兰北部海域等；东太平洋海域的中美洲海槽、加利福尼亚滨外和秘鲁海槽等；印度洋的阿曼海湾；南极的罗斯海和威德尔海；北极的巴伦支海和波弗特海；大陆内的黑海与里海。迄今为止，在世界各地的海洋及大陆地层中，已探明的可燃冰储量已相当于全球煤、石油、天然气和油页岩等传统化石能源储量的两倍以上，其中海底可燃冰的储量够人类使用 1000 年，是人类未来动力的希望，是 21 世纪具有良好前景的后续能源。

3. 中国近海可燃冰的分布

2005 年 4 月 14 日，在北京举行了中国地质博物馆收藏我国首次发现的天然气水合物碳酸盐岩标本仪式。宣布我国在南海北部陆坡、西沙海槽和东海南坡首次发现世界上规模最大被作为可燃冰存在重要证据的“冷泉”碳酸盐岩分布区，其面积约为 $430km^2$，其成分的 80%～99.9%为甲烷。该分布区为中德双方联合在我国南海北部陆坡执行“太阳号”科学考察船合作开展的南中国海天然气水合物调查中首次发现。

冷泉碳酸盐岩的形成被认为与海底可燃冰系统和生活在冷泉喷口附近的化能生物群落的活动有关。在南海北部陆坡、东沙群岛以东海域发现了大量的自生碳酸盐岩，其水深范围分别为550～650m和750～800m，海底电视观察和电视抓斗取样发现海底有大量的管状、烟囱状、面包圈状、板状和块状的自生碳酸盐岩产出，它们或孤立地躺在海底上，或从沉积物里突兀地伸出来，来自喷口的双壳类生物壳体呈斑状散布其间，巨大碳酸盐岩构造体在海底屹立，其特征与哥斯达黎加边缘海和美国俄勒冈外海所发现的化学礁类似，而规模却更大。

目前，已在西沙海槽初步圈定出可燃冰分布区为$5242km^2$，估算资源量为$4.1\times10^{12}m^3$。按成矿条件推测，整个南海的可燃冰资源量相当于我国常规油气资源量的1/2。

二、化学资源

海水化学资源（seawater chemical resources）是指海水中溶存的可供开发利用的化学物质。海水中溶解有大量的矿物质，人类发现的106种元素已有80多种在海水中找到。这些元素以离子、分子和化合物的形式溶解在海水中。除氢和氧以外，含量在1mg/L以上的有氯化物、硫酸盐、碳酸氢盐、溴化物、硼酸盐、氟化物、钠、镁、钙、钾和锶等，占海水化学元素的99.9%。含量在1mg/L以下的还有60余种，主要有锂、铷、碘、钼、锌、铀、铅、钒、钡、铜、银和金等。

（一）海盐

海盐（sea salt）是指在盐田晒制的未经人工处理的原盐及其产品的统称，主要组分是氯化钠，夹杂有不溶性泥沙和可溶性的钙、镁等盐类。海洋中氯化钠的总储量约$4\times10^{16}t$。

1. 原盐

海盐是我国盐业资源的重点，5000多年前就已从海水中生产食盐。我国盐田面积为$33.7\times10^4hm^2$，原盐产量约3000×10^4t，占世界海盐产量的30%，居世界首位。北方沿海滩涂，由于受季风气候的影响，高温、少雨、强日照和多风同期集中在4～5月，成为我国盐田的集中分布区和海盐生产基地。北方海盐生产分为辽宁、河北、山东和江苏四盐区，它们的面积占全国盐田总面积的80%。长江口以北的黄渤海沿岸多为淤泥质海岸，岸线平直，坡度平缓，物质组成以粉土、粉砂土为主，渗透性小，适于纳潮蓄水，海盐生产条件优越。长江口以南的南方盐区包括上海、浙江、福建、台湾、广东、海南和广西，盐田规模较小，建有解决当地食用盐和其他少量用盐的中小型盐场。我国四大海盐产区是长芦盐区、辽东湾盐区、莱州湾盐区和淮盐产区，主要盐场有长芦盐场、莺歌海盐场和布袋盐场等。

（1）长芦盐区。长芦盐区的盐场主要分布在乐亭、滦南、唐海、汉沽、塘沽、黄骅和海兴等县区内。盐田面积、原盐生产能力和盐业产值等生产规模占全国海盐的25%～35%。1988年原盐产量约415×10^4t，占渤海区海盐产量的50.2%。从长芦盐区的开发现状看，天津滨海的塘沽、汉沽等盐场扩大的余地不大，随着城镇、港口工业的发展，还有进一步缩小的可能，但黄骅、南堡和大清河等盐场还有相当的发展潜力。

（2）辽东湾盐区。辽东湾盐区有复州湾、营口、金州、锦州和旅顺5大盐场，其盐田面积和原盐生产能力占辽宁盐区的70%以上，1988年原盐产量约205.7×10^4t。

（3）莱州湾盐区。它是山东省海盐的主要产地，包括烟台、潍坊、东营和滨州的 17 个盐场，盐田总面积约 $400km^2$，1988 年海盐生产量约 293.9×10^4t。莱州湾盐区从技术装备水平、产品质量及企业经济效益来看，在国内各盐区中处于先进地位，主要盐场综合机械化水平达到 60%以上，单位面积产量高达 $73t/hm^2$，列北方各海盐区单产之首。

（4）淮盐产区。因淮河横贯江苏盐场而得名。江苏盐场分布在北起苏鲁交界的绣针河口，南至长江口这一斜形狭长的海岸带上，跨越连云港、盐城、淮阴和南通 4 市的 13 个县区，占地 $653km^2$。江苏海岸带有全国最为广阔的沿海滩涂，四季分明的气候条件，适宜于海盐生产。

2. 海水其他化学元素的提取

海水中溶存着 80 多种元素，全球海洋中固体矿物质含量多达 $5\times10^{16}t$，其中 50 多种元素可以提取利用，具有重要的开发价值。全球海水中含有食盐 $3.77\times10^{14}t$、镁 1800×10^8t、钾 5500×10^8t、溴 95×10^8t、碘 820×10^8t、铀 45×10^8t、金 1500×10^4t 等。

（1）镁。镁在海水中含量很高，浓度约为 1300mg/L，次于氯和钠，居第三位，主要以氯化镁和硫酸镁形式存在于海水中。陆地上高纯度的镁矿是稀少的，缺乏陆地镁矿的一些国家，直接从海水中生产金属镁和各种镁盐。世界镁的年产量约 60%是从海水中得来的。

（2）溴。海水中溴的浓度较高，平均为 67μg/L，地球上 99%以上的溴都储存在海水里，主要以溴化镁、溴化钠等形式存在。世界年产溴约 40×10^4t，海水提溴约占 1/3。

（3）碘。碘在海水中的浓度只有 0.06mg/L，属于微量元素。某些海藻可以从其周围海水中富集碘。例如，海带含有高达 0.5%左右的碘，故以海藻为原料间接从海水中提碘较普遍。我国主要从海带中提碘，每年约生产 135t，远不够需求。

（4）钾。海水中所含钾的储量远远超过钾盐矿物储量。我国是钾资源不足的国家，至今尚未发现大储量的可溶性钾矿。目前主要是从制盐的苦卤中提取钾，每年能生产 10×10^4t 左右的氯化钾。

（5）铀。陆地上铀的储量有限，目前具有开采价值的储量约 100×10^4t。海水中铀的浓度虽不高，仅 $33mg/m^3$，但铀在海水中的总量非常可观，达 45×10^8t，相当于陆地储量的 4500 倍。

（6）重水。重水也是一种巨大的能源，海水中含有丰富的重水（氘、氚等），海洋中约有 200×10^8t，1t 海水中所含重水的核聚变反应，可释放出相当于 256t 石油燃烧所产生的能量。

（二）地下卤水

地下卤水资源是渗漏到地下的浓缩海水，其浓度一般比海水高 2～6 倍，从中不仅可提取氯化钠、氯化钾和芒硝等，而且含有溴、碘、铀、锶和铜等多种元素。据调查，莱州湾沿海、河北、天津和辽宁沿海地区均有地下卤水发现。山东潍坊地区的地下卤水化工工业，生产碱、氯碱和溴等产品，已取得显著成效。

沿海有用之不尽的作为制原料的海水资源和丰富的地下卤水资源，为制盐提供了原料保证。地下卤水资源除应用于晒盐和盐化工工业之外，同样可以应用于海水养殖生产。目前，沿海各地的地下卤水已经过度开采。

三、水资源

地球上水的体积约 $13.58\times10^8km^3$。海洋的体积为 $13.20\times10^8km^3$，占 97.18%；冰川和冰盖的体积约 $0.25\times10^8km^3$，占 1.84%；地下水的体积约 $0.13\times10^8km^3$，占 0.96%；湖泊、内陆海、河里的淡水的体积约 $25\times10^4km^3$，占 0.02%；大气中的水蒸气的体积约 $1.30\times10^4km^3$，占 0.001%，真正可以被直接利用的水源不到 0.1%。

（一）海水资源

1. 海水淡化

海水淡化是指从海水中获取淡水的技术和过程。20 世纪 30 年代主要采用多效蒸发法。20 世纪 50 年代至 80 年代中期主要是多级闪蒸法，至今仍在利用，该方法淡化水量仍占相当大的比例。50 年代中期的电渗析法、70 年代的反渗透法和低温多效蒸发法逐步发展起来，特别是反渗透法海水淡化已成为目前发展速度最快的技术。

2. 海水直接利用

海洋的许多产业都与海水资源有关，交通运输、海洋捕捞、海水养殖、原盐制作和滨海旅游等海洋产业都是直接利用海水资源进行产业发展的，另外，还可用海水直接代替淡水作为工业用水和生活用水，包括海水冷却、海水脱硫、海水回注采油、海水冲厕、洗涤、消防、制冰和印染等。

海水直流冷却技术已有近百年的发展历史，有关防腐和防海洋生物附着技术已基本成熟。海水循环冷却技术始于 20 世纪 70 年代，在美国等国家已大规模应用，是海水冷却技术的主要发展方向之一。

海水脱硫技术于 20 世纪 70 年代开始出现，是利用天然海水脱除烟气中二氧化硫的一种湿式烟气脱硫方法。具有投资少、脱硫效率高、利用率高、运行费用低和环境友好等优点，可广泛应用于沿海电力、化工和重工等企业，环境和经济效益显著。目前，拥有自主知识产权的海水脱硫产业化技术亟待开发。

海水冲厕技术始于 20 世纪 50 年代末期我国香港地区，形成了一套完整的处理系统和管理体系。

3. 海水综合利用

海水化学资源综合利用技术，是从海水中提取各种化学元素（化学品）及其深加工技术。主要包括海水制盐、苦卤化工，以及提取钾、镁、溴、硝、锂、铀及其深加工等，现在已逐步向海洋精细化工方向发展。

（二）地表水

地表水（surface water）是指分别存在于河流、湖泊、沼泽、冰川和冰盖等地表水体中的水的总称。

中国大小河流的总长度约为 42×10^4km，径流总量达 $27115\times10^8m^3$，占全世界径流量的 5.8%。中国的河流数量虽多，但地区分布却很不均匀，全国径流总量的 96%都集中在外流流域，占全国流域总面积的 64%；内陆流域仅占 4%，占全国流域总面积的 36%。冬季是中国河川径流枯水季节，夏季则为丰水季节。

中国近海地表水主要来自沿海的大陆径流。流域面积 $100km^2$ 以上的河流 15000 多条，流域面积 $1000km^2$ 以上的河流 1500 多条，流域面积 $10000km^2$ 以上的河流 79

条。因我国地势西高东低，许多河流由西向东流入我国近海。我国近海每年接纳的大陆径流量约为 $17883\times10^8m^3$。其中由北向南较大的河流主要有鸭绿江、辽河、海河、黄河、长江、钱塘江、闽江、浊水溪、珠江、南流江和南渡江等，径流量最大的是长江。

中国沿海的大陆径流污染严重，水质达到Ⅰ～Ⅲ类地表水水质标准的比例在 17%以下，劣于Ⅴ类地表水水质标准的占 50%以上，对近海海域产生严重的污染。

（三）地下淡水

我国是严重的缺水大国，可供开发利用的淡水资源量居世界第 6 位，若按人均占有量列世界第 110 位。在全国地表淡水总量中，耕地约占 36%、人口约占 54%的南方，水资源却占 81%；而耕地占 45%、人口占 38%的北方 7 省、直辖市，水资源仅占 9.7%。在时空分布上也不平衡，70%左右的雨水集中在夏、秋两季，多以暴雨形式出现。北方沿海地区大多以开采地下淡水来补充淡水的不足。

四、金属矿产

金属矿产（metallic mineral）是指可以提取某种供工业利用的金属元素或化合物的矿产。根据金属元素的性质和用途将其分为：铁、锰、铬、钒和钛等黑色金属；铜、铅、锌、钴、镍、钨、锡、钼、铋、汞和锑等有色金属；铝和镁等轻金属矿产；金、银、铂、钯、铑、铱、钌和锇等贵金属矿产；钽、铌、铍、锂、锆、铯、铷、锶、铈族金属（轻稀土）和钇族金属（重稀土）等稀有、稀土金属矿产；锗、镓、铟、铊、铪、铼、镉、钪、硒和碲等分散元素矿产。中国矿产资源的特点体现在以下 4 个方面。

（1）资源总量大，但人均占有量低，是一个资源相对贫乏的国家。2012 年铜储量为 3000×10^4t、铝土矿储量为 8.3×10^8t、铅储量为 1400×10^4t、锌储量为 4300×10^4t。需求量大的铜和铝土矿的保有储量占世界总量的比例却很低，分别只有 4.4%和 3.0%，属于我国短缺或急缺矿产，因此对外的依存度也就相对较大。中国有色矿产资源总量尽管很大，但由于人口众多、人均占有资源量却很低，是一个资源相对贫乏的国家。

（2）贫矿较多，富矿稀少，开发利用难度大。中国有色矿产数量很多，但从总体上讲贫矿多、富矿少。如铜矿，平均地质品位只有 0.87%，远远低于智利、赞比亚等世界主要产铜国家。铝土矿虽有高铝、高硅和低铁的特点，但几乎全部属于难选冶的——水硬铝土矿，可经济开采的铝硅比＞7%的矿石仅占总量的 1/3，这些特点决定了必然增大矿山建设的投资和生产经营成本。

（3）共生、伴生矿床多，单一矿床少。中国 80%左右的有色矿床中都有共伴生元素，其中尤以铝、铜、铅和锌矿产多。例如，在铜矿资源中，单一型铜矿只占 27.1%，而综合型的共伴生铜矿占了 72.9%；在铅矿资源中，以铅为主的矿床和单一铅矿床的资源储量只占其总资源储量的 32.2%，其中单一铅矿床只占 4.46%；在锌矿产资源中，以锌为主和单一锌矿床所占比例相对较大，占总资源储量的 60.45%。矿石类型复杂，而且不少矿石粒度细，结构构造复杂。中国有色矿产资源中，虽然共伴生元素多，若能搞好综合回收，可以提高矿山的综合经济效益，同时由于矿石组分复杂，势必造成选冶难度大、建设投资和生产经营成本高的现状。

（4）分布范围广，地域分布不均衡。中国有色矿产资源分布范围很广，各省、自治区、直辖市均有产出，但区域间不均衡。铜矿主要集中在长江中下游、赣东北和西部地区，铝土矿主要分布在山西、河南、广西和贵州地区，铅锌矿主要分布在华南的广西、湖南、广东、江西和西部的云南、内蒙古、甘肃、陕西、青海等地区，锡锑主要分布在湖南、云南和广西等地。

几乎陆地上所有金属矿产在海床中都可被发现，包括含有发射火箭用的固体燃料钛的金红石；含有火箭、飞机外壳用的铌和反应堆及微电路用的钽的独居石；含有核潜艇和核反应堆用的耐高温和耐腐蚀的锆铁矿、锆英石；某些海区还有黄金、白金和银等。中国近海海域也分布有砂金、锆英石、钛铁矿、独居石和铬尖晶石等经济价值极高的砂矿。目前已开采的金属矿产主要有钼、钨、铜、铅、锌、铁、金和镁等。我国海底其他金属矿床主要有钴结壳和锰结核等。另外，在大洋海底区域还蕴藏有丰富的多金属结核、富钴结壳、锰结核和热液硫化物矿床等资源，其中多金属结核储量约 5×10^8t。

五、非金属矿产

非金属矿物（non-metallic minerals）是指不具有金属或半金属光泽、无色或呈各种浅色、在 0.03mm 厚的薄片下透明或半透明、导电性和导热性差的矿物。包括绝大部分的含氧盐矿物，以及部分氧化物和卤化物矿物。大多是造岩矿物，部分则是构成各种非金属、轻金属、稀有金属和稀土金属等矿床的矿石矿物。其中有的本身就是矿物材料，如白云母、高岭石等；有的则用以提取其成分中的金属或非金属元素，如从绿柱石中提取铍，从磷灰石中提取磷等。非金属矿产很多，如金刚石、水晶、冰洲石、硼、电气石、云母、黄玉、刚玉、石墨、石膏、石棉及燃料矿物等。非金属矿物作为人类赖以生存和发展的重要物质基础，长期以来与人类和谐共存，与环境、生态、健康密切相关。

中国近海非金属矿产资源非常丰富。我国重要海砂资源区面积约 30.3×10^4km^2，估算资源量约 4749×10^8m^3。已探明具有工业储量的海洋矿产 65 种，矿床 835 个，海滨砂矿累计探明储量为 31×10^8t，其中金属砂矿为 0.3×10^8t，非金属砂矿为 30.7×10^8t。

沿海各区域的矿产种类差异较大。辽宁省主要是金刚石、锆英石、独居石、石英砂、建筑用砂、砾石和卵石。山东半岛沿岸主要为砂金、锆英石和石英砂等滨海砂矿，其中莱州湾东部各河流入海口附近砂金矿的地质储量和产量均居全国首位。福建滨海砂矿的成矿条件好，品质优良，综合利用率高，主要分布在闽江口以南滨海一带，玻璃用砂、型砂、标准砂、建筑用砂和高岭土等都有很多达到开发利用价值。广东滨海砂矿资源也比较丰富，很多具有工业开采品位。广西沿海矿产资源丰富，已知矿产以石英砂、钛铁矿、石膏和陶瓷黏土等为主，储量大，开发前景良好。相对而言，河北、天津和江苏等沿海的矿产资源较为贫乏。

第三节　能 源 资 源

能源资源（energy source）通常指海洋中所蕴藏的可再生的自然能源，主要为潮汐能、波浪能、海流能（潮流能）、海水温差能、海水盐差能、风能、太阳能和生物质能等。

海洋能源资源是一种洁净能源。洁净能源指太阳能、风能、潮汐能和生物能等，这都是可再生取之不尽的能源。洁净能源也是可再生能源。利用洁净能源是人类社会文明进步的表现，是科学技术的发展，是环保理念的体现，也是一个地区环保的重要指标。

海洋能源资源是一种新能源。按照开发利用的历时和程度，能源通常分为常规能源和新能源。常规能源指地球上的各种能源，有的已被大规模开发和广泛利用，如煤炭、石油、天然气和水力等。新能源指太阳能、风能、地热能、海洋能、氢能和生物质能等正在研究开发和利用的能源。其实太阳能、风能等，人类很早就已开始利用，这里把它称作新能源，是指在新技术的基础上进行大规模开发利用。新能源与常规能源的区分也是相对的，今天的新能源将来也会成为常规能源。例如，核裂变，过去是新能源，现在由于技术基本成熟，许多国家已把它看作常规能源。新能源被作为未来经济和社会可持续发展的能源基础，受到了高度重视。

一、风能

风能（wind energy）是指地球表面大量空气流动所产生的动能。由于地面各处受太阳辐照后气温变化不同和空气中水蒸气的含量不同，因而引起各地气压的差异，在水平方向高压空气向低压地区流动，即形成风。风能资源决定于风能密度和可利用的风能年累积小时数。风能密度是单位迎风面积可获得的风的功率，与风速的三次方和空气密度成正比关系。

（一）风能的特点

风能是太阳能的一种转化形式。由于太阳辐射，地球表面各部分受热不均匀，大气层中压力分布不平衡，在水平气压梯度的作用下，空气沿水平方向运动形成风。大风所具有的能量是很大的，风速为 9～10m/s 的 5 级风，吹到物体表面上的力约 $10kg/m^2$；风速为 20m/s 的 9 级风，吹到物体表面上的力可达 $50kg/m^2$ 左右；台风的风速达 50～60m/s，它对物体表面上的压力可高达 $200kg/m^2$。被风激起的海浪对海岸的冲击力是相当大的，最大时甚至可达 $60t/m^2$ 的压力。

风能是地球上重要的能源之一。风在自然界中所起的作用也很大，它可使岩石发生侵蚀、造成沙漠、形成风海流；它还可在地面做输送水分的工作，水汽主要是由强大的空气流输送的，从而影响气候，造成雨季和旱季。

到达地球的太阳能中虽然只有大约 2%转化为风能，但其总量仍是十分可观的。全球的风能约为 2.74×10^{12}kW，其中可利用的风能为 2×10^{10}kW，风中含有的能量，比人类迄今为止所能控制的能量高得多。全世界每年燃烧煤炭得到的能量，还不到风力在同一时间内所提供的能量的 1%。整个地球上可以利用的风能为地球上可利用的水能总量的 10 倍。风能与其他能源相比，既有其明显的优点，又有其突出的局限性。风能具有四大优点和三大弱点。它的四大优点是蕴量巨大、可以再生、分布广泛和污染微小。

（1）蕴量巨大。中国陆地 70m 高度 3 级及以上风能技术开发量超过 26×10^8kW，在现有风电技术条件下实际可装机容量约 10×10^8kW，另外水深不超过 50m 的近海海域风电实际装机容量大致在 5×10^8kW。

（2）可以再生。风能是一种可再生能源。

（3）分布广泛。风能广泛分布于各地，由于风能分布的地理差异，我国风电资源多集中于东北、华北和西北的“三北”地区，其中内蒙古的东蒙和西蒙、新疆哈密、甘肃酒泉、河北坝上、吉林西部和江苏近海 7 个 10^7kW 级风电基地风能资源最为丰富，50m 高度 3 级及以上风能资源的潜在开发量约 18.5×10^8kW，可装机容量约 5.57×10^8kW，若考虑 70m 及以上风电技术进步情况，可装机容量还将大幅增加。

（4）污染微小。风能是一种洁净能源，风能的开发利用不会对环境产生有机物和无机物污染。但风能开发利用需要使用风电机组将机械能转换为电能，机组的运行也产生噪声，影响居民的生活；风车转动产生空气涡流，破坏鸟类的栖息环境，造成鸟类资源的下降。

三大弱点是密度低、不稳定和地区差异大。

（1）密度低。由于风能来源于空气的流动，而空气的密度是很小的，因此风力的能量密度也很小，只有水力的1/816，给其利用带来一定的困难。

（2）不稳定。由于气流瞬息万变，因此风的脉动、日变化、季变化，以至年际的变化都十分明显，波动很大，极不稳定。

（3）地区差异大。由于地形的影响，风力的地区差异非常明显，一个邻近的区域，有利地形下的风力，往往是不利地形下的几倍甚至几十倍。

2012年国内累计装机不到1×10^{8}kW，可见国内在现有风电技术条件下，大规模发展风电的前景依然巨大。

（二）风能开发技术

人类利用风能的历史可以追溯到公元前，利用风车将收集到的机械能用来磨碎谷物或抽水。但数千年来，风能技术发展缓慢，没有引起人们足够的重视。但1973年世界石油危机以来，在常规能源告急和全球生态环境恶化的双重压力下，风能作为新能源的一部分才重新有了长足的发展。风能作为一种无污染和可再生的新能源有着巨大的发展潜力，特别是对沿海岛屿、交通不便的边远山区、地广人稀的草原牧场，以及远离电网和近期内电网还难以达到的农村、边疆，作为解决生产和生活能源的一种可靠途径，有着十分重要的意义。

现代风能利用，主要是使用涡轮叶片将气流的机械能转为电能。主要技术包括以下几个方面。

（1）水平轴风电机组技术。因为水平轴风电机组具有风能转换效率高、转轴较短和经济性效益高等优点，使它成为世界风电发展的主流机型，并占有95%以上的市场份额；同期发展的垂直轴风电机组，因为转轴过长、风能转换效率不高，启动、停机和变桨困难等问题，目前市场份额很小、应用数量有限，但由于它的全风向对风和变速装置及发电机可以置于风轮下方（或地面）等优点，近年来，国际上的相关研究和开发也在不断进行，并取得一定进展。

（2）风电机组单机容量持续增大，利用效率不断提高。近年来，世界风电市场上风电机组的单机容量持续增大，世界主流机型已经从2000年的500～1000kW增加到2004年的2000～3000kW，目前世界上运行的最大风电机组单机容量为5000kW，并已开始10000kW级风机的设计与研发。

（3）海上风电技术成为发展方向。目前建设海上风电场的造价是陆地风电场的1.7～2倍，而发电量则是陆上风电场的1.4倍，经济性仍不如陆地风电场，随着技术的不断发展，海上风电的成本会不断降低，其经济性也会逐渐凸显。

（4）变桨变速、功率调节技术因具有载荷控制平稳、安全和高效等优点，近年来在大型风电机组上得到了广泛采用。

（5）直驱式、全功率变流技术得到迅速发展。无齿轮箱的直取方式能有效地减少由于齿轮箱问题而造成的机组故障，可有效提高系统的运行可靠性和寿命，减少维护成本，因而得到了市场的青睐，市场份额不断扩大。

（6）新型垂直轴风力发电机。采取了完全不同的设计理念，并采用了新型结构和材料，达到微风启动、无噪声、抗 12 级以上台风和不受风向影响等优良性能，可以大量用于别墅、多层及高层建筑、路灯等中小型应用场合。以它为主建立的风光互补发电系统，具有电力输出稳定、经济性高及对环境影响小等优点，也解决了太阳能发展中对电网的冲击等影响。

（三）中国风能利用现状

20 世纪 50 年代主要使用各种木结构的布篷式风车，1959 年仅江苏省就有木风车 20 多万台。60 年代主要发展风力提水机。70 年代以后风能开发利用得到迅速发展。进入 80 年代中期以后，中国先后从丹麦、比利时、瑞典、美国和德国引进一批中型、大型风力发电机组，在新疆、内蒙古的风口及山东、浙江、福建、广东的岛屿建立了 8 座示范性风力发电场。1992 年装机容量已达 0.8×10^4kW。新疆达坂城的风力发电场装机容量已达 3300kw，是全国目前最大的风力发电场。此后，中国的风电装机容量实现每年 30%的高速增长，2013 年我国风力发电装机容量为 7548×10^4kW，发电量达到 1401×10^8kW·h。

（四）中国沿海风能分布

中国沿海风能资源丰富，主要分布在福建、江苏、浙江、上海、莱州湾、山东半岛南部和辽东湾。风能整体分布由岸向外海逐渐增加的趋势，50m 等深线以内海域风能资源蕴藏量约 9.43×10^8kW（表 6.2）。

表 6.2 中国近海水深 50m 以内海域风能资源分布

地区	海域面积/（$\times10^4$km^2）	平均风功率密度/（W/m^2）	蕴藏量/（$\times10^4$kW）
全国	48.20	200	94294
辽宁	5.01	152	7631
河北	2.64	132	3484
天津	0.22	50	111
山东	8.30	173	14355
江苏	9.12	210	17061
上海	1.67	240	4008
浙江	4.29	240	10305
福建	5.06	417	21123
广东	7.23	172	12457
广西	2.55	99	2523
海南	2.11	59	1236

注：未包括港澳台地区。

二、海洋能

海洋能资源（marine energy resources）是指海洋中蕴含的动能、热能、盐度差能和生物质能等的总称。海洋能包括潮流、海流、波浪、温差、盐差和生物能等，它是一种可再生的巨大能源。世界仅可利用的潮汐能一项就达 30×10^8kW，其中可供发电约为 260×10^{12}kW·h。科学家曾作过计算，沿岸各国尚未被利用的潮汐能要比目前世界全部的水力发电量大一倍。

（一）海洋能的特点

（1）蕴藏量大，可再生。估计全球海水温差能可利用功率达 100×10^8kW，潮汐能、波浪能、海流能及海水盐差能等可再生功率均在 10×10^8kW 以上。

（2）能流分布不均、密度低。大洋表面层与 500～1000m 深层的较大温差仅 20℃左右，沿岸较大潮差 7～10m，近海较大潮流流速只有 4～7kn。

（3）能量多变，不稳定。其中海水温差能、海流能和盐差能的变化较慢，潮汐和潮流能呈短时周期规律变化，波浪能有显著的随机性。

（二）潮汐能

潮汐能（tidal power）是指海水潮涨和潮落形成的水的势能，其利用原理和水力发电相似。潮汐能的能量与潮量和潮差成正比。世界上潮差的较大值为 13～15m，我国杭州湾潮差的最大值为 8.9m。一般说来，平均潮差在 3m 以上就有实际应用价值。潮汐能的利用方式主要是发电。潮汐发电是利用海湾、河口等有利地形，建筑水堤，形成水库，以便于大量蓄积海水，并在坝中或坝旁建造水力发电厂房，通过水轮发电机组进行发电。只有出现大的潮差，能量集中时，并且在地理条件适于建造潮汐电站的地方，从潮汐中提取能量才有可能。虽然这样的场所并不是到处都有，但世界各国都已选定了相当数量的适宜开发潮汐电站的站址。

全世界潮汐能约 20×10^8kW，每年可发电 1.24×10^{16}kW·h。在唐朝，中国沿海地区就出现了利用潮汐来推磨的小作坊。世界上第一个也是最大的潮汐发电厂处于法国的英吉利海峡的朗斯河河口，年供电量达 5.44×10^8kW·h。

我国的潮汐能量也相当可观，蕴藏量约 1.1×10^8kW，可开发利用量约 2179×10^4kW，每年可发电 624×10^8kW·h。现有技术条件下，全国沿海可装机容量＞200kW 的坝址 252 处，主要分布于港湾和河口处，总装机容量 12555kW，年发电量为 3.14×10^8kW·h（表 6.3）。潮汐能资源分布极不均匀，广西、浙江、福建三省岸线曲折，潮差较大。钱塘江口潮差大，是建设潮汐电站最理想的河口。

表 6.3　中国沿海潮汐能可装机容量超过 200kW 坝址分布

地区	装机容量/kW	年发电量/（$\times10^4$kW·h）	坝址/个
全国	12555	31403	252
辽宁	1174	3229	38
河北	915	1830	19
山东	840	1678	12
江苏	110	546	2
浙江	2124	4432	54
福建	1688	4472	26
台湾	492	1354	7
广东	1629	3224	23
广西	2972	9421	57
海南	611	1217	14

注：未包括港澳地区。

（三）波浪能

波浪能（wave power）是指海洋表面波浪所具有的动能和势能。波浪的能量与波高的平方、波浪的运动周期及迎波面的宽度成正比。波浪能是海洋能源中能量最不稳定的一种能源。波浪能是巨大的，一个巨浪就可以把 13t 重的岩石抛出 20m 高；一个波高 5m，波长 100m 的海浪，在 1m 长的波峰上就具有 3120kW 的能量。波浪能丰富的欧洲北海地区，其年平均波浪功率为 20～40kW/m^2。中国海岸大部分的年平均波浪功率密度为 2～7kW/m^2，但台风导致的巨浪，迎波面功率密度可达 3000～5000kW/m^2。

全球海洋的波浪能达 700×10^8kW，可供开发利用的为 20×10^8～30×10^8kW，每年发电量可达 9×10^{12}kW·h。

中国沿海波浪能总装机容量约为 1285×10^4kW，其中台湾占 30%，浙江、福建和广东 3 省占 40%，山东沿海占 10%，其他省、自治区、直辖市占 20%。按照波浪能划区标准，东海沿岸为一、二类资源区，是波浪能丰富的地区；广东东部和西部、海南西部和东北部、黄海的千里岩岛和渤海海峡为二类资源区；其余的均为三类资源区。

（四）海流能

海流能（ocean current power）是指海水流动的动能，主要是指海底水道和海峡中较为稳定的流动，以及潮汐导致的有规律的海水流动。海流能的能量与流速的平方和流量成正比。相对波浪而言，海流能的变化要平稳且有规律得多。潮流能随潮汐的涨落每天 2 次改变大小和方向。一般来说，最大流速在 2m/s 以上的水道，其海流能均有实际开发的价值。

全世界海流能约 5×10^8kW。利用中国沿海 130 个水道、航门的各种观测及分析资料，计算统计获得中国沿海海流能的年平均功率理论值约为 1395×10^4kW。其中辽宁、山东、浙江、福建和台湾沿海的海流能较为丰富，不少水道的能量密度为 15～30kW/m^2，具有良好的开发价值。值得指出的是，中国的海流能属于世界上功率密度最大的地区之一，特别是浙江的舟山群岛的金塘、龟山和西堠门水道，平均功率密度在 20kW/m^2 以上，开发环境和条件很好。

（五）海洋温差能

海洋温差能（water temperature difference power）是指海洋表层海水和深层海水之间水温之差的热能，利用这种热能可以实现热力循环并发电，此外，系统发电的同时还可生产淡水、提供空调冷源等。一方面，海洋的表面把太阳的辐射能的大部分转化成为热水并储存在海洋的上层。另一方面，接近冰点的海水大面积的在不到 1000m 的深度从极地缓慢地流向赤道。因此，在许多热带或亚热带海域终年形成 20℃以上的垂直海水温差。利用这一温差可以实现热力循环并发电。

全世界海洋温差能约 60×10^{12}kW。中国海域的温差能约为 1.5×10^8kW，其中 99%在南中国海。位于北回归线以南的中国南海是典型的热带海洋，太阳辐射强烈。南海和台湾以东海域的表层水温常年维持在 25℃以上，而 500～800m 以下的深层水温则在 5℃以下，两者间的水温差在 20～24℃，温差能资源非常丰富，其中南海温差能蕴藏量为 1.19×10^{19}～1.33×10^{19}kJ，台湾以东海域约为 2.16×10^{14}kJ。

海洋温差能转化方式包括开式循环、闭式循环和混合式循环。开式循环系统包括真空泵、温水泵、冷水泵、闪蒸器、冷凝器、透平—发电机组等；闭式循环系统则不用海水而采用低沸点的物质（如氨、丙烷等）作为工作介质，在闭合回路内反复进行蒸发、膨胀、冷凝。

（六）盐差能

盐差能（water salinity difference power）是指海水和淡水之间或两种含盐度不同的海水之间的化学电位差能，主要存在于河海交会处。同时，淡水丰富地区的盐湖和地下盐矿也可以利用盐差能。盐差能是海洋能中能量密度最大的一种可再生能源。

科学家经过周密的计算后发现在水温 17℃时，如果有 1mol 盐类从浓溶液中扩散到稀溶液中，就会释放出 5500J 的能量。由此设想：只要有大量浓度不同的溶液可供混合，就将会释放出巨大的能量。经过进一步计算还发现，如果利用海洋盐分的浓度差来发电，它的能量可排在海洋波浪发电能量之后，比海洋中的潮汐和海流的能量都要大。

盐差能的利用主要是发电。其基本方式是将不同盐度的海水之间的化学电位差能转换成水的势能，再利用水轮机发电，具体方法主要有渗透压式、蒸汽压式和机械—化学式等，其中渗透压式方案最受重视。将一层半渗透膜放在不同盐度的两种海水之间，通过这个膜会产生一个压力梯度，迫使水从盐度低的一侧通过膜向盐度高的一侧渗透，从而稀释高盐度的水，直到膜两侧水的盐度相等为止。此压力称为渗透压，它与海水的盐度及温度有关。

在江河入海口，淡水与海水之间还存在着鲜为人知的盐度差能。全世界各河口区的盐差能约 30×10^{12}kW，可利用的盐度能约 2.6×10^{12}kW。我国沿海的盐差能约 1.25×10^{8}kW，主要集中在各大江河的出海处。

三、海洋核能

海洋核能（marine nuclear energy）是指利用海水开展核能发电的能源。

（一）核能

铀在自然界中有三种放射性同位素：铀-235、铀-238、铀-234，在衰变过程中放出热量。在军事上铀主要用来制造核武器和核动力燃料。铀的和平用途十分广泛，其中最主要的是用作核电反应堆的燃料。核燃料裂变过程释放出来的能量，经过反应堆内循环的冷却剂，把能量带出并传输到锅炉产生水蒸气用以驱动涡轮机并带动发电机发电。

（二）核电站

核电站是通过核反应堆把原子核变化过程中所释放的巨大能量转化为电能。1954 年，苏联建造了世界上第一座核电站。此后，欧美一些科技先进的国家也纷纷着手建造核电站。由于核电站具有无污染、成本低等许多优点，受到越来越多的国家重视，成为能源工业发展的新方向。法国是世界上核电发展先进的国家之一，1981 年，核电站供应的电能占全国发电总量的 40.2%。发展核电站成为法国解决能源需求的重要途径之一。迄今为止，核电站的发展已经经历了 4 代。

第一代核电站。核电站的开发与建设开始于 20 世纪 50 年代。1954 年，苏联建成发电功率为 5000kW 的实验性核电站；1957 年，美国建成发电功率为 9×10^{4}kW 的 Ship Ping Port 原型核电站。

第二代核电站。60 年代后期，在实验性和原型核电机组基础上，陆续建成发电功率为 30×10^4kW 的压水堆、沸水堆、重水堆、石墨水冷堆等核电机组，在进一步证明核能发电技术可行性的同时，使核电的经济性也得以证明。目前，世界上商业运行的 400 多座核电机组绝大部分是在这一时期建成的。

第三代核电站。90 年代，为了消除三里岛和切尔诺贝利核电站事故的负面影响，世界核电业界集中力量对严重事故的预防和缓解进行了研究和攻关，美国和欧洲先后出台了《电力公司要求文件》（URD 文件）和《欧洲用户对轻水堆核电站的要求》（EUR 文件），进一步明确了预防与缓解严重事故，提高安全可靠性等方面的要求。国际上通常把满足 URD 文件或 EUR 文件的核电机组称为第三代核电机组。

第四代核电站。2000 年 1 月，由美国牵头会同英国、瑞士、南非、日本、法国、加拿大、巴西、韩国和阿根廷共 10 个国家及欧洲原子能共同体，联合组成了"第四代核能系统国际论坛"，于2001 年 7 月签署了合约，约定共同合作研究开发第四代核能技术。

（三）核电的特点

核电的优点主要有以下几个方面。

（1）核电站是一种高能量、少耗料的电站。一座发电量为 100×10^4kW 的电站，如果烧煤，每天需耗煤 7000～8000t，一年要消耗约 300×10^4t。若改用核电站，每年只消耗 1.5t 裂变铀或钚，或 3%含量的低浓缩铀燃料 28t，1 次换料可以满功率连续运行 1 年。

（2）大大减少电站燃料的运输和储存问题。核燃料在反应堆内燃烧过程中，同时还能产生出新的核燃料。

（3）环境污染较小。核能发电不像热力发电那样排放大量的污染物质到大气中，不会造成空气污染。

（4）发电成本较低。核能发电的成本中，燃料费用所占的比例较低，核能发电的成本不易受到国际经济影响。

同时，核电也存在许多不足之处，尤其是三里岛核电站事故、切尔诺贝利核电站事故和福岛第一核电站事故发生以后，其缺点也逐渐显露出来。

（1）核电站产生放射性废料，但因具有放射线，必须慎重处理。

（2）核能发电厂热效率较低，对环境的热污染较严重。

（3）核能电厂投资成本大。

（四）核电产业发展

世界上铀的储量约 417×10^4t。在今后相当长一段时期内，核电将成为电力工业的主要能源。截至 2015 年年底全球共有可运营核电机组 439 台，其中美国作为最大的核电发展国家，拥有 99 台核电机组，发电量占其电力来源的 19.5%；而排名第二的法国拥有 58 台机组，核电在全国电力中占比达到 76.9%，是全球对核电依赖最大的国家。

（五）我国海洋核电工业

中国的核电起步较晚，20 世纪 80 年代才动工兴建核电站。中国自行设计建造的 30×10^4kW 秦山核电站在 1991 年年底投入运行。大亚湾核电站 1994 年全部并网发电。相比之下，尽管中国核电运营机组 30 台，装机容量已达世界第四，但 2015 年核电占国内电力来源比例仅有3%，75%的电力仍然依赖于燃煤火电。相对于2011年福岛第一核电站事故后的停滞状态，中国各地的核电项目从2015年开始再次重启，并迅速推进。

目前已建成并运营的核电站主要有秦山核电站、大亚湾核电站、岭澳核电站、田湾核电站、宁德核电站、辽宁红沿河核电站、阳江核电站、防城港核电站、福清核电站、方家山核电站、海南昌江核电站和海阳核电站12座，正在建设中的核电站有台山核电站、三门核电站、石岛湾核电站3座，已完成基础建设等待批复的核电站有徐大堡核电站、陆丰核电站2座，筹建的核电站有16个。台湾地区有4座核电站6台核电机组，在建机组2台。

四、太阳能

太阳能（solar energy）是指太阳的热辐射能。地球上生命诞生以来，就主要以太阳提供的热辐射能生存，而自古人类也懂得以阳光晒干物件，并作为制作食物的方法，如制盐和晒咸鱼等。在化石燃料日趋减少的情况下，太阳能已成为人类使用能源的重要组成部分，并不断得到发展。太阳能的利用有光热转换和光电转换两种方式，太阳能发电是一种新兴的可再生能源。

（一）太阳能的特点

（1）普遍性。太阳光普照大地，没有地域的限制无论陆地或海洋，还是高山或岛屿，都处处皆有，可直接开发和利用，且无须开采和运输。

（2）无害性。开发利用太阳能不会污染环境，它是最清洁能源之一，在环境污染越来越严重的今天，这一点是极其宝贵的。

（3）巨大性。年平均到达大气圈外的太阳能量高达3.80×10^{24}J，尽管太阳辐射到地球大气层的能量仅为其总辐射能量的1/22，但地球轨道上的平均太阳辐射强度仍高达1369W/m^2，获得的能量可达173×10^{12}kW。在海平面上的标准峰值强度为1kW/m^2，地球表面某一点24h的年平均辐射强度为0.20kW/m^2，相当于有102×10^{12}kW的能量。太阳能是现今世界上可以开发的最大能源。

（4）长久性。根据目前太阳产生的核能速率估算，氢的贮量足够维持上百亿年，而地球的寿命约为几十亿年，从这个意义上讲，太阳的能量是用之不竭的。

（5）分散性。到达地球表面的太阳辐射的总量尽管很大，但是能流密度很低。平均说来，北回归线附近，夏季在天气较为晴朗的情况下，正午时太阳辐射的辐照度最大，在垂直于太阳光方向上接收到的太阳能平均有1000W/m^{2}左右；若按全年日夜平均，则只有200W左右。而在冬季大致只有一半，阴天一般只有1/5左右，这样的能流密度是很低的。因此，在利用太阳能时，想要得到一定的转换功率，往往需要面积相当大的一套收集和转换设备，但其造价较高。

（6）不稳定性。受到昼夜、季节、地理纬度和海拔等自然条件的限制，以及晴、阴、云、雨等随机因素的影响，到达某一地面的太阳热辐射能既是间断的，又是极不稳定的，这给太阳能的大规模应用增加了难度。为了使太阳能成为连续、稳定的能源，最终成为能够与常规能源相竞争的替代能源，就必须很好地解决蓄能问题，即把晴朗白天的太阳辐射能尽量贮存起来，以供夜间或阴雨天使用，但目前蓄能也是太阳能利用中较为薄弱的环节之一。

（7）效率低和成本高。目前太阳能利用的发展水平，有些方面在理论上是可行的，技术上也是成熟的。但有的太阳能利用装置，因为效率偏低、成本较高，总的来说，经济性还不能与常规能源相竞争。在今后相当一段时期内，太阳能利用的进一步发展，主要受到经济性的制约。

（二）太阳能利用

1. 太阳能光伏

光伏板组件是一种暴露在阳光下便会产生直流电的发电装置，由几乎全部以半导体物料（如硅）制成的固体光伏电池组成。由于没有活动的部分，故可以长时间操作而不会导致任何损耗。简单的光伏电池可为手表及计算机提供能源，较复杂的光伏系统可为房屋提供照明，以及为交通信号灯和监控系统提供电能，也可并入电网供电。光伏板组件可以制成不同形状，且组件又可连接，以产生更多电能。近年，天台及建筑物表面均可使用光伏板组件，甚至被用作窗户、天窗或遮蔽装置的一部分，这些光伏设施通常被称为附设于建筑物的光伏系统。

2. 太阳能光热

现代的太阳热能科技将阳光聚合，并运用其能量产生热水、蒸汽和电力。除了运用适当的科技来收集太阳能外，建筑物也可利用太阳的光和热能，方法是在设计时加入合适的装备。例如，巨型的向南窗户或使用能吸收及慢慢释放太阳热能的建筑材料。

3. 光热利用

它的基本原理是将太阳辐射能收集起来，通过与物质的相互作用转换成热能加以利用。目前使用最多的太阳能收集装置，主要有平板型集热器、真空管集热器、陶瓷太阳能集热器和聚焦集热器 4 种。通常根据所能达到的温度和用途的不同，而把太阳能光热利用分为低温利用（<200℃）、中温利用（200～800℃）和高温利用（>800℃）。低温利用主要有太阳能热水器、太阳能干燥器、太阳能蒸馏器、太阳房、太阳能温室及太阳能空调制冷系统等；中温利用主要有太阳灶、太阳能热发电聚光集热装置等；高温利用主要有高温太阳炉等。

4. 太阳能发电

未来太阳能的大规模利用是用来发电。利用太阳能发电的方式有多种。目前已使用的主要有两种：一是光—热—电转换，利用太阳辐射所产生的热能发电，用太阳能集热器将所吸收的热能转换为工质的蒸汽，然后由蒸汽驱动汽轮机带动发电机发电；二是光—电转换，利用光生伏特效应将太阳辐射能直接转换为电能，它的基本装置是太阳能电池。

5. 光化利用

光化利用包括光合作用、光电化学作用、光敏化学作用及光分解反应。光化转换就是吸收光辐射导致化学反应而转换为化学能的过程。其基本形式有植物的光合作用和利用物质化学变化贮存太阳能的光化反应。植物靠叶绿素把光能转化成化学能，实现自身的生长与繁衍，若能揭示光化反应的奥秘，便可实现人造叶绿素发电。目前，太阳能光化转换正在积极探索、研究中。

6. 光生物利用

通过植物的光合作用来实现将太阳能转换成为有机物质的过程。目前主要有速生植物、油料作物和巨型海藻。

（三）我国太阳能分布

我国幅员辽阔，有着十分丰富的太阳能资源。据估算，我国陆地表面每年接受的太阳辐射能约为 50×10^{18}kJ，全国各地太阳年辐射总量达 335～837kJ/（$cm^2\cdot a$），中值为 586kJ/（$cm^2\cdot a$）。

2013 年年底，全国太阳能热水器使用量达到 $5000\times10^4m^2$，占全球使用量的 40%以上。太阳能热水器生产量达 $1000\times10^4m^2$，全真空玻璃管热水器在世界市场上占据主导地位。截至 2013 年年底我国并网太阳能发电装机容量达到 1479×10^4kW。

第四节　空 间 资 源

海洋空间资源（marine space resources）是指海域的海底、水体、空中及海岸带等资源的总和。利用空间资源可以建设港口、航道、锚地、海底工程、海洋工程、海岸工程、渔场、养殖场所，以及军事、围垦、旅游等。空间资源主要用于以下几个方面的开发利用。

（1）交通运输空间。海洋交通运输的优点是连续性强、成本低廉，适宜对各种笨重的大宗货物作远距离运输；缺点是速度慢，运输易腐食品需要辅助设备，航行受天气影响大。

（2）集约用海空间。海上生产项目建设的优点是可大大节约土地，空间利用代价低，交通运输便利，运费低，能免除道路等基础设施建设费用，冷却水充足，取排方便，价格低廉，可免除污染危害；缺点是基础投资较大，技术难度高，风险大。

（3）海底电缆空间。通信电缆包括横越大洋的洲际海底通信电缆、陆地和海上设施间的通信电缆；电力输送主要用于海上建筑物、石油平台等和陆地间的输电。

（4）储藏空间。利用海洋建设仓储设施，具有安全性高、隐蔽性好、交通便利和节约土地等优点。

（5）文化、生活和娱乐空间。随着现代旅游业的兴起，各沿海国家和地区纷纷重视开发海洋空间的旅游和娱乐功能，利用海底、海中和海面进行娱乐和知识相结合的旅游中心综合开发建设。

（6）海上生产空间。它为海洋捕捞、海水养殖、渔业资源增殖、盐场建设及新能源利用等提供生产空间。

一、旅游资源

海洋旅游资源（marine tourism resources）是指海洋及其依托陆域的自然界和人类社会，凡能对旅游者有吸引力，能激发旅游者的旅游动机，具备一定旅游功能和价值，可以为旅游业开发利用并能产生经济效益、社会效益和生态效益的事物和因素。旅游资源主要包括自然风景旅游资源和人文景观旅游资源。自然风景旅游资源包括高山、峡谷、森林、火山、江河、湖泊、海滩、温泉、野生动植物及气候等，可归纳为地貌、水文、气候和生物四大类。人文景观旅游资源包括历史文化古迹、古建筑、民族风情、现代建设新成就、饮食、购物、文化艺术和体育娱乐等，可归纳为人文景物、文化传统、民情风俗和体育娱乐四大类。

海洋景观给滨海旅游业创造了条件。从世界范围来看，海洋旅游不仅历史悠久，在现代旅游业中更是扮演着重要角色，有着巨大的发展潜力。我国海洋景观，在自然条件方面，滨海地带跨越温带、亚热带、热带三个温度带，具备“阳光、沙滩、海水、空气、绿色”五个旅游资源基本要素，但这些可说是世界中低纬度滨海旅游地招徕游客的共同资本，我国并不占有地理和资源的特别优势。人文方面则不然，作为古老的文明古国，在漫长的历史发展过程中，中国拥有内涵深厚、富于东方特色的海洋文化，这才是我们发展国际滨海旅游业的“王牌”。因此，旅游文化资源的开发利用在我国滨海旅游业中占有举足轻重的地位。

旅游产业，是凭借旅游资源和设施，专门或者主要从事招徕、接待游客，以及为其提供交通、游览、住宿、餐饮、购物、文娱等环节的综合性行业。旅游产业赖以生存和发展的三大要素是旅游资源、旅游设施和旅游服务，其中旅游资源是基础。

（一）中国沿海旅游资源现状

我国共有滨海旅游景点12000余处，成规模的滨海沙滩100余处，海水浴场占海岸线长度约870km，面积为250km^2。滨海地区有国务院公布的16个国家历史文化名城，25处国家重点风景名胜区，130处全国重点文物保护单位；各类海洋保护区221处，其中海洋自然保护区157处，海洋特别保护区和海洋公园64处。

按照旅游资源的规模，主要旅游景点273处。其中海岸景点45处，主要海岛景点15处，奇特景点8处，较重要的生态景点19处，海底景点5处，较著名的山岳景点62处，著名的人文景点119处。

（二）旅游资源类型及分布

1. 滨海旅游城市

沿海旅游城市较多，并由这些城市形成了地理环境各异的游览区，兼容观光、生态、度假、购物、宗教、科学、文化民俗、竞技运动等多种旅游功能。

2. 海岸景观

中国沿海海岸类型多样，构成了风格各异的海岸景观，主要有基岩海岸、砂质海岸、生物海岸、河口海岸和粉砂淤泥质海岸。

（1）基岩海岸

沿海陆地为丘陵或山地，岸线曲折，往往水深湾大。我国的山东半岛、辽东半岛及杭州湾以南的浙、闽、台、粤、桂、琼等省，基岩海岸广为分布。在海浪的侵蚀作用下，岸线渐趋后退，且留下不同形态的海蚀地形，如海蚀穴、海蚀洞、海蚀桥、海蚀柱等。在形成海蚀地形的同时，还形成不同性质和形态的海滩。各种不同海蚀地形和优美壮观的外貌形态，构成独特的海岸风景，可供观赏旅游。

（2）砂质海岸

滨海沙滩是重要的旅游资源，我国已经开发的砂质海岸度假旅游胜地达几十处，最著名的有大连金石滩、葫芦岛绥中、北戴河老虎石、南戴河、昌黎黄金海岸、招远金色沙滩、烟台金沙滩、牟平砂质海岸、威海北海岸、乳山银滩、海阳万米沙滩、青岛汇泉湾、山东日照、连云港连岛、舟山朱家尖、温州南麂大沙岙、福建平潭龙王头、厦门黄厝、福建东山马銮湾、广东南澳青澳湾、广东汕尾红海湾、深圳大小梅沙、广东阳江闸坡、广东江门飞沙滩、湛江东海岛、北海银滩、防城港金滩、海口假日海滩和三亚亚龙湾等。

砂质海岸还常形成沙嘴、沙坝、潟湖等景观地貌，主要有荣成湾中部的沙嘴，三亚的沙坝，荣成天鹅湖潟湖、日照万平口潟湖、广东陆丰的甲子港、电白的水东港、海南岛文昌县的清澜湾、万宁的小海、陵水的新村港等潟湖。

（3）生物海岸

生物海岸由植物或动物钙质残骸构成，它们分布于热带、亚热带。红树林海岸是因为有红树生长，促使淤泥物质大量沉积而形成的，我国分布面积约 $2\times10^4 hm^2$，主要分布在广东、广西、海南、福建南部和台湾沿海。珊瑚礁海岸由造礁珊瑚的钙质残骸构成，可分为岸礁、堡礁和环礁三种，主要分布在南海的东沙、中沙、西沙、南沙海域，以及海南、广东、广西和台湾，其中，南海的各群岛就是由珊瑚礁构成的。

海南岛北部沿岸滩涂以红树林为典型景观特征，东部和南部岸外环布珊瑚礁为典型景观。

（4）河口海岸

我国沿海的大陆径流众多，其中，长江和珠江以其烟波浩渺最为壮观，九龙江和韩江河口开阔秀媚为特色，钱塘江喇叭形河口形成大海潮闻名于世，海南万泉河和凌水河绮丽的热带风光吸引游客。河口海岸航运发达，交通便利，更有助于河口海岸景观的开发。

（5）粉砂淤泥质海岸

粉砂淤泥质海岸旅游资源目前开发利用较少，开发潜力较大。这类海岸有宽广的滩涂和广袤的江海水域，空气清新，陆域部分往往富有水乡田野风光。同时，泥质海岸水产养殖比较发达，能品尝海鲜，体验渔家风情。江苏、上海和山东西部等地的旅游已经初显效益。

3. 岛屿景观

海岛是中国近海的重要旅游资源之一，中国近海分布面积 $>500m^2$ 的岛屿有 7002 个，最主要的有长山列岛、庙岛列岛、崇明岛、舟山群岛、平潭岛、厦门岛、东山岛、南澳岛、万山群岛、上下川岛、海陵岛、东海岛、涠洲岛、西沙群岛和南沙群岛等。这些岛屿千姿百态，各具特色，有些岛屿配之以人文景观，成为享誉海内外的重要旅游胜地。

4. 自然生态景观

我国海岸在特定的自然地理条件下形成了特殊的生态景观，可供科学研究和旅游开发。其中较为重要的自然生态景观有大连斑海豹自然保护区、蛇岛自然保护区、庄河仙人洞森林自然保护区、双台子河口红海滩、昌黎海岸林带、车由岛海鸥栖息地、盐城丹顶鹤滩涂珍禽保护区、云台山森林自然保护区、海州湾鸟类和沙生植物海岸、厦门杏林湾鹭鸶栖息地、厦门港湾海豚栖息地、深圳内伶仃岛猴类栖息地、台山上川岛猴类栖息地、北海白虎头海礁、涠洲岛海洋生物栖息地、琼山东寨港红树林保护区、陵水南湾自然保护区和珍珠养殖场、三亚鹿回头珍珠养殖场、昌江大田海南坡鹿保护区和乐东尖峰岭国家级自然保护区等。

5. 海底景观

能作为旅游资源开发利用的海底景观，需要特殊的基本要素和条件，具备风平浪静的海湾，清澈透明的海水，跌宕起伏、富有造型感的海床地形，种类繁多、色彩斑斓的海洋生物。海底景观主要分布在广东、广西和海南，主要有电白放鸡岛、北海白虎头海礁、涠洲岛、海口美兰海底村庄、琼海海洋养殖场和三亚东西玳瑁洲海域。

6. 人文景观

（1）人类历史文化

包括古人类文化、社会历史文化、名人故居和活动遗址、革命遗址及革命纪念地等。例如，日照市两城新石器古文化遗址，出土文物丰富，代表中国古代文化发展的一处重要阶段；石臼街道的东海峪为省级重点文物保护单位。另外，在胶州市三里河也发现了新石器时代遗址，比两城文化稍晚。

（2）古代建筑

中国古代建筑遗存十分丰富，类型多样，主要包括宫殿及衙署建筑、坛庙祠堂建筑、会馆建筑、楼阁建筑、亭台建筑、军事防御工程、古代桥梁、古代水利工程、古代民居建筑、官学和书院建筑、古代陵寝等。例如，长岛县的黑山岛北庄也保存有新石器晚期村落遗址，有房屋、墓葬等。

（3）历史文物

主要有原始社会的文物、古代青铜器、古代陶瓷器、古代雕塑和古代绘画艺术作品等。例如，宁波的天一阁等。

（4）宗教文化景观

宗教文化景观包括宗教建筑景观、宗教活动景观和宗教艺术景观，如青岛崂山、荣成铁槎山、蓬莱阁、庙岛妈祖庙和湄洲岛等。

（5）民俗风情景观

民俗风情是指一个地区的民族在特定的自然和社会环境条件下，在生产、生活与社会活动中所表现出来的各种风俗习惯。民俗风情景观主要包括我国各民族的饮食习俗和特色民居、传统服饰和民间工艺品、婚丧习俗、民族歌舞和节庆活动等。

（6）文学与艺术景观

文学艺术具有广泛的群众性和强烈的感染力，并渗透在其他旅游景观中，具有旅游文化审美的价值和功能。旅游文学艺术的主要形式有游记、风景诗词、楹联、题刻、神话传说、影视、戏曲、书法、绘画和雕塑等，如天柱山、云峰山摩崖石刻。

（7）城镇与产业观光景观

城镇与产业观光景观主要包括中国优秀旅游城市、国家历史文化名城、特色小城镇、现代都市风光和产业观光景观等，如大连极地世界、蓬莱极地世界、烟台鲸鲨馆、青岛水族馆等。

二、交通运输资源

海洋交通运输资源（ocean shipping resource）是指以船舶为主要工具从事海洋运输，以及为海洋运输提供服务的活动，包括远洋旅客运输、沿海旅客运输、远洋货物运输、沿海货物运输、水上运输辅助活动、管道运输业、装卸搬运及其他运输服务活动。

（一）国际航路

国际海运通常使用的航路主要有 7 条。

（1）北大西洋航路。由美国佛罗里达起，沿美国东海岸北上至加拿大纽芬兰，横跨大西洋至英国，然后分成南北两线。南线入地中海沟通西欧、南欧和北非各国；北线入波罗的海，连接中欧和北欧各国。世界上有 1/3 的商船航行在这条航线上。

（2）亚欧航路。它也称苏伊士运河航路，连接西欧和亚太地区，途经地中海、苏伊士运河和红海。出红海后分成三条航线，第一条进波斯湾，第二条经马六甲海峡至东南亚和东亚各国，第三条由红海或印度洋直达大西洋各国。它是西方国家出口工业品和进口战略物资的海上生命线。

（3）南美航路。它也称南大西洋路，最南至阿根廷和乌拉圭。它是欧洲国家输出工业品，从南美运进粮食、肉类和经济作物的海上通道。

（4）南北美航路。它也称巴拿马运河航路，是沟通大西洋和印度洋的捷径，对美国东西海岸的联络和运送阿拉斯加的石油至美国东海岸具有特殊的意义。委内瑞拉的石油和铁矿石、巴西的咖啡、智利的铜、美国的工业品多由此航路转运输出。

（5）北太平洋航路。北美各国同亚洲国家之间的国际贸易航线。随着亚太地区经济的崛起，这条航线上的贸易量逐年增加。

（6）南太平洋航路。南北美洲西海岸各国与亚太地区国家贸易往来的通道。

（7）非洲航路。它也称好望角航路。苏伊士运河凿通之前，它是从欧洲到东南亚、东亚的唯一海上通道。无法通过苏伊士运河的大型油轮和散装船舶仍要利用这一航路。它对俄罗斯、印度、越南等国也利益攸关。

（二）港口资源

港口资源（port resource）是指满足一定规格船舶航行与停靠，具有可供某类港口标准修建和使用，并具备一定腹地条件的海岸、海湾、河口和岛屿等海洋空间资源，是建设和发展港口及海运产业的重要天然资源。我国沿海漫长的海岸线上分布着大小港湾 100 多处，还有总长约 400km 的深水岸段，绝大多数区域常年不冻，除邻近河口区域外，大部分岸段无泥沙淤积或淤积很少，具备良好港址的选择条件。可建中级泊位以上的港址 164 处，10^4t 级以上泊位的港址 40 处，10×10^4t 级以上泊位的港址超过 10 处。10^4t 级以上泊位的深水港址主要分布在山东、广东、海南、辽宁、福建和浙江等基岩海岸。

1. 海岸港口资源

我国基岩海岸主要分布在辽东半岛、山东半岛和杭州湾以南的沿海区域，约占大陆岸线长度 1/4 以上。基岩海岸岸线曲折、岬湾相间，深入陆地的港湾众多，岸滩狭窄，坡度陡，水深大，许多岸段的 10m 等深线紧靠岸边。大陆基岩海岸和近岸海岛之间常形成水深流急的通道，为沿岸港口提供较好的掩护和通航条件，具备发展大、中型港口的自然条件。这样的港址主要有大连湾、蓬莱湾、胶州湾、金潭水道、乐清湾和广州湾等。

粉砂淤泥质海岸可分为平原型、河口型和港湾型 3 类。我国的粉砂淤泥质海岸主要分布在渤海湾、莱州湾、江苏省沿岸、长江口和珠江口等岸段，总长度约 5600km，在一些大河河口岸段常有掩护条件较好的深水岸段和较稳定的深水河槽，可建大、中型港口。上海港、宁波港等都是建在这样的岸段上。

我国砂砾质海岸分布较为分散，主要分布在辽宁、山东、福建、广东、广西和海南等地。岸滩物质组成以砂、砾石为主，岸滩较窄，坡度较陡，多发育沿岸沙坝、潟湖、潮汐通道等堆积地貌类型，有一定的水深和掩护条件。多数砂砾质海岸具备建设中、小型港口的自然条件，河北王滩、广西北海、海南洋浦等属于此类型。

2. 海湾港口资源

我国沿海＞$10km^2$的海湾160多处，其中许多海湾的掩护条件好，水域较平稳，水深大，无大的大陆径流注入，泥沙来源少，湾口门外无拦门沙，湾内深水岸段比较稳定，可选为大、中型港址。这种港址的缺点是陆地可使用面积小，围填海成本高，交通不便。有的海湾面积较大，需要建设防波堤，创造港内有力的掩护条件。优良的深水港湾主要分布在辽宁、山东、福建和广东等地，主要有黄嘴子湾、大窑湾、芷锚湾、威海湾、石岛湾、胶州湾、海西湾、灵山湾、利根湾、罗源湾、湄洲湾、东山湾、广澳湾、大亚湾、大鹏湾、广州湾、洋浦湾、澄迈湾、铁山湾和钦州湾等。

3. 河口港口资源

我国沿海分布有形态各异、大小不等的河口1600余处，其中河流长度100km以上的河口60多处。其优点是水陆运输条件较好，有一定的避风条件，很多都有稳定的深水岸段和海底深槽，港口资源开发利用较早。其缺点是，河口常发育有拦门沙，需整治海域和定期疏浚维护，维持港口的正常运营。可选为大型、中型港口港址的主要有长江口、甬江口、闽江口、海河口、鸭绿江口、椒江口和韩江口等。

4. 海岛港口资源

我国海岛的深水岸线长度约100km，有100多处优良港址。其优点是海岛深入海洋之中，具有一定的深水岸段和掩护条件；缺点是码头建设条件差，成本高，利用率较低。

（三）航道

航道（channel）是指沿海、江河、湖泊、运河内船舶、排筏可以通航的水域。航道由可通航水域、助航设施和水域条件组成。按形成原因分为天然航道和人工航道。按使用性质分为专用航道和公用航道。按管理归属分为国家航道和地方航道。按所处地域分内河航道和沿海航道。按通航时间长短分为常年通航航道和季节通航航道。按通航限制条件分为单行航道、双行航道和限制性航道。按通航船舶类别可分为内河船航道和海船进江航道。同时，内河航道设有主航道、副航道、缓流航道和短捷航道。

航道工程是指开拓航道和改善航道航行条件的工程，常包括6个方面。

（1）航道疏浚；

（2）航道整治，如山区航道整治、平原航道整治、河口航道整治；

（3）渠化工程及其他通航建筑物；

（4）径流调节，利用在浅滩上游建造的水库调节流量，以满足水库下游航道水深的要求；

（5）绞滩；

（6）开挖运河。

世界上重要的航道和运河主要有以下10条。

（1）马六甲海峡，连接太平洋和印度洋，沟通亚非欧三大洲；

（2）苏伊士运河，连接印度洋和地中海，是中东石油运往西欧的捷径；

（3）巴拿马运河，连接太平洋和大西洋，是北美东西海岸之间海运的必经之路；

（4）直布罗陀海峡，连接地中海和大西洋，是欧洲和非洲的分界线；

（5）德雷克海峡，沟通大西洋和太平洋，是南美洲和南极洲的分界线；

（6）土耳其海峡，连接黑海与地中海的唯一通道，是亚洲和欧洲分界线；

（7）丹麦海峡，沟通大西洋和北冰洋，是欧洲和北美洲分界线；

（8）曼德海峡，连接红海和阿拉伯海，即红海和印度洋，是亚洲和非洲分界线；

（9）白令海峡，北美洲和亚洲分界线；

（10）麦哲伦海峡，沟通太平洋和大西洋霍尔木兹海峡，连接波斯湾和印度洋，是波斯湾石油运出的必经之道。

三、土地资源

土地资源（land resource）是指可用于围填海扩大陆域面积或建造人工岛等的海域。

为了规范海洋土地资源的使用，2011 年国家发展和改革委员会、国家海洋局联合发布了《围填海计划管理办法》。同时，《全国海洋功能区划（2011—2020 年）》也明确提出“坚持在发展中保护、在保护中发展，科学分区、准确定位、综合平衡，合理配置海域资源，统筹协调行业用海，优化海洋开发空间布局，提高海域资源利用效率，实现规划用海、集约用海、生态用海、科技用海、依法用海，促进沿海地区经济平稳较快发展和社会和谐稳定”的指导思想。实行集中适度规模开发，遏制粗放用海方式，提高单位岸线和用海面积的投资强度。

思 考 题

1. 中国近海海洋资源有哪些种类？
2. 海洋矿产资源种类及分布特征是什么？
3. 生物资源有哪些用途？
4. 中国近海生物资源现状如何？应如何开发利用才能维持可持续利用？
5. 中国近海域有哪些海洋能源资源？
6. 我国的海洋空间资源开发现状及合理性。
7. 简述中国近海海洋渔业资源现状。
8. 中国近海海洋渔业资源开发利用中存在哪些问题？
9. 简述集约用海在土地资源使用中的意义。
10. 增殖渔业资源有哪些种类？

第七章 海 洋 产 业

本章学习重点

1. 掌握我国海洋产业体系现状及发展趋势。

2. 熟悉海洋渔业、滨海旅游业和海洋交通运输业等主要海洋产业的现状。

3. 了解海洋盐业、海洋船舶工业和海洋矿业等海洋产业的现状。

4. 熟悉海洋油气业、海洋化工业、海洋生物医药业、海洋电力业、海水利用业、海洋工程建筑业等新兴海洋产业的发展现状。

5. 了解海洋产业存在的问题及发展前景。

第一节 概 况

一、海洋产业的概念及其类型

海洋产业（marine industry）是指使用不同的工具、方法对不同类型的海洋资源进行开发利用和保护，以及为之服务的社会经济活动。目前已经形成的海洋产业主要有海洋渔业、滨海旅游业、海洋交通运输业、海洋盐业、海洋船舶工业、海洋矿业、海洋油气业、海洋化工业、海洋生物医药业、海洋电力业、海水利用业和海洋工程建筑业 12 大类，以及海洋科研教育管理服务业。

按照开发利用的海洋资源类型、使用工具和方法及社会性质等，可将海洋产业分为以下 5 种类型。

（1）直接从海洋获取产品的生产和服务活动形成的海洋产业。主要有海洋捕捞、海水养殖、渔业基础设施服务基地、休闲海钓等海洋渔业，以及海洋盐业、海洋矿业、海水利用业和海洋油气业等海洋产业。

（2）一次加工生产海洋产品形成的产业。主要有海洋渔业中的水产品加工业、海洋生物医药业和海洋化工业等。

（3）直接应用于海洋和海洋开发活动产品的生产和服务而形成的海洋产业。主要有海洋船舶工业、海洋工程建筑业等，以及将来发展的海洋仪器设备业、海洋信息产业和海洋监控通信网络等。

（4）利用海洋空间资源作为生产过程的基本要素所形成的海洋产业。主要有滨海旅游业、海洋交通运输业和海洋电力业等。

（5）与海洋密切相关的海洋科学研究、教育、社会服务和管理而形成的海洋产业。

随着社会经济的发展，海洋高新技术的不断进步，人类对海洋的开发、利用和保护活动将不断深入和扩大，海洋信息服务、海洋监控、网络通信和海洋环保等将会成为新的产业。海洋开发是一项具有广阔前景、不断扩大和发展的全球性宏伟事业。

海洋开发与陆地经济活动相比，属于新兴领域。除传统的海洋渔业、海洋交通运输业和海洋盐业外，由于现代科学技术的发展，人类认识海洋、开发海洋的能力不断提高，开发海洋的范围扩大，发现新资源、开发新领域的经济活动增多，形成了海水养殖业、海洋油气业、滨海旅游业等一系列海洋新兴产业。渔业资源增殖业、休闲海钓业、海水淡化和海水综合利用、海洋能利用、海洋药物开发、海洋空间新型利用和深海采矿等，正在产业化过程中逐渐形成新的海洋产业。

二、我国海洋产业的变化趋势

21 世纪，我国海洋产业由不科学、不合理的产业类型向科学、合理的开发利用海洋资源转变，由污染、破坏环境的产业类型向保护生态环境转变，由单一的海洋产业向综合开发利用类型转变，由原始的产业类型向先进的、技术含量高的产业类型转化。越来越多的社会力量、资金等参与到海洋产业的开发利用中。

（一）经济总量迅速增长

进入 21 世纪以来，伴随中国经济发展和资源需求的增长，政府适时调整了海洋经济发展战略，国家“十二五”规划将海洋经济提到了国家战略高度，沿海各地相继实施海域经济区国家战略，建设了一大批海洋经济区，陆海统筹，集约节约用海，优化海域资源配置，建设海上粮仓，促进了海洋经济快速增长。2015 年海洋经济总量达到海洋生产总值 64669 亿元，占国内生产总值的 9.6%。经过 15 年的发展，生产总值增加了 55367.21 亿元，是 2001 年的 5.95 倍，年平均增长速度达到 14.98%（图 7.1）。

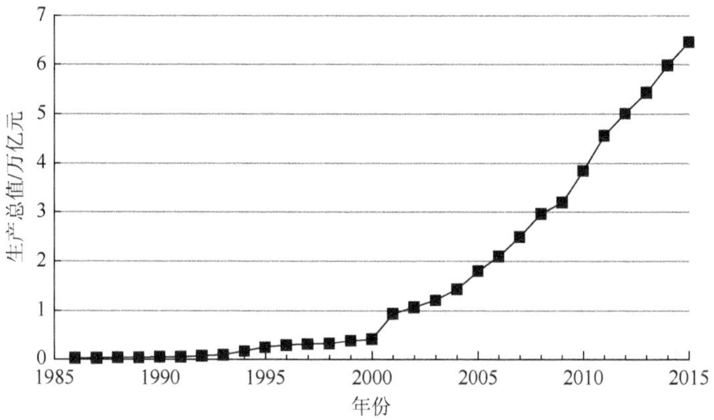

图 7.1　1986～2015 年海洋生产总值变化

（二）产业结构趋于合理

海洋产业结构发生积极变化。我国海洋产业结构经过有意识的计划调整，产业内部结构呈不断优化趋势。从 2003 年海洋三次产业结构比例的 29.24∶27.42∶43.33 调整为 2015 年的 5.09∶42.51∶52.40。最明显的变化是，第一产业生产总值提升较慢，产业比例逐渐下降，第二产业迅速发展，比例迅速提升，第三产业略有提升（图 7.2）。

（三）产业类型更加全面

1986 年海洋产业以传统的劳动密集型资源开发利用产业为主，其中海洋渔业占生产总值的 54.09%，海洋交通运输业、滨海旅游业、海洋盐业分列其后（图 7.3）。20 世纪 90 年代大力发展第二产业，滨海旅游业的兴起，以及海洋化工业、生物制药、能源利用和矿产开采等其他海洋产业的发展，使资源依赖型产业的比例逐渐下降，产业之间的产值比例趋于平衡。至 2005 年，滨海旅游业在生产总值中的比例上升到第一位，为 29.37%，

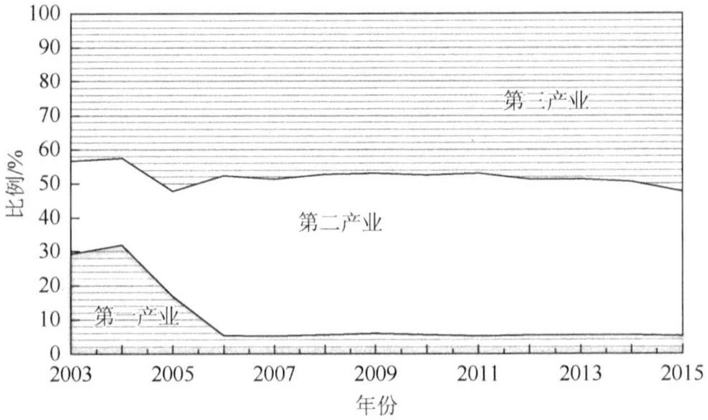

图 7.2 2003～2015 年海洋经济产业结构变化趋势

其后是海洋交通运输业，海洋渔业降到了第三位，只占 19.80%。随着社会经济的发展，产业类型不断增加，海洋工程建筑业迅速发展，第二产业和第三产业稳步提升，结构更加合理，产业比例进一步调整优化，2015 年以生产总值比例排序，依次为滨海旅游业、海洋交通运输业、海洋渔业、海洋工程建筑业、海洋船舶工业、海洋化工业、海洋油气业、海洋生物医药业、海洋电力业、海洋盐业、海洋矿业和海水利用业，其中滨海旅游业比例提升到 40.59%。

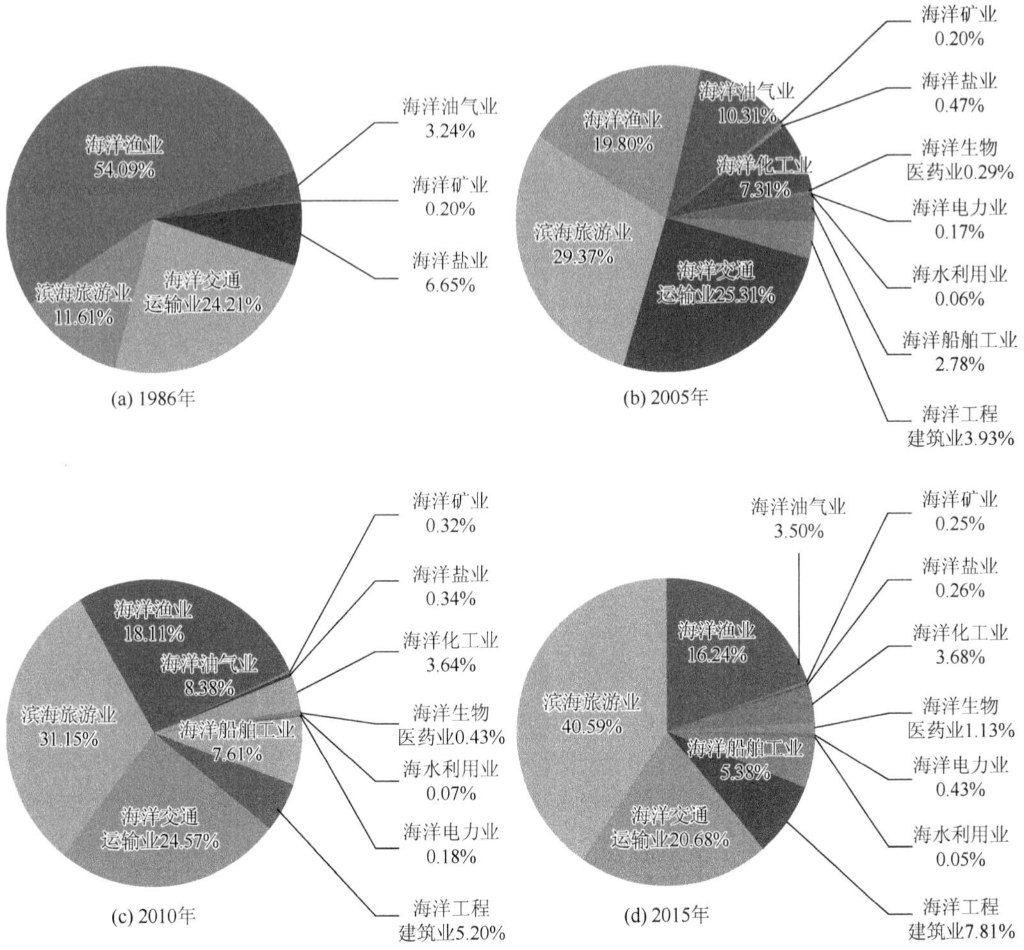

图 7.3 海洋产业结构动态

（四）就业队伍成倍扩大

海洋产业结构的调整，使得海洋经济迅速发展，带来了就业机会，海洋劳动就业队伍逐年扩大。2015 年海洋产业就业人数为 3589 万人，比 2004 年增加了 1481 万人，增加 70.29%（图 7.4）。海洋对我国的劳动就业极为重要。

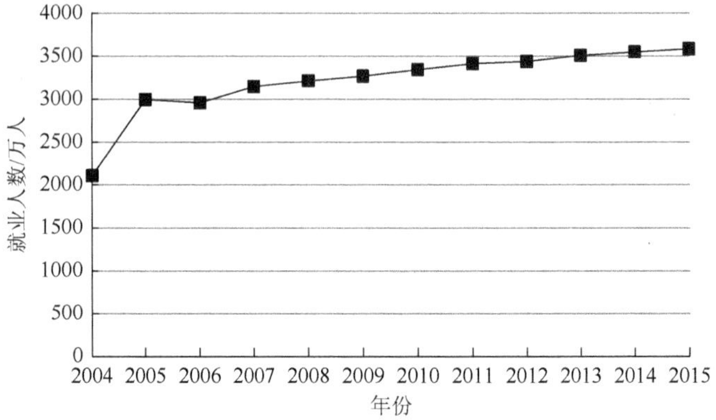

图 7.4　2004～2015 年海洋产业就业人数

三、海洋开发中存在的问题

我国主要海洋产业起步于海洋渔业，随着科技水平的提高不断发展壮大，目前已形成门类较为齐全的海洋产业体系。由于海洋经济发展缺乏宏观指导、协调和规划，海洋资源开发管理体制不够完善，法律滞后于开发，长期处于“无序、无度、无偿”的开发利用状态，海洋开发利用仍然存在很大的问题。海洋产业之间、区域之间的矛盾突出，传统海洋产业仍处于粗放型发展阶段，海洋科技总体水平较低，一些新兴海洋产业尚未形成规模。部分海域生态环境恶化的趋势还没有得到有效遏制，近海渔业资源过度利用，一些海洋珍稀物种濒临灭绝。部分海域和海岛开发秩序混乱、用海矛盾突出。海洋调查勘探程度低，可开发的重要资源底数不清。海洋经济发展的基础设施和技术装备相对落后。我国海洋经济无论从结构上还是布局上仍明显处于较低的水平，有待于进一步调整（王芳和栾维新，2001；郭越和董伟，2010）。

（一）海洋经济在国内生产总值中的比重偏低

海洋经济发展较快，但海洋资源的产业形成率较低，产业结构和布局不甚合理，发展不够平衡。从海洋资源组成和社会发展的需求出发，我国形成了一个由海洋渔业、海洋油气业、海洋矿业、海洋盐业、海洋化工业、海洋生物医药业、海洋电力业、海水利用业、海洋船舶工业、海洋工程建筑业、海洋交通运输业、滨海旅游业构成的海洋产业体系。但这个体系很不完善，仍以传统产业为主，高附加值的新型产业尚未形成，海洋经济的贡献率难以提高。2015 年主要海洋产业的生产总值仅占全国国内生产总值的 9.6%，这与中国管辖的广阔海域内所拥有的丰富的资源总量是很不相称的。其中，海洋渔业和滩涂种植等海洋第一产业的劳动力占据整个海洋产业从业人员的 50%左右，人们的就业观念尚未转变，海洋渔业还处于劳动密集型产业发展阶段。支撑海洋第二产业发展的海洋科技水平比较落后，海洋产业要想发挥新的活力，就必须开发应用新的海洋技术，提高海洋产业工业化水平，重视发展高新技术产业，带动整个海洋经济发展。海洋生物医药业、海洋电力业、海洋化工业和海水利用业等海洋新兴产业的生产总值占主要海洋产业生产总值的比例较小，整体规模偏小，带动效应不足，产业效率低。

（二）海洋总体开发不足与局部开发过度矛盾突出

区域之间的开发程度极不平衡，海洋开发活动主要集中在资源比较丰富、生产力比较高和易于开发利用的滩涂、河口、海湾等区域。近岸海洋资源开发程度较高，近海、外海及大洋的开发程度较低。海洋经济发达地区和落后地区的开发程度差异较大，落后地区的大片海域仍处于潜在开发状态。

区域海洋产业同构、趋同现象严重，表现在海水养殖和临港工业建设尤为突出。海水养殖蜂拥而上，养殖结构单一，同类养殖方式和养殖物种遍布沿海各地。随着沿海陆域土地资源的紧缩供应，沿海地区大规模进行围海造地发展临港工业，同类产业在沿海遍地开花，许多不适合建港的区域也建设大型港口，运营成本上升，未发挥应有的产业集聚效应和规模效应。

海洋资源之间的开发程度差异大，产业发展不平衡。近海渔业资源过度利用，加上周边国家相继实施 200n mile 专属经济区制度，我国渔场面积缩小，过洋性远洋渔业发展受限，捕捞力量过剩。

（三）海洋产业风险高

海洋油气业、海洋化工业、海洋船舶工业、海洋渔业等海洋产业都是高投入、高风险和高回报的产业，国际市场、产品需求量、原材料供给、资源量、生态环境条件、运输能力和货物价格等对海洋产业发展都具有较大影响，且有一定的滞后效应，稳定性较差。我国海洋经济连续多年保持高于国民经济的增长速度，取得了很大成绩，但是在快速发展的同时，制约海洋产业发展的诸多因素也凸显出来。

（四）海洋资源开发管理体制不完善

我国海洋产业存在着多头管理的问题，管理部门分散，相互合作不够，形成了政出多门、令出多头的局面，再加上部门之间、地方之间、部门与地方之间权益纷争，管理权力不集中。截至 2017 年12 类海洋产业分属于农业部、交通运输部、住房和城乡建设部、国家旅游局、国家能源局等部门，管理和执法权力分属于中国海警局、国家海洋局、农业部、交通运输部海事局、环境保护部、国家食品药品监督管理总局、国家质量监督检验检疫总局、国家煤矿安全监察局、国家林业局等部门。

各地区的海洋产业没有统筹发展，缺乏统一的宏观指导，海洋资源开发管理体制有待进一步健全完善。海洋资源属国家所有，具有公有性特征，但各地均把海洋行政区划内的资源视为己有，难免造成跨省、跨海区间的冲突，更不利于提高我国海洋管理在国际上的地位和形象。

（五）海洋生态健康程度较低

根据国家海洋局《2015 年中国海洋环境状况公报》统计，2015 年符合第一类海水水质标准的海域面积约占我国管辖海域面积的 93.04%，海洋沉积物质量总体良好，浮游生物和底栖生物主要优势类群无明显变化，河口、海湾、滩涂湿地和海岛等类型保护区生态系统基本稳定，赤潮灾害影响面积较上年明显减少，海洋功能区环境状况基本满足使用要求。

近岸海域生态系统健康状况恶化的趋势尚未得到有效缓解，大部分海湾、河口和滨海湿地等生态系统仍处于亚健康或不健康状态。近岸局部海域污染依然严重，入海径流和陆源入海排污口达标率低下。

海砂开采、填海造地、海岛及沿岸矿石开采等长期存在，溢油事故时有发生，渤海、黄海和东海局部滨海地区海水入侵、重要河口淤积和土壤盐渍化加重，砂质海岸和粉砂淤泥质海岸侵蚀严重。

（六）海洋科技创新能力不强

我国主要海洋产业多以资源依赖型和劳动密集型为主，海洋产品还主要集中在初级产品阶段，产品科技含量和附加值低，在国际市场上竞争力较弱，国际知名品牌不多。海洋产业的科技创新能力不强，缺乏核心竞争力，发展后劲明显不足。

第二节　海 洋 渔 业

一、发展现状

海洋渔业（marine fishery）是指以海洋生物资源为开发利用对象获得水产品的生产活动，以及为之服务的社会活动。海洋渔业包括海洋捕捞、海水养殖、资源增殖、水产品加工、休闲渔业、渔船制造、水产苗种、鱼用药物、鱼用饲料、水产品流通与贮存和渔业机械与仪器等产业。渔业生产的主要特点是以各种水域为基地，以具有再生性的水产经济动植物资源为对象，具有明显的区域性和季节性，初级产品具鲜活、易变腐和商品性的特点。渔业是国民经济的一个重要领域，丰富的蛋白质含量为世界提供总消费量的6%，动物性蛋白质消费量的24%，约有10亿人依靠鱼类和海洋食物作为他们主要的动物蛋白质来源；还可以为农业提供优质肥料，为畜牧业提供精饲料，为食品、医药、化工工业和能源等提供重要原料。

中国近海海域广阔，拥有渤海、黄海、东海、南海和台湾以东海域，近海海域总面积约 $470\times10^4km^2$，主张管辖海域面积为 $300\times10^4km^2$，其中滩涂面积超过 $1.69\times10^4km^2$，水深0～10m的浅海面积为 $8.56\times10^4km^2$，水深0～50m的浅海面积为 $33.26\times10^4km^2$。海洋生态系类型全面，被世界誉为四大高生产力的生态系——珊瑚礁、红树林、河口湿地和上升流，在我国都有分布。我国海洋生物资源丰富多样，生物种类20278种，其中鱼类3032种、贝类1923种，蟹类734种，虾类546种，藻类790种；作为经济捕捞对象，在渔业统计和市场上列名的有200多种。渔业资源丰富，其中游泳性渔业资源年平均现存资源量为 1304.40×10^4t。发展海洋渔业具有良好的自然条件和广阔前景。

海洋渔业一直是我国海洋经济的支柱产业之一，自2002年，我国渔业产量一直位居世界第一。随着海洋资源可持续利用理念的不断深化，海洋渔业的发展由原来单一的近海捕捞，发展成为包括远洋捕捞、海水养殖、增殖和水产品加工的综合性海洋产业。并对近海捕捞实施产量“零增长”战略，海洋捕捞产量由1998年的 1496.68×10^4t 减少到2015年的 1308.7×10^4t，实现了海洋捕捞产量“零增长”的目标。与此相反，我国海水养殖面积和产量却迅速增长，海水养殖种类也已达到30多个，海水养殖产量达到 2100.31×10^4t。多年来，海水养殖产量一直居世界首位。远洋渔业和水产品加工等产业迅速发展。期间，海洋渔业生产总值一直上升，2000年达到2084.34亿元，占海洋产业生产总值的50.42%，2001年由于海洋经济统计口径的调整，海洋渔业生产总值调整为1075.28亿元，占海洋产业生产总值的11.56%。2015年海洋渔业全年实现生产总值4352.00亿元，占全国主要海洋产业生产总值的16.24%（图7.5）。海洋渔业形成了明显的特点。

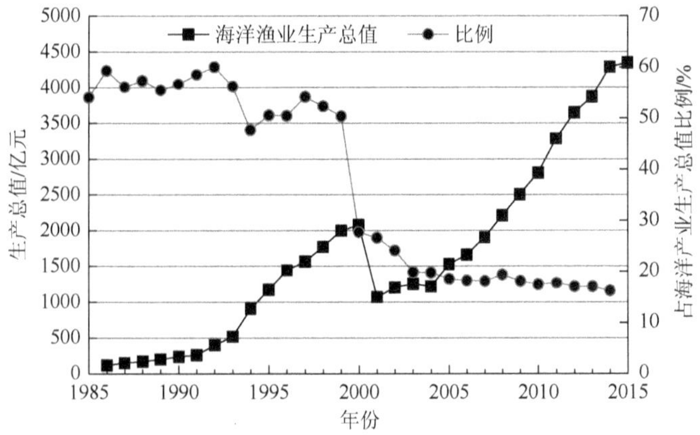

图 7.5 海洋渔业生产总值及在海洋产业生产总值的比例

（一）产业结构进一步优化，产业素质明显提高

改革开放以来，由于中国对渔业经济体制和价格体制进行了改革，极大地调动了渔民发展生产的积极性，使我国渔业走上了一个快速发展的阶段，水产品产量大幅度提高，自1992 年起位居世界第一位。渔业的发展不仅满足了人们的水产品需求，扩大了水产品出口，而且为调整和优化农业产业结构、增加渔民收入做出了重要的贡献。近年来，随着产业的不断发展，我国渔业经济增长方式开始发生重大转变，从过去单纯追求产量增长转向更加注重质量和效益的提高，注重资源的可持续发展。为了减缓海洋捕捞产量高速增长对资源造成的压力，对海洋渔业结构实行战略性调整，自 1998 年，我国首次提出海洋捕捞产量“零增长”的目标后，又进一步提出“负增长”的目标，对海洋捕捞强度实行了严格的控制制度。自 2002 年，为减缓新的海洋制度实施对我国海洋渔业造成的影响，国家实施了海洋捕捞渔民转产转业工程，连续三年由中央政府出资对渔民报废渔船实施补贴，引导渔民压减渔船，退出海洋捕捞业。近年来我国水产品产量增长幅度保持在 3%～4%，呈现稳定发展的态势，其中养殖产量增长幅度较大。

由于国家加大了渔港和渔业基础设施建设的投入，并在产业政策上予以扶持，我国渔业整体素质和现代化水平有一定提高。同时由于坚持以市场为导向，及时对产品结构和生产方式进行调整，狠抓产品质量，使渔业效益明显提高，渔业产值和渔民收入有了较大幅度增长。

（二）水产养殖继续保持快速发展的态势，而且发展的质量和效益明显提高

目前，我国水产养殖业已从过去追求养殖面积扩大和养殖产量增加，转向更加注重养殖结构调整和产品质量提高。新的养殖技术和新的养殖物种不断推出，养殖领域进一步拓展，名特优水产品养殖规模不断扩大，工厂化养殖、生态健康养殖模式迅速发展，深水网箱养殖发展势头迅猛，养殖业的规模化、集约化程度逐步提高。2015 年水产养殖面积达 $231.78\times10^4hm^2$，养殖产量达 2100.31×10^4t，养殖产量占海水产品总产量的比例达 61.61%，其中名特优水产品的养殖面积和养殖产量明显增加。

（三）水产品贸易持续增长，远洋渔业发展质量进一步改善

随着我国加入 WTO，我国渔业以更加开放的姿态融入世界渔业发展格局。随着国家减船转产计划和发展远洋渔业的优惠政策的实施，远洋渔业特别是大洋性公海渔业得到较

快的发展，入渔船数和企业效益不断提高，管理更加规范。2015 年，我国共有 167 家企业 2512 艘远洋渔船作业于太平洋、大西洋、印度洋、南极和 40 多个国家和地区管辖海域，远洋渔业产量达到 219.10×10^4t，总产值为 206.50 亿元，运回自捕水产品 144.40×10^4t。我国水产品国际贸易也得到迅速的发展，优势水产品的出口市场已基本形成，除日本、韩国等传统出口市场外，对美国、欧盟等国家和地区的出口也有较大的增长，形成以发达国家和地区为主的国际市场格局。2015 年我国水产品对外贸易总量为 814.15×10^4t，贸易总额为 293.14 亿美元。其中出口量为 406.03×10^4t，出口额为 203.33 亿美元；进口量为 408.13×10^4t，进口额为 89.82 亿美元。水产品已成为各地农产品出口创汇的拳头产品，特别是在养殖水产品出口方面，鳗鲡、对虾、贝类、罗非鱼、大黄鱼和河蟹等名特优水产品在国际市场有较高的知名度和竞争力。

（四）渔业资源和生态环境保护力度不断加大

在产业发展的同时，中国政府更加重视渔业资源和生态环境的保护，实行了严格的禁渔期和禁渔区制度，严格控制捕捞强度，对捕捞渔船进行大规模压减，对资源和生态环境保护产生了积极的影响。自 1995 年，中国政府在东黄海全面实行伏季休渔制度；自 1999 年，将休渔范围扩大到南海，全面实行 2～3 个月的伏季休渔制度；2017 年，伏季休渔时间调整为 4 个月。每年休渔的渔船达 11 万多艘，涉及渔民 100 多万人，对渔业资源养护产生了重要的作用。2006 年，开展水生生物资源养护行动，各地还积极开展渔业资源增殖放流和海洋牧场建设，对养护渔业资源、改善渔业水域生态环境产生了积极的作用。

（五）产业类型多样化

海洋渔业经过 1998 年和 2002 年的 2 次调整之后，在保障传统产业类型的基础上，第二产业和第三产业迅速发展，产业类型多样化，三次产业结构比例调整为 31.01%∶35.63%∶33.35%，已经成为多产业类型的一种综合性海洋产业，由海洋捕捞、海水养殖、水产品加工、水产流通、休闲渔业、水产苗种、鱼用饲料、渔业建筑、水产储运、造船渔机修造和鱼用药物等产业组成。2014 年，水产流通业产值达到 4238.64 亿元，所占比例最高，为 27.60%，水产品加工业、海水养殖、海洋捕捞紧随其后（图 7.6）。

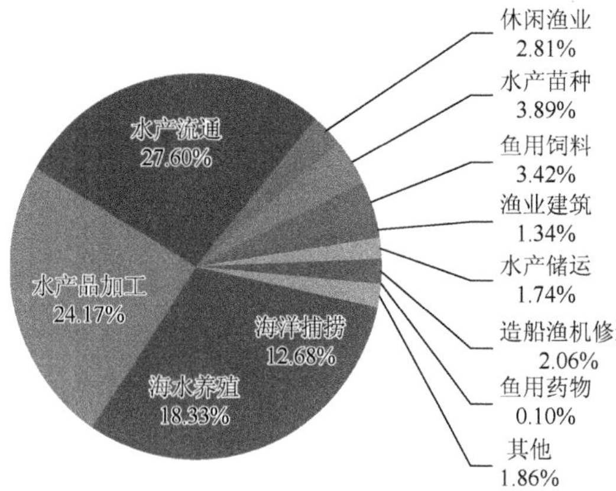

图 7.6 2014 年海洋渔业产业类型及生产总值组成

二、海洋捕捞

海洋捕捞（marine fishery）是指使用不同的工具、方法开发利用海洋渔业资源的社会活动。通常所说的海洋渔业指的就是海洋捕捞。

（一）产业现状

2015 年渔业劳动力增加到 385.27 万人，机动渔船控制为 263924 艘、吨位为 760.53×10^4t、功率为 1513.95×10^4kW，中国近海海洋的捕捞产量下降到 1299.09×10^4t，海洋捕捞业产值达到 2003.51 亿元。

1. 海洋捕捞负增长

海洋渔业资源是一种可再生的生物资源，受渔业资源、渔业生物学特性制约和栖息环境条件限制，具有可再生能力的有限性。中国周边面积只有 $470\times10^4km^2$，只占世界海洋面积的 1.30%，大陆架面积为 $226\times10^4km^2$，约占世界大陆架面积的 8.25%，1999 年渔获量高达 1407.71×10^4t，约占世界总渔获量的 16.52%，生态负担十分沉重。1998 年国家及时实施海洋捕捞“负增长”战略，2000 年以后渔获量下降到 1352.13×10^4～1041.30×10^4t，平均占世界总渔获量的 15.45%。声学评估结果表明，中国近海游泳性渔业资源的年平均资源量为 1304.40×10^4t（唐启升，2006），按照 MSY 估算，其可捕量约为 700×10^4t，虽然海域中还分布有毛虾、糠虾、磷虾、海蜇等浮游性渔业资源和魁蚶、毛蚶、栉江珧等底栖性渔业资源，但中国近海渔业资源显然已经过度开发利用。为此，除继续延长伏季休渔、开展增殖放流、改善生态环境、加强渔业资源养护之外，2017 年以后实施捕捞总量控制制度。

2. 渔业生产总值继续上升

捕捞水产品作为纯天然的食品，越来越受到消费者的青睐，市场价值不断提高。同时捕捞产品改变以往的粗劣加工方式，采用渔获物分拣、分类加工保存和鲜活销售等流通技术，产品价值也得到提高。虽然渔获量负增长，但海洋捕捞产业的生产总值仍继续增长，由 2003 年的 739.25 亿元，提高到 2015 年的 2003.51 亿元（图 7.7）。海洋捕捞产业作为高投资、高风险、高收入的产业，尤其是在燃油补贴政策的刺激下，受到了社会各界投资者的关注，社会资金纷纷投向海洋捕捞渔业，使靠捕捞产业为生计的渔业受到冲击。

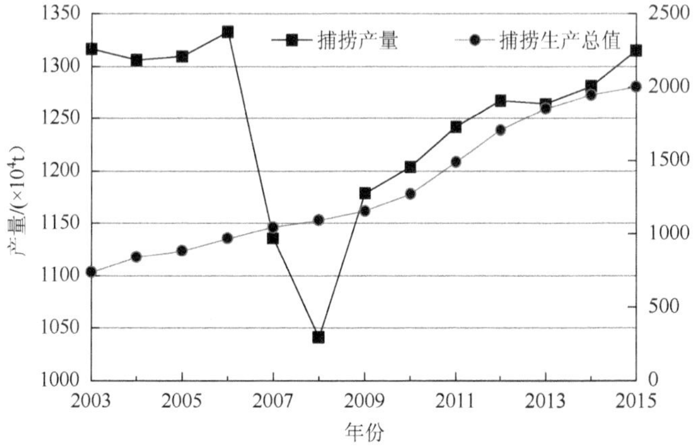

图 7.7　海洋捕捞产量与生产总值

3. 作业渔场受到国内和国外的挤压

《联合国海洋法公约》实施以后，我国在北部湾已经实施“中越划界协定”，中日、中韩“渔业协定”也相继实施，使我国渔民传统的外海作业渔场消失，只能通过入渔到达外海海域生产。同时，国内集约用海、围海造地、海洋工程及其他用海行为的确权使用，都排挤了海洋捕捞产业，使海洋捕捞的近岸作业海域丢失。内挤外压，海洋捕捞作业渔场逐年萎缩。

4. 渔业生态环境继续遭到破坏

陆源污染、海洋工程、溢油事故、养殖污染及人类的其他活动，都在不同程度上污染沿海海域水质环境，富营养化加剧，赤潮频繁发生。集约用海，围海造地，人工岸线工程，海藻场破坏，渔业资源产卵场受到侵占，栖息地质量下降。例如，中国对虾、蓝点马鲛和小黄鱼等在莱州湾西部产卵的许多种类，其产卵场开始出现向东移动的趋势。

5. 捕捞力量仍居高不下

2003 年废旧渔船报废制度实施以后，捕捞力量有所减少，但在燃油补贴的刺激下，2006 年出现了第四次全国性的增船。2014 年海洋水产船只达到 263924 艘，同时还有大量的无捕捞许可证、无船舶登记证书、无船舶检验证书的“三无”渔船分布在全国沿海各地。

6. 渔业资源养护力度提高

《中国水生生物养护纲要》实施以后，伏季休渔延长了渔业资源的年内生长期，在同等资源发生数量的情况下，极大地提高其资源量和可捕量，提高了海洋生态的利用效率。增殖放流，通过人工培育水产苗种，增加了海域的渔业资源数量。人工鱼礁和海洋牧场建设，营造海底森林，修复已破坏的渔业生态环境，改善了渔业资源栖息地。水产种质资源保护区建设，保障了种质资源的安全，2007 年以来，在中国近海建立了 50 多个国家级水产种质资源保护区。

（二）存在的问题

我国海洋捕捞产业经过了 4 次全国性的增船，虽进行了 1998 年和 2002 年 2 次的生产结构调整，但海洋捕捞产业仍然面临许多问题。

（1）海洋渔业资源可持续利用观念较差，渔业资源保护和合理利用意识低，渔业资源管理手段落后，不能与世界先进管理技术接轨，致使许多经济渔业资源严重衰退，甚至枯竭。

（2）捕捞力量发展速度太快，“三无”渔船、“大机小标”渔船及各类非法捕捞长期存在，捕捞力量失控，过于庞大，甚至过剩，渔业资源普遍被过度利用，经济效益下降。

（3）渔业生态环境破坏严重，产卵场被侵占而萎缩，海水遭到严重污染，水质较差，赤潮、病害频繁发生，致使渔业资源量下降，影响渔业生产。

（4）渔场范围缩小，周边国家 200n mile 专属经济区相继实施，使我国传统作业渔场丢失；近岸工程和其他用海行为的确权使用海域，排挤捕捞作业。

（5）海洋捕捞产业装备及渔港等服务设施落后，渔船陈旧，存在安全隐患。

（6）社会参与度大，外来务工人员增加，从业人员队伍不断扩大，但专业渔民减少，渔民素质得不到保障。

三、海水养殖

海水养殖（marine culture）是指利用浅海、滩涂、港湾和围塘等海域进行饲养和繁殖海产经济动植物的生产活动，是人类定向利用海洋生物资源、发展海洋水产业的重要途径之一。中国是世界海水养殖第一大国。

（一）产业现状

我国淡水养殖历史可追溯到公元前 11 世纪，公元前 5 世纪已有《养鱼经》问世。海水养殖也有较久的历史，宋代已有人工培育珍珠、插竹养牡蛎和藻类养殖的记载。

1954 年就已开始海带、石花菜等的养殖。1958 年海带人工育苗和紫贻贝人工菜苗成功，20 世纪 60 年代大规模发展海带、紫菜和紫贻贝养殖。期间，海水养殖发展较慢，1978 年养殖面积为 $10.6\times10^4hm^2$，产量为 44.95×10^4t，但养殖种类单一，藻类占 95.5%。

1978 年以后，海水养殖产业发展迅速。1982 年对虾工厂化获得突破，大规模开挖和围堰池塘养殖中国对虾，产量上升到 1991 年的 21.96×10^4t，1993 年虾病爆发，1994 年下降到 6.29×10^4t。80 年代后期大规模养殖海湾扇贝，90 年代逐渐突破高档鱼类和海珍品养殖。1999 年大菱鲆引进和人工育苗成功，2000 年凡纳滨对虾规模养殖，都极大地促进海水养殖业的发展，2004 年海水养殖产量超过海洋捕捞产量。2015 年海水养殖已经发展为池塘、吊笼、底播、工厂化、网箱、筏式养殖和深水网箱 7 种养殖方式，养殖面积达到 $231.78\times10^4hm^2$，产量高达 1891.32×10^4t（图 7.8），占世界海水养殖产量近 70%。

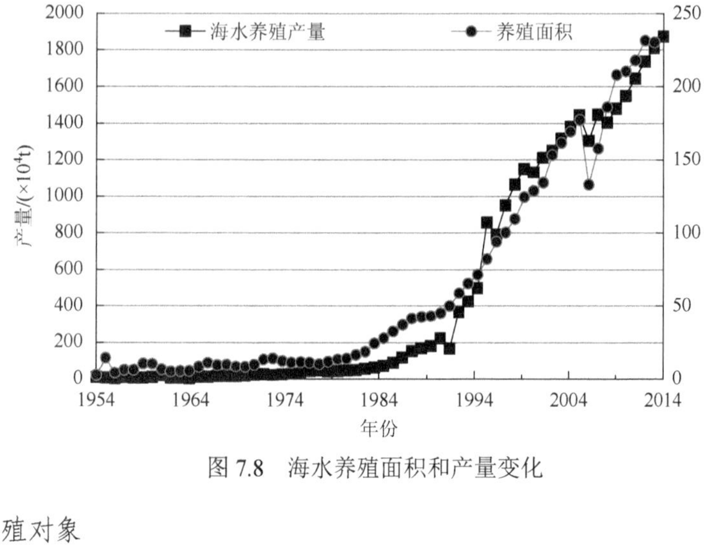

图 7.8 海水养殖面积和产量变化

（二）养殖对象

海水养殖的对象主要是鱼类、虾蟹类、贝类、藻类及海参等其他经济动物。我国海水养殖发展迅速，海带、紫菜、裙带菜、紫贻贝、中国对虾、凡纳滨对虾、海湾扇贝、栉孔扇贝、虾夷扇贝、牡蛎、大菱鲆、褐牙鲆、半滑舌鳎和大黄鱼等主要经济生物养殖范围广、面积大、经济效益高，带动了沿海经济的发展，成为沿海地区的一大产业。

1. 鱼类

目前养殖的鱼类主要有大菱鲆、鲮、鲻、尼罗罗非鱼、真鲷、黑鲷、石斑鱼、花鲈、大黄鱼、美国红鱼、褐牙鲆、漠斑牙鲆、东方鲀类、大西洋鲑、圆斑星鲽、黄盖鲽、石鲽、半滑舌鳎、许氏平鲉、大泷六线鱼、银鲳、俄罗斯鲟和军曹鱼等。

2. 虾蟹类

目前养殖的虾蟹类主要有中国对虾、斑节对虾、长毛对虾、墨吉对虾、日本对虾凡纳滨对虾、锯缘青蟹、三疣梭子蟹和日本蟳等。

3. 贝类

养殖的贝类主要有皱纹盘鲍、九孔鲍、紫贻贝、海湾扇贝、栉孔扇贝、虾夷扇贝、太平洋牡蛎、近江牡蛎、褶牡蛎、泥蚶、毛蚶、魁蚶、缢蛏、文蛤、菲律宾蛤仔、青蛤、西施舌、紫彩血蛤、珍珠贝、脉红螺、香螺、栉江珧和美洲帘蛤等。

4. 藻类

养殖的藻类主要有海带、紫菜、裙带菜、石花菜、江蓠、麒麟菜和鹿角菜等。

5. 其他

养殖的种类主要有刺参、大连紫海胆、马粪海胆、单环刺螠、沙蚕、卤虫和海蜇等。

（三）养殖方式

海水养殖的优点是集中发展某些经济价值较高的鱼类、虾类、贝类及棘皮动物等，生产周期较短，单位面积产量较高。中国是世界上海水养殖发达的国家。按养殖对象分为鱼类、虾类、贝类、藻类和海珍品等海水养殖，其中以贝类、藻类海水养殖发展较快，虾类、鱼类、海珍品养殖较薄弱。按空间分布分为池塘、滩涂、港湾和浅海等。按集约程度分为粗养、半精养和精养，以粗养为主。按养殖方式分为单养、混养和间养等。由于中国渔业统计未专门设置增殖渔业，所有将底播增殖等产量统计到养殖中。

1. 池塘养殖

池塘养殖（pond culture）是指利用人工开挖或天然的池塘进行水产经济动植物养殖的一种生产方式，是人们通过苗种和相关的物质投入，干预和调控影响养殖动物生长的环境条件，以期获得最大产出的复杂的系统活动。池塘养殖是我国历史上最早的一种水产养殖方式，至今已有 3000 多年的历史。2014 年海水池塘养殖面积为 $45.69\times10^4\text{hm}^2$，占海水养殖总面积的 22.39%。主要养殖鱼类、虾蟹类和贝类，产量为 $229.58\times10^4\text{t}$，占总产量的 14.53%（图 7.9）。

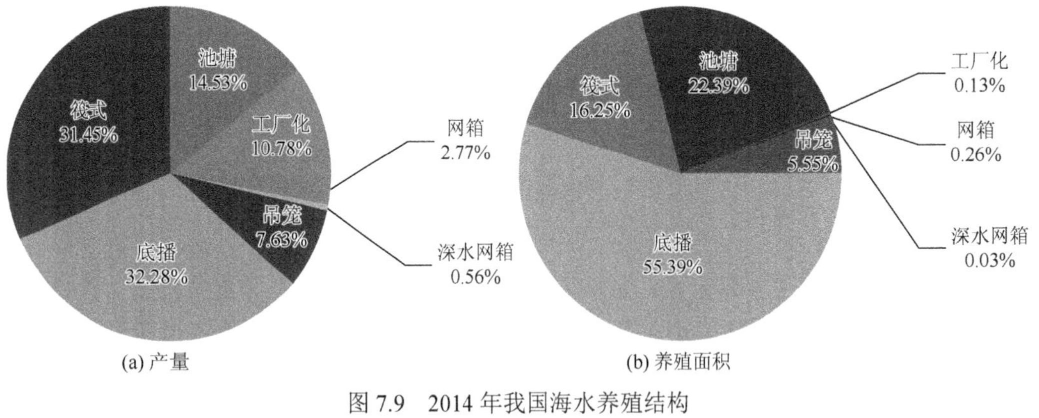

图 7.9　2014 年我国海水养殖结构

池塘养殖大多数采用精养和半精养方式，进行适当的密度混养，较充分地发挥了饵料、肥料和水体的生产潜力，资源利用程度较高，但部分海水池塘现在仍进行低产量、低效益的粗放式养殖。部分养殖池塘由于长期缺乏改造，日渐老化，池底淤积严重，影响了养殖生产。池塘养殖换水次数少，与外界水交换有限，对外界环境影响较小，但通过近年来生态池塘标准化改造，我国的生态标准化池塘面积大幅增加，大大促进了我国池塘养殖的可持续发展。

2. 吊笼养殖

海水浮筏吊笼养殖（hanging cage culture）采用渗透式多层结构，通过笼内外海水的交换为养殖生物提供丰富饵料、保持水质清新和抑制病害发生的养殖方式。2014 年我国吊笼养殖面积为 $11.34\times10^4hm^2$，占海水养殖总面积的 5.56%。养殖物种以扇贝、牡蛎、海胆和刺参等为主，产量为 120.53×10^4t，占海水养殖总产量的 7.63%。

3. 底播增殖

底播增殖是指将人工培育的苗种投放在适宜的海域，使之在海底自然生长、不断增殖的一种渔业资源增殖方式。2014 年我国底播增殖面积为 $113.04\times10^4hm^2$，占海水养殖总面积的 55.39%。增殖物种主要有刺参、虾夷扇贝、皱纹盘鲍、魁蚶、毛蚶、缢蛏、竹蛏、文蛤、青蛤、菲律宾蛤仔、紫石房蛤和栉江珧等，产量为 510.05×10^4t，占海水养殖总产量的 32.28%。

4. 工厂化养殖

工厂化养殖（industrial culture）是指在室内海水池中采用先进的机械和电子设备控制养殖水体的水温、光照、溶解氧、pH 和投饵量等因素，进行高密度、高产量的养殖方式。

2014 年我国工厂化养殖面积为 $0.26\times10^4hm^2$，占海水养殖总面积的 0.13%。养殖物种以大菱鲆、褐牙鲆、半滑舌鳎、黄盖鲽、圆斑星鲽、石鲽、漠斑牙鲆、大西洋鲑和石斑鱼等为主，产量为 170.34×10^4t，占海水养殖总产量的 10.78%。

5. 网箱养殖

网箱养殖（cage culture），是以合成纤维网片或金属网片为材料，装配成一定形状和规格的箱体，设置在适宜养鱼的水体里用来养鱼的方式。2014 年我国网箱养殖面积为 $5.40\times10^4hm^2$，占海水养殖总面积的 0.26%。养殖物种以大黄鱼、许氏平鲉、花鲈、大泷六线鱼、石斑鱼、真鲷、黑鲷、美国红鱼和刺参等为主，产量为 43.74×10^4t，占海水养殖总产量的 2.77%。网箱养鱼是当今世界水产养殖业向集约化生产发展的一项新技术，具有产量高、成本低、投资小，便于管理、节地、节水和节能等特点。

6. 筏式养殖

筏式养殖（raft culture）是指在浅海水面上利用浮子和绳索组成浮筏，并用缆绳固定于海底，使海带、紫菜等海藻和紫贻贝、牡蛎等固着动物幼苗固着在吊绳上，悬挂于浮筏的养殖方式。2014 年我国筏式养殖面积为 $33.16\times10^4hm^2$，占海水养殖总面积的 16.25%。主要养殖对象有海带、紫菜、裙带菜、牡蛎和紫贻贝等，产量为 496.93×10^4t，占海水养殖总产量的 31.45%。

7. 深水网箱养殖

深水网箱养殖（deepwater cage culture）是指在水深 15m 以下海域进行水产经济动植物网箱养殖的生产活动。2014 年我国深水网箱养殖面积为 $605.58hm^2$，占海水养殖总面积的 0.03%。养殖物种以刺参和鱼类等为主，产量为 8.87×10^4t，占海水养殖总产量的 0.56%。

（四）存在的问题

（1）养殖种类和方式较为单一，尚未向多种类、综合养殖过渡。目前的主要养殖种类仍以海带、对虾、扇贝、刺参和大菱鲆等几个大宗产品为主，尚未改变20世纪的养殖格局。

（2）养殖布局不合理，海区内养殖密度疏密不均，造成局部海域养殖密度过高，超过海洋生态容纳量，养殖产品生长速度下降，经济效益下滑。

（3）主要养殖物种种质退化，病害频繁发生，甚至造成对虾、扇贝等大面积死亡。健康苗种生产技术和生产能力较低，种苗质量不高，影响海水养殖和增殖的社会效益和经济效益。

（4）养殖水域生态环境污染严重，养殖的自身污染和大陆径流的陆源污染，以及频繁发生的突发性污染事故，严重地破坏了生态环境，海水富营养化，赤潮频繁发生，病毒、病害频繁蔓延。

（5）科研水平仍停留在低水平，蜂拥开展引种工作，不论种质资源好坏全部引进中国，存在极大的外来物种入侵隐患。

四、水产品加工

水产品加工（aquatic product processing）是指对海洋捕捞和海水养殖获得的产品，进行处理、保存和综合利用的过程，是海洋渔业生产的延续，对整个渔业的发展起着桥梁纽带的作用，不仅是我国加快发展现代渔业的重要内容，而且是优化渔业结构、实现产业增值增效的有效途径。

（一）产业现状

我国是世界上最大的海洋水产品生产国，产量一直保持持续增长，2015年海洋水产品总产量达到4941.17×10^4t，需要通过水产品加工才能提高产业效益。水产品加工包括以鱼、虾、蟹、贝、藻等的可食用部分制成冷冻品、腌制品、干制品、罐头制品和熟食品等的食品加工业和以食用价值较低或不能食用的水产动植物及食品加工的废弃物等为原料，加工成鱼粉、鱼油、鱼肝油、水解蛋白、鱼胶、藻胶、碘和甲壳质等的非食品加工业。

水产加工和综合利用的发展，不仅提高了资源利用的附加值，而且还安置了渔区大量的剩余劳动力，并且带动了一批相关行业如加工机械、包装材料和调味品等的发展，具有明显的经济效益和社会效益。我国水产加工业经过多年的发展，一个包括渔业制冷、冷冻品、鱼糜、罐头、熟食品、干制品、腌熏品、鱼粉、藻类食品、医药化工和保健品等产品系列的加工体系已经形成。在我国沿海地区，水产加工业处于较发达阶段。2014年，我国规模以上水产品加工企业达到2749家，水产品加工能力为2847.74×10^4t，全年生产总值达3712.70亿元（图7.10）。

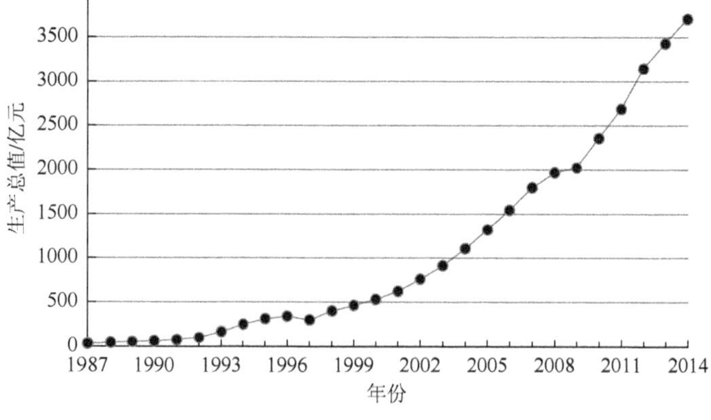

图7.10　我国水产品加工产业生产总值变化趋势

（二）水产品加工业的地位

1. 提升渔业产业高度的重要力量

产业经济学的相关理论表明，如果第二产业、第三产业的增长速度快于第一产业的增长速度，则表明该产业的产业高度有所提高。而在我国第二产业内部以水产品加工业为主导产业，因此水产品加工业增长速度直接影响我国渔业产业高度化的进程。近年来我国渔业产业结构调整取得了较大进展，水产品加工业发挥了功不可没的作用。

2. 加强产业协调度的有效途径

水产品加工业上接水产养殖业，下连水产品物流业，是实现第一产业和第三产业高效发展的重要关联产业。水产品加工业的发展如果与优势水产品生产基地建设和流通市场建设紧密结合，实行加工带基地、流通促加工，这样深层次、多系列的水产品精深加工，不仅能够加快初级水产品转化，拉动水产养殖业的深度发展，优化水产品区域布局；而且通过提高水产品的综合利用，提高增值水平，为第三产业的发展提供了具有较好市场前景的营销产品，延伸了渔业产业链条，有助于渔业产业结构的优化整合。

3. 实现渔业产业化与特色产业良性互动的桥梁

水产品加工业的发展不只是经济总量的简单扩张，而是在渔业产业结构不断优化升级，加工品种、技术不断演化的基础上实现的由量变到质变，由低级向高级的升华过程。在这一过程中，以水产品加工园区为依托，以产业化经营为基本路径，以合理开发利用特色资源、发展特色产业为着力点，形成良性循环产业格局。通过对特色渔业资源的精深加工和标准化加工，不仅优化产品结构，提高产品档次和质量，而且丰富市场供给，满足不同层次、不同品位的消费者的不同消费需求，有力地提高水产品的市场竞争力，促进渔业经济的可持续发展。

（三）存在的问题

多年来，虽然我国水产品加工业有了长足的发展，水产品加工能力有了较大的提高，加工企业发展迅速，加工产品的种类和产量快速增长，加工技术及装备建设成效明显，但与发达国家相比，仍存在有很多不足，主要体现在以下几个方面。

（1）水产品的加工资源严重衰退，加工的原料来源不足；

（2）基础研究薄弱，大多采用舶来方法，自己没有消化，生产的产品往往不能适应国内市场；

（3）与欧美等发达国家相比，加工与综合利用率比较低；

（4）水产品加工产业的装备落后，加工产品品种少，附加值低；

（5）水产品加工产业园区的经营方式为两头在外，加工原料来源和产品销售往往受制于人；

（6）标准体系不健全，产品质量不高。

五、休闲渔业

休闲渔业（leisure fishing）就是利用渔村设备、渔村空间、渔业生产的场地、渔法渔具、渔业产品、渔业经营活动、自然生物、渔业自然环境及渔村人文资源，经过规划设计，以发挥渔业与渔村休闲旅游功能，增进国人对渔村与渔业的体验，提升旅游品质，并提高渔民收益，促进渔村发展。换句话说，休闲渔业就是利用人们的休闲时间、空间来充实渔业的内容和发展空间的产业。

休闲渔业是把旅游业、旅游观光、水族观赏等休闲活动与现代渔业方式有机结合起来，实现第一产业与第三产业的结合配置，以提高渔民收入，发展渔区经济为最终目的的一种新型渔业。

（一）休闲渔业类型

1. 休闲海钓

在沿岸海域利用岸堤、沙滩、矶石、人工鱼礁及船筏等场所进行的，以休闲娱乐为目的非生产性的海洋钓鱼活动。休闲海钓是一种比较专业的钓鱼活动，以自然海域中栖息的游泳性渔业资源为主要钓捕对象，依据海洋中各种鱼类生活的海域环境形态，配合其生活习性、栖移状况、季节与气候因素，采取有效的方法获取渔获。休闲海钓钓场需要配置钓船、钓位和安全设施等专门的设施设备，并配备导钓员、安全员等专业服务人员，以开展海钓为主，集娱乐、餐饮等服务为一体。海钓包括船钓、矶钓、滩钓和岸钓。

2. 岸基垂钓

利用养殖池塘、网箱等渔业设施，以养殖鱼类为主要钓捕对象，配备一定的设施，开展垂钓业务。与其他类型的休闲渔业比较，其特点是投入成本少、见效快。这是现有休闲渔业项目中较为普遍的一种，分布范围最广。

3. 渔业体验

利用渔村设备、渔村空间、渔业生产的场地、渔法渔具、渔业产品、渔业经营活动、自然生物、渔业自然环境及渔村人文资源，开展亲水、采贝、捕捞、餐饮、生活和风情等体验和观赏的休闲渔业，如渔家乐等休闲渔业产品。

4. 生态观光

结合当地的生态环境和旅游景点，综合开发水资源，集观景、休闲、度假和垂钓于一体。它是休闲垂钓业拓展与旅游业的结合，极具发展潜力，是目前休闲渔业类型中功能最强、项目最多、范围最广、利润最高的一种。

5. 水族观赏

水族观赏是以观赏鱼引进、养殖生产、经营为主的休闲渔业。观赏鱼只是指那些具有观赏价值的有鲜艳色彩或奇特形状的鱼类。它们分布在世界各地，品种不下数千种。有的生活在淡水中，有的生活在海水中，有的来自温带地区，有的来自热带地区。有的以色彩绚丽而著称，有的以形状怪异而称奇，有的以稀少名贵而闻名。在世界观赏鱼市场中，它们通常由三大品系组成，即温带淡水观赏鱼、热带淡水观赏鱼和热带海水观赏鱼。

6. 科普教育

科普教育是以水产种类、习性等知识性教育和科学普及为目的的展示形式，主要是水族馆、渔业博览会及各种展览会等，带有一定的教育性和科学普及性。

（二）产业现状

休闲渔业，在发达国家早已形成了一种产业，但在我国还是新兴产业。它在一些经济较为发达的沿海国家和地区迅速崛起，并随着时代的发展，从休闲、娱乐、健身逐渐发展到旅游、观光、餐饮等行业与渔业结合，实现了渔业第一产业与第三产业的结合。它既充实渔业的内容、扩大渔业发展空间，又能为渔民、渔业创造更大的社会效益、生态效益和经济效益。

我国休闲渔业虽具有悠久的历史，但大规模的兴起还是在 21 世纪之后，近几年发展速度非常迅猛。全国海钓俱乐部有 300 多家，专业级别的海钓人数达 30 余万，全国钓鱼爱好者约9000万人，消费群体庞大。我国浙江省、广东省、河北省、辽宁省、四川省、福建省、山东省和北京市等多个省级休闲渔业已得到了充分发展，创造了很高的经济效益。2014年休闲渔业创造生产总值为431.85亿元（图7.11）。

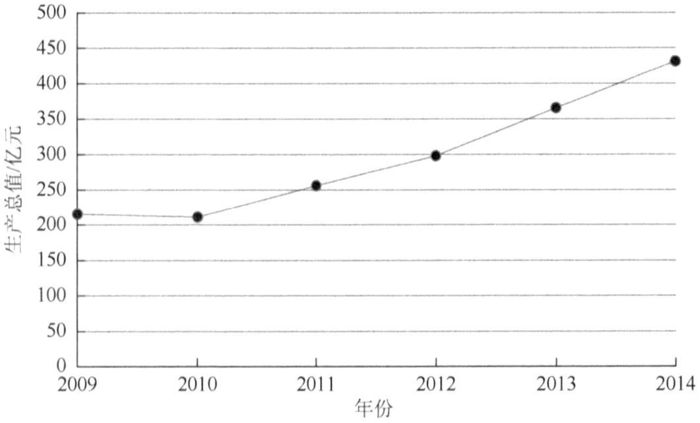

图7.11 我国休闲渔业的发展

（三）存在的问题

（1）区域间休闲渔业资源差异大。不同地区的资源禀赋是经济结构调整的基础。每个地区发展渔业的资源禀赋都不尽相同。具体而言，地理位置（沿海和内陆）、水体特点等各方面都存在一定的甚至是极大的差异，从而导致了不同地区在发展优势上的差异。在大力发展休闲渔业的今天，不同地区应从实际出发，分析当地发展休闲渔业的可行性，不可盲目发展，应坚持以保护渔业生态环境、发展渔业生产力、优化渔区产业结构、繁荣渔区经济为指导，发挥各地人文自然资源优势，努力建设适应不同层次、不同需求、不同规模、不同类型的休闲渔业基地。

（2）资金投入不足。资金短缺问题一直是阻碍沿岸渔区经济发展的一大重要因素。休闲渔业的发展需要大量的资金支持。资金不足是制约高标准、高品质项目建设的关键问题。长期以来，我国渔业投入资金较少，渔区、渔港基础设施的建设远远不足。在当前转产转业的政策背景下，资金问题更为突出，资金不足、缺口较大现象更加严重。

（3）从业者素质有待提高。从业者素质是休闲渔业发展中一个不可忽视的方面。从事休闲渔业的从业人员多是一些捕捞作业渔民，他们从传统的捕捞业转移而来，接受文化教育程度偏低，缺乏开展休闲渔业的知识和技能。休闲渔业的发展需要有大批具有一定知识和技术的专业人员，这样可以给游客一定的指导。

（4）休闲渔业产品特色不明显。在纯渔村经济发展的地区，从事渔业的生产者多是世代相传的渔民。让他们从生产性的捕捞业转入到休闲性渔业，在一定时期内还将存在一定的难度，导致休闲渔业创新不足，产品缺乏特色。

（5）布局不够合理。休闲渔业市场比较突出的问题就是市场体系和市场管理机制不完善，管理职能不明确，在落实监督管理方面做的也不够，致使休闲渔业市场处于比较混乱的状态。目前休闲渔业的类型仍然以休闲垂钓型和生产经营型为主。

（6）休闲渔业功能利用不足。某些地区虽然有发展休闲渔业的资源优势，但是由于知名度不高，许多项目的消费对象仍然以当地居民为主，外来旅游休闲的人较少，休闲渔业功能得不到充分利用。

第三节 滨海旅游业

滨海旅游业（marine tourist industry）是指以海岸带、海岛及海洋各种自然景观、人文景观为依托的旅游经营、服务活动。海洋旅游是人们在一定的社会经济条件下，以海洋为依托，以满足人们精神和物质需求为目的，以探险、观光、娱乐、运动和疗养为活动形式，进行的海洋游览、娱乐和度假等活动，主要包括海洋观光游览、休闲娱乐、度假住宿和体育运动等活动。

滨海旅游业是世界海洋经济的最大产业之一，海洋经济的发展，离不开滨海旅游业的发展。可以说海洋经济发达的国家，滨海旅游业在其中起着非常关键的作用。随着旅游产品结构调整的逐步深化和旅游市场的逐步成熟，世界滨海旅游业显示出多元化、生态化、休闲化、创新化趋势。世界滨海旅游业总收入约 2500 亿美元，占全球旅游业总收入的 1/2，全世界 40 个世界知名旅游目的地中有 37 个是沿海国家或地区，其旅游总收入占全球旅游总收入的 81%。随着海洋旅游的火热兴起，世界范围也涌现了一大批国际知名的海岛旅游度假胜地，如夏威夷群岛、马尔代夫群岛、巴厘岛、普吉岛、塞班岛、冲绳岛和济州岛等。这些海岛之所以能在世界范围内产生影响，与它们优越的自然条件及科学合理的开发理念是分不开的。

一、发展现状

我国滨海旅游虽有悠久的历史，但一直未得到有力的发展，至 2000 年，滨海旅游业生产总值仅为 637.90 亿元，占海洋产业生产总值的 15.43%。进入 21 世纪，滨海旅游、海岸带旅游和海洋旅游等开发活动迅速发展，全国滨海旅游景点已达 12000 多处。2015 年滨海旅游生产总值高达 10874.00 亿元，成为海洋产业的最大产业，占海洋产业生产总值的 40.59%（图 7.12）。在我国 26 个主要旅游城市中，12 个是滨海城市，大连、天津、青岛、上海、杭州、宁波、福州、厦门、深圳、珠海、广州和海口位列其中。

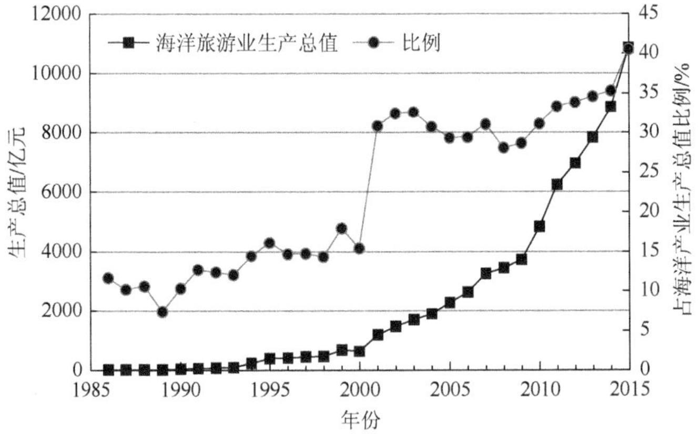

图 7.12 海洋旅游业生产总值及在海洋产业生产总值中的比例

二、存在的问题

我国旅游业整体起步较晚，受旅游区域经济发展水平、开发政策、资金和消费需求等多方面因素的制约，我国的滨海旅游开发尚处于较低水平。存在的问题主要有以下几点。

（1）沿海地区旅游度假行业起步较晚，服务质量、产品开发尚未与国际接轨；
（2）旅游度假配套设施尚不完备；
（3）景点风格不明显，吸引力较差；
（4）淡旺季明显，发展不平衡；
（5）旅游度假区分布不均衡，主要分布在经济较为发达地区。

第四节 海洋交通运输业

海洋交通运输业（marine transportation）是指以船舶为主要工具从事海洋运输，以及为海洋运输提供服务的活动，包括远洋旅客运输、沿海旅客运输、远洋货物运输、沿海货物运输、水上运输辅助活动、管道运输业、装卸搬运及其他运输服务活动。

一、发展现状

海洋交通运输业是我国传统海洋产业之一，在海洋产业中一直占有重要的位置。经过长期的建设，已建成了沿海运输与远洋运输相互补充的、完整的海运体系。远洋运输发展最快、规模最大的是国际集装箱运输。不仅承担了我国每年进出口贸易总量约 90%的运输任务，还承担了部分国际航运市场的运输任务。我国远洋货轮已航行于约 150 个国家和地区的 600 多个港口，开辟了 94 条班轮航线，已跻身于世界航运大国。

海洋交通运输业继续保持良好的发展态势，沿海港口吞吐能力不断增强。2015 年沿海港口生产用码头泊位有 5899 个，其中 10^4t 级及以上泊位有 1807 个；完成旅客吞吐量 0.82 亿人，货物吞吐量为 81.50×10^8t，其中外贸货物吞吐量为 33.01×10^8t，集装箱吞吐量为 1.89×10^8TEU[①]。年末拥有水上运输船舶为 10721 艘，净载重量为 6857.99×10^4t，平均净载重量为 6397t/艘，船舶功率为 1857.66×10^4kW，载客量为 20.91 万客位，集装箱箱位为 53.33×10^4TEU。完成货运量为 19.30×10^8t，货物周转量为 24223.94×10^8t·km，其中远洋运输完成货运量为 7.47×10^8t，货物周转量为 54236.09×10^8t·km。实现生产总值 5541 亿元，占海洋产业生产总值的 20.68%（图 7.13）。

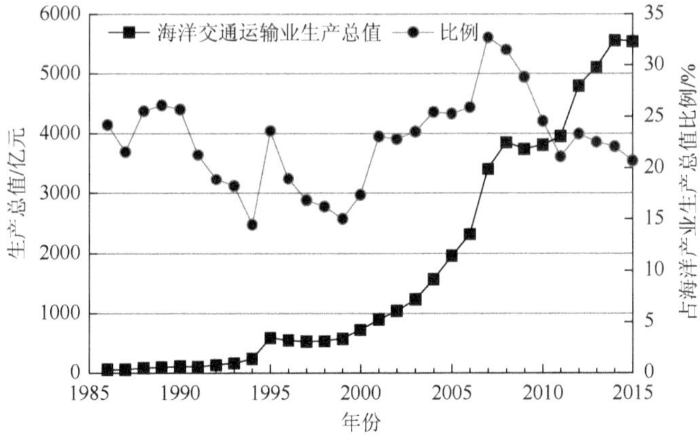

图 7.13 海洋交通运输业生产总值及在海洋产业生产总值中的比例

① TEU 为 20ft 标准集装箱，海运集装箱基本计算单位。1ft=0.3048m。

二、存在的问题

（1）受地方主义利益的驱动，地方新建港口、码头不按程序上报审批，削弱了宏观调控的管理力度。

（2）港口空间发展战略被放大，布局分散化，吞吐能力过剩。2003 年以来，港口建设经历了能力不足、基本平衡、能力过剩的发展阶段，据估算，我国港口吞吐能力总量过剩 5×10^8t 以上（关道明和阿东，2013）。

（3）泊位结构不合理。虽然港口数量多，但港口深水泊位、专用泊位少。航道等级低，不能适应海运船舶大型化发展的需要，致使资源严重分散，码头闲置，效率下降。港口发展和支撑对外开放的后劲不足。

（4）海上运力规模小，船舶老化，不适应远洋运输和现代化运输发展的需要。

（5）修造船设施规模小、技术落后，跟不上船型变化和发展的需要。

（6）海洋交通运输业受国际经济和市场影响较大，年间波动明显，风险高。

第五节　海 洋 盐 业

海洋盐业（marine salt industry）是指利用海水或海滨地下卤水生产以氯化钠为主要成分的盐产品的活动，包括采盐和盐加工。

一、发展现状

海盐业既是我国传统海洋产业，也是关系国计民生的重要产业，约占我国盐总产量的 2/3，在我国海洋经济中占有悠久和特殊的地位。我国海盐年产量已连续多年位居世界第一。盐业一直是国家控制产业，食用盐一直属于国家专卖产品，2017 年 1 月 1 日食用盐市场放开。

渤海和江苏沿海平原泥砂质海岸带，有宽阔平坦的滩涂，滩涂底质易于压实，透水性小，具有适合盐场建造的底质条件，春季和秋季蒸发量远大于降水量，晒盐条件优越，是盐田的主要分布区。

20 世纪 50 年代以来，中国的制盐工业发生了明显变化，产量迅速增长，1952 年产盐 494×10^4t，超过了 1943 年 391.8×10^4t 的历史最高年产量。

1979 年以后，制盐工业引进先进技术，进一步发展生产，并注重质量的提高和品种的开发，制盐技术上有了很大进步。海盐生产改进了工艺，采用了塑料薄膜苫盖结晶池的新技术。许多盐场收盐、集运、堆坨等主要操作工序实现了机械化，钻井普遍采用了旋转钻和大型涡轮钻，汲取地下天然卤水采用了气举法和潜卤泵，制盐采用了真空蒸发、离心机脱水、沸腾床干燥、皮带机输送和机械包装。

至 2008 年，海洋盐业共有大中型盐场 27 个，原盐生产能力为 3744.43×10^4t。当年产量约占全国原盐产量的 60%。产盐量达到 3126.99×10^4t（表 7.1）。

表 7.1　2008 年我国沿海原盐生产能力和产量

海盐产区	生产能力/（$\times10^4$t）	产量/（$\times10^4$t）
辽宁	268.37	182.08
河北	520.86	385.07
天津	199.39	235.96

续表

海盐产区	生产能力/（$\times 10^4$t）	产量/（$\times 10^4$t）
山东	2505.30	2122.71
江苏	133.00	102.43
浙江	15.76	19.28
福建	49.58	40.13
广东	19.48	14.54
广西	13.99	13.18
海南	18.70	11.61
合计	3744.43	3126.99

注：未包括港澳台地区。

此后，制盐工业朝企业大型化、设备自动化、资源综合利用、生产多样化方向发展。以盐为基础，广泛经营有关的化学工业，如生产烧碱、纯碱、塑料和多种有关的化工产品，形成综合性的产业。但生产总值一直徘徊不前，2015 年海洋盐业生产总值为 69.00 亿元，在海洋产业生产总值中的比例由 1986 年的 6.65%下降到 0.26%（图 7.14）。

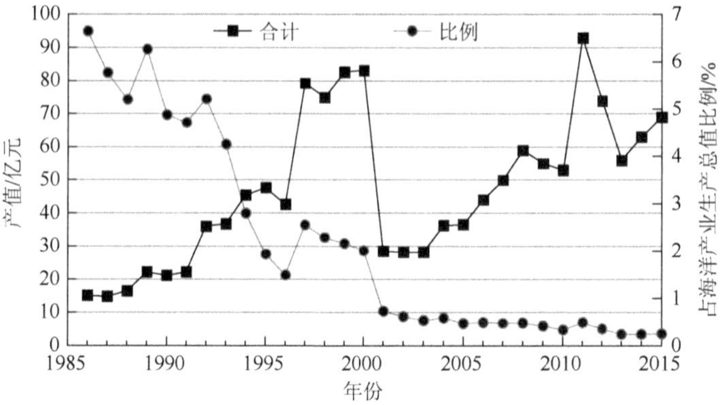

图 7.14　海洋盐业生产总值及在海洋产业生产总值中的比例

二、存在的问题

（1）全国盐业的生产总能力超过市场容量近 50%，海盐生产供大于求，造成企业库存积压，盐场间恶性低价竞争，处境十分困难。

（2）我国海盐生产能力较大，但由于技术、自然和社会等方面条件的制约，存在生产成本高、质量较低等问题，海盐产品的国际竞争力有待提高。

（3）原盐生产机械化、自动化的程度低，生产效率低。

（4）海盐是长线产品，国内市场和国际市场的潜力空间都很有限。

（5）原盐晒制产业属于海洋空间资源使用型产业，需使用大面积的滩涂资源，在海洋资源高度开发的今后，必受到冲击。

第六节　海洋化工业

海洋化工业（marine chemical industry）是指海盐化工、海水化工、海藻化工及海洋石油化工的化工产品生产活动。以海盐、溴素、钾、镁及海洋藻类等直接从海水中提取的物质作为原料，进行一次加工产品的生产，包括烧碱、纯碱及其他碱类生产，氯化钾、硫酸钾制盐副产品生产，溴素加工产品及碘等其他元素的加工产品生产，褐藻胶、碘和甘露醇等褐藻化工产品生产，有机化工原料、合成材料等海洋石油化工产品生产。

一、发展现状

海洋化工业是20世纪60年代以来开始发展起来的新兴海洋产业（蒋以山等，2013），它是化学工业延伸到海洋经济里的多领域、多层次、多品种的庞大系统，是国民经济的重要工业产业。海洋化工各种产品广泛应用于冶金、轻工、医药、食品、建材、石油、感光、消防、军工和国防等行业，是国家产业政策亟须扶持开发的重要产业。

海洋化工业属于资源型产业，受国际市场影响较大。在发展过程中，多次受到国际金融危机的冲击（杨瑾，2010），其中2007年生产总值下降到209亿元。随着国际经济的复苏，海洋化工业也有得到迅速发展，2015年生产总值增加到985.00亿元，占海洋产业生产总值的3.68%（图7.15）。

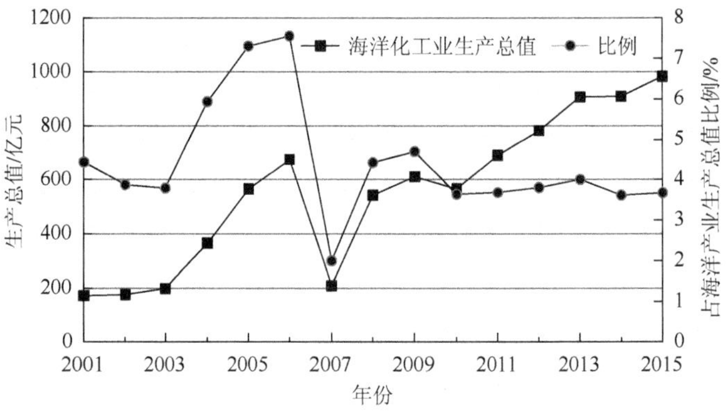

图7.15　海洋化工业生产总值及在海洋产业生产总值中的比例

二、存在的问题

（1）海洋化工业属于资源型产业，受国际市场影响较大。

（2）海洋化工业具有资源依赖性强、门类繁多、工艺复杂、产品多样，以及生产中排放的污染物种类多、数量大、毒性高等特点，是资源消耗和污染大户。

（3）主要设备和核心技术依靠国外进口，发展前景受技术输出国与我国的双边关系影响较大。

（4）主要产品较为单一，未到达综合开发利用的要求。

（5）与其他矿产资源开发利用不能有机结合，节能减排意识较差。

（6）海洋化工产品加工、贮存、使用和废弃物处理等各个环节都有可能产生大量有毒物质而影响海洋生态环境，危及人类健康。

第七节　海洋油气业

海洋油气业（marine oil and gas industry）是指在海洋中勘探、开采、输送、加工原油和天然气的生产活动。目前以原油和天然气生产为主，可燃冰的开发处于探索阶段。

一、发展现状

我国海洋油气的发展历程大致可分为 3 个阶段。20 世纪 60 年代到 70 年代末属于缓慢的起步阶段，近海累计产油不足 100×10^4t，仅有三座设备落后、机械作业简陋的油田。80 年代初到 1995 年为较快的成长阶段，通过大规模的对外合作和勘探开发，我国海洋油气业进入较快发展的阶段，原油产量从 1980 年的 16.57×10^4t 增长到 1995 年的 927.5×10^4t，年均增长量为 60×10^4t。1996 年至今是迅猛发展的成熟阶段，1996 年海洋原油产量首次突破 1000×10^4t 大关，标志着我国海洋油气业进入了一个新的、更高速发展的阶段。2015 年海洋油气总产量突破 1×10^8t，全年近海海域生产原油 5416×10^4t，生产天然气 $136\times10^8m^3$，受国际市场走低的影响，生产总值比 2014 年低，为 939 亿元，占海洋产业生产总值的 3.50%（图 7.16）。

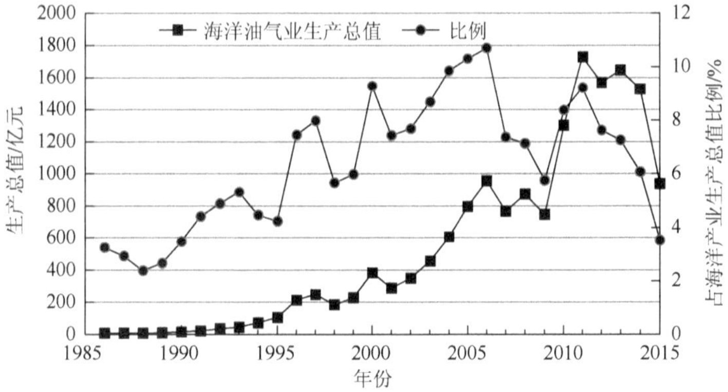

图 7.16 海洋油气业生产总值及在海洋产业生产总值中的比例

二、存在的问题

（1）海洋油气资源勘探等基础工作滞后。我国已探明近海含油气沉积盆地面积为 $70\times10^4km^2$，石油探明程度为 33%，处于勘探中期；天然气探明程度为 18%，处于勘探早期。中国近海油气资源量十分丰富，但目前探明储量不多，勘探水平较低，而且在已探明的储量中还有一部分是比较难开发的边际油田。我国陆坡深海区面积广阔，发育着一系列大的沉积盆地，这些深水盆地蕴藏着丰富的油气资源，尚未开发。

（2）技术水平有待提高。从海上油田的勘探、钻探、开采和油气集输到提炼的全过程几乎全靠高科技的支撑。相比国际海洋油气开采技术的高科技化，我国油气勘探开发仅限于近海水域，开发规模小，还有许多难开发区，深海开采技术相对落后。

（3）海洋油气开发规模较小。我国油气勘探和开发主要集中在渤海、东海和南海等近海水域，开发规模小。我国海洋油气量仅占世界海洋油气产量的 2%左右，占国内原油产量的 18%，也明显低于世界平均水平。我国天然气资源占世界总资源的 2%，居世界第 10 位，但已探明开采储量仅约占世界的 0.9%，居世界第 20 位。与国外先进水平相比还有一定差距。

（4）海洋油气竞争弱。油气资源的开发属于知识密集、技术密集、资金密集型的行业，也是高投入、高风险的综合高技术领域。我国石油企业必须加快企业改革、机构重组，以科技作为第一生产力，降低桶油成本，使其具有国际竞争力，增强企业的抗风险能力。

（5）海洋油气污染越来越重。由于不断扩大和集中地在大陆架地区开发油气资源，海洋环境污染的程度也在不断加剧。蓬莱 19-3 等溢油事故时有发生，石油、天然气及其制品从海洋油气区溢漏对海洋生态系统造成严重污染。保护生态环境，解决油气污染问题成为影响海洋油气生产的一个重要因素。

（6）油气开发的空间布局不合理。目前的油气开采主要集中在渤海和南海西部。渤海是我国的内海，黄海油气沉积盆地主要分布在我国近海，黄渤海的油气资源应当作为战略能源保护起来。应该着力勘探开发东海和南海的油气资源。

（7）海洋油气资源勘探和开发仍然依靠国外力量。我国的海洋油气资源，一直都坚持和外国公司合作勘探开发，海洋油气开发的利润很大份额给了国外企业。中国海洋油气产业应该走出去，在国际市场上寻找新的油气来源，增加国际市场上的油气份额，2015 年海外原油产量为 3197×10^4t，天然气产量为 108×10^8m^3。

第八节 海洋矿业

海洋矿业（ocean mining industry）是指海滨砂矿、海滨土砂石、海滨地热、煤矿开采和深海采矿等采选的活动。海洋矿业包括传统的砂矿、煤矿等矿产资源的开发，也包括深海和国际海底区域的多金属结核、富钴结壳、热液矿等新型矿产资源的开发利用。

一、发展现状

我国正处在迅速推进工业化阶段，对能源、原材料矿产需求持续扩大，矿产资源紧缺矛盾日益突出。我国海洋矿业一直以滨海砂矿开发为主，煤矿、油页岩等非金属矿产有部分开发利用，金属矿产开发利用很少，国际海底区域的多金属结核、富钴结壳、热液矿等新型矿产资源的开发利用处于储备阶段。自 1986 年，由于海砂资源的限采和禁采，海洋矿业生产总值一直在较低水平徘徊，2004 年以后才有较大的发展。2015 年生产总值为 67.00 亿元，占海洋产业生产总值的 0.25%（图 7.17）。

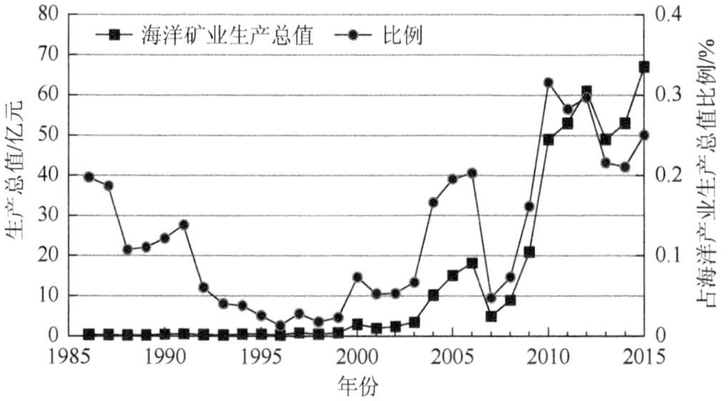

图 7.17 海洋矿业生产总值及在海洋产业生产总值中的比例

二、存在的问题

（1）资金不足，总体规模小。海洋矿业总体规模偏小，在我国海洋经济中占的比重还不大。

（2）科学研究与技术开发落后，装备相对较差，国际竞争力有待提高。目前的产业只对传统的几个矿产资源进行开发利用，深海和国家海底区域的多金属结核、富钴结壳、热液矿等新型矿产资源尚未得到开发利用。

（3）装备较差。海滨砂矿的采选场规模一般为中小型，以土法和半机械化开采为主，主要采用跳汰、摇床、溜槽水力冲洗法、粒浮选法、螺旋水洗法、磁选和电选等方法进行选矿。总体开采的机械化程度不高，工业矿物回收率较低，一般为40%～60%。

（4）总体为粗放型开发。我国海洋矿产资源开发长期处于粗放式的开发状态，经历了从没有充分开发到部分资源开发过渡，从单一资源开发向综合开发过渡，海洋环境从污染较少到污染逐渐加剧。

（5）无序开发与环境污染现象仍然严重。在开采生产中，普遍存在着采富弃贫，加之技术水平不高，只能采选其中的某一种或几种矿物，其他有用矿物多被废弃，浪费资源，引起的环境问题也日益严重。

（6）宏观调控力度较低。海洋矿业布局、矿产资源开发、优势矿种保护、海洋生态环境保护等尚无总体规划，宏观调控力度和政策指导有待于提高。

第九节 海洋船舶工业

海洋船舶工业（marine ship engineering industry）是指以金属或非金属为主要材料，制造海洋船舶、海上固定及浮动装置的活动，以及对海洋船舶的修理及拆卸活动。它是承担各种军民用舰船及其他浮动工具的设计、建造、维修和试验及其配套设备生产的重工业。

一、发展现状

中国船舶工业有着悠久的历史，早在3000多年前就有了木板船，到汉代已广泛使用木帆船。中国近代船舶工业始于19世纪中期。1865年安庆军械所制成中国第一艘轮船“黄鹄号”，同年在上海创办了江南机器制造总局。1866年在马尾设立了福州船政局。

新中国成立后，有计划有重点地改建、扩建了江南、大连、沪东、上海、武昌、新港第一批老的骨干船厂和地方中小船厂，同时新建了渤海、广州、黄浦等骨干船厂和众多的地方船厂。在中国形成了上海、大连、天津、广州、武汉和重庆等船舶修造基地。

2007年产业扩能，全国规模以上的船舶工业企业达到1059家，2012年达到1536家，船舶订单量、建造量和未交付订单量的世界市场占有率等船舶工业的三大指标均排名世界第一，分别占世界市场的35%、30.7%和33.5%。2014年国家实施老旧运输船舶报废更新补助专项资金，刺激持续萧条、低位震荡的船市。目前我国船舶工业已经形成军舰、运输船舶、渔业船舶、钻井平台、浮动平台等建造、维修和拆装的船舶工业体系。

2015年，全国规模以上的船舶工业企业有1449家，造船完工载重量4184×10^4t，承接新船订单量3126×10^4t，手持船舶订单量12304×10^4t。出口船舶分别占全国造船完工量、新接订单量和手持订单量的88.6%、88.6%和95.7%。2014年全国海洋船舶工业生产总值达到 1441.00 亿元，占海洋产业生产总值的 5.38%（图 7.18）。

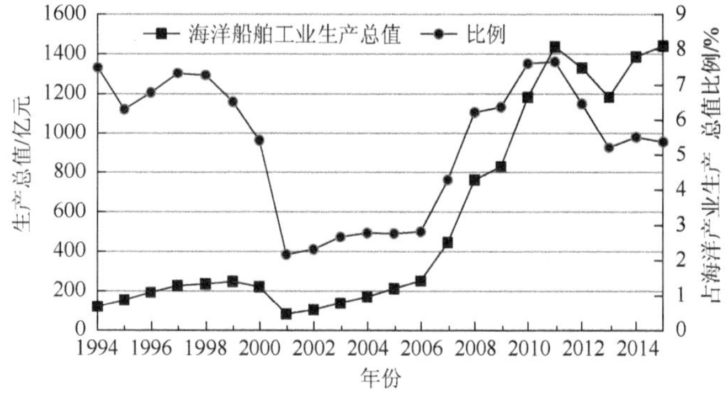

图 7.18　海洋船舶工业生产总值及在海洋产业生产总值中的比例

二、存在的问题

（1）船市迈入深度调整期，市场环境更加恶劣。受国际金融危机深层次影响，全球经济增速放缓，新船市场持续低迷，海工装备市场大幅下滑。接单难、交船难、融资难和生存难问题仍然困扰着中国船舶工业的健康发展，2015 年，新接订单所占国际市场份额下降；船舶延期交付明显增多，在手订单交付风险增大；银行贷款条件越发严格，财务成本大幅增长；造船能力供大于求问题突出，造船企业破产重整时有发生。

（2）国际竞争愈加激烈，管理水平亟待提高。中国船舶企业经济效益同比大幅下滑，除外部环境影响外，市场竞争的变化、船舶企业管理能力不足也是利润下滑的主要原因。尽管骨干企业在降本增效方面取得不错的成绩，但部分企业仍难以有效降低研发、制造和人工成本；难以严格执行生产计划，提高管理效率；难以从设计、工艺、采购等方面提升产品质量，降低内外部质量风险。在当前激烈的市场竞争中，船舶企业管理水平亟须快速提高。

（3）市场需求结构变化，研发水平仍需提高。国际船舶市场需求结构发生了重大变化，中国具有竞争优势的散货船需求量急速下跌，而超大型原油船、超大型集装箱船和液化天然气船等双高船型在整个市场需求结构中所占比例明显提升。中国绝大多数造船企业都是以建造散货船为主，在当前散货船市场走势异常低迷的情况下，中国造船业国际市场地位受到威胁。中国船舶工业高技术船舶研发能力薄弱、更新速度缓慢和研发产品不适应市场快速变化等问题亟待解决。

（4）国际油价屡创新低，海洋工程装备市场受到冲击。国际油价屡创新低，不少石油公司已经延迟或取消了多个油气建设项目。受此影响，海洋工程装备市场成交创近 10 年的最低水平。2015 年中国承接各类海洋工程装备 88 艘（座）、38.2 亿美元，金额同比下降 75.5%。除此之外，中国在油价高峰时期的 2013 年和 2014 年承接的大量低首付款钻井平台和海工船项目，面临的交付风险也越来越大，一些项目由于船东的经营困难不能按时交付，甚至出现项目撤单的现象。

（5）低端产能过剩高端不足，有待于洗牌重组。中国船舶行业体量已经非常庞大，船舶行业产品低端过剩高端不足的结构性产能过剩非常明显，迅速改变我国船舶行业动力装备薄弱的现状已成为当务之急，企业洗牌重组趋势加剧。

第十节 海洋电力业

海洋电力业（marine electric power industry）是指利用海洋能进行的电力生产活动。包括利用海洋中的潮汐能、波浪能、热能、海流能、盐差、风能等天然能源进行的电力生产，以及沿海地区利用海水冷却发电的核力、火力企业的电力生产活动。中国海洋经济统计中不包括沿海地区的火力发电和核力发电。

一、发展现状

20 世纪 50 年代后期，我国曾出现过利用潮汐能办电站高潮，沿海诸省市兴建了 42 个小型潮汐电站，总装机容量 500kW。

70 年代初，再度出现潮汐办电站热潮，至今仍在使用的潮汐电站共有 8 座，总装机容量 7245kW。其中较大的 3 座为浙江江厦电站、山东半岛白沙口电站和广东甘竹滩洪电站。波浪发电主要集中研究小型气动式装置，应用在海上做导航标灯。

1991 年，秦山核电站建成发电，核电产业发展较为迅速，目前沿海已经拥有 16 座核电站，众多火力发电厂分布在沿海地区。2004 年以后，我国开始在沿海兴建风力场，已经拥有沿海风力发电场 18 个。

海洋电力业的生产总值在海洋产业生产总值中的比例不断升高。不包括沿海地区的火力发电和核力发电，2015 年全国沿海海洋电力业生产总值达到 116.00 亿元，占海洋产业生产总值的 0.43%（图 7.19）。

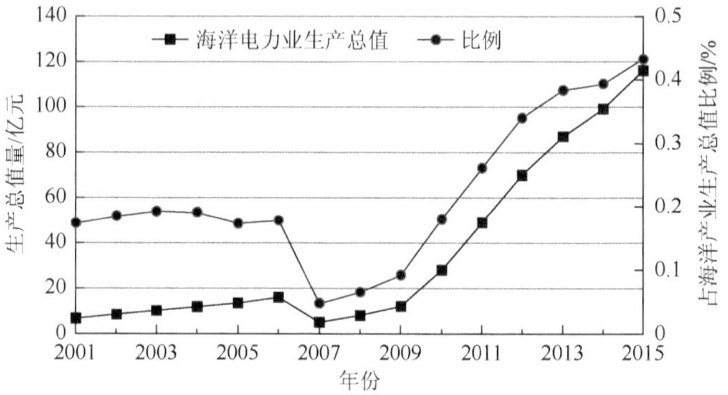

图 7.19 海洋电力业生产总值及在海洋产业生产总值中的比例

二、风能发电

随着陆上风机总数趋于饱和，海上风力发电将成为未来发展的重点。2004 年长岛风力发电工程建设成功后，我国开始在沿海兴建风力场。2007 年启动的“国家科技支撑计划”把能源作为重点领域，组织实施大功率风电机组研制与示范，组建近海试验风电场，形成海上风电技术。上海东海大桥 10×10^4kW 海上风电场项目于 2009 年建成投产。地处渤海辽东湾的中国首座离岸型海上风力发电站，于 2007 年 11 月 28 日正式投入运营，标志着中国发展海上风电的实质性突破。与此同时，沿海地区一批海上风电项目带动了风电产业快速发展，天津、连云港等风电产业基地初步形成。我国已经拥有沿海风力发电场 18 个，并网发电的主要有南澳风力发电场、大连横山风电场和山东长岛风电场等。

三、潮汐能发电

江厦电站是目前中国最大的潮汐电站，已正常运行20年。该电站是1974年在原“七一”塘围垦工程的基础上建造的，先后安装了6台机组，单机容量为500～700kW，最后一台机组2007年10月投入运行。目前总装机900kW，是世界第三大潮汐电站。

除江厦电站外，到目前为止，我国正在运行发电的潮汐电站还有7座，如海山潮汐电站、沙山潮汐电站、白沙口潮汐电站和平潭潮汐电站等。这8座潮汐电站总装机容量为6000kW，发电量为1000×10^4（kW·h）/a。现在我国潮汐发电次于法国和加拿大，居世界第三位。

四、波浪能发电

我国波力发电技术研究始于20世纪70年代，80年代以后获得较快发展。小型岸式波力发电技术已进入世界先进行列，航标灯所用的微型波浪发电装置已趋商品化，在沿海海域航标和大型灯船上推广应用。与日本合作研制的后弯管形浮标发电装置，已向国外出口，处于国际领先水平。

珠江口大万山岛上研建的岸边固定式波力电站，早在1990年就已试发电成功，存在的问题逐步得到改进。总装机容量20kW的岸式波力试验电站和8kW摆式波力试验电站也试建成功。

第十一节　海洋工程建筑业

海洋工程建筑业（marine engineering building industry）是指在海上、海底和海岸所进行的用于海洋生产、交通、娱乐、防护等用途的建筑工程施工及其准备活动，包括海港建筑、滨海电站建筑、海岸堤坝建筑、海洋隧道桥梁建筑、海上油气田陆地终端及处理设施建造、海底线路管道和设备安装，不包括各部门、各地区的房屋建筑及房屋装修工程。

2001年以来，海洋工程建筑业自成一体，除传统的海港工程建筑外，又逐渐形成围填海工程、跨海桥梁工程和海底隧道工程等建筑业，生产总值一直保持上升趋势。2016年生产总值达2092.00亿元，占海洋产业生产总值的7.81%（图7.20）。

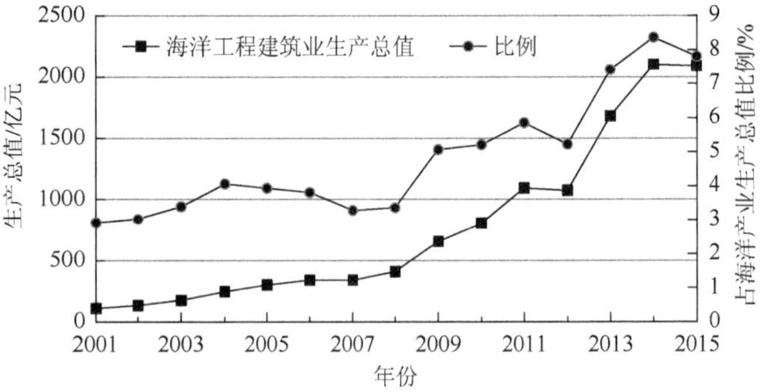

图7.20　海洋工程建筑业生产总值及在海洋产业生产总值中的比例

第十二节 海洋生物医药业

海洋生物医药业（marine biological pharmacy industry）是以海洋生物为原料或提取有效成分，进行海洋药品与海洋保健品的生产加工及制造活动。

一、发展现状

当前人类对海洋生物医药资源的开发利用相当有限。海洋中拥有许多药用价值很高的具有特殊活性的海洋生物，其中包括海洋药用植物和动物，海洋药用植物指大部分是来自低等海洋生物藻类；海洋药用动物主要指海洋药用腔肠类、鱼类、爬行类和哺乳类等动物。海洋中蕴含的药用生物量是巨大的，若将它们用于海洋生物药业生产和研究，可以说是拥有了无限的生产与研究的原材料。目前，所存在的陆生天然药物与化学合成药物对人类的生存产生很大威胁的癌症、艾滋病、糖尿病及各种流行性疾病、免疫性疾病等的药效并不是很好，人类迫切需要开辟新药途径，海洋生物医药业的研究和开发就显得越来越重要。部分发达国家及新兴经济体正在把他们的经济政策焦点转向了海洋生物医药业，发展战略性新兴产业领域。全球在该领域研究历史较为悠久的国家主要有美国、欧盟国家和日本等。

我国现代的海洋生物医药业发展起步较晚。20 世纪 90 年代末，海洋生物技术研究正式列入了“国家 863 计划”，并相继启动了一大批海洋生物技术的重大项目，推动了中国海洋生物医药技术的快速发展。伴随着一大批拥有自主知识产权海洋药物（功能食品）的生产上市，我国海洋生物医药科技成果产业化的步伐不断加快，诞生了一批海洋生物医药高科技企业，产业规模得到了迅速壮大。进入 21 世纪以来，中国海洋生物医药研发力量不断增强，沿海地区相继建立了数十家研究机构，形成了以上海、青岛、厦门和广州为中心的 4 个海洋药物及海洋生物技术研究中心。国内从事海洋药物及海洋生物工程制品研发的科研人员达数千名，研究的范围已经从中国沿海、浅海延伸到深海，最后到达极地，一大批的科研成果申请并获得了具有自主知识产权的国内和国际专利。

2001 年以后，我国的海洋生物医药增加值始终呈现出稳步上升的趋势。2015 年我国海洋生物医药业生产总值达到 302.00 亿元，占海洋产业生产总值的 1.13%（图 7.21）。

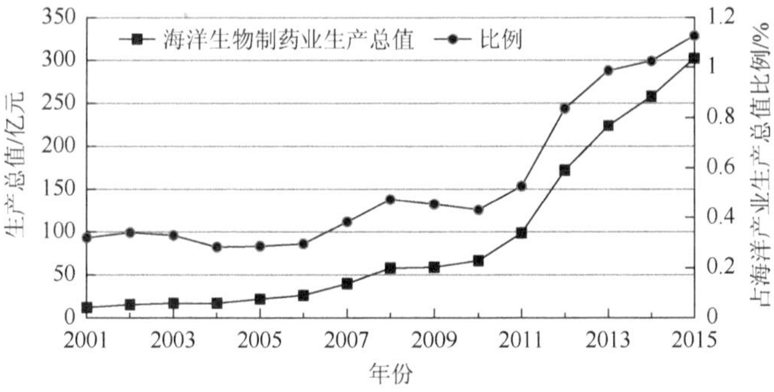

图 7.21 海洋生物制药业生产总值及在海洋产业生产总值中的比例

二、存在的问题

我国的海洋生物医药业有了很大的发展，但是相比美国、欧盟和日本等在该领域有着旗舰地位的国家，我国还是有着很多的不足。

(1)对海洋药物资源了解不足。由于海洋开发技术落后、海洋生物医药技术发展滞后，我国对很多海洋天然产物的潜在药物价值缺乏足够的开发与了解。

(2)产学研结合不够密切。海洋药物在生产流程方面较陆生药物复杂，研发周期较长，商业模式不成熟，并面临大量的未知问题，如产学研结合的不够密切、知识产权保护落后于海洋医药研究与开发等，都需要逐步去解决。

(3)产业布局不够合理。国家缺乏相关保护政策和海洋生物医药业发展规划、战略目标、重点领域及产业区域布局等部署。

(4)核心技术自主创新能力较差。医药研发技术、海洋生物勘探技术、培养相关高新技术人才方式等的落后，限制了海洋生物医药业的自主创新能力，在关键技术上的竞争能力不强，阻碍了海洋生物医药业的发展速度。

第十三节　海水利用业

海水利用业（sea water direct utilization industry）是指对海水的直接利用和海水淡化活动，包括利用海水进行淡水生产和将海水应用于工业冷却用水、城市生活用水、消防用水等活动，不包括海水化学资源综合利用活动。

一、发展现状

我国一直注重海水利用事业，20 世纪 60 年代开始发展海水淡化产业。截至 2014 年年底，全国已建成海水淡化工程 112 个，产水总规模达到 92.69×10^4t/d，最大海水淡化工程规模达 20×10^4t/d，天津的产能最高（图 7.22）。受工程规模、能源价格、维修成本和人工费用等因素的影响及成本计算方法的不同，目前我国海水淡化工程成本多集中在 5～8 元/t。海水直流冷却、海水循环冷却和大生活用海水技术得到不断应用，海水冷却年利用海水量为 1009×10^8t。

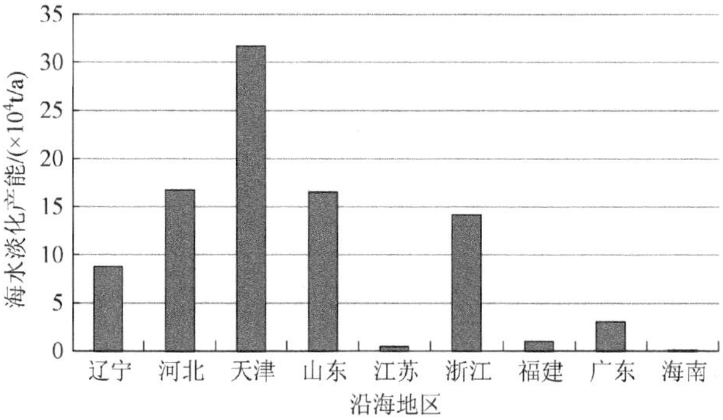

图 7.22　2014 年沿海地区海水淡化产能分布

大生活用海水是将海水作为城市生活杂用水。我国已掌握大生活用海水关键技术，在大生活用海水关键药剂、材料、装备开发、水质净化与处理技术研发和标准研制等方面进展较大，青岛已建成 $46\times10^4m^3$ 大生活用水示范工程。

淡化水广泛应用于沿海电力、石化、钢铁等高耗水行业及海岛生产生活用水。全国海水淡化工程产水的终端用户主要分为两类，一类是工业用水，如首钢京唐港、天津大港新泉和辽宁红沿河等海水淡化工程；另一类是民用供水，如浙江嵊泗、西沙永兴岛和赵述岛等岛屿海水淡化工程。在已建成的海水淡化工程中，海水淡化水用于火电企业为 30.43%，核电企业为 2.44%，热电企业为 3.33%，化工企业为 12.21%，石化企业为 14.00%，钢铁企业为 8.33%，居民生活用水 29.23%（图 7.23）。

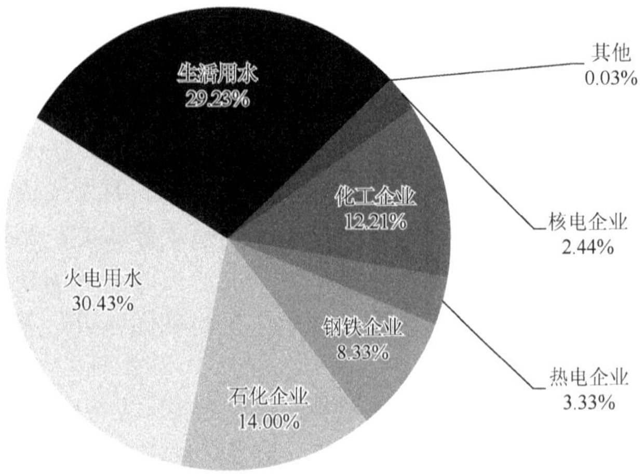

图 7.23　2014 年海水淡化水去向

在海水淡化方面，全国海水淡化工程分布在沿海 9 个省（区、市），主要是在水资源严重短缺的沿海城市和海岛。北方以大规模的工业用海水淡化工程为主，主要集中在天津、河北和山东等地的电力、钢铁等高耗水行业。南方以民用海岛海水淡化工程居多，主要分布在浙江、福建和海南等地，以 100t 级和 1000t 级工程为主。其中，海岛地区海水淡化工程规模为日产 9.8×10^4t，主要分布在浙江、山东、辽宁和海南。

在海水化学资源利用方面，除海水制盐外，我国海水提钾、提镁、提溴等也发展较快，产品主要包括溴素、氯化钾、氯化镁、硫酸镁等。同时，海水和浓海水提溴产能进一步扩大。在浓海水综合利用及产品高值化产业化技术研究方面，目前我国正在进行浓海水制卤、苦卤连续结晶纯化及产品高值化技术研究与示范、浓海水钾钠盐高效提取及高值化利用产业化示范等。

海水利用业呈现持续发展，2015 年生产总值达到 14.00 亿元，占海洋产业生产总值的 0.05%（图 7.24）。

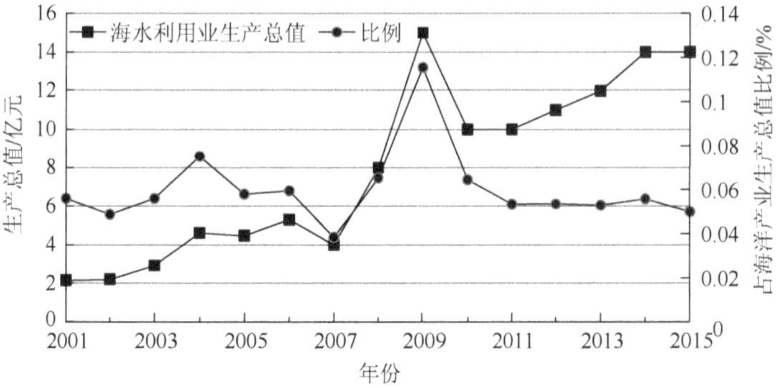

图 7.24　海水利用业生产总值及在海洋产业生产总值中的比例

二、存在的问题

（1）缺乏法律保障，配套政策不足。我国现行《中华人民共和国水法》中并没有将海水列入水资源范畴，没有明确规定个人和单位利用海水的责任和义务，有关海水淡化的相关政策的推进缺乏法律保障。我国海水利用业发展的相关配套政策不完善。产业发展资金保障不足，未将海水淡化纳入政府补贴配置范畴。税收优惠政策力度不够，措施不具体，可操作性差。海水淡化工程投资、水价补贴等政策还有待完善。国家规划体系对海水利用的重视程度不够，未将海水淡化纳入国家水资源配置体系和区域水资源规划，没有形成合理统一的水资源开发利用市场机制，反映资源稀缺性的水价形成机制尚未建立。

（2）相对于自来水，成本仍然偏高。海水淡化成本主要由投资成本、运行维护成本和能源消耗成本构成。其中，运行维护成本又包括维修成本、药剂成本、膜更换成本、管理成本和人力成本等。海水淡化技术就是能源换水资源的技术，将海水变为淡水，自然就会受到能源价格波动的影响。除了中东地区国家外，其他国家和地区都面临相同的问题。

（3）进入市政管网困难，导致结构性产能过剩。在实际运行中，根据工程产水用途不同，海水淡化工程投产情况也各不相同。其中，海岛居民用海水淡化工程，因不同年份降水量存在差异，这类工程多根据居民需水量调节其产水量。工业用海水淡化工程，其规模多根据厂区需水量设计，产水量仅达到设计规模的60%～70%。而工业与民用结合的海水淡化工程，受海水淡化水进入市政供水管网的限制，实际产水量较低。

（4）产业化进程仍有阻力，市场需求亟待激活。我国从事海水淡化设备制造和工程成套的企业规模普遍较小，制造业基础薄弱，技术成果转化能力较弱，严重制约了海水淡化技术产业化进程。制造产业链尚未形成，即便是从国外引进生产线，大部分原材料仍需要进口，难以形成较强的品牌效应。海水淡化厂的建设仍处于孤立、零散的初级应用状态，还未形成海水淡化装备制造业基地和具有国际竞争能力的专业化龙头企业或企业集群，在市场竞争上也不具备与国外公司抗衡的能力。国内目前除了国家示范项目外，真正由需求产生的海水淡化项目寥寥无几，在国内应用推广依然艰难，市场需求亟待激活。

（5）自主创新能力较弱，设备国产化率仍然偏低。基础研究不足，具有自主知识产权的关键技术较少，设备制造及配套能力较弱，海水淡化技术在国际上仍处于初级水平。目前，全国已投建的海水淡化工程特别是 10^4t 级以上工程中，多数采用国外公司技术、反渗透海水淡化的核心材料和关键设备，如海水膜组器、能量回收装置、高压泵及一些化工原材料等主要依赖进口，按工程设备投资价格比，国产化率不到 50%。蒸馏法用耐海水腐蚀管材、蒸汽喷射装置（热泵）、传热效率等与国际先进水平相比有较大差距（陈艳丽等，2015）。

第十四节　其他海洋产业

随着社会经济的发展和科学技术的进步，其他各类海洋产业正在形成。

一、海水农业

海水农业（marine agriculture）是以经济盐生植物和盐生作物为生产对象，以土地为载体运用海水进行浇灌或以海水无土栽培方式进行生产的种植业，以及相关的林业、牧业和产品加工业等。

海水灌溉农业，顾名思义，就是利用海水浇灌进行作物生产，是以海水资源、沿海滩涂资源及耐海水植物为劳动对象的特殊农业，它包括作物在沿海盐碱滩地的种植，在淡水灌溉的基础上或灌溉海水或用低浓度海水喷灌，以及直接用海水浇灌或漫灌。海水灌溉农业习惯上简称海水农业，但确切讲，海水农业除海水灌溉农业外，还包括海洋动物捕捞和养殖业、海洋植物种植栽培业（如海藻种植、红树林栽培等），后两者又习惯称为海洋农业。海洋农业中的海藻种植、红树林栽培等，水、土、植物是纯海洋的；而海水灌溉农业中的水、土是海洋的，植物却是陆生的，但其耐海水，这是海水灌溉农业最本质的特征。发展海水灌溉农业，将在很大程度上缓解人类水资源、可耕地和粮食三大危机。另外，可促淤造陆，减缓海水对海岸土地侵蚀，还可减轻工业和养殖业对沿海滩涂和近海造成的污染，并能大量吸收 CO_2，减轻温室效应，改善生态环境。

二、海洋服务业

海洋服务业（marine service industry）是为海洋开发提供保障服务的新兴海洋产业。按其内容可分为海洋信息服务、海洋技术服务和海洋社会服务，按其性质分为公益性或事业性服务、产业性或商业性服务。

三、深海采矿业

深海采矿业（deep sea mining）是指勘探、开采和冶炼海底多金属结核、钴结壳、热液硫化物和天然气水合物等矿产资源的生产行业。

四、海洋制造业

海洋制造业（marine manufacturing industry）是以海洋产品为原料加工产品，以及直接应用于海洋或海洋开发活动的产品的生产行业。

五、海洋网络通信

海洋网络通信是指应用于海洋网络、通信、监控等方面的活动，是用物理链路将各个孤立的工作站或主机相连在一起，组成数据链路，从而达到资源共享和通信的目的。通信是人与人之间通过某种媒体进行的信息交流与传递。网络通信是通过网络将各个孤立的设备进行连接，通过信息交换实现人与人、人与计算机，以及计算机与计算机之间的通信。

六、海洋装备业

海洋装备也是指为海洋开发利用活动提供仪器、设备和装备等服务的产业。海洋装备产业作为海洋经济发展支撑的重要产业，实现海洋监测设备产业化，缩小与发达国家在该领域的差距，乃当务之急。

思 考 题

1. 什么是海洋产业的概念？
2. 我国海洋产业的变化趋势是什么？
3. 海洋渔业的定义及类型是什么？
4. 简述我国海洋渔业现状。

5. 简述我国海洋捕捞产业现状及存在问题。
6. 简述我国海水养殖业现状及发展趋势。
7. 简述我国海洋增殖产业现状。
8. 简述海产品加工产业现状及发展趋势。
9. 简述滨海旅游业现状及发展趋势。
10. 简述交通运输业的组成与现状。
11. 简述日本福岛核泄漏对我国原盐及盐化工业的影响。
12. 简述矿产开采业前景。
13. 简述海洋船舶工业大量发展的思考。
14. 简述海洋能开发利用的前景。
15. 将来能形成哪些新的海洋产业?

第八章 综合功能区

本章学习重点

1. 了解我国海洋综合功能区划分的方法。
2. 掌握海岛及邻近海域的优势资源、主导功能和发展方向。
3. 掌握大陆架及专属经济区的优势资源、主导功能和发展方向。
4. 掌握海岸带及邻近海域的综合功能区划分。
5. 掌握沿海各综合功能区的优势资源、环境条件、主导功能和发展方向。

第一节 我国海洋经济发展总体布局

一、总体布局

（一）总体目标

海洋经济在国民经济中所占比重进一步提高，海洋经济结构和产业布局得到优化，海洋科学技术的贡献率显著加大，海洋支柱产业、新兴产业快速发展，海洋产业国际竞争能力进一步加强，海洋生态环境质量明显改善。形成各具特色的海洋经济区域，海洋经济成为我国国民经济新的增长点，逐步把我国建设成为海洋强国。

（二）海洋经济区域布局

海洋经济区域分为海岸带及邻近海域、海岛及邻近海域、大陆架及专属经济区和国际海底区域。开发建设的时序和布局是：由近及远，先易后难，优先开发海岸带及邻近海域，加强海岛保护与建设，有重点开发大陆架和专属经济区，加大国际海底区域的勘探开发力度。

二、区域经济发展战略

2006 年以来，国家实施了多项国家级区域发展战略，先后有天津滨海新区、广西北部湾经济区、珠江三角洲地区、海峡西岸经济区、江苏沿海地区、辽宁沿海经济带、黄河三角洲高效生态经济区、长江三角洲地区、浙江海洋经济发展示范区、山东半岛蓝色经济区、图们江区域（珲春）国际合作示范区、珠江三角洲、河北沿海地区、海南国际旅游岛及广东（江门）大广海湾经济区等，促进全国各区域的协调发展。

（一）辽宁沿海经济带

辽宁沿海经济带就是在辽宁沿海地区划分的经济发展区域。《辽宁沿海经济带发展规划》于 2009 年 7 月 1 日获得国务院批准。

包括大连、营口、锦州、丹东、盘锦和葫芦岛等沿海城市在内的辽宁沿海经济带，地处环渤海地区重要位置和东北亚经济圈关键地带，资源禀赋优良，工业实力较强，交通体系发达。加快辽宁沿海经济带发展，对于振兴东北老工业基地，完善我国沿海经济布局，促进区域协调发展和扩大对外开放，具有重要战略意义。

进一步提升大连核心地位，强化大连—营口—盘锦主轴，壮大渤海翼（盘锦—锦州—葫芦岛渤海沿岸）和黄海翼（大连—丹东黄海沿岸及主要岛屿），强化核心、主轴、两翼之间的有机联系，形成“一核、一轴、两翼”的总体布局框架。依据战略定位，充分考虑现有开发强度、资源环境承载能力和发展潜力，因地制宜、发挥优势，培育建设一批发展思路清晰、功能定位准确、产业分工合理、示范带动作用突出的重点区域和产业集群。

（二）河北沿海地区

河北沿海地区地处环渤海中心地带，包括秦皇岛、唐山和沧州三个地区，海岸线长487km，陆域面积 $3.57\times10^4km^2$，海域面积约 $0.7\times10^4km^2$。2011 年 11 月 27 日，国家发展和改革委员会印发了《河北沿海地区发展规划》。

确定河北沿海地区的空间结构为“一带、三区，多节点、多通道”。“一带”指沿海城镇产业发展带；“三区”指唐山、秦皇岛和沧州 3 个都市区，“多节点”指重要城镇节点与专业性节点；“多通道”指连接沿海港口与腹地及节点城市的多条疏港运输通道。着力把河北沿海经济带建设成为科学发展的示范带、富民强省的支撑带、环渤海地区崛起的先行带，为实现河北由沿海大省向沿海强省跨越提供强大支撑。

（三）天津滨海新区

滨海新区是天津市下辖的副省级区、国家级新区和国家综合配套改革试验区，国务院批准的第一个国家综合改革创新区（2005 年）。海岸线长 153km，总面积为 $2270km^2$。

确定的空间和产业布局为：“一轴、一带、三个城区、九个功能区”。“一轴”指沿京津塘高速公路和海河下游建设“高新技术产业发展轴”。“一带”为沿海岸线和海滨大道建设“海洋经济发展带”。“三个生态城区”是建设以塘沽为中心、大港和汉沽为两翼的 3 个宜居生态型新城区。“九大功能区”包括：滨海新区中心商务区，主要发展金融、贸易、商务、航运服务产业；临空产业区，主要发展临空产业、航空制造产业；滨海高新区，主要发展航天产业、生物、新能源等新兴产业；先进制造业产业区，主要发展海洋产业、汽车、电子信息产业；中新生态城，主要发展生态环保产业；海滨旅游区，主要发展主题公园、游艇等休闲旅游产业；海港物流区，主要发展港口物流、航运服务产业；临港工业区，主要发展重型装备制造产业及研发、物流等现代服务业；南港工业区，主要发展石化、冶金、装备制造产业，建设成为中国最大的航空航天产业基地和世界级石化基地。

（四）黄河三角洲高效生态经济区

黄河三角洲地区地域范围包括东营和滨州两市全部，以及与其相毗邻自然环境条件相似的潍坊北部寒亭区、寿光市、昌邑市，德州乐陵市、庆云县，淄博高青县和烟台莱州市。总面积 $2.65\times10^4km^2$。东营市是黄河三角洲的中心城市和黄三角高效生态经济区开发建设的主战场。2009 年 11 月 23 日《黄河三角洲高效生态经济区发展规划》获批。

战略定位：建设全国重要的高效生态经济示范区、特色产业基地、后备土地资源开发区和环渤海地区重要的增长区域。

（五）山东半岛蓝色经济区

山东半岛是我国最大的半岛，是环渤海地区与长江三角洲地区的重要结合部、黄河流域地区最便捷的出海通道、东北亚经济圈的重要组成部分。山东半岛蓝色经济区规划主体区范围包括山东全部海域和青岛、烟台、威海、潍坊、日照、东营 6 市及滨州市的无棣、沾化 2 个沿海县所属陆域，海域面积为 $15.95\times10^4km^2$，陆域面积为 $6.4\times10^4km^2$。2011 年 1 月 4 日《山东半岛蓝色经济区发展规划》获批。

战略定位：建设具有较强国际竞争力的现代海洋产业集聚区、具有世界先进水平的海洋科技教育核心区、国家海洋经济改革开放先行区和全国重要的海洋生态文明示范区。

（六）江苏沿海地区

江苏沿海地区，包括连云港、南通和盐城三市，陆域面积为 $3.25\times10^4km^2$，海岸线长 954km。地处我国沿海、沿长江和沿陇海兰新线三大生产力布局主轴线交会区域，是长江三角洲的重要组成部分，区位优势独特，土地后备资源丰富，战略地位重要。2009 年 6 月 10 日《江苏沿海地区发展规划》获批。

战略定位：立足沿海，依托长三角，服务中西部，面向东北亚，建设我国重要的综合交通枢纽，沿海新型的工业基地，重要的土地后备资源开发区，生态环境优美、人民生活富足的宜居区，成为我国东部地区重要的经济增长极和辐射带动能力强的新亚欧大陆东方桥头堡。

（七）长江三角洲地区

长江三角洲是长江入海之前的冲积平原，包括上海市、江苏省和浙江省，区域面积 $210740km^2$，其中陆地面积 $186802.8km^2$，水域面积 $23937.2km^2$。2010 年《长江三角洲地区区域规划》获批。

战略定位：①亚太地区重要的国际门户。围绕上海国际经济、金融、贸易和航运中心建设，打造在亚太乃至全球有重要影响力的国际金融服务体系、国际商务服务体系、国际物流网络体系，提高开放型经济水平，在我国参与全球合作与对外交流中发挥主体作用。②全球重要的现代服务业和先进制造业中心，围绕培育区域性综合服务功能，加快发展金融、物流、信息、研发等面向生产的服务业，努力形成以服务业为主的产业结构，建设一批主体功能突出、辐射带动能力强的现代服务业集聚区，加快区域创新体系建设，大力提升自主创新能力，发展循环经济，促进产业升级，提升制造业的层次和水平，打造若干规模和水平居国际前列的先进制造产业集群。③具有较强国际竞争力的世界级城市群，发挥上海的龙头作用，努力提升南京、苏州、无锡、杭州和宁波等区域性中心城市国际化水平，走新型城市化道路，全面加快现代化、一体化进程，形成以特大城市与大城市为主体，中小城市和小城镇共同发展的网络化城镇体系，成为我国最具活力和国际竞争力的世界级城市群。

（八）浙江海洋经济发展示范区

规划区包括浙江全部海域和杭州、宁波、温州、嘉兴、绍兴、舟山、台州等市的市区及沿海县（市）的陆域（含舟山群岛、台州列岛、洞头列岛等岛群），海域面积为 $26\times10^4km^2$，陆域面积为 $3.5\times10^4km^2$，其中海岛的陆域总面积约 $0.2\times10^4km^2$。2011 年 2 月《浙江海洋经济发展示范区规划》获批。

战略定位：立足浙江省资源条件、产业基础和体制机制等方面优势，加快转变经济发展方式，优化沿海空间布局，科学确定浙江海洋经济发展示范区的发展定位，提升对我国海洋经济发展的引领示范作用，建成我国重要的大宗商品国际物流中心、我国海洋海岛开发开放改革示范区、我国现代产业发展示范区、我国海陆协调示范区、我国海洋生态文明和清洁能源示范区。

（九）海峡西岸经济区

海峡西岸经济区是指台湾海峡西岸，以福建为主体包括周边地区，南北与珠三角、长三角两个经济区衔接，东与台湾岛，西与江西、浙江的广大内陆腹地贯通，具有对台工作、统一祖国，并进一步带动全国经济走向世界的特点和独特优势的地域经济综合体，面积为 $27\times10^4km^2$。2011 年 3 月《海峡西岸经济区规划》获批。

确定“一带、五轴、九区”的网状空间开发格局。“一带”是加快建设沿海发展带。“五轴”为：福州、宁德、南平、鹰潭、上饶发展轴；厦门、漳州、龙岩、赣州发展轴；泉州、莆田、三明、抚州发展轴；温州、丽水、衢州、上饶发展轴；汕头、潮州、揭阳、梅州、龙岩、赣州发展轴。“九区”是厦门湾发展区、闽江口发展区、湄洲湾发展区、泉州湾发展区、环三都澳发展区、温州沿海发展区、粤东沿海发展区、闽粤赣互动发展区、闽浙赣互动发展区。

战略定位：加强统筹协调，推进分工协作，建设成为两岸人民交流合作先行先试区域、服务周边地区发展新的对外开放综合通道、东部沿海地区先进制造业的重要基地和我国重要的自然和文化旅游中心。

（十）珠江三角洲

珠江三角洲是组成珠江的西江、北江和东江入海时冲击沉淀而成的一个三角洲，面积约 $5.6\times10^4km^2$。广东可划分为四片区域：珠三角、粤东、粤西、粤北。2008 年年底《珠江三角洲地区改革发展规划纲要》获批。

战略定位：建设成为探索科学发展模式试验区、深化改革先行区、扩大开放的重要国际门户、世界先进制造业和现代服务业基地、全国重要的经济中心。

（十一）广西北部湾经济区

北部湾海洋经济发展水平相对落后但发展潜力巨大。陆地国土面积 $4.25\times10^4km^2$，海域面积为 $12.83\times10^4km^2$，大陆海岸线长为 1595km，$500m^2$ 以上的岛屿为 651 个。2008 年《广西北部湾经济区发展规划》获批。

功能定位：立足北部湾、服务“三南”（西南、华南和中南）、沟通东中西、面向东南亚，充分发挥连接多区域的重要通道、交流桥梁和合作平台作用，以开放合作促开发建设，努力建成中国-东盟开放合作的物流基地、商贸基地、加工制造基地和信息交流中心，成为带动、支撑西部大开发的战略高地和开放度高、辐射力强、经济繁荣、社会和谐、生态良好的重要国际区域经济合作区。

（十二）海南国际旅游岛

海南位于中国最南端，南海北部，是中国最大的经济特区和唯一的热带岛屿省份，面积为 $3.54\times10^4km^2$。2010 年 1 月 4 日，国务院发布了《国务院关于推进海南国际旅游岛建设发展的若干意见》，建设海南国际旅游岛。

战略定位：建设成为中国旅游业改革创新的试验区、世界一流的海岛休闲度假旅游目的地、全国生态文明建设示范区、国际经济合作和文化交流的重要平台、南海资源开发与服务基地和国家热带现代农业基地。

第二节　海岸带及邻近海域

根据自然资源条件、经济发展水平和行政区划，把我国海岸带及邻近海域划分为辽东半岛海洋经济区、辽河三角洲海洋经济区、渤海西部海洋经济区、渤海西南部海洋经济区、山东半岛海洋经济区、苏东海洋经济区、长江口及浙江沿岸海洋经济区、闽东南海洋经济区、南海北部海洋经济区、北部湾海洋经济区和海南岛海洋经济区 11 个综合经济区，通过发挥区域比较优势，形成各具特色的海洋经济区域。

其中岸线较长的经济区是山东半岛、闽东南和南海北部海洋经济区，均超过 3000km。岸线较短的是辽河三角洲、渤海西部海洋经济区。滩涂面积最大的是苏东海洋经济区，面积为 5100km^2。港口资源丰富的海洋经济区有 8 个，是辽东半岛、渤海西部、山东半岛、长江口及浙江沿岸、闽东南、南海北部和北部湾海洋经济区。旅游资源丰富的海洋经济区有 7 个，是辽东半岛、渤海西部、山东半岛、长江口及浙江沿岸、闽东南、南海北部和海南岛海洋经济区。渔业资源丰富的海洋经济区有 7 个，是辽东半岛、山东半岛、苏东、长江口及浙江沿岸、闽东南、南海北部和北部湾海洋经济区。油气资源以辽河三角洲、渤海西部、渤海西南部、南海北部、北部湾和海南岛 6 个海洋经济区蕴藏量最大。

一、辽东半岛海洋经济区

（一）地理位置

辽东半岛海洋经济区东起丹东市鸭绿江口，西至营口市盖州角，以基岩海岸为主，大陆岸线长 1300km，滩涂面积为 900km^2。包括辽东半岛东部、南部和西部 3 个海域。

（1）辽东半岛东部海域。东起鸭绿江口，西至登沙河口，沿海地区为大连市和丹东市。

（2）辽东半岛南部海域。海岸线从大连市金州区登沙河口至大连市老铁山西角，沿海地区为大连市部分海域。

（3）辽东半岛西部海域。自大连市老铁山西角至营口市大清河口，沿海地区包括营口市和大连市的部分海域。

（二）优势资源

优势海洋资源是港口资源、旅游资源和渔业资源。

（三）功能区布局及功能顺序

（1）鸭绿江口至庄河青堆子湾：港口、养殖、旅游和海洋保护功能区。

（2）庄河青堆子湾至登沙河口：港口、养殖和旅游功能区。

（3）登沙河口至大窑湾：旅游、养殖和海洋保护功能区。

（4）大窑湾至大连黄白咀：港口和旅游功能区。

（5）大连黄白咀至旅顺老铁山西角：旅游和养殖功能区。

（6）旅顺老铁山西角至金州七顶山：港口和旅游功能区。

（7）金州七顶山至瓦房店三台乡好坨子：盐田和养殖功能区。

（8）瓦房店三台乡好坨子至鲅鱼圈红海河口：养殖和旅游功能区。

（9）鲅鱼圈红海河口至大清河口：港口和养殖功能区。

（10）长兴岛至交流岛：养殖和旅游功能区。

（四）重点功能区

（1）辽东半岛东部海域：青堆子湾和东港市沿岸等海珍品和滩涂贝类藻类养殖区，东港、庄河人工增殖放流区，大东港、皮口港和庄河新港等港口区，鸭绿江口、大鹿岛和东港等风景旅游区，鸭绿江口湿地等自然保护区。

（2）辽东半岛南部海域：大连港和大连湾渔港等港口区，大连南部风景区、旅顺南路风景区和金石滩旅游度假区等旅游区，大孤山半岛南端和凌水河口西部等海水养殖区，老偏岛至玉皇顶和大连城山头海滨地貌等海洋保护区。

（3）辽东半岛西部海域：营口港、羊头洼港和八岔沟港等港口区，复州湾和金州盐田区，盖州、长兴岛养殖区，仙浴湾和长兴岛旅游区，大连斑海豹和蛇岛老铁山国家级自然保护区。

（五）区域建设重点

（1）鸭绿江口至大洋河口、城山头、老铁山附近海域主要发展生态保护和滨海旅游，维护鸭绿江口与大洋河口滨海湿地生态系统。

（2）大东港西部海域、庄河毗邻海域、花园口、大窑湾、小窑湾、大连湾顶部重点发展滨海城镇和现代临港产业。

（3）大连湾至大窑湾海域、大东港海域发展港口航运，保障海上交通和国防安全。

（4）大连市南部海域主要发展滨海城镇建设和旅游，维护城山头、金石滩、小窑湾等大连南部基岩海岸景观生态，推动现代海洋服务产业升级。

（5）旅顺西部至金州湾沿岸重点发展滨海旅游，适度发展城镇建设，加强海岸景观保护与建设，维护海岸生态和城镇宜居环境。

（6）普兰店湾重点发展滨海城镇建设，开展海湾综合整治，维护海湾生态环境；长兴岛重点发展港口航运和装备制造，节约集约利用海域和岸线资源。

（7）瓦房店北部至营口南部海域发展滨海旅游、渔业等产业，开展营口白沙湾沙滩等海域综合整治工程。

（8）仙人岛至大清河口海域保障港口航运用海，推动现代海洋产业升级。区域近海和岛屿周边海域加强斑海豹自然保护区等海洋保护区的建设与管理。

（9）加强近岸海域环境保护与治理，修复青堆子湾、老虎滩湾、大连湾等海湾系统。

二、辽河三角洲海洋经济区

（一）地理位置

辽河三角洲海洋经济区海岸线从营口市盖州角至锦州市小凌河口，沿海地区包括盘锦市和锦州、营口两市的部分海域。岸线长 300km，海域总面积为 800km^2。

（二）优势资源

优势海洋资源是油气资源和海水资源。

（三）功能区布局及功能顺序

（1）大清河口至双台河口：油气、盐田、养殖和海洋保护功能区。

（2）双台河口至大凌河口：海洋自然保护、油气和养殖功能区。

（3）大凌河口至锦州后三角山：油气、盐田和养殖功能区。

（四）重点功能区

重点功能区有笔架岭和太阳岛等油气区，营口和锦州盐田区，双台子河口和大凌河口自然保护区。

（五）区域建设重点

（1）双台子河和大凌河河口区域重点加强海洋保护区建设与管理，维护滩涂湿地自然生态系统，改善近岸海域水质、底质和生物环境质量，养护修复翅碱蓬湿地生态系统。

（2）辽东湾顶部按照生态环境优先原则，稳步推进油气资源勘探开发和配套海工装备制造，并协调好与保护区、渔业用海的关系。

（3）大辽河河口附近及其以东海域适度发展城镇和工业建设，完善海洋服务功能。

（4）凌海盘山浅海区域加强渔业资源养护与利用。

（5）区域实施污染物排海总量控制制度，改善海洋环境质量。

三、渤海西部海洋经济区

（一）地理位置

渤海西部海洋经济区北起锦州市小凌河口，南到唐山市滦河口，主要为砂砾质海岸，海岸线长 400km，滩涂面积约 170km^2。包括辽西海域和秦皇岛海域。

（1）辽西海域。从锦州市后三角山至辽冀海域行政区域界线，包括葫芦岛市和锦州市部分海域。

（2）秦皇岛海域。从辽冀海域行政区域界线至滦河口，分为张庄至汤河口海域和汤河口至滦河口海域。

（二）优势资源

优势海洋资源是滨海旅游资源、港口资源、养殖资源和油气资源。

（三）功能区布局及功能顺序

（1）锦州后三角山至兴城夹山咀：港口和旅游功能区。

（2）兴城夹山咀至兴城台里：旅游和养殖功能区。

（3）石河口绥中孟家屯：港口、旅游和油气功能区。

（4）张庄至汤河口：港口航运、旅游和临港工业建设功能区。

（5）汤河口至滦河口海域：旅游、自然保护和渔业功能区。

（四）重点功能区

（1）辽西海域：锦州港、葫芦岛港和绥中港等港口区，兴城海滨、锦州大小笔架山和菊花岛等旅游区，菊花岛海域和六股河口等海珍品养殖区，绥中碣石景观和六股河口沿岸沙堤自然保护区，绥中 36-1、锦州和渤海等油气区。

（2）秦皇岛海域：秦皇岛、京唐等港口区及相关航道，北戴河、南戴河和山海关等旅游区，昌黎和滦河口等养殖区，昌黎和北戴河等自然保护区，冀东油气区，滦南盐田区。

（五）区域建设重点

（1）锦州白沙湾、葫芦岛龙湾至菊花岛、绥中西部以及北戴河至昌黎海域重点发展滨海旅游，维护六股河和滦河等河口海域和典型砂质海岸区自然生态，严格限制建设用围填海，禁止近岸水下沙脊采沙，积极开展锦州大笔架山、绥中砂质海岸、北戴河重要沙滩和昌黎黄金海岸等的养护与修复。

（2）锦州湾、秦皇岛南部海域发展港口航运。

（3）兴城和山海关至昌黎新开口海域建设滨海城镇，防止城镇建设破坏海岸自然地貌，维护滨海浴场风景区海域环境质量安全。

四、渤海西南部海洋经济区

（一）地理位置

渤海西南部海洋经济区，北起唐山市滦河口，南至烟台市虎头岸，为淤泥质海岸，海岸线长 1100km，滩涂面积约 3800km^2。包括河北南部、天津和山东西部的海域，主要有唐山市海域、天津市海域、沧州市海域和黄河口及山东半岛西北部海域 4 个区域。

（1）唐山市海域。从滦河口至津冀东部交界线，海岸线长 229.72km，面积 4466.89km^2。分为滦河口至小清河口海域和小清河口至涧河口海域。

（2）天津市海域。海岸线全长 153.67km，海域面积 2146km^2。

（3）沧州市海域。海岸线长 92.46km，海域面积 955.60km^2。

（4）黄河口与山东半岛西北部海域。从鲁冀海域分界至蓬莱角。海岸线长 923km。

（二）优势资源

优势海洋资源是油气资源、港口资源、滩涂资源、渔业资源和海水资源，是重要渔业生物产卵场和栖息地。

（三）功能区布局及功能顺序

（1）滦河口至小清河口海域：港口航运、自然保护、旅游娱乐、渔业养殖和临港工业功能区。

（2）小清河口至涧河口海域：港口航运、临港工业和城市建设和养殖功能区。

（3）汉沽岸段：保留区、工业与城镇用海区、农渔业区和旅游休闲娱乐功能区。

（4）塘沽岸段：港口航运区、旅游休闲娱乐区和工业与城镇用海功能区。

（5）大港岸段：工业与城镇用海区、海洋保护区和农渔业功能区。

（6）歧口至前徐家堡海域：生态保护和渔业功能区。

（7）前徐家堡至大口河口海域：港口航运和临港工业建设功能区。

（8）黄河口及山东半岛西北部：海洋保护、农渔业区、旅游休闲娱乐和工业与城镇用海功能区。

（四）重点功能区

（1）唐山市海域：滦河口、京唐港至曹妃甸、嘴东和曹妃甸至涧河口养殖区，京唐、曹妃甸、黑沿子和丰南等港口区，京唐、大清河口、大清河口、曹妃甸、嘴东和黑沿子等工业与城镇用海区，京唐港、月坨南、大清河、南堡、黑沿子和涧河口等矿产与能源区，龙岛旅游休闲娱乐区，滦河口和石臼坨诸岛海洋保护区，滦河口特殊利用区。

（2）天津市海域：汉沽、马棚口和天津东南部等养殖区，天津港北港、天津港南港和天津港外锚地等港口航运区，汉沽、天津临港经济区、高沙岭和南港等工业与城镇用海区，滨海、北塘、东疆东、大沽炮台和高沙岭等旅游休闲娱乐区，汉沽、大港海洋特别保护区，北部和南部等特殊利用区。

（3）黄骅市海域：歧口至前徐家堡养殖区，大沽、南排河和黄骅等港口航运区，南排河、渤海新区和大口河等工业与城镇用海区，歧口东矿产与能源区，南排河和大口河口旅游休闲娱乐区，歧口海洋保护区。

（4）黄河口与山东半岛西北部海域：渤海湾南部、莱州湾西部、莱州、招远和龙口等养殖区，滨州、东营、广利、羊口、潍坊、下营等港口区，无棣、套儿河东西岸、东营港、东营滨海、羊口、寿光、潍北、下营等工业与城镇用海区，埕北、寿光、潍北、寒亭、下营和莱州等盐田区，滨州、潍坊、莱州等旅游休闲娱乐区，滨州贝壳堤、河口、利津、黄河三角洲、广饶、寿光滨海、潍坊莱州湾、昌邑、莱州浅滩等海洋保护区，东营港、新弥河、白浪河、潍坊港等特殊利用区。

（五）区域建设重点

（1）唐山滦河口至冀鲁海域分界毗邻海域，主要功能为港口航运、工业与城镇用海和矿产与能源开发。

（2）天津港、唐山港和黄骅港及周边海域重点发展港口航运。

（3）唐山曹妃甸新区、天津滨海新区和沧州渤海新区等区域集约发展临海工业与生态城镇。

（4）区域积极发展滩海油气资源勘探开发。

（5）加强临海工业与港口区海洋环境治理，维护天津古海岸湿地、大港滨海湿地和汉沽滨海湿地及浅海生态系统、黄骅古贝壳堤和唐山乐亭石臼坨诸岛等海洋保护区生态环境，积极推进各类海洋保护区规划与建设。

（6）稳定提高盐业和渔业等传统海洋资源利用效率。

（7）开展滩涂湿地生态系统整治修复，提高海岸景观质量和滨海城镇区生态宜居水平。

（8）黄河口海域主要发展海洋保护和海洋渔业，加强以国家重要湿地、国家地质公园、海洋生物自然保护区、国家级海洋特别保护区、黄河入海口和水产种质资源保护区等为核心的海洋生态建设与保护，维护滨海湿地生态服务功能，保护古贝壳堤典型地质遗迹以及重要水产种质资源，维护生物多样性，促进生态环境改善，严格限制重化工业和高耗能、高污染的工业建设。

（9）黄河口至莱州湾海域集约开发滨州、东营、潍坊北部、莱州特色临港产业区，发展滨海旅游业，合理发展渔业、海水利用、海洋生物和风能等生态型海洋产业，加强水产种质资源保护。

（10）区域海洋开发与黄河口地区防潮和防洪相协调。屺姆岛北部至蓬莱角及庙岛群岛海域重点发展滨海旅游和海洋渔业，加强庙岛群岛海洋生态系统保护，维护长山水道航运功能。开展黄河三角洲河口滨海湿地和莱州湾海域综合整治与修复。

（11）区域实施污染物排海总量控制制度，改善海洋环境质量。

五、山东半岛海洋经济区

（一）地理位置

山东半岛海洋经济区从烟台市虎头崖至鲁苏交界的绣针河口，为基岩海岸，海岸线长3000km，滩涂面积约2400km^2。分为山东半岛东北部、山东半岛南部和日照毗邻海域。

（1）山东半岛东北部海域。从烟台市虎头崖至威海成山头近海分布有龙口湾套子湾、芝罘湾、四十里湾和威海湾等较大的海湾是发展海上运输、滨海旅游和海水养殖的良好水域。近海水质肥沃，水质较清洁，自然分布的经济生物100余种，是我国开发历史较早的渔业养殖区。

（2）山东半岛南部海域。从威海成山头至白马河口，海域内礁石岸线居多，具有海珍品养殖及建设临港工业的良好条件。拥有绵长的优质沙滩海岸及清澈蔚蓝的海水，具有优良的港口资源、旅游资源及渔业资源。

（3）日照毗邻海域。具有优良的沙质岸线、我国北方最大的潟湖，以及桃花岛、太公岛等近岸岛礁。已建有全国十大枢纽海港之一的日照港，省级旅游度假区和国家级滨海森林公园各一处，是港口和旅游发展的重点区。

（二）优势资源

优势海洋资源是渔业资源、旅游资源和港口资源。海洋开发基础好，海洋经济比较发达。

（三）功能区布局及功能顺序

（1）虎头崖至平畅河海域：重点发展滨海旅游和海洋渔业功能区。

（2）套子湾西北部、芝罘湾海域：重点发展港口航运功能区。

（3）烟台市区至成山头近岸海域：主要发展滨海旅游与现代服务业功能区。

（4）荣成近岸海域：主要发展海洋渔业，兼顾区域性港口建设和滨海旅游开发，适度发展临海工业功能区。

（5）五垒岛湾至青岛海域主要发展滨海旅游业，建设生态宜居型海滨城镇功能区。

（6）青岛西南部海域：合理发展港口航运，环胶州湾打造以海洋高技术产业和现代服务业为特点的海湾经济区，建设青岛西海岸海洋经济新区功能区。

（7）白马河至万平口海域：主要发展滨海旅游休闲娱乐业，建设国家海洋公园，保护两城河口生态湿地功能区。

（8）万平口至绣针河口：发展港口航运和精品钢铁等临港产业建设功能区。

（四）重点功能区

（1）山东半岛东北部海域：莱州、龙口、套子湾、四十里湾、牟平、威海和荣成北部等养殖区，莱州、龙口、蓬莱、烟台西港、烟台和威海等港口及航道锚地，莱州、招远、龙口、蓬莱、金沙滩、莱山滨海、养马岛、双岛湾、褚岛、威海湾、逍遥港和西霞口等旅游区，三山岛、招远、屺岈岛、桑岛、黄水河口、登州浅滩、芝罘岛、烟台山、崆峒列岛、逛荡河口、牟平砂质海岸、威海小石岛、黑岛、刘公岛、日岛、鸡鸣岛、荣成成山头和大天鹅等海洋保护区，黄水河口烟台平畅河口、黄金河至柳林河、芝罘岛、辛安河口、山北头、威海港和威海市区等特殊利用区，龙口港、蓬莱港、烟台港、烟台港外、威海褚岛北、威海东北和俚岛湾等倾倒区。

（2）山东半岛南部海域：荣成、五垒岛湾、乳山、海阳、崂山湾、胶州湾和黄岛等养殖区，石岛、乳山、海阳、青岛和董家口等港口及航道锚地，荣成、南海新区、海阳所、海阳、青岛、西海岸和董家口等工业与城镇区，成山头、五垒岛湾、白沙滩和海阳等矿产与能源区，荣成、南海、大乳山、丁字湾、田横岛、崂山、青岛、胶州湾、灵山湾和琅琊台等旅游区，荣成花斑彩石、苏山岛、二山岛、青龙河口、乳山塔岛湾、汇岛、海阳万米海滩、五龙河口、胶州湾滨海湿地、千里岩、长门岩岛群、青岛文昌鱼、大公岛、朝连岛和灵山岛等海洋保护区，荣成、前岛、乳山口、丁字湾口、崂山、鳌山湾、青岛、胶州湾、黄岛和董家口等特殊利用区，荣成苏山岛、海阳港、女岛港和崂山八仙墩等倾倒区。

（3）日照毗邻海域：日照两城、涛雒和岚山等养殖区，石臼和岚山等港口及航道锚地，两城、河山、山海天、刘家湾和岚山等旅游休闲娱乐区，两城河口、西施舌、桃花岛、太公岛、梦幻沙滩、万平口潟湖、岚山海上碑、大竹蛏、文昌鱼、金乌贼和前三岛等海洋保护区，两城河口、李家台、奎山嘴、日照港、夹仓口和岚山等特殊利用区。

（五）区域建设重点

（1）虎头崖至平畅河海域重点发展滨海旅游和海洋渔业，维护长山水道航运功能。

（2）套子湾西北部、芝罘湾海域重点发展港口航运。

（3）烟台市区至成山头近岸海域主要发展滨海旅游与现代服务业。

（4）区域应协调海洋开发秩序，维护成山头水道和烟威近岸航路等港口航运功能。

（5）成山头至五垒岛湾海域主要发展海洋渔业，荣成近岸海域兼顾区域性港口建设和滨海旅游开发，适度发展临海工业。

（6）五垒岛湾至日照海域主要发展滨海旅游业，建设生态宜居型滨海城镇，禁止破坏旅游区内自然岩礁岸线和沙滩等海岸自然景观，加强潟湖和海湾等生态系统保护，加强胶州湾和千里岩岛等海洋生物自然保护区建设。

（7）青岛西南部和日照南部合理发展港口航运和临港工业。

（8）严格禁止近岸海砂开采和砂质海岸地区围填海活动。重点保护崆峒列岛、长岛、依岛、成山头、牟平砂质海岸和刘公岛等海洋生态系统。

（9）开展芝罘湾、威海湾、养马岛、金山港和双岛湾等海域综合整治。

六、苏东海洋经济区

（一）地理位置

苏东海洋经济区北起绣针河口，南抵长江口启东角，绝大部分为淤泥质海岸，岸线长954km，滩涂面积约5100km^2，包括江苏省连云港、盐城和南通三市的毗邻海域。

（二）优势资源

优势海洋资源是渔业资源和滩涂资源。南部、北部地区海洋开发程度较高。

（三）功能区布局及功能顺序

（1）绣针河口至灌河口：港口航运、工业与城镇用海、农渔业、旅游休闲娱乐和特殊利用功能区。

（2）灌河口至射阳河口：农渔业、港口航运、工业与城镇用海和矿产与能源功能区。

（3）射阳河口至遥望港口：农渔业、港口航运、工业与城镇用海、矿产与能源、旅游休闲娱乐和海洋自然保护功能区。

（4）遥望港口至长江口苏沪交界线：港口航运、工业与城镇用海、农渔业、旅游休闲娱乐和特殊利用功能区。

（四）重点功能区

赣榆、埒子口、灌河口、响水、滨海、射阳、大丰、方南、新北凌闸、如东、吕泗、启东和兴隆沙等养殖区，赣榆、石桥、连云港、徐圩、灌河口、滨海、射阳、海安和吕泗等港口航运区，连云港、盐场和南通等相关的工业与城镇用海区，海州湾、墟沟、连岛、灌河口、废黄河口、海口枢纽、大丰港、川东港口、老坝港、洋口渔港、刘埠港、圆陀角、秦山岛、竹岛、羊山岛、开山岛和东沙等旅游休闲娱乐区，临洪河口湿地、盐城珍禽、大丰麋鹿、秦山岛地貌、海州湾生态、前三岛鸟类、达山岛领海基点、鸽岛海蚀地貌、羊山岛、开山岛、麻菜珩邻海基点、外磕脚领海基点、海门蛎蚜山牡蛎礁和启东湿地等自然保护区，电厂、造纸厂和港口等特殊利用区。

（五）区域建设重点

（1）保证连云港港区及其他深水码头建设、渔业资源利用的用海需要，合理、适度围垦，严格保护沿海自然保护区，进一步提高海岸防灾、抗灾能力。

（2）海州湾和灌河口以北海域重点依托连云港发展港口航运业，集聚布局滨海工业与城镇用海区和旅游休闲娱乐区。

（3）灌河口至射阳河口海域主要发展海水养殖、港口和临港工业。

（4）射阳河口以南至启东角和辐射沙洲海域协调发展农渔业、港口航运、工业与城镇用海和可再生能源开发等。

（5）区域加强海域滩涂开发与管理，推进海州湾生态系统、盐城丹顶鹤、大丰麋鹿、蛎蚜山牡蛎礁和吕泗渔场水产种质资源等保护区建设与管理，实施射阳河口至东灶港口淤涨岸段、废黄河三角洲和东灶港口至蒿枝港口侵蚀岸段的海岸综合整治。

（6）区域实施污染物排海总量控制制度，改善海洋环境质量。

七、长江口及浙江沿岸海洋经济区

（一）地理位置

长江口及浙江沿岸海洋经济区北起长江口启东角，南抵浙闽交界的沙埕湾，绝大部分为淤泥质海岸，海岸线长2012km，滩涂面积约3300km^2，包括上海和浙江的毗邻海域。

（二）优势资源

优势海洋资源是港口资源、旅游资源和渔业资源。

（三）功能区布局及功能顺序

（1）长江口海域：港口航运、海水养殖、海水利用和污水达标排放功能区。

（2）长江口南岸海域：海港航运、工业与城镇用海、海水淡水和污水达标排放功能区。

（3）长江河口沙岛海域：工业与城镇用海和滨海旅游功能区。

（4）东海至杭州湾：港口航运、工业与城镇用海和滨海旅游功能区。

（5）杭州湾海域：滨海旅游、湿地保护、临港工业和养殖功能区。

（6）宁波毗邻海域：港口航运、临港工业、滨海旅游和养殖功能区。

（7）象山港海域：生态保护、海洋渔业、滨海旅游和临港产业功能区。

（8）三门湾海域：滨海旅游、湿地保护、临港工业和养殖功能区。

（9）台州湾海域：临港工业、港口航运、工业与城镇用海、农渔业和旅游休闲娱乐功能区。

（10）乐清湾海域：湿地保护、滨海旅游、临港工业、农渔业和港口航运功能区。

（11）瓯江口及洞头列岛海域：港口运输、临港工业、滨海旅游、工业与城镇用海和养殖功能区。

（12）南麂、北麂列岛海域：生态保护、滨海旅游、工业与城镇用海、港口航运和农渔业功能区。

（四）重点功能区

（1）长江口至杭州湾海域：洋山、太仓、外高桥、金山嘴、北仑和乍浦等港口区及相关航道，南汇、崇明、长江口、镇海、慈溪和平湖海底管线区，钱塘江、平湖九龙山和海盐南北湖等旅游区，长江口捕捞、养殖和水产种质资源保护区，崇明东滩、金山三岛、九段沙湿地、长江口中华鲟和海宁黄湾等自然保护区。

（2）浙中南海域：象山、三门湾、台州湾、温岭、玉环、乐清湾、温州、瑞安、平阳和苍南等养殖区，嘉兴、北仑、海门、乐清、瓯江口、洞头、飞云江、鳌江口、温州和台州等港口区及相关航道，杭州湾、宁波、台州和温州等工业与城镇用海区，健跳和江厦矿产与能源区，九龙山、梅山、凤凰山、象山港、象山松兰山、石浦、鹤浦、花岙、双合山、秀山、大长涂、六横、临海桃渚、温岭松门、炎亭、渔寮和霞关等旅游休闲娱乐区，杭州湾湿地、象山港海岸湿地、西门岛、温州树排沙、洞头列岛东部和南麂列岛等海洋保护区，双礁与黄牛礁、岱山南、西蟹峙和水老鼠礁等特殊利用区。

（五）区域建设重点

（1）长江口毗邻海域重点发展以上海港为核心的港口航运服务业及海洋先进制造业，加快培育海洋生物医药和新能源等战略性新兴产业，注重长江口航道维护，保障航运和防洪防潮安全，适度开展农业围垦，加强近岸海域与海岛毗邻海域围填海和采沙活动管理，协调港口航运、河道整治与其他海洋开发活动的关系。

（2）杭州湾、宁波舟山海域重点发展港口航运业、临港工业、海洋旅游业和海洋渔业，支持浙江舟山群岛新区建设，推进海岛开发开放，加强油气等矿产资源的勘探、开采。

（3）加强崇明东滩鸟类、九段沙湿地、长江口北支河口湿地、长江口中华鲟、杭州湾金山三岛、五峙山、韭山列岛和东海带鱼水产种质资源等保护区建设，保护河口、湿地、海湾、海岛和舟山渔场生态环境。

（4）开展重点受损近岸海域的整治与修复。

（5）台州湾至乐清湾海域主要发展港口航运和临港产业，适度进行滩涂围垦，建设滨海城镇，因地制宜开发海洋能，加强滨海湿地保护和南麂列岛、渔山列岛等保护区建设。

（6）瓯江口至浙闽交界海域主要发展港口航运业和海洋旅游业，适度进行滩涂围垦，建设工业和滨海城镇。

（7）洞头列岛海域重点做好海岛资源的保护与开发，积极发展具有海岛特色的滨海生态旅游业和海洋渔业。

（8）海洋开发应注重维护近岸岛礁系统自然景观，严格限制沿海重要岛礁、海湾地区的围填海活动，保护鱼山渔场、温台渔场生态环境，恢复重要渔场生物资源和受损近岸岛礁生态系统。

（9）区域实施污染物排海总量控制制度，改善海洋环境质量。

八、闽东南海洋经济区

（一）地理位置

闽东南海洋经济区北起沙埕湾，南至漳州市诏安湾，主要为基岩海岸，海岸线长3324km，滩涂面积约1500km^2。因地理条件不同分为闽东、闽中和闽南3个海域。

（二）优势资源

优势海洋资源是渔业资源、港口资源和旅游资源。海洋经济发展基础较好。

（三）功能区布局及功能顺序

（1）沙埕港海域：港口航运、工业与城镇用海、农渔业和军事用海区。

（2）三沙湾海域：港口航运、海洋保护区、工业与城镇用海、农渔业、旅游娱乐和军事用海区。

（3）罗源湾：港口航运、工业与城镇用海和农渔业功能区。

（4）闽江口及毗邻海域：港口航运、海洋保护区、滨海旅游和矿产与能源功能区。

（5）福清湾：农渔业、新能源开发、港口航运和工业与城镇建设功能区。

（6）兴化湾：港口航运、农渔业和临海工业功能区。

（7）湄洲湾：港口航运、工业与城镇用海、海洋保护和矿产与能源功能区。

（8）泉州湾：港口航运、海洋保护和滨海旅游功能区。

（9）深沪湾：海洋保护和旅游娱乐功能区。

（10）厦门湾海域：港口航运、滨海旅游娱乐、工业与城镇用海和海洋保护功能区。

（11）旧镇湾：海水养殖、港口航运和盐田功能区。

（12）东山湾：港口航运、农渔业、军事用海和海洋保护功能区。

（13）诏安湾：农渔业区和矿产与能源功能区。

（四）重点功能区

（1）闽东海域：八尺门、东吾洋、井水可门、罗源湾和沙埕等养殖区，三都旅游休闲娱乐区，沙埕、三沙湾和罗源湾港口航运区，桐山、八尺门、沿州、下浒、文岐、溪南、东湖塘、半屿、漳湾、铁基湾、牛坑湾、白水、松山和大官坂工业与城镇用海区，沙埕港红树林、盐田港红树林和官井洋大黄鱼繁育海洋保护区，沙埕港排污特殊利用区。

（2）闽中海域：福清湾、兴化湾北部、三江口、北高和后海等养殖区，闽江口、罗源湾、福清湾、海坛海峡、兴化湾和湄洲湾港口航运区，城头、幸福洋、火烧、江阴、新厝、过桥、琅岐岛、东吴、太湖和峰尾等工业与城镇用海区，山腰盐田，闽江口和海坛海峡西侧矿产与能源区，粗芦岛、琅岐岛和后龙湾旅游休闲娱乐区，闽江口湿地、长乐海蚌和湄洲岛海洋保护区，福清核电站温排水特殊利用区。

（3）闽南海域：泉州、厦门、围头湾、漳州、深沪湾、六鳌、东山湾和诏安湾等港口区及相关航道，祥芝、旧镇湾、深沪湾、东山湾、列屿和诏安湾等养殖区，大坠岛、古浮湾、崇武浮山、同安湾、马銮湾、厦门岛、鼓浪屿、浯屿、泉州海上丝绸之路、漳州滨海火山和深沪湾东山岛旅游休闲娱乐区，围头湾、石井、大嶝和古雷工业与城镇用海区，晋江深沪湾海底古森林、厦门珍稀海洋物种、东山珊瑚礁、九龙江口及漳江口红树林、台湾浅滩上升流渔场、泉州湾湿地、中华白海豚和厦门文昌鱼保护区，张坂工业与城镇用海区，竹屿、向阳和西港盐田区，大嶝海域生态整治特殊利用区，诏安湾风电能源区，诏安湾科学试验区。

（五）区域建设重点

（1）沙埕港至晴川湾海域主要发展渔业基础设施和工业与城镇用海，保护红树林生态系统和海洋珍稀水生生物，因地制宜开发海洋能。

（2）福宁湾海域主要发展渔业资源保护、海岛生态系统保护和滨海旅游等。

（3）三沙湾海域主要发展港口航运、临港工业和城镇用海、海水养殖和海洋保护等。

（4）罗源湾海域主要发展港口航运和临港工业。

（5）黄岐半岛到海坛岛海域主要发展港口航运、工业与城镇用海、海水养殖和海洋保护区建设，因地制宜开发海洋能，保护和修复闽江口滨海湿地生态系统、长乐海蚌资源、平潭中国鲎自然生态系统和山洲岛厚壳贻贝繁育区生态系统。

（6）湄洲湾、兴化湾海域主要发展港口航运和临港工业，合理开发港口岸线资源，保护重要渔业资源，加强湄洲岛海岛生态系统和滨海旅游资源的保护。

（7）泉州湾海域主要以港口航运、海洋保护、旅游和渔业基础设施建设为主，重点保护泉州湾河口湿地。

（8）厦门湾及毗邻海域主要发展港口航运、滨海旅游、工业与城镇用海和保护区建设等，以沿海重要港湾为依托，重点发展临港工业集中区，支持海峡西岸城市群发展，以厦门市为核心，积极发展滨海旅游和文化旅游，重点保护厦门海洋珍稀物种、九龙江口红树林等重要海洋生态系统。

（9）厦门湾以南至闽粤交界海域主要发展海洋渔业、临港工业、海洋旅游业和保护区建设等，以菜屿列岛和东山岛为核心大力发展海岛特色旅游业，重点保护漳江口红树林和东山珊瑚礁等重要海洋生态系统。区域实施污染物排海总量控制制度，改善海洋环境质量。

（10）区内应严格控制海湾内围填海，节约集约用海，注重对海岛、红树林生态系统和重要水产种质资源的保护。

九、南海北部海洋经济区

（一）地理位置

南海北部海洋经济区东起诏安湾，西至湛江市滘尾角，以基岩海岸为主，岸线长3204km。因地理位置不同，分为粤东、珠江口和粤西 3 个海域。

（二）优势资源

优势海洋资源主要有港口资源、油气资源、旅游资源和渔业资源。

（三）功能区布局及功能顺序

（1）大埕湾至柘林湾：农渔业、工业与城镇用海和港口航运功能区。

（2）南澳岛及周边海域：旅游休闲娱乐、农渔业和海洋保护功能区。

（3）汕头港及周边海域：港口航运、工业与城镇用海和旅游娱乐功能区。

（4）海门湾至神泉港：工业与城镇用海、农渔业和旅游娱乐功能区。

（5）碣石湾至红海湾：农渔业、旅游娱乐和工业与城镇用海功能区。

（6）大亚湾及周边海域：海洋保护、港口航运、旅游娱乐和农渔业功能区。

（7）狮子洋至伶仃洋：港口航运、工业与城镇用海和旅游娱乐功能区。

（8）万山群岛及周边海域：旅游娱乐、港口航运和农渔业功能区。

（9）磨刀门至黄茅海：港口航运、工业与城镇用海、农渔业和旅游娱乐功能区。

（10）广海湾至川山群岛：农渔业、工业与城镇用海和旅游娱乐功能区。

（11）海陵湾及周边海域：港口航运、农渔业和旅游娱乐功能区。

（12）博贺湾至水东湾：农渔业、港口航运和旅游娱乐功能区。

（13）湛江湾及周边海域：港口航运、工业与城镇用海、农渔业和旅游娱乐功能区。

（14）琼州海峡至英罗港：海洋保护、农渔业、旅游娱乐和工业与城镇用海功能区。

（四）重点功能区

（1）粤东海域：大埕湾、牛田洋、海门湾、广澳湾、田尾山、石碑山、碣石湾和红海湾等养殖区，柘林湾、大埕湾、三百门、莱芜、榕江、广澳湾、海门、靖海、前詹、施公寮和品清湖等港口航运区，潮州、汕头、揭阳和汕尾等工业与城镇用海区，遮浪矿产与能源区，莱芜、海门湾、仙庵、金厢、遮浪、品清湖、金町、百安半岛、鲘门、海山岛和南澳岛等旅游休闲娱乐区，溜牛礁、大埕湾、乌屿、赤屿、南澎列岛、平屿、新津、莱芜、广澳湾、前詹、神泉、碣石湾、遮浪等特别保护区以及东沙群岛珊瑚礁和海鸟自然保护区。

（2）珠江口及毗邻海域：考洲洋、港口、大鹏湾、南澳湾、大鹿湾和都斛等养殖区，碧甲、惠州、沙头角、盐田、大铲湾、蛇口湾、沙田、沙尾、麻涌、黄埔、南沙、横门岛、香洲湾、九洲港、横琴岛、斗门、高栏、银洲湖、恩平、烟墩湾、前江湾、达濠岛、马鞭洲、泥洲岛、龙穴岛、三门列岛、桂山岛、三角岛和大万山岛等港口航运区，惠州、深圳、东莞、广州、珠海和江门等工业与城镇用海区，平海、巽寮、霞涌至稔山、小桂、桔钓沙、西涌至东涌、大梅沙湾至南澳湾、沙头角、虎门、蒲洲、九洲、崖门、银湖湾、万山群岛、淇澳岛、高栏岛东部和荷包岛等旅游休闲娱乐区，港口、大亚湾、深圳湾、万顷沙、程村、水东湾、五里山、通明海、北莉口、徐闻西部、企水至乌石、角头沙东北部、英罗港、针头岩、虎门、担杆列岛、佳蓬列岛、珠江口、淇澳岛、大襟岛、乌猪洲、大帆石和头芦排等海洋保护区，唐家、银洲湖、南澳岛、神泉、大亚湾南、碧甲、淇澳岛东部、淇澳岛南部、九洲洋和下川岛等特殊利用区。

（3）粤西海域：川山群岛、平岗、东平、丰头河、电白、江城、南三、博贺、雷州湾、流沙港、乌石、西连和英罗湾等养殖区，海陵湾、博贺至爵山、水东湾、湛江港、南山至海安和流沙湾等港口航运区，阳江、茂名和湛江等工业与城镇用海区，南三河和外罗水道矿产与能源区，月亮湾、沙扒、龙头山、水东湾、虎头山、吉兆、白沙湾至青安湾、三墩港、乌石、赤豆寮岛、上川岛、海陵岛、放鸡岛、南三岛、罗斗沙、东海岛黄河特呈岛等旅游休闲娱乐区，南鹏列岛、海陵岛、大树岛、青洲、放鸡岛、茂港、博茂港、吴阳、硇洲岛、特呈岛、东里、南渡河口、流沙湾口、角头沙西和江洪港西等海洋保护区，镇海湾、鉴江口、麻斜、龙王湾、澳内海和东海岛等特殊利用区。

（五）区域建设重点

（1）大埕湾至柘林湾重点发展渔业和港口航运，保护大埕湾中华白海豚和西施舌种质资源及海洋生态系统。

（2）南澳海域重点发展生态旅游和养殖、清洁能源等产业，保护性发展海山岛、南澳岛旅游，维护海岛自然属性，保护南澎列岛、勒门列岛及周边海域的生物多样性，保护南澎列岛领海基点。

（3）南澳至广澳湾重点发展工业与城镇、港口航运、渔业和旅游休闲娱乐，重点保护海岸红树林、中国龙虾和中华白海豚，维持牛田洋、濠江等海域的水动力条件和防洪纳潮能力。

（4）海门湾至神泉港重点发展渔业、港口航运和工业与城镇，重点保护石碑山角领海基点和沿海礁盘生态系统。

（5）碣石湾至红海湾重点发展渔业、海洋保护和港口航运，保护碣石湾海马资源，严格保护沿海礁盘生态系统和遮浪南汇聚流海洋生态系统，维持海洋生态环境和生物多样性。

（6）大亚湾至大鹏湾重点发展海洋保护、港口航运和旅游休闲娱乐，重点保护红树林、珊瑚礁及海龟等生物资源，保护针头岩领海基点。

（7）狮子洋至伶仃洋重点发展港口航运、工业与城镇和旅游休闲娱乐，重点保护中华白海豚、黄唇鱼和红树林等生物资源，狮子洋两岸严格控制填海造地，保障防洪泄洪和航道安全。

（8）万山群岛重点发展海洋保护、旅游休闲娱乐、港口航运和渔业，重点保护佳蓬列岛领海基点，以及珊瑚礁和上升流生态系统。

（9）磨刀门至镇海湾重点发展港口航运、工业与城镇、渔业和旅游休闲娱乐，重点安排横琴总体发展规划用海。

（10）珠江口外重点开展油气和矿产资源的勘探开发，保护围夹岛和大帆石领海基点，保护中华白海豚等生物资源及红树林和海草床等生态系统。

（11）海陵湾重点发展渔业和港口航运，保障临海工业用海需求，重点保护海陵岛、南鹏列岛海草床等海洋生态系统，保护大树岛龙虾种质资源。

（12）博贺湾至水东湾重点发展渔业和港口航运，围绕博贺中心渔港发展现代化渔业产业基地，重点保护沿海礁盘生态系统和红树林，保护放鸡岛海域文昌鱼自然资源。

（13）水东湾至湛江湾重点发展港口航运、渔业和海洋保护，重点支持湛江主枢纽港及临海产业的综合发展，保护东海岛附近海域海草床生态系统，保护吴阳文昌鱼种质资源和湛江硇洲岛海洋资源，开展特呈岛周边海域红树林湿地生态系统的修复。

（14）雷州湾至英罗港重点发展海洋保护、渔业和港口航运，保障渔业用海发展，重点保护和修复红树林、珊瑚礁和海草床等生态系统，保护中华白海豚、白蝶贝和儒艮等生物资源。

（15）区域加强对海岸、海湾及周边海域的整治修复。区域实施污染物排海总量控制制度，改善海洋环境质量。

十、北部湾海洋经济区

（一）地理位置

北部湾海洋经济区东起湛江市滘尾角，西到防城港市北仑河口，海岸类型多样，海岸线长 1547km。分为桂东海域和桂西海域。

（二）优势资源

优势海洋资源是港口资源、渔业资源和油气资源。

（三）功能区布局及功能顺序

（1）铁山港海域：港口航运、工业与城镇用海、海洋保护和农渔业功能区。

（2）银滩海域：旅游休闲娱乐、农渔业功能区。

（3）廉州湾海域：港口航运、旅游休闲娱乐、农渔业和工业与城镇用海功能区。

（4）大风江至三娘湾海域：海洋保护、旅游休闲娱乐和农渔业功能区。

（5）钦州湾海域：海洋保护、农渔业、旅游休闲娱乐、工业与城镇用海和港口航运功能区。

（6）防城港海域：港口航运、工业与城镇用海、旅游休闲娱乐和海洋保护功能区。

（7）珍珠湾海域：海洋保护、农渔业、港口航运和旅游休闲娱乐功能区。

（8）北仑河口海域：海洋保护、农渔业、港口航运和旅游休闲娱乐功能区。

（9）涠洲岛至斜阳岛海域：旅游休闲娱乐、海洋保护和港口航运功能区。

（四）重点功能区

（1）桂东海域：北海港、铁山港、三墩外港和涠洲岛港等港口航运区，廉州湾和营盘彬塘等工业与城镇用海区，铁山港矿产与能源区，大风江红树林、山口红树林和合浦儒艮、涠洲岛、斜阳岛、北海珍珠贝和广西近海南部等海洋保护区。

（2）桂西海域：茅尾海、珍珠港、钦州港和光坡等养殖区，竹山港、京岛港、潭吉港、白龙港、防城港、茅岭港、沙井港、金鼓江港、三墩港和那丽港等港口及航道锚地，白龙、企沙半岛、茅尾海、金鼓江和大榄坪等工业与城镇用海区，钦州湾和大风江东岸矿产与能源区，廉州湾、北海银滩、闸口至公馆港和沙田东岸等旅游休闲娱乐区，防城港金滩、江山半岛东岸、防城港湾、沙井西侧、茅尾海东岸、七十二泾旅游、龙门及观音堂、鹿耳环至三娘湾和三娘湾等旅游休闲娱乐区，北仑河口红树林、防城港东湾、茅尾海红树林、茅尾海中部和三娘湾等海洋保护区。

（五）区域建设重点

（1）铁山港湾海域重点发展港口航运、临海工业，保护山口红树林和合浦儒艮生态系统及马氏珠母贝、方格星虫等重要水产种质资源。

（2）北海近岸海域重点发展旅游休闲娱乐，保障现有渔港和渔业基地发展用海需求，开展银滩及其毗邻海域综合整治，保护大珠母贝等生物资源。

（3）廉州湾近岸海域重点发展工业与城镇用海、滨海旅游和港口航运，加强渔业资源高效利用。

（4）涠洲岛至斜阳岛海域重点保护珊瑚礁生态系统，发展海岛旅游、港口航运以及油气资源勘探开发和渔业资源开发，开展海域海岸带整治修复。

（5）大风江海域重点保护红树林生态系统，推进渔业资源的综合利用。

（6）三娘湾海域重点发展旅游休闲娱乐，保护中华白海豚。

（7）茅尾海海域重点保护海洋生态和近江牡蛎水产种质资源，保障滨海新区建设，开展茅尾海海域综合整治。

（8）钦州湾外湾与防城港海域重点发展港口航运和工业与城镇用海，开展防城港湾海域综合整治。

（9）江山半岛南部海域重点发展旅游休闲娱乐。

（10）珍珠湾至北仑河口海域重点发展海洋渔业与滨海旅游，保护红树林生态系统以及泥蚶、文蛤等重要水产种质资源，开展京族三岛和北仑河口东北岸的综合整治。

（11）区域实施污染物排海总量控制制度，改善海洋环境质量。

十一、海南岛海洋经济区

（一）地理位置

海南岛本岛海岸线长 1618km，滩涂面积约 490km^2。

（二）优势资源

优势海洋资源是热带海洋生物资源、海岛及海洋旅游资源和油气资源。

（三）功能区布局及功能顺序

（1）海南岛东北部海域：港口航运、旅游休闲娱乐和渔业功能区。

（2）海南岛西南部海域：旅游休闲娱乐、渔业、海洋保护和矿产与能源开发功能区。

（四）重点功能区

（1）海南岛东北部海域：海南省的海口市、临高县、澄迈县、琼山市、文昌市、琼海市和万宁市的毗邻海域。重点功能区有海口湾、清澜湾、龙湾等港口区，海口湾、木栏头、铜鼓岭、万泉河口和春园湾等旅游区，东营、铺前湾、琼海浅海和琼海沙老等养殖区，文昌油气区，东寨港、清澜港红树林湿地和大洲岛等自然保护区。

（2）海南岛西南部毗邻海域：海南省的三亚市、陵水县、乐东县、东方市、昌江县和儋州市的毗邻海域。重点功能区有香水湾、南湾、亚龙湾、大东海、三亚湾、天涯海角和南山等旅游区，莺歌海、亚东和崖城 13-1 油气区，洋浦港和八所港港口区及相关航道，三亚珊瑚礁保护区，铁炉港、陵水湾、黎安港和新村港等养殖区，莺歌海盐田区。

（五）区域建设重点

（1）海口、文昌、澄迈和临高海域主要发展港口航运和滨海旅游，加快发展新兴临港海洋产业，优化传统海洋渔业，控制潟湖港湾养殖规模，严格限制潟湖港湾及河口区域围海造地，保护东寨港红树林生态系统和临高白蝶贝和珊瑚生物资源。

（2）琼海和万宁海域主要发展滨海旅游、农渔业和海洋保护，重点做好以博鳌为中心的滨海旅游业和相关产业综合开发，发展生态渔业和远洋渔业，加强潭门渔港远洋渔业基地建设，加强琼海麒麟菜、文昌麒麟菜、清澜港红树林和大洲岛生态系统保护。

（3）三亚、陵水和乐东海域主要发展滨海旅游和生态保护，优先安排海南国际旅游岛发展用海，打造世界级热带滨海旅游城市，带动周边旅游产业发展。保护三亚红树林、珊瑚礁和海草床等海洋生态系统。

（4）东方、昌江和儋州海域主要发展港口航运与渔业，重点发展洋浦港和八所港临港产业，积极开展莺歌海和北部湾海域油气资源勘探开发，推进海洋牧场建设，发展远洋捕捞，保护东方黑脸琵鹭和儋州红树林生态系统以及白蝶贝等生物资源。区域应协调旅游用海与渔业生产布局，加速传统海洋产业升级与改造，建设一批高标准海岛旅游、渔业和交通基础设施，提升海洋服务功能。

第三节　海岛及邻近海域综合功能区

海岛是我国海洋经济发展中的特殊区域，在国防、权益和资源等方面有着很强的特殊性和重要性。海岛及邻近海域的资源优势主要是渔业、旅游、港址和海洋可再生能源。总体经济基础薄弱，生态系统脆弱。发展海岛经济要因岛制宜，建设与保护并重，军民兼顾与平战结合，实现经济发展、资源环境保护和国防安全的统一。

海岛及邻近海域的主要发展方向是：加大海岛和跨海基础设施建设力度，加强中心岛屿涵养水源和风能、潮汐能电站建设；调整海岛渔业结构和布局，重点发展深水养殖；发展海岛休闲、观光和生态特色旅游；推广海水淡化利用；建立各类海岛及邻近海域自然保护区。

一、庙岛群岛海域

（一）概况

庙岛群岛及邻近海域，包括庙岛群岛周围海域和蓬莱毗邻海域。海岸线长 146.26km，其中大陆岸线长 86.26km，32 个基岩岛屿分布于整个渤海海峡，毗邻海域面积为 5800km^2。是我国刺参、皱纹盘鲍、栉孔扇贝、紫海胆和魁蚶等多种海珍品的主要产地。区内蓬莱阁和众多海岛是著名的旅游胜地。庙岛群岛共有鸟类 247 种，其中国家一、二级保护鸟类 49 种，是国家级鸟类自然保护区。本区海洋渔业资源衰退、养殖种类和结构布局待调整，滨海和海岛旅游业有待完善布局和扩大规模，部分岸段海蚀严重。

（二）重点功能

具有多种功能，重点是水产养殖、旅游和海上交通。其中，南北长山东部、砣矶、车由、钦岛、隍城、蓬莱西部和蓬莱中部海域为浅海养殖区，南五岛以贝类、鱼类养殖为主，北四岛以刺参、盘鲍、栉孔扇贝、紫海胆等海珍品为主；蓬莱阁旅游区和戚继光故里、长岛国家森林公园、半月湾、九丈崖、宝塔礁、车由岛等旅游景区。

（三）发展方向

本海域主要功能为旅游休闲娱乐和农渔业。重点发展生态高效品牌渔业、海洋新能源产业及旅游业，保障长岛国际休闲度假岛、渤海海峡的跨海通道和连岛工程等重大工程的建设用海。加强庙岛群岛原生态的海洋自然环境及鸟类栖息地的保护，维护长山水道航运功能。积极开发潮汐能等海洋清洁能源，统筹安排，协调海洋保护、渔业、旅游、交通及海洋新能源开发用海。

二、长山群岛海域

（一）概况

长山群岛海域，包括大连市长海县所辖全部海域。长山群岛由 3 个列岛组成，含 112 个岛礁，岸线长 410.2km，海域总面积为 8348km^2，其中滩涂面积为 12km^2，浅海面积为 8336km^2。

（二）重点功能

主要功能为养殖、旅游和港口。

（1）外长山列岛（海洋岛、獐子岛）为养殖、捕捞、港口和旅游功能区。

（2）里长山列岛（大长山岛、小长山岛、广鹿岛）为养殖、旅游和港口功能区。

（3）石城列岛（王家岛、石城岛）为旅游、养殖和港口功能区。

重点功能区主要有獐子岛、小长山岛等海水养殖区，四块石港和庙底港等港口区，大长山岛和王家岛等旅游区，海王九岛自然保护区。

（三）发展方向

长山群岛海域主要发展海岛生态旅游和海洋牧场建设，维护海岛生态系统，协调旅游、渔业、海岛保护与基础设施建设用海关系。

三、舟山群岛海域

（一）概况

舟山群岛海域，包括浙江省舟山市毗邻海域。

（二）重点功能

重点功能区有舟山渔场捕捞区，舟山群岛养殖区，普陀、嵊泗列岛和岱山等旅游区，包括洋山、定海、岱山、岙山、嵊泗等在内的宁波舟山港口区及相关航道，舟山和岱山盐田区。

（三）发展方向

本区应重点保证洋山集装箱深水港区、航道、芦洋跨海大桥及其他大型专业化中转码头建设用海需要，发展养殖业，增殖渔业资源，限制近海捕捞强度，建立我国最大的渔业生产基地，进一步发挥海岛旅游资源优势，保护海底管线，保全海岛生态系统，加快舟山连岛工程建设。

四、西沙群岛海域

（一）概况

西沙群岛海域，包括宣德群岛、永乐群岛及中建岛、东岛和浪花礁的毗邻海域。

（二）重点功能

重点功能区有西沙群岛海洋捕捞区，宣德群岛等旅游区，西沙群岛珊瑚礁和东岛鲣鸟自然保护区。

（三）发展方向

本区应大力发展海岛生态旅游，合理开发利用和养护渔业资源，加强珊瑚礁等自然保护区管理，保护海龟等珍稀物种及海洋生物多样性。

第四节　大陆架和专属经济区

我国管辖海域分为渤海、黄海、东海、南海和台湾以东海域共 5 大海域。其中大陆近海 4 个海域。主要功能区有渔业区和油气区。

渔业区：在黄海、东海专属经济区和大陆架海域加快恢复渔业资源。在南海海域适度发展捕捞业，鼓励和支持我国渔民在传统渔区的生产活动。加强对经济鱼类产卵场、索饵场、越冬场和洄游区域的保护，加强西沙群岛水产种质资源保护区管理。适时建立各类保护区，维护海洋生物多样性和生态系统完整性。

油气区：选择油气资源开采前景较好的海域，稳妥开展勘探和开采工作。加快开发研制深海及远程开采储运成套装备。加强天然气水合物等矿产资源调查评价、勘探开发科研工作。

一、渤海

（一）概况

渤海是半封闭性内海，大陆海岸线从老铁山角至蓬莱角，长约 2700km。沿海地区有辽宁省、河北省、天津市和山东省。海域面积约 $7.7\times10^4km^2$。渤海是北方地区对外开放的海上门户和环渤海地区经济社会发展的重要支撑。海区开发利用强度大，环境污染和水生生物资源衰竭问题突出。

（二）陆架区域重点功能

陆架区域位于渤海中部，是我国重要的海洋矿产资源利用区域，主要功能为矿产与能源开发、渔业和港口航运。

（三）功能布局

西南部、东北部海域重点发展油气资源勘探开发，协调好油气勘探、开采用海与航运用海之间的关系。区域积极探索风能、潮流能等可再生能源和海砂等矿产资源的调查、勘探与开发。合理利用渔业资源，开展重要渔业品种的增殖和养护。加强海域生态环境质量监测，防治赤潮、溢油等海洋环境灾害和突发事件。

二、黄海

（一）概况

黄海海岸线北起辽宁鸭绿江口，南至江苏启东角，大陆海岸线长约 4000km。沿海地区分布有辽宁省、山东省和江苏省。黄海为半封闭的大陆架浅海，自然海域面积约 $38\times10^4km^4$。沿海优良基岩港湾众多，海岸地貌景观多样，沙滩绵长，是我国北方滨海旅游休闲与城镇宜居主要区域。淤涨型滩涂辽阔，海洋生态系统多样，生物区系独特，是国际优先保护的海洋生态区之一。

（二）陆架区域重点功能

陆架区域位于长山群岛以南、山东半岛和苏北海域外侧的陆架平原，为我国重要的海洋矿产与能源利用和海洋生态环境保护区域。主要功能有渔业和港口航运。

（三）功能布局

应积极开展陆架盆地区油气资源的勘探开发和浅海陆架砂矿资源的调查与评估，合理开发渔业资源。积极推进黄海海洋生态系统的保护，加强对重要水产种质资源产卵场、索饵场、越冬场和洄游通道的保护，建设现代化海洋牧场，积极开展增殖放流和渔业资源养护，加强生态保护。

三、东海

（一）概况

东海海岸线北起江苏启东角，南至福建诏安铁炉港，大陆海岸线长约 5700km。沿海地区分布有台湾省、江苏省、上海市、浙江省和福建省。自然海域面积约 $77\times10^4km^2$。东海面向太平洋，战略地位重要，海岸曲折，港湾、岛屿众多，沿岸径流发达，滨海湿地资源丰富，生态系统多样性显著，是我国海洋生产力最高的海域。

（二）陆架区域重点功能

陆架区域包括上海、浙江和福建以东专属经济区和大陆架海域，为我国重要的海洋矿产与能源利用和海洋渔业资源利用区域。

（三）功能布局

区域重点加强油气资源和浅海砂矿资源勘探开发，建设东海油气资源开采基地，加强传统渔业资源区的恢复与合理利用，重点加强上升流区、鱼类产卵场和索饵场等重要海洋生态系统保护与管理。加强海洋环境监测，防止溢油等海洋环境灾害和突发事件发生。维护重要国际航运水道和海底管线设施安全。

四、南海

（一）概况

南海大陆海岸线北起福建诏安铁炉港，南至广西北仑河口，大陆海岸线长约 5800km。沿海地区包括广东、广西和海南三省。自然海域面积约 $350\times10^4km^2$。南海具有丰富的海洋油气矿产资源、滨海和海岛旅游资源、海洋能资源、港口航运资源，以及独特的热带、亚热带生物资源，同时也是我国最重要的海岛和珊瑚礁、红树林、海草床等热带生态系统分布区。南海北部沿岸海域，特别是河口、海湾海域，是传统经济鱼类的重要产卵场和索饵场。

（二）陆架区域重点功能

1. 南海北部海域

南海北部海域位于广东、广西和海南毗邻海域以南，至北纬 18°附近的海域，水深 100～1000m，是我国重要的油气资源分布区。区域主要功能为矿产与能源开发、渔业和海洋保护。

2. 南海中部海域

南海中部海域是我国重要的传统渔业资源利用区，分布有珊瑚礁、海草床等生态系统。区域的主要功能为渔业资源开发利用、海域保护、矿产与能源开发和海洋运输。

3. 南海南部海域

南海南部海域蕴藏有非常丰富的渔业资源和海洋矿产与能源资源，也是我国海上丝绸之路必经之地。区域的主要功能为渔业资源开发利用、矿产与能源开发、海洋运输和海洋保护。

（三）功能布局

（1）南海北部海域重点加强珠江口盆地、琼东南盆地、莺歌海盆地和北部湾盆地油气资源勘探开发，加强渔业资源利用和养护，加强水产种质资源保护区建设，保护重要海洋生态系统和海域生态环境。

（2）南海中部海域重点加强渔业资源利用和养护、油气资源的勘探开发，加强水产种质资源保护区建设，开展海岛旅游、交通和渔业等基础设施建设，开发建设永兴岛—七连屿珊瑚礁旅游区，合理开发海岛旅游资源，加强海岛、珊瑚礁和海草床等生态系统保护，建设西沙群岛珊瑚礁自然保护区。

（3）南海南部海域重点开展海洋渔业资源利用和养护，扶持发展热带岛礁渔业养殖，加强珍稀濒危野生动植物自然保护区和水产种质资源保护区建设，保护珊瑚礁等海岛生态系统。

第五节　国际海底区域

一、现状

目前，我国已在东北太平洋、西北太平洋和西南印度洋国际海底区域，申请总面积为 $8.80\times10^4km^2$，具有专属勘探权和优先开采权的矿区。

国际海底区域是指国家管辖海域以外的海床洋底及其底土，占地球表面积的 49%。“区域”内蕴藏着丰富的战略金属、能源和生物资源。1982 年《联合国海洋法公约》宣布国际海底区域及其资源是全人类的共同继承财产。我国矿产资源人均占有量远远低于世界人均水平，向深海大洋要资源是必然选择。

1983～1990 年，国家海洋局和地质矿产部组织进行了 9 个航次的大洋多金属结核资源调查，调查面积 200 多万 km^2，圈出远景矿区 30 多万 km^2，为我国申请矿区登记奠定了基础。

1990 年 4 月，国务院同意“以中国大洋矿产资源研究开发协会（以下简称中国大洋协会）名义申请矿区登记”，据此，成立了中国大洋协会筹备组，组织国内有关单位拟订了矿区申请登记的文书，同年 8 月向联合国申请登记。1991 年 3 月 5 日，联合国国际海底管理局和国际海洋法法庭筹备委员会批准了我国位于东北太平洋国际海底区域 $15\times10^4km^2$ 的多金属结核资源开辟区。

自此在中国大洋协会的组织协调下，我国开始全面进军国际海底区域。到 1999 年 10 月，中国大洋协会组织在东北太平洋进行了 10 个航次的海上勘探工作，并结合岸上研究成果从开辟区优选出 $7.5\times10^4km^2$ 矿区，在当前预期的回采率条件下，可满足矿区内年产 300×10^4t，开采 20 年的资源需求。

2001 年 5 月，中国大洋协会与联合国国际海底管理局签订了勘探合同，以合同形式确定了我国对东北太平洋 $7.5\times10^4km^2$ 的多金属结核矿区和 2011 年 11 月 18 日签订的西南印度洋 $1\times10^4km^2$ 的多金属硫化物矿区拥有的专属勘探权和优先商业开采权。在国际海底区域获得的多金属结核合同区拓展了我国战略资源的储备总量。

2013 年 7 月 19 日，在牙买加国际海底管理局理事会核准了中国大洋协会于 2012 年提出的富钴结壳矿区申请，该矿区位于西北太平洋国际海底区域，面积为 $3000km^2$。

二、发展方向

加强国际海底区域资源勘探、研究与开发。持续开展深海勘查，大力发展深海技术，适时发展深海产业。圈定多金属结核靶区，开展富钴结壳等新型矿产的调查，兼顾国际海底区域其他资源的前期调查，加强生物基因技术的研究与开发。努力提高深海资源勘探和开发技术能力，维护我国在国际海底区域的权益。

思　考　题

1. 我国沿海海岸带及邻近海域有哪些海洋经济区？

2. 我国海岛及邻近海域有哪些海洋经济区？
3. 山东半岛蓝色经济区在海洋经济发展中处于什么地位？
4. 山东半岛蓝色经济区的建设内容是什么？
5. 海西经济区的建设内容是什么？
6. 五点一线经济区建设内容是什么？
7. 曹妃甸工业经济区的地位和建设内容是什么？
8. 天津滨海新区建设内容是什么？
9. 集约用海的建设内容及内涵是什么？

第九章　主导功能区

本章学习重点

1. 掌握主导功能区的使用现状。
2. 掌握各类功能区的适用范围。
3. 掌握各类功能区的管理要求。
4. 熟悉各类主导功能区的分布情况。
5. 了解各类主导功能区的具体位置。

第一节　使 用 现 状

一、海域使用现状

（一）海域确权使用情况

1. 新增确权使用面积呈逐渐增加趋势

随着海洋经济的发展，海域使用管理的深入，海域使用证抵押等政策的落实，海域确权使用已经成为依法使用海域的途径，确权使用的申请项目数量和使用面积呈现逐渐增加的趋势。2004～2015 年，每年新增海域使用面积为 17.84×10^4～$37.41\times10^4hm^2$，年平均新增海域确权使用证 6335 份，平均确权使用面积为 $24.67\times10^4hm^2$（图 9.1）。

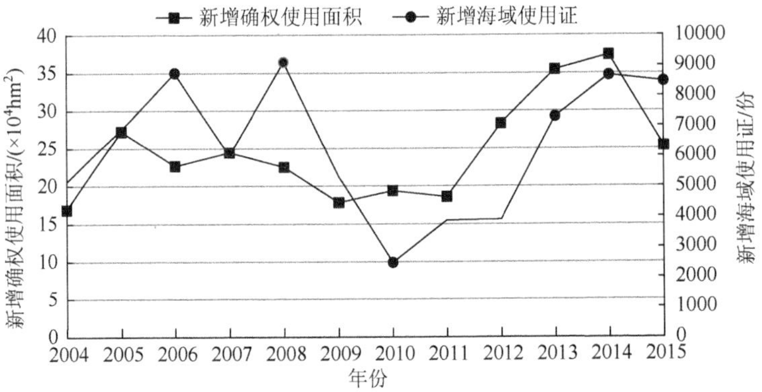

图 9.1　2004～2015 年新增海域确权使用情况

2. 海岸线开发利用比例过大

已经确权海域占用海岸线比例约 51%。海岸线开发程度比较大的主要有辽宁、天津、河北、浙江、广西，开发程度较小的是山东、上海、福建、广东、海南。海域开发利用和沿岸开发建设导致海岸线人工化程度加剧，据“908 专项”调查结果分析，人工岸线占 60.97%，不仅造成海岸景观生态环境巨大压力，而且使局部海域使用可持续利用程度显著降低。

3. 海域使用过于集中在滩涂和近岸海域

滩涂是沿海开发利用程度最高的区域，滩涂面积不足海域面积的 1%，但其使用面积已经占确权使用海域的22%，滩涂开发利用比例近1/3。有60%以上的海域使用集中在10m等深线以内的海域，10～20m 等深线海域的使用率低于 10%，20m 等深线以外的海域主要是航道、电缆管道及海洋保护区等用海。

4. 区域海域使用布局不平衡

从2010年年底的海域使用确权数据分析，全国70%以上的用海分布在广东、辽宁、浙江和江苏四个省份，其中，广东海域使用面积接近全国海域使用面积的 30%。而各类海域使用在全国的分布也有类似特点。例如，全国 80%的交通运输用海分布在广东和浙江两省海域；全国66%的工业用海分布在辽宁海域；全国79%的旅游用海分布在广东。

5. 海域开发与保护脱节

海域开发海岸线、滩涂、海岛、海湾和河口等海洋景观格局改变显著。随着海域使用规模的增长，海岸线开发利用导致海岸线人工化程度加剧，由海域围填、筑堤和修坝等形成的人工岸线显著增加，对海岸带景观生态形成了巨大压力；近岸海域池塘养殖围垦、填海造地工程等显著改变自然属性的用海比例持续攀升，已经占全部海域使用面积的20%以上。海域开发利用导致海岛灭失806个。海湾和滩涂面积缩减，河口形态改变。由此导致了大量自然岸线、沙滩、海岛和地貌景观资源的损失，海岸带生态环境发生显著改变。

海域使用占用海洋自然保护区的面积比例近4%，鸭绿江口湿地、双子台河口、昌黎黄金海岸、黄河口、海州湾和湛江红树林等海洋自然保护区内的渔业用海比例相对较高，不可避免地对保护区的保护对象和生态系统产生干扰。

（二）主导功能使用情况

1. 海域确权使用以渔业功能为主体

截至2011年，累计确权使用海域面积为$193.88\times10^4hm^2$。海域确权使用以海洋渔业用海为主体，占确权使用海域面积的 82.64%，其他用海确权使用较少，共占确权使用面积的17.36%（图9.2）。辽宁、山东、福建、广西和海南等海洋渔业比例均在90%以上。

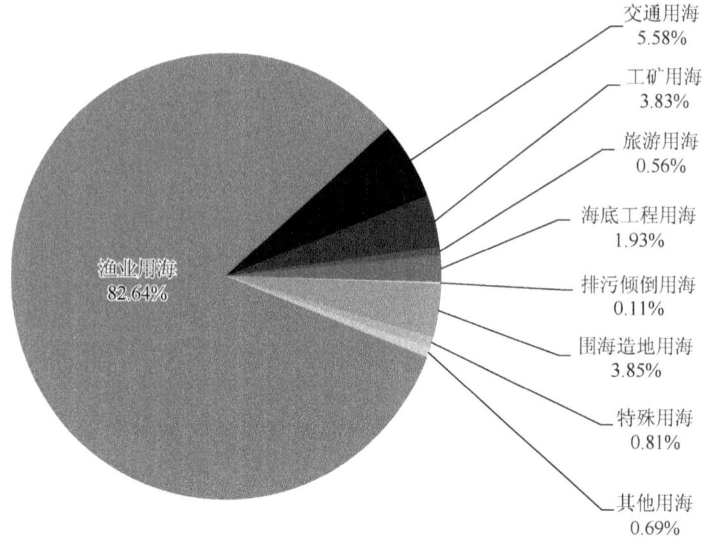

图9.2　截至2011年不同产业用海比例

2. 海域使用与主导功能符合性有待提高

截至2010年，海域使用与主导功能的总体符合率为90.75%（关道明和阿东，2013），其中符合性较高的是交通用海、旅游用海和海底工程用海，符合率在98%以上。符合率较低的是工矿用海、围海造地用海、特殊用海和渔业用海（图9.3）。

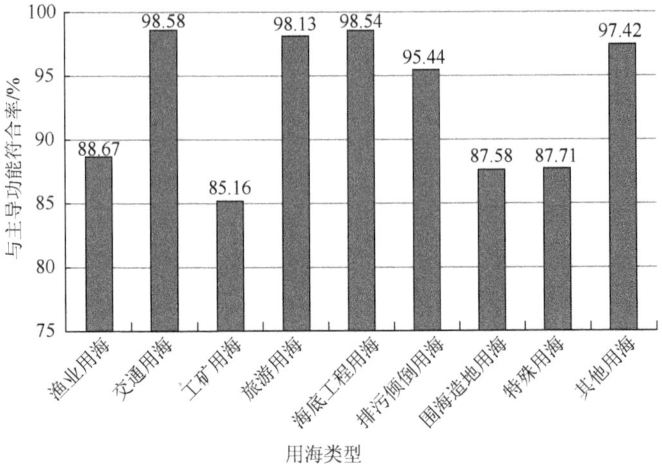

图9.3 截至2010年用海与主导功能的符合性

（三）存在的问题

（1）开发方式粗放。海洋产业以资源开发和初级产品生产为主，产品附加值较低，结构低质化、布局趋同化问题突出。近岸海域围填海规模较大，2002～2015年，围填海造地确权面积达1358km^2。

（2）开发不平衡。海洋开发活动集中在近岸海域，可利用岸线和滩涂空间资源日趋减少，近岸过度开发问题突出。沿岸和近海渔业资源严重衰退，大多数经济生物资源不能形成渔汛。深远海资源开发利用不足。

（3）环境污染问题突出。入海河流污染物排放总量大，近岸海域水质恶化趋势没有得到遏制，局部海域污染严重，主要分布在辽东湾、渤海湾、胶州湾、长江口、杭州湾、闽江口、珠江口及部分大中城市近岸海域。

（4）生态系统受损较重。受全球气候变化、不合理开发活动等影响，近岸海域生态功能有所退化，生物多样性降低，海水富营养化问题突出，赤潮等海洋生态灾害频发，一些典型海洋生态系统受损严重，部分岛屿特殊生境难以维系。

（5）资源供给面临挑战。随着沿海地区经济社会的快速发展，生产、生活和生态用海需求日趋多样化，对传统海洋资源供给方式提出新的挑战。

二、布局调整

（一）指导思想

（1）陆海统筹。统筹海洋空间格局与陆域发展布局，统筹沿海地区经济社会发展与海洋空间开发利用，统筹陆源污染防治与海洋生态环境保护和修复。

（2）尊重自然。树立敬畏海洋、保护海洋理念，把海洋生态文明建设放在更加突出的位置，把开发活动严格限制在海洋资源环境承载能力范围内，维护好海域、海岛和海岸自然状况，保护好海洋生物多样性。

（3）优化结构。按照经济发展、生态良好、安全保障的基本要求，加快转变海洋经济发展方式，优化海洋经济布局和产业结构。控制近岸海域开发强度和规模，推动深远海适度开发。

（4）集约开发。提高海洋空间利用效率，把握开发时序，统筹城镇发展和基础设施建设、临海工业区建设等开发活动，严格用海标准，控制用海规模。对区位优势明显、资源富集等发展条件较好的地区，突出重点，实施点状开发。

（二）原则

（1）自然属性为基础。根据海域的区位、自然资源和自然环境等自然属性，综合评价海域开发利用的适宜性和海洋资源环境承载能力，科学确定海域的基本功能。

（2）科学发展为导向。根据经济社会发展的需要，统筹安排各行业用海，合理控制各类建设用海规模，保证生产、生活和生态用海，引导海洋产业优化布局，节约集约用海。

（3）保护渔业为重点。渔业可持续发展的前提是传统渔业水域不被挤占、侵占，保护渔业资源和生态环境是渔业生产的基础，渔民增收的保障，更是保证渔区稳定的基础。

（4）保护环境为前提。切实加强海洋环境保护和生态建设，统筹考虑海洋环境保护与陆源污染防治，控制污染物排海，改善海洋生态环境，防范海洋环境突发事件，维护河口、海湾、海岛和滨海湿地等海洋生态系统安全。

（5）陆海统筹为准则。根据陆地空间与海洋空间的关联性，以及海洋系统的特殊性，统筹协调陆地与海洋的开发利用和环境保护。严格保护海岸线，切实保障河口海域防洪安全。

（6）国家安全为关键。保障国防安全和军事用海需要，保障海上交通安全和海底管线安全，加强领海基点及周边海域保护，维护我国海洋权益。

（三）目标

（1）海洋空间利用格局清晰合理。坚持点上开发、面上保护，形成“一带九区多点”海洋开发格局、“一带一链多点”海洋生态安全格局、以传统渔场和海水养殖区等为主体的海洋水产品保障格局和储近用远的海洋油气资源开发格局。

（2）海洋空间利用效率提高。沿海产业与城镇建设用海集约化程度、海域利用立体化和多元化程度、港口利用效率等明显提高，海洋水产品养殖单产水平稳步提升，单位岸线和单位海域面积产业增加值大幅增长。

（3）海洋可持续发展能力提升。海洋生态系统健康状况得到改善，海洋生态服务功能得到增强，大陆自然岸线保有率不低于 35%，海洋保护区占管辖海域面积比例增加到 5%，沿海岸线受损生态得到修复与整治。入海主要污染物总量得到有效控制，近岸海域水质总体保持稳定。海洋灾害预警预报和防灾减灾能力明显提升，应对气候变化能力进一步增强。

（四）整体布局

《全国海洋功能区划（2011—2020 年）》将我国全部管辖海域划分为农渔业区、港口航运区、工业与城镇用海区、矿产与能源区、旅游休闲娱乐区、海洋保护区、特殊利用区和保留区 8 类海洋功能区，22 类二级功能区，2684 个主导功能区（表 9.1）。

表 9.1　主导功能区分布　　（单位：个）

功能区	农渔业区	港口航运区	工业与城镇用海区	矿产与能源区	旅游休闲娱乐区	海洋保护区	特殊利用区	保留区	合计
辽宁	251	214	29	67	74	12	95	95	837
河北	12	11	15	7	7	7	1	2	62
天津	3	3	4	—	5	2	2	2	21
山东	34	38	39	9	55	49	47	20	291
江苏	20	27	27	—	17	15	22	4	132
上海	40	44	27	20	6	21	124	8	290
浙江	46	43	41	2	27	18	22	24	223
福建	32	20	71	29	34	27	50	16	279
广东	22	43	46	3	47	59	16	22	258
广西	25	21	9	3	15	12	2	16	103
海南	49	16	4	13	46	24	15	21	188
合计	534	480	312	153	333	246	396	230	2684

注：1. 数据来自国务院批复的各地的海洋功能区划（2011～2020 年）；
2. 其中辽宁和上海因分类不同，具体海洋功能区只是分析数量。

第二节　农 渔 业 区

一、适用范围

农渔业区是指适合于拓展农业发展空间和开发海洋生物资源，可供农业围垦，渔港和育苗场等渔业基础设施建设，海水养殖、增殖和捕捞生产，以及重要渔业种类养护的海域。二级类分为农业围垦区、渔业基础设施区、养殖区、增殖区、捕捞区和水产种质资源保护区。

（1）农业围垦区。适用于农、林、牧业的围垦生产，分为农业区、苇田区、林业区和畜牧区。农业区主要应用于农作物种植。苇田区主要用于芦苇的种植，同时达到污染物质降解和生态环境修复目的。林业区主要用于营造经济林、绿化林、水地保持林及沿海防护林带等。畜牧区用于牧草种植，发展畜牧产业。

（2）渔业基础设施区。主要用于为渔业生产服务的渔港经济区、造船厂、修船厂、冷库、加工厂、渔需物资供应等渔业设施建设，以及提供海水养殖和渔业资源增殖放流使用的苗种生产基地。其中渔港按属性应为港口航运区，但考虑到渔港的服务对象主要是海洋渔业，在每次的海洋功能区划中均归类到农渔业区的渔业基础设施区。

（3）养殖区。主要用于海水养殖产业的发展，分为港湾养殖区、滩涂养殖区和浅海养殖区。港湾养殖区用于海湾内鱼类、虾蟹类和贝类等水产经济生物的网箱、网围、筏式和吊笼等养殖。滩涂养殖区用于潮间带和潮上带低洼盐碱地开展鱼类、虾蟹类、贝类和藻类等经济生物的工厂化养殖、池塘养殖、滩涂护养和底播增殖。浅海养殖区用于潮下带和沿岸海域的网箱、网围、深水网箱、筏式、吊笼等养殖，以及底播增殖、人工鱼礁和海洋牧场建设。其中滩涂护养、底播增殖、人工鱼礁和海洋牧场，在类型上属于增殖区的范畴，考虑到用海的排他性、资源的占有性和增殖效益的非公益性，在海洋功能区划中归类为养殖区。

（4）增殖区。主要用于增殖放流、底播增殖和人工鱼礁建设等公益性项目的用海。

（5）捕捞区。主要用于拖网、围网、流刺网、定置网和钓具等商业捕鱼活动，发展海洋捕捞生产。捕捞区是一种公众使用的功能区，其资源具有公共财富性、洄游性、波动性等特点，国家因海域施行统一禁渔期、禁渔区、伏季休渔和总量控制等管理规定。

（6）水产种质资源保护区。用来保护具有重要经济价值和遗传育种价值及重要科研价值的渔业资源种类及其产卵场、越冬场、索饵场和洄游路线等栖息繁衍生境。《水产种质资源保护区管理暂行办法》由农业部公布于 2011 年 1 月 5 日，具有法律效力，按功能区的性质和作用，应归类为海洋保护区。

（7）休闲渔业区。主要用于开展海钓、体验和休闲旅游等休闲渔业活动。休闲渔业是我国近年来发展起来的新兴产业，但在《全国海洋功能区划（2011—2020 年）》中尚未列入。

二、布局

全国共有 534 个农渔业区。其中养殖区主要分布在黄海北部、长山群岛周边、辽东湾北部、冀东、黄河口至莱州湾、烟威近海、海州湾、江苏辐射沙洲、舟山群岛、闽浙沿海、粤东、粤西、北部湾和海南岛周边等海域。

渔业基础设施区主要是渔港经济区，主要分布在辽东半岛、山东半岛、长江口、舟山群岛、闽浙沿海、粤东、珠江口、粤西、桂西、海南等海域。

捕捞区主要有渤海、黄海、东海、南海北部、南海中部、南海南部和台湾以东海域。捕捞区分布在未确权使用的海域。

增殖区主要分布在沿岸海域，目前增殖放流的主要区域分布在渤海、辽东半岛沿岸、山东半岛沿岸、海州湾沿岸和舟山群岛等海域。

已划定的沿海的国家级水产种质资源保护区有 51 个，其中范围较大、跨省级行政区域的保护区有辽东湾渤海湾莱州湾国家级水产种质资源保护区、东海带鱼国家级水产种质资源保护区、吕泗渔场小黄鱼银鲳国家级水产种质资源保护区和北部湾二长棘鲷长毛对虾国家级水产种质资源保护区。

三、管理措施

（1）控制围垦规模和用途，合理布局渔港及远洋基地建设，稳定传统养殖用海面积，发展集约化海水养殖和现代化海洋牧场。

（2）保护海洋水产种质资源，严格控制重要水产种质资源产卵场、索饵场、越冬场及洄游通道内各类用海活动。

（3）农业围垦区、渔业基础设施区、养殖区和增殖区执行不劣于二类海水水质标准，渔港区执行不劣于现状的海水水质标准，捕捞区和水产种质资源保护区执行不劣于一类海水水质标准。

（4）主要用于渔业基础设施、开发利用和养护渔业资源的用海活动，限制近海捕捞，近岸围海养殖控制在现有规模，发展现代渔业，保障海洋食品清洁、健康生产。海岸基本功能区主要用于近岸渔港和渔业基础设施基地建设，近海基本功能区主要用于开放养殖、捕捞、渔业资源养护和海洋牧场建设。

（5）加强生态环境保护，不应造成外来物种侵害，防止养殖自身污染和水体富营养化，维持海洋生物资源可持续利用，保持海洋生态系统结构和功能的稳定，不应造成滨海湿地和红树林等栖息地的破坏。

第三节　港口航运区

一、适用范围

港口航运区是指适合于开发利用港口航运资源，可供港口、航道和锚地建设的海域。二级类分为港口区、航道区和锚地区。

港口航运区主要由海洋交通运输业使用。港口区主要用于各地港口建设。进出港航道和锚地区是港口的附属用海，锚地也是海关、商检、卫生检疫和安全等联检的区域。近海航道用于国内外船舶通航。

二、布局

全国共有480个港口航运区。主要有大连港、营口港、秦皇岛港、唐山港、天津港、烟台港、青岛港、日照港、连云港港、南通港、上海港、宁波舟山港、温州港、福州港、厦门港、汕头港、深圳港、广州港、珠海港、湛江港、海口港和北部湾港等沿海主要港口，以及渤海海峡、成山头附近海域、长江口、舟山群岛海域、台湾海峡、珠江口和琼州海峡等航运水道。

三、管理措施

（1）深化整合港口岸线资源，优化港口布局，合理控制港口建设规模和节奏。

（2）维护沿海主要港口和渤海海峡、成山头附近海域、长江口、舟山群岛海域、台湾海峡、珠江口和琼州海峡等航运水道水域功能，保障航运安全。

（3）堆场、码头等港口基础设施及临港配套设施建设用围填海，应集约高效利用岸线和海域空间。

（4）港口的岸线利用、集疏运体系等要与临港城市的城市总体规划做好衔接。

（5）港口建设应减少对海洋水动力环境、岸滩及海底地形地貌的影响，防止海岸侵蚀。港口区执行不劣于四类海水水质标准。

（6）航道、锚地和邻近水生野生动植物保护区、水产种质资源保护区等海洋生态敏感区的港口区执行不劣于现状海水水质标准。不应对毗邻海洋生态敏感区、亚敏感区产生影响。

第四节　工业与城镇用海区

一、适用范围

工业与城镇用海区是指适合于发展临海工业与滨海城镇的海域，分为工业用海区和城镇用海区。

工业与城镇用海区主要用于海洋工程建筑业、海洋船舶工业及其他海洋产业，促进工业产业集聚区和城镇集聚区的发展，形成临海工业和滨海城镇，形成政治、文化和经济中心。

二、布局

结合沿海经济发展战略，重点开展国家级综合配套改革试验区、经济技术开发区、高新技术产业开发区、循环经济示范区及保税港区等的建设。重点布局辽宁沿海“六点一线”、河北沿海“一带三区”、天津滨海新区、山东“一核两极”、江苏沿海经济增长极、长三角世界级城市群、浙江沿海经济区、海西“一带五轴”经济区、珠江三角洲经济中心、广西国际区域经济合作区和海南国际旅游岛建设。全国共划定 312 个工业与城镇用海区。

三、管理措施

（1）重点保障社会公益项目用海，满足公众亲海需求。

（2）优先安排国家区域发展战略确定的建设用海，重点支持国家级综合配套改革试验区、经济技术开发区、高新技术产业开发区、循环经济示范区及保税港区等的用海需求。

（3）重点安排国家产业政策鼓励类产业用海，严格限制高耗能、高污染和资源消耗型工业项目用海。

（4）工业与城镇用海区开发应做好与土地利用总体规划、城乡规划等的衔接，合理控制围填海规模，优化空间布局，加强自然岸线和海岸景观的保护。

（5）新建核电站、石化等危险化学品项目应远离人口密集的城镇布局。

（6）执行不劣于三类海水水质标准。

（7）加强环境保护，减少对海洋水动力环境、岸滩及海底地形地貌的影响，防止海岸侵蚀，避免工业和城镇用海对毗邻海洋生态敏感区、亚敏感区产生影响。

第五节　矿产与能源区

一、适用范围

矿产与能源区是指适合于开发利用矿产资源与海上能源，可供油气和固体矿产等勘探、开采作业，以及盐田和可再生能源等开发利用的海域。分为油气区、固体矿产区、盐田区和可再生能源区。

矿产与能源区主要用于海洋油气业、海洋盐业、海洋矿业、海洋电力业、海洋化工业、海洋生物医药业和海水利用业等海洋产业。

二、布局

全国共划定 153 个各产业能源区。

油气区主要分布在渤海湾盆地（海上）、北黄海盆地、南黄海盆地、东海盆地、台西盆地、台西南盆地、珠江口盆地、琼东南盆地、莺歌海盆地、北部湾盆地和南海南部沉积盆地等油气资源富集的海域。

盐田区主要为辽东湾、长芦、莱州湾和淮北等盐业产区。

可再生能源区主要包括浙江、福建和广东等近海重点潮汐能区，福建、广东、海南和山东沿海的波浪能区，浙江舟山群岛（龟山水道）、辽宁大三山岛、福建嵛山岛和海坛岛海域的潮流能区，西沙群岛附近海域的温差能区，以及海岸和近海风能分布区。

三、管理措施

（1）加强海上石油开采环境管理，防范海上溢油等海洋环境突发污染事件。

（2）遵循深水远岸布局原则，科学论证与规划海上风电。

（3）禁止在海洋保护区、侵蚀岸段和防护林带毗邻海域开采海砂等固体矿产资源。

（4）防止海砂开采破坏重要水产种质资源产卵场、索饵场和越冬场。

（5）油气区执行不劣于现状海水水质标准，固体矿产区执行不劣于四类海水水质标准，盐田区和可再生能源区执行不劣于二类海水水质标准。

（6）加强生态环境保护，减少对海洋水动力环境产生影响，防止海岛、岸滩及海底地形地貌发生改变，不应对毗邻海洋生态敏感区、亚敏感区产生影响。

第六节　旅游休闲娱乐区

一、适用范围

旅游休闲娱乐区是指适合于开发利用滨海和海上旅游资源，可供旅游景区开发和海上文体娱乐活动场所建设的海域，分为风景旅游区和文体休闲娱乐区。

旅游休闲娱乐区主要是沿海国家级风景名胜区、国家级旅游度假区、国家5A级旅游景区、国家级地质公园和国家级森林公园等旅游地，用于开展滨海旅游业。

二、布局

以辽东半岛、秦皇岛、山东半岛、长三角、闽东南、珠三角和海南等区域，依托各滨海旅游城市、自然景观和人文景观，构成具有温带、亚热带和热带特殊的旅游休闲娱乐带。全国共划定333个旅游休闲娱乐区。

三、管理措施

（1）重点保障现有城市生活用海和旅游休闲娱乐用海需求，优先安排国家级风景名胜区、国家级旅游度假区、国家5A级旅游景区、国家级地质公园和国家级森林公园等的用海需求。

（2）旅游休闲娱乐区开发要注重保护海岸自然景观和沙滩资源，禁止非公益性设施占用公共旅游资源，修复主要城镇周边海岸旅游资源。

（3）旅游休闲娱乐区执行不劣于二类海水水质标准。

（4）加强海洋生态环境保护，不破坏自然景观，严格控制占用海岸线、沙滩和沿海防护林的建设项目和人工设施，妥善处理生活垃圾，不应对毗邻海洋生态敏感区、亚敏感区产生影响。

第七节　海洋保护区

一、适用范围

海洋保护区是指专供海洋资源、环境和生态保护的海域，是以保护海洋环境及其资源为目的，在海域、岛屿、海岸带、海湾和河口等划出只限加以专门保护的区域，分为海洋自然保护区和海洋特别保护区。

凡是具有保护价值的濒危海洋生物、典型海洋生态系统、特殊海洋地理条件、丰富海洋资源的海域、岛屿等需划定保护区进行保护。受损的海洋生态系统和海洋景观需要修复。

二、布局

重点保护海域主要分布在鸭绿江口、辽东半岛西部、双台子河口、渤海湾、黄河口、山东半岛东部、苏北、长江口、杭州湾、舟山群岛、浙闽沿岸、珠江口、雷州半岛、北部湾和海南岛周边等邻近海域，已建各级各类海洋保护区 221 处，其中海洋自然保护区 157 处，海洋特别保护区 64 处（关道明和阿东，2013）。

已经划定的海洋自然保护区，主要有蛇岛老铁山、合浦儒艮、鸭绿江口滨海湿地、昌黎黄金海岸、盐城珍禽、南麂列岛和深沪湾海底古森林遗迹、惠东港口海龟、内伶仃岛福田、湛江红树林、山口红树林、北仑河口红树林、东寨港红树林、大洲岛海洋生态、双台河口水禽、三亚珊瑚礁、黄河三角洲、厦门海洋珍稀生物和大连斑海豹等国家级海洋自然保护区。

已经划定的海洋特别保护区，主要有江苏海门牡蛎礁、乐清西门岛、嵊泗马鞍列岛、普陀中街山列岛、鱼山列岛、昌邑、东营黄河口、利津底栖鱼类、河口浅海贝类、东营莱州湾蛏类、广饶沙蚕类、文登、龙口黄水河口、烟台芝罘岛群、刘公岛、乳山塔岛湾、牟平砂质海岸、莱阳五龙河口、海阳万米海滩、威海小石岛和锦州大笔架山等国家级海洋特别保护区。

已经划定的海洋公园，主要有广东海陵岛、广东特呈岛、广西钦州茅尾海、厦门、连云港海州湾、刘公岛、日照、大乳山、长岛、江苏小洋口、浙江洞头、福建福瑶列岛、长乐、湄洲岛、福建城洲岛、广东雷州乌石、涠洲岛珊瑚礁、海门蛎岈山、鱼山列岛、烟台山、蓬莱、招远沙质黄金海岸、青岛西海岸、威海海西头、盘锦鸳鸯沟、绥中碣石、辽宁觉华岛、大连长山群岛、大连金石滩、南澳青澳湾、辽宁团山、福建崇武、浙江嵊泗、大连仙浴湾、大连星海湾、烟台莱山、胶州湾、平潭综合实验区海坛湾、广东阳西月亮湾、红海湾遮浪半岛、海南万宁老爷海、昌江棋子湾、盘锦鸳鸯沟和觉华岛等国家级海洋公园。

三、管理措施

（1）旅游休闲娱乐区开发建设要合理控制规模，优化空间布局，有序利用海岸线、海湾、海岛等重要旅游资源。

（2）严格落实生态环境保护措施，保护海岸自然景观和沙滩资源，避免旅游活动对海洋生态环境造成不良影响。

（3）保障现有城市生活用海和旅游休闲娱乐区用海，禁止非公益性设施占用公共旅游资源。

（4）开展城镇周边海域海岸带整治修复，形成新的旅游休闲娱乐区。

（5）旅游休闲娱乐区执行不劣于二类海水水质标准。

（6）恢复、维持、改善海洋生态环境和生物多样性，保护自然景观。

第八节　特殊利用区

一、适用范围

特殊利用区是指供其他特殊用途排他使用的海域，分为海底管线、跨海桥梁、污水达标排放、倾倒、海岸防侵蚀、防海冰、防风暴潮、防护林、泄洪、海上平台、军事区和科学研究试验等的特殊利用区。

特殊利用区用于特殊的用途。海岸防侵蚀区用于防范海岸蚀退；防风暴潮区用于防范风暴潮灾害；防海冰区用于防范海水结冰造成的危害；海上平台用于海上油气开采等海洋开发利用活动；海底管线区用于铺设输油气管路、通信、供电和供水等管线；跨海桥梁用于滨海公路建设；军事区用于军事需要；科学研究试验区用于科学试验、观察和示范；污水达标排放区用于城市和工矿企业达标污水的排放；倾倒区用于疏浚物或固体废弃物的倾倒；防护林带用于防风固沙，改善生态环境；泄洪区用于排泄洪水，避免或减少城镇、工矿企业遭受洪水、积涝威胁和危害。

二、布局

全国共划定特殊利用区 396 个，主要分布在辽东半岛、山东半岛、长江三角洲、福建沿海、珠江三角洲和海南沿海。

三、管理措施

（1）在海底管线、跨海路桥和隧道用海范围内严禁建设其他永久性建筑物，从事各类海上活动必须保护好海底管线、道路桥梁和海底隧道。

（2）合理选划一批海洋倾倒区，重点保证国家大中型港口、河口航道建设和维护的疏浚物倾倒需要。

（3）对于污水达标排放和倾倒用海，要加强监测、监视和检查，防止对周边功能区环境质量产生影响。

（4）加强生态环境保护，防止对海洋水动力环境条件改变，避免对海岛、岸滩及海底地形地貌的影响，防止海岸侵蚀，避免对毗邻海洋生态敏感区、亚敏感区产生影响。

第九节　保　留　区

保留区是指为保留海域后备空间资源，专门划定的在区划期限内限制开发的海域。包括由于经济社会因素暂时尚未开发利用或不宜明确基本功能的海域，限于科技手段等因素目前难以利用或不能利用的海域，以及从长远发展角度应当予以保留的海域。

一、布局

全国共划定 230 个保留区。主要分布在辽东半岛、山东半岛、浙江、福建、广东、广西、海南等沿海海域。

二、管理措施

（1）保留区应加强管理，严禁随意开发。

（2）确需改变海域自然属性进行开发利用的，应首先修改省级海洋功能区划，调整保留区的功能，并按程序报批。

（3）保留区执行不劣于现状海水水质标准。

思　考　题

1. 简述主导功能区使用现状。
2. 主导功能区如何布局？
3. 简述农渔业区类型和分布。
4. 水产种质资源保护区为何归类为农渔业区？
5. 矿产与能源区可用于哪些海洋产业？
6. 核能利用区为何不属于矿产与能源区？
7. 简述海水资源利用区定义、类别和条件。
8. 简述旅游休闲娱乐区分布现状。
9. 海洋能利用区有哪些种类？
10. 特殊利用区有哪些种类？
11. 海洋保护区类别，主要由于哪些资源的保护？
12. 简述设定保留区的作用。

第十章　海洋功能区划的实施应用

本章学习重点

1. 掌握海洋功能区划编制方法。
2. 了解海洋功能区划的审批程序。
3. 熟悉海域使用管理内容。
4. 了解海域使用管理现状。
5. 掌握海域使用论证方法。
6. 熟悉海域使用论证内容

第一节　区划编制与审批

一、区划的编制

（一）任务来源

《中华人民共和国海域使用管理法》第四条规定，国家实行海洋功能区划制度，海域使用必须符合海洋功能区划。因此，海洋功能区划是海域使用和海洋管理的前提，必须首先开展海洋功能区划工作，才能按照海洋功能区划划定的综合功能区和主导功能区开展海洋资源的开发利用，实施有效的海域管理。

海洋功能区划按照行政区划分为国家、省、市、县四级。国家海洋局会同国务院有关部门和沿海省、自治区、直辖市人民政府，编制全国海洋功能区划。沿海县级以上地方人民政府海洋行政主管部门会同本级人民政府有关部门，依据上一级海洋功能区划编制地方海洋功能区划。

海洋功能区划具有时效性，其使用的时效期应当与国民经济和社会发展规划相适应，一般为10年或5年。因此，每10年或5年就必须根据海洋功能区划的使用效果和社会经济发展的需求，对海洋功能区能进行修订，重新审批。

海洋功能区划具有法律效力，是一项代表政府开展的严肃的工作。因此，海洋功能区划任务必须来源于政府，并在政府及其海洋行政主管部门的领导下开展工作。

（二）资料来源

海洋功能区划是在系统分析区划区域的自然属性和社会属性的基础上，选择划定相应的主导功能，必须全面收集区划区域的自然环境、自然资源、开发现状、开发能力、社会经济、社会发展，以及相关规划、区划等方面的资料。区划所用资料主要通过资料收集和实地调查等渠道，获得相关的统计资料、调查研究成果、社会发展规划、海域使用现状和海洋经济发展等海洋功能区划需要使用的资料。

（三）功能分析

首先，在充分分析所有资料的基础上，根据功能区的划分标准和自然属性列出每个区的所有功能，并根据社会属性和社会发展要选择主导功能。其次，制定海域使用现状表，比对分析海域使用与主导功能的一致性和兼容性，协调、调整不兼容的功能使用。最后，编制海洋功能区登记表和功能区划图，对区划区域的使用功能进行整体布局。

（四）报告编制

海洋功能区划成果包括海洋功能区划文本、海洋功能区划登记表、海洋功能区划图、区划编制说明、区划报告和信息系统等。

1. 海洋功能区划文本

区划文本采用条文形式表述，文字表达应当规范、准确、简明扼要。文本内容包括总则、海域开发保护现状与面临的形势、海洋开发与保护战略布局、海洋功能分区及管理要求、实施措施和附则 6 个部分。

（1）总则：包括区划的目的、依据、目标、原则、范围和时效。

（2）海域开发保护现状与面临的形势：主要分析地理概况和区位条件、自然环境与资源条件、开发利用现状和面临的形势。

（3）海洋开发与保护战略布局：包括总体布局和按照地理特性划定的海域单元的战略布局。

（4）海洋功能分区及管理要求：将海域功能划分为农渔业区、港口航运区、工业与城镇用海区、矿产与能源区、旅游休闲娱乐区、海洋保护区、特殊利用区和保留区 8 大类，28 个二级类，并按照大类分别分析主要功能区和管理要求。

（5）实施措施：包括海域使用管理、海洋环境保护、海岛保护与利用、监督检查、宣传教育和技术支持等方面的内容。

（6）附则：包括区划效力及其他需要说明的内容。

2. 海洋功能区划登记表

区划登记表是区划文本的配套材料，与区划文本具有同等效力。登记表的内容包括：一级类、二级类、海洋功能区的名称、功能区的所属行政区、地理范围、面积、使用现状、管理要求，以及其他说明的内容。

3. 海洋功能区划图

区划图是区划文本的配套材料，与区划文本具有同等效力。按照统一的投影坐标与比例尺和技术要求绘制。

4. 区划编制说明

区划编制说明的内容包括：

（1）区划编制的主要任务和指导思想，着重说明区划的工作思路及重点和特点；

（2）区划的主要内容；

（3）区划的编制过程及各部门、地方政府的协调情况；

（4）区划与上一级海洋功能区划及其他相关规划的衔接情况；

（5）同级人民政府对区划的审核情况，并附审查意见的文件；

（6）其他需要说明的重要问题。

5. 区划报告

区划报告是区划成果的重要组成部分，是报请政府审批必不可少的材料之一。区划报告应全面、系统地反映区划研究成果，是海洋功能区划文本的细化和量化内容。

（五）协调

海洋功能区划文本、登记表、区划图、编制说明和区划报告完成后，广泛征求同级政府有关部门、上一级海洋行政主管部门、下一级地方政府及军事机关等单位的意见。建立公众参与机制，采取公示、征询等方式，充分听取用海单位和社会公众的意见。在充分吸取有关意见后，形成海洋功能区划成果评审稿。

（六）评审

评审工作在上一级海洋行政主管部门主持下开展，成立评审专家委员会，对海洋功能区划成果进行全面的评审，提出不足和修改完善的内容。根据评审意见修改完善后，形成海洋功能区划成果送审稿。

（七）报批

海洋功能区划成果送审稿经同级政府审核同意后，由政府报请上一级政府审批。海洋功能区划文本、海洋功能区划登记表和海洋功能区划图为报批材料，区划编制说明和研究报告为报批材料的辅助说明。海洋功能区划成果按要求进行备案和存档，并利用海域使用动态监视、监测系统中的海洋功能区划数据库和管理模块，管理海洋功能区划成果。

二、审批

（一）审核

海洋功能区划上报审批前，同级人民政府对区划成果进行审核，并出具审核意见。审核的内容包括：

（1）开发利用与保护状况分析是否从当地实际出发，实事求是；

（2）目标的确定是否与本地区国民经济和社会发展规划相协调，是否有利于促进当地经济的发展和生态环境的保护；

（3）海洋功能区划是否做到统筹兼顾、综合部署，是否与有关区划、规划相协调；

（4）海洋功能区的划分是否经过充分论证；

（5）是否有保证区划实施的政策措施，措施是否可行；

（6）与政府各部门及下一级政府的协调情况，主要问题是否协商解决。

（二）审查

海洋功能区划上报后，由具有审批权的人民政府海洋行政主管部门负责审查工作。审查的主要依据是：

（1）国家的有关海洋开发利用与保护的方针政策；

（2）国家有关法律、法规及海洋功能区划管理的规章制度；

（3）国家有关部门发布的海洋功能区划技术标准和规范；

（4）国民经济和社会发展规划及其他经批准的区划、规划；

（5）上一级海洋功能区划及相邻地区的海洋功能区划。

（三）审批

国家和省级海洋功能区划由国务院批准，市、县级海洋功能区划由所在的省级人民政府批准，报国务院海洋行政管理部门备案。审批程序为：

（1）海洋功能区划经同级人民政府审核同意后，由人民政府上报到有审批权的政府，同时抄送具有审批权的海洋行政主管部门；

（2）具有审批权的人民政府将请示转请同级海洋行政主管部门组织审查；

（3）具有审批权的人民政府海洋行政主管部门接交办文件后，即将报批的海洋功能区划连同有关附件分送同级有关部门及区划区域相邻的同级人民政府征求意见；

（4）有关部门和单位在收到征求意见文件之日起 30 日内，将书面意见反馈；

（5）具有审批权的人民政府海洋行政主管部门综合协调各方面意见后，在 15 日内提出审查意见；

（6）经审查同意后，由具有审批权的人民政府海洋行政主管部门起草审查意见和批复代拟稿，由同级人民政府审批。

（四）备案

经批准的海洋功能区划成果，上报具有审批权的人民政府海洋行政主管部门备案。备案内容应包括区划文本、登记表、区划图、编制说明、区划报告及信息系统。

（五）颁布

海洋功能区划经批准后，区划区域人民政府应在批准之日起 30 个工作日内向社会公布文本。但是，涉及国家秘密的部分除外。

三、区划的实施

（一）实施情况评估

海洋功能区划批准实施两年后，县级以上海洋行政主管部门对本级海洋功能区划可以开展一次区划实施情况评估，对海洋功能区划提出一般修改或重大修改的建议。评估工作可以由海洋行政主管部门自行承担，也可以委托技术单位承担。

（二）修正

一般修改是指在局部海域不涉及一级类、只涉及二级类海洋功能区的调整。重大修改是指在局部海域涉及一级类海洋功能区的调整，或者不改变海域自然属性的功能区由围海性质的功能区调整为填海性质的功能区。

经国务院批准，因公共利益、国防安全或者大型能源、交通等基础设施建设，需要改变海洋功能区划的，根据国务院的批准文件修改海洋功能区划。

修改程序：①通过评估工作，在局部海域确有必要修改海洋功能区划的，由海洋行政主管部门会同同级有关部门提出修改方案。属于重大修改的，应当向社会公示，广泛征求意见。②修改方案经同级人民政府审核同意后，报有批准权的人民政府批准。属于重大修改的，有批准权人民政府海洋行政主管部门应当对修改方案进行论证和评审，作为批准修改方案的重要依据。③修改方案经批准后，本级人民政府应将修改的条文内容向社会公布，涉及下一级海洋功能区划修改的，根据批准文件修改下一级海洋功能区划，并报省级海洋行政主管部门备案。

（三）实施

（1）依法行政，认真组织实施海洋功能区划。海洋功能区划一经批准，必须严格执行。在海洋功能区划文本、登记表和区划图中，所有一级类和二级类海洋功能区及其环境保护要求应当确定为严格执行的强制性内容。

（2）海洋功能区划是编制涉海规划的依据。海洋环境保护规划应当依据海洋功能区划编制。养殖、盐业、交通和旅游等行业规划涉及海域使用的，必须符合海洋功能区划。土地利用规划、城市规划和港口规划应当与海洋功能区划相衔接。

（3）海域使用项目应当符合海洋功能区划。海域使用论证报告书应当明确项目选址是否符合海洋功能区划。对于不符合海洋功能区划的用海项目的申请不予受理，受理机关依法告知申请人。对于经国家和省级人民政府批准立项的海域使用项目，与海洋功能区划不符合的，海洋行政主管部门可以提出重新选址的意见。对于符合海洋功能区划的填海项目，要根据国家有关标准严格限制填海规模，集约用海。

（4）编制海洋环境保护规划和重点海域区域性海洋环境保护规划的，海洋环境保护和管理的目标、标准和主要措施要依据各类海洋功能区的环境保护要求确定。各类海洋保护区的选划建设必须符合海洋功能区划。选择入海排污口位置，设置陆源污染物深海离岸排放排污口，审核、核准海洋（海岸）工程建设项目，选划海洋倾倒区等必须依据海洋功能区划。对于不符合海洋功能区划的海洋（海岸）工程建设项目，海洋行政主管部门不予审核或核准环境影响报告书。海洋环境监测评价和监督管理工作应当按照各类海洋功能区的环境保护要求执行。

（5）各级海洋行政主管部门应加强海洋功能区的监视监测，防止擅自改变海域用途。

第二节　海域使用管理

一、海域使用

《中华人民共和国海域使用管理法》第二条规定：“在中华人民共和国内水、领海持续使用特定海域三个月以上的排他性用海活动，适用本法”。

这一定义概括了海域使用的特征，具备这些特征的海洋开发利用活动即为海域使用。时间不足 3 个月，但可能对国防安全、海上交通安全和其他用海活动造成重大影响的用海活动为临时海域使用，也要依据《中华人民共和国海域使用管理法》进行管理。海域使用的特征如下。

（1）使用海域是特定的。利用海域的任何一个部分，如水面、水体、海床、底土，都构成海域使用。

（2）使用海域是固定的。如航行等就不属于海域使用。

（3）使用海域是持续的。持续使用，时间在 3 个月以上。

（4）使用主体具有排他性。只要某一开发利用活动发生后，其他单位和个人就不能在此海域中从事性质相同的开发利用活动。

二、依法管理

（一）严格落实海洋功能区划制度

认真贯彻实施《中华人民共和国海域使用管理法》，严格落实海洋功能区划制度，不断完善以海洋功能区划为基础的功能管制制度。对符合海洋功能区划要求的开发，经海域使用审批许可后，方可施工。审批项目用海以海洋功能区划为依据，对不符合海洋功能区划的用海项目，一律不予批准。严格禁止任何行业、部门和个人未经批准，违法使用海域。用海项目可能涉及军事用海的，预先征求有关军事机关的意见。

（二）完善建设项目用海预审制度和海域权属管理制度

涉海建设项目在向审批、核准部门申报项目可行性研究报告或项目申请报告前，向海洋行政主管部门提出海域使用申请。海洋行政主管部门主要依据海洋功能区划、海域使用论证报告、专家评审意见及项目用海的审核程序预审，并出具用海预审意见。用海预审意见是审批建设项目可行性研究报告或核准项目申请报告的必要文件，未通过用海预审的涉海建设项目，各级投资主管部门不予批准、核准。按照《中华人民共和国物权法》和《中华人民共和国海域使用管理法》的规定，规范海域使用权登记管理。推进海域使用权招标、拍卖和挂牌出让工作，充分发挥市场在海域资源配置中的基础性作用。凭海域使用权证书按程序办理项目建设手续。

（三）科学编制海域使用规划

依据海洋功能区划，编制海域使用规划，科学管理海域开发利用活动，引导行业用海有序开发，合理控制发展规模，实现海域资源的可持续利用。根据经济社会发展情况，5年编制一次，作为海域开发、利用和保护的纲领性文件，以及海域使用宏观调控和围填海计划管理的主要依据。

（四）创新和加强围填海管理

科学编制围填海计划，根据资源现状和年度需求，合理确定年度围填海面积。根据国家下达的围填海指标实行指令性管理，不得擅自突破。建立围填海计划台账制度，对围填海计划指标使用情况进行及时登记和统计。加强围填海计划执行情况的评估和考核。严格执行海域使用论证制度，优化平面设计，合理控制围填海面积。定期开展区域用海规划执行情况调查，防止盲目围填，对围而不填、填而不用的地区，控制新上围填海项目。

（五）保护海洋渔业资源

切实保护海洋生物资源繁育空间和生态环境，各类工程建设可能对水产种质资源保护区和水生生物自然保护区造成影响的，开展工程建设对保护区影响专题评价，并采取相应的保护和补偿措施；切实协调好项目建设与用海利益相关者的关系，做好涉及渔业用海的渔民转产、转业和补偿工作，维护渔民利益和渔区和谐稳定；保护产卵场、越冬场、索饵场和洄游通道等重要渔业水域，禁止在该类水域围填海。

（六）开展海域海岸带综合整治

根据海洋功能区划确定的目标，制定和实施海域海岸带整治修复计划，在重要海湾、河口、旅游区及大中城市毗邻海域全面开展整治修复工作。

三、用海项目管理

（一）项目用海

审批项目用海，以海洋功能区划为依据，完善以海洋功能区划为重要依据的用海项目预审制度。海域使用项目必须符合海洋功能区划，海域使用论证报告书从功能区海域使用方式、类型与空间要求、环境保护要求和维护功能区健康运行等方面明确项目选址是否符合海洋功能区划。

允许非基本功能类型用海项目与海洋功能区的兼容发展，对于与基本功能有冲突的必须对其进行调整或重新选址。涉及公共利益、国防安全、交通航运安全、海洋能源（包括再生能源）、海洋新兴产业及生态安全的用海应在不影响海域基本功能与环境保护要求的条件下优先保障。

在用海审批和海域使用过程中，认真贯彻有关法律法规，严格执行海洋功能区划，不得从事与海洋功能区划不相符的开发活动。涉及有关部门管理职能的审批事项严格履行报批程序，切实协调好与项目用海利益相关者关系，做好涉及渔业用海的渔民转产转业和补偿工作，维护渔民利益和渔区和谐稳定。严格按照产业政策，对建设用海项目进行科学筛选；合理安排集中进行围填海的各功能区的格局，围绕重点发展区域设置重点功能区，引导围填海向离岸、人工岛式发展；禁止在经济生物的自然产卵场、繁殖场和索饵场进行围填海。海域使用时严格论证海湾、河口、重要湿地和保护区附近海域进行围填海的合理性。同时，按照围填海规划计划，科学确定围填海规模、方式和时序。

加强对海洋功能区的维护和海域使用的动态监视监测，定期评价海洋功能区的变化和对相邻海洋功能区的影响。

（二）用海项目审批权限

1. 国务院审批的项目

（1）填海 $50hm^2$ 以上的项目用海；

（2）围海 $100hm^2$ 以上的项目用海；

（3）不改变海域自然属性的用海 $700hm^2$ 以上的项目用海；

（4）国家重大建设项目用海；

（5）国务院规定的其他项目用海。

2. 省级人民政府审批的项目

（1）不满 $50hm^2$ 的围海造地、码头、堤坝、围堰和储灰场等填海型项目用海；

（2）盐田、渔池和半封闭式港池等围海型项目，以及用海 $60hm^2$ 以上不满 $100hm^2$ 的海上人工构造物。

3. 设区的市人民政府审批的项目

（1）盐田、渔池和半封闭式港池等围海型项目，以及用海 $10hm^2$ 以上不满 $60hm^2$ 的海上人工构造物；

（2）用海 $200hm^2$ 以上不满 $700hm^2$ 的增殖、养殖、浴场、码头前水域、航道、锚地、旅游和体育活动等开放型项目。

4. 县级人民政府审批项目

（1）盐田、渔池、半封闭式港池等围海型项目，以及用海不满 $10hm^2$ 的海上人工构造物；

（2）用海不满 $200hm^2$ 的增殖、养殖、浴场、码头前水域、航道、锚地、旅游和体育活动等开放型项目。

不符合海洋功能区划和海域使用规划，破坏海域资源、环境、自然景观和生态平衡，造成航道、港区淤积、堵塞，以及其他有碍锚地、港口生产作业，导致岸滩侵蚀和危害海堤等海岸工程安全，在石油及天然气勘查开采区、生物养殖场及其他重要的工程区等区域内开采海砂的，妨碍航行、消防、救护和汛期行洪，对军事管理区有不利影响，以及法律、法规禁止的其他项目，不得批准使用海域。

（三）海域使用期限

按照用途确定海域使用权最高期限（表 10.1）。

表 10.1 海域使用权最高期限

序号	用海类型	最高使用年限/年
1	养殖用海	15
2	拆船用海	20
3	旅游、娱乐用海	25
4	盐业、矿业用海	30
5	公益事业用海	40
6	港口、修造船厂等建设工程用海	50

（四）项目用海审批程序

1. 申请

海域使用申请者应当向县级以上海洋行政主管部门就用海事宜进行咨询，并在初步咨询的基础上领取国家统一格式的海域使用申请表。其中，重大建设项目需要使用海域的，建设单位应当在立项申请前提出海域使用申请，经预审同意后，方可按规定程序提交立项申请。

申请时，提交的材料包括海域使用申请书、申请海域的坐标图和资信证明材料等。

2. 受理

海域使用由海洋行政主管部门统一受理。我国采用两级受理制度，由国家海洋局和县级海洋行政主管部门受理项目用海申请。县级以上人民政府海洋行政主管部门按照审批权限和《海域使用权管理规定》规定，负责海域使用申请的受理、审查、审核和报批工作。

3. 初审

重点审查项目用海是否符合海洋功能区划和海域使用规划。通过初始海籍调查（权属核查和海籍测量）工作，了解该海域是否已经设置了海域使用权，海域的界址和面积是否清楚准确，是否存在海域使用纠纷及协调处理情况，是否有弄虚作假的问题等。必要时进行公示。凡符合初审条件的项目用海，受理机关根据初审后的《海域使用申请书》，按照用海类型（作业方式）分别填写《海域使用审批呈报表》。

4. 审查

核实下级海洋部门的初审或审查意见，再次确认是否符合海洋功能区划和海域使用规划。从上一级国民经济和社会发展计划及有关中长期规划出发，确认该海域是否计划设置更重要的开发利用方式。不论审查机关是否同意批准该项目用海，审查机关均须按时上报。

5. 审核

审查通过后，通知申请者开展海域使用论证工作。审核海域使用论证报告材料。协调与有关部门或地方的关系。对不予批准的，由审核机关书面通知海域使用申请者，并说明原因。

6. 报批

审核机关呈报同级人民政府审批项目用海时，报送《海域使用审批呈报表》、海域使用论证报告及其评审结论，以及其他有关的材料。

7. 批准

只有政府有批准海域使用申请的权力。海洋行政主管部门向政府申请取得海域使用审批专用章。审核机关负责向海域使用申请者送达《海域使用权批准通知书》，并抄送受理机关和审查机关。

8. 缴纳海域使用金

海域使用金包括海域使用权出让金、海域使用权转让金和海域租金。海域使用权出让金按照规定一次缴纳或者按年度逐年缴纳。填海、临时用海项目海域使用权出让金一次缴清。

9. 登记

海域使用申请人持《海域使用权批准通知书》和海域使用金缴付凭证，在规定的时间内，到批准用海的人民政府海洋行政主管部门办理初始登记手续。

10. 发证

海域使用权登记表是确认海域使用权及其他相关权利的法律依据。海域使用权证书是海域使用权人持有的法律凭证，根据海域使用权登记表的内容进行填写。两者出现不一致时，以登记表为准。海域使用申请人自登记之日起，领取海域使用权证书，取得海域使用权。

11. 公告

为保护海域使用权人的合法权益，海域使用权除进行登记造册外，同时向社会公告。

12. 核查

经审批的用海工程项目竣工后，审核机关在投入使用前对工程建设情况进行核查。对不按规定使用海域的，擅自改变海域用途的，责令限期改正，没收违法所得，并处罚；对拒不改正的，由颁发海域使用权证书的人民政府注销海域使用权证书，收回海域使用权。

13. 年审

已批准使用的项目用海，接受审核机关的年度审查，并按规定办理年审手续。逐年缴纳海域使用金的，在审核机关规定的期限内，接受年度审查。一次性缴纳或者分次缴纳海域使用金的，在审核机关指定的期限内接受审查。

第三节　海域使用论证

海域使用论证的目的是查清项目所在海域及毗邻区域自然环境、资源及产业分布的背景资料，预测项目用海对海域资源、环境和海洋功能区的影响程度，提出海域使用控制和保护目标，为有序开发海域资源、维护海洋生态环境和强化海域使用管理提供技术依据，实现海域资源效益、生态效益、社会效益和经济效益的统一，以及海域的可持续利用。

海域使用是指在中华人民共和国内水、领海持续使用固定海域3个月以上的排他性用海活动。海域使用类型是指根据不同的海域使用方式和特点所形成的海域差异性划分的海域类别。用海方式是指根据海域使用特征及对海域自然属性的影响程度划分的海域使用方式。宗海是指被权属界址线所封闭的同类型用海单元。宗海图是指按规定图式编绘的记载宗海位置、权属界址及相邻宗海关系等内容的图件，包括宗海位置图和宗海界址图。界址点是指用于界定宗海及其内部单元范围和界线的拐点。利益相关者是指受到项目用海影响而产生直接利益关系的单位和个人。用海风险是指项目用海施工期和营运期可能引发的突发性事故对所在海域和相邻开发利用活动产生的影响和损害。

一、论证原则

海域使用论证工作遵循科学、客观、公正的原则。坚持开发与保护并重，实现经济效益、社会效益、生态效益和资源效益的统一；坚持集约节约用海，促进海域合理开发和可持续利用；坚持统筹兼顾，促进区域协调发展；坚持以人为本，保障沿海地区经济社会和谐发展；坚持国家利益优先，维护国防安全和海洋权益。

（1）公正性原则。海域使用论证是贯彻落实《中华人民共和国海域使用管理法》的一个具体体现，是海域管理者在审批、核查、管理用海项目的重要依据之一，要求论证单位和人员严格依照法律、法规及规章规定的程序和方法，独立地、公正地进行论证活动，按照相关的法规和技术要求完成论证工作。

（2）客观性原则。海域使用项目是一种发生在海域自然生态系统的人为活动，论证工作严格遵循自然规律，从事实出发，实事求是，准确把握用海项目与海洋生态系统之间的关系，切忌主观臆断。

（3）科学性原则。海域使用论证工作是一项复杂的系统工程，在自然科学和社会科学的多学科研究成果的基础上，运用科学的方法，分析、判断论证对象可能涉及的海域自然资源与环境、区域海洋功能区划、用海项目对海域资源的需求、用海项目与毗邻用海者的相互关系及其社会效益、经济效益等方面可能产生的正面与负面影响，科学衡量利弊得失，从而提出正确的结论及相应的预防措施，为管理决策提供科学依据。

（4）综合性原则。海域使用论证涉及了资源、生态、社会和经济等方面的内容，其宗旨是强调资源、生态开发利用与社会、经济发展相协调，论证中不能片面追求经济效益而忽视人为活动对自然生态系统的干扰，注重强调资源效益、生态效益、社会效益和经济效益四效益统一，在资源、生态可持续利用与社会、经济可持续发展之间建立良性循环，从而实现社会、经济的持续发展的战略目标。

二、论证内容

海域使用论证内容主要包括：项目用海必要性、海域概况简要分析项目用海对资源环境影响、开发利用协调性、项目用海与海洋功能区划及相关规划符合性、项目用海合理性和海域使用对策措施分析。

（一）项目用海必要性分析

1. 项目基本情况

（1）项目建设内容。说明用海项目的名称、性质、投资主体和地理位置，阐述用海项目的建设内容、规模、投资及分期建设内容、规模。当用海项目属于改建、扩建时，说明已建项目的建设规模、总体布置、用海规模、用海方式和海域权属状况等基本情况。

（2）平面布置和主要结构、尺度。阐述项目用海平面布置情况，说明各组成部分的相互关系。阐述主要涉海构筑物的典型结构型式、尺度。项目用海平面布置、典型剖面图、主要结构型式和尺度等满足项目用海分析论证和准确界定界址点的需要。

（3）项目主要施工工艺与方法。阐述各部分用海工程的主要施工方案、施工方法、土石方平衡、物料来源和施工计划进度表。

2. 项目申请用海情况

说明申请用海情况，包括用海方式、面积和坐标，附坐标图或宗海图。根据项目建设方案，分析项目用海需求，并确定申请用海的内容是否齐全。

3. 项目用海必要性

（1）项目建设必要性：根据区域经济发展、产业发展和产能的需求预测分析内容，说明项目建设的目的意义。

（2）项目用海必要性：依据项目性质和项目总体布置，结合所在海域特征，论证项目使用海域的必要性。

（二）海域概况简要分析

1. 自然环境概况

阐明项目所在海域的潮汐、波浪和潮流等水文动力状况，区域气候与气象状况，海域地形地貌与冲淤状况，活动断裂与地震和工程地质状况等概况，台风、风暴潮和海冰等海洋自然灾害的历史记录和统计数据，海水水质、海洋沉积物质量和海洋生物质量等现状，给出环境现状数据表、质量评价指数表和现状评价结果。

2. 海洋生态概况

阐明项目所在海域的海洋生态现状，阐明重要的海洋生态系统和特殊生境、需要特殊保护的海洋自然保护区和珍稀濒危生物、重要经济生物产卵场和重要海水养殖区、增殖区等的分布和特征。

3. 自然资源概况

阐明项目所在海域的海洋自然资源概况，主要包括海岸线资源、岛礁资源、港口资源、渔业资源、矿产资源和旅游资源等。

4. 开发利用现状

社会经济概况：简要说明项目用海所在行政区域的社会经济基本状况和海洋产业发展现状，以及项目所属行业的发展状况等。

海域使用现状：阐明论证范围内海洋开发利用活动的位置、用海类型、用海方式、用海规模，以及与申请用海项目的位置关系等；绘制清晰的海域使用现状图。改扩建项目应说明前期用海的实际开发利用情况。

海域使用权属现状：阐明与项目用海相邻的确权用海项目的权属来源、权属内容（包括用海类型、方式、面积、期限等）、界址坐标和宗海图等内容。

（三）项目用海资源环境影响分析

依据用海项目前期专题成果，简要分析项目用海的环境影响、生态影响、资源影响和用海风险。改扩建项目，对已建项目用海的主要影响进行简要分析。

1. 项目用海环境影响分析

分析项目用海对水文动力环境、地形地貌与冲淤环境、水质环境和沉积物环境的影响。水文动力环境，分析预测工程前后流场和潮位的特征与变化，位于海湾的用海项目给出大、小潮的纳潮量及其变化、海湾水交换量等。地形地貌与冲淤环境，分析预测工程前后地形地貌的形态变化（包括海岸、海涂、海床等地形地貌）、近岸输沙特征和泥沙运移趋势、冲淤变化和极端水文、气象条件下的冲淤特征等。水质环境，分析预测污染物（含悬浮物）、温排水等扩散的各标准浓度值的最大外包络线、包络面积及其平面分布，以及污染物排海混合区的范围、最大面积及空间位置等。沉积物环境，分析预测各主要污染因子浓度增加的影响范围与程度，给出污染物长期连续排放对排污口、扩散区和周围海域沉积物质量的影响范围与程度等。项目用海环境影响分析可引用项目相关专题的成果和评价结论。

2. 项目用海生态影响分析

分析项目用海引起的海岸线、栖息环境变化和污染物排放等对底栖生物、游泳生物、浮游生物、珍稀濒危生物和生态群落与结构等的影响。一级论证尽可能采用定量方法分析海洋生态影响的范围和程度。

3. 项目用海资源影响分析

分析项目用海占用海岸线、海涂和海岛等海洋空间资源的情况，以及对海洋生物资源的影响范围和程度，评估项目用海引起的生物资源（包括渔业资源）损失量。

4. 项目用海风险分析

分析项目用海可能产生的风险种类、发生概率和源强，预测风险因子的扩散路径、范围和时空分布特征，评估项目用海风险对所在海域资源环境及周边海域开发活动的影响。

（四）海域开发利用协调分析

1. 项目用海对海域开发活动的影响

依据项目所在海域开发利用现状和资源环境影响预测结果，分析项目用海对所在海域开发活动的影响方式、影响时间、影响程度和范围，并绘制资源环境影响范围与开发利用现状的叠置分析图，注明受影响的开发活动。

2. 利益相关者界定

根据项目用海对所在海域开发活动的影响分析结果和叠置分析图，界定利益相关者，重点分析利益相关内容（利益冲突内容）和涉及范围等。根据项目用海的特点、平面布置和施工工艺等的不利影响因素，分析利益相关者的损失程度（包括范围、面积、损失量等）。列出项目用海的利益相关者一览表，包括利益相关者名称、具体位置、利益相关内容和损失程度等内容。

3. 相关利益协调分析

根据已界定的利益相关者及其受影响特征，分析项目用海与各利益相关者的矛盾是否具备协调途径和机制，分别提出具体的协调方案，明确协调内容、协调方法和协调责任等，并分析引发重大利益冲突的可能性。已达成的协议应作为论证报告附件。项目用海需要与航道、锚地、通航、防洪和渔业等涉海部门进行协调的，明确协调方式和内容。

4. 项目用海对国防安全和国家海洋权益的影响分析

对国防安全和军事活动的影响分析。分析项目用海对国防安全和军事活动是否存在不利影响，明确项目用海是否涉及军事用海。项目用海有碍于国防安全和军事活动的开展时，提出调整或取消项目用海的建议。

对国家海洋权益的影响分析。分析项目用海与国家海洋权益之间的关系，明确项目用海是否涉及领海基点，是否涉及国家秘密等。项目用海有碍国家海洋权益时，提出调整或取消项目用海的建议。

（五）项目用海与海洋功能区划及相关规划的符合性分析

1. 项目用海与海洋功能区划的符合性分析

海洋功能区划：根据现行的省、市（县）海洋功能区划，阐述项目所在海域海洋功能区名称、基本功能类型、位置、范围和管理要求等内容，明确与项目用海有关的各功能区情况及与项目用海的位置关系，附具所在海域的海洋功能区划图件和功能区登记表。

项目用海对海洋功能区的影响：分析项目对海洋功能的利用情况，说明项目利用的功能类型、利用方式、程度和拟采用的生态与环境保护措施等。分析项目用海对周边海域海洋功能的影响，说明受影响的功能类型、影响范围和影响程度。

项目用海与海洋功能区划的符合性：分析项目用海是否符合海洋功能区的用途管制要求和用海方式控制要求，是否对海域的基本功能造成不可逆转的改变。分析项目用海能否落实海洋功能区的环境保护要求，是否执行了要求的环境质量标准，是否符合保障生态保护重点目标安全的要求。

2. 项目用海与相关规划的符合性分析

阐述国家产业规划和政策、海洋经济发展规划、海洋环境保护规划、城乡规划、土地利用总体规划、港口规划，以及养殖、盐业、交通、旅游等规划中与项目用海有关的内容，给出与项目用海选址、布局和平面布置相关的规划图件，分析论证项目用海与相关规划的符合性。

（六）项目用海合理性分析

1. 用海选址合理性分析

项目用海选址合理性分析主要包括区位和社会条件能否满足项目建设和营运的要求，自然资源和生态环境适宜性，项目用海是否存在潜在的、重大的安全和环境风险，项目用海与周边其他用海活动是否存在功能冲突，是否有利于海洋产业协调发展。一级论证开展用海选址方案比选分析，从自然岸线特征、水深和水文动力条件、工程地质条件、地形地貌与冲淤特征、周边海洋生态环境现状、周边海域开发活动与分布特点、填海面积和占用岸线长度等方面，对不同选址方案开展比选，优选项目用海选址方案。

2. 用海方式和平面布置合理性分析

（1）平面布置合理性分析

结合项目总体布置、平面布局和功能单元之间的相互关系，从平面布置是否体现集约节约用海的原则，平面布置能否最大限度地减少对水文动力环境、冲淤环境的影响，平面布置是否有利于生态和环境保护，平面布置是否与周边其他用海活动相适应等方面，分析平面布置合理性。一级论证应开展比选分析，提出用海平面布置方案的优化建议。

（2）填海造地平面设计合理性分析和优化

含有填海造地的项目用海，开展填海造地平面设计合理性分析，主要内容包括实现海洋功能的合理利用，提高海洋资源综合利用价值；体现离岸人工岛式、多突堤式和多区块组团式的填海平面设计原则；体现减少占用岸线长度、增加岸线曲折度的要求；体现保护海洋生态环境的原则，最大限度地减少对水动力、冲淤环境、环境容量和海洋生态的不利影响；体现优化景观布置，增加亲水岸线，提升景观价值的要求。一级论证应开展两个以上方案的比选，提出填海造地平面设计方案的优化建议。

（3）用海方式合理性分析

依据项目各用海单元的特点，分析用海方式合理性，若项目用海方式不尽合理，提出调整建议。分析内容包括维护海域基本功能，最大限度地减少对水文动力环境和冲淤环境的影响，保持自然岸线和海域自然属性，保护和保全区域海洋生态系统。一级论证应进行比选分析，提出用海方式的优化建议。

3. 用海面积合理性分析

依据项目用海性质、建设规模和产能和行业技术标准等，结合项目用海的平面布置，在项目用海方式和平面布置的多方案比选和优化基础上，量化分析项目用海面积合理性。主要内容包括：项目用海需求、相关用海控制指标、相关行业的设计标准和规范、占用的岸线合理性。一级、二级论证应分析论证减少项目用海面积的可能性。根据分析、论证后最终推荐的用海方案，绘制宗海位置图和宗海界址图。

明确用海项目论证后的各个用海单元的用海类型、用海方式和用海面积，阐述各个用海单元的用海面积的确定方法。填海项目和具有斜坡结构的用海项目，图示各个用海单元的用海面积和形成的陆域面积。

4. 用海期限合理性分析

项目用海应以主体结构、主要功能的设计使用（服务）年限作为依据，以法律法规的规定作为判断标准，分析项目申请的用海期限是否合理。

（七）海域使用对策措施分析

根据项目海域使用论证结果，提出具体的海洋功能区划实施对策措施、开发协调对策措施、风险防范对策措施和监督管理对策措施。对策措施应切合实际、经济合理，具有可操作性。

三、论证成果

海域使用论证成果为海域使用论证报告。根据论证工作的要求不同，海域使用论证报告分为报告书（表 10.2）和报告表（表 10.3）。

表 10.2　海域使用论证报告书格式

1 概述
1.1 论证工作来由
1.2 论证依据
1.2.1 法律法规
1.2.2 技术标准和规范

续表

1.2.3 项目基础资料
1.3 论证工作等级和范围
1.3.1 论证工作等级
1.3.2 论证范围
1.4 论证重点
2 项目用海基本情况
2.1 用海项目建设内容
2.2 平面布置和主要结构、尺度
2.3 项目主要施工工艺和方法
2.4 项目申请用海情况
2.5 项目用海必要性
3 项目所在海域概况
3.1 自然环境概况
3.2 海洋生态概况
3.3 自然资源概况
3.4 开发利用现状
4 项目用海资源环境影响分析
4.1 项目用海环境影响分析
4.2 项目用海生态影响分析
4.3 项目用海资源影响分析
4.4 项目用海风险分析
5 海域开发利用协调分析
5.1 项目用海对海域开发活动的影响
5.2 利益相关者界定
5.3 相关利益协调分析
5.4 项目用海对国防安全和国家海洋权益的影响分析
6 项目用海与海洋功能区划及相关规划符合性分析
6.1 项目用海与海洋功能区划符合性分析
6.2 项目用海与相关规划符合性分析
7 项目用海合理性分析
7.1 用海选址合理性分析
7.2 用海方式和平面布置合理性分析
7.3 用海面积合理性分析
7.4 用海期限合理性分析
8 海域使用对策措施
8.1 区划实施对策措施

续表

8.2 开发协调对策措施 8.3 风险防范对策措施 8.4 监督管理对策措施 9 结论与建议 9.1 结论 9.1.1 项目用海基本情况 9.1.2 项目用海必要性结论 9.1.3 项目用海资源环境影响分析结论 9.1.4 海域开发利用协调分析结论 9.1.5 项目用海与海洋功能区划及相关规划符合性分析结论 9.1.6 项目用海合理性分析结论 9.1.7 项目用海可行性结论 9.2 建议 资料来源说明 1. 引用资料 2. 现场勘查记录 附件 1. 海洋主管部门同意开展海域使用论证工作的文件 2. 海域使用论证工作委托书 3. 海域使用论证单位技术负责人签署的技术审查意见 4. 现场调查的计量认证（CMA）分析测试报告或实验室认可（CNAS）分析测试报告 5. 用海申请者与利益相关者已达成的协议 6. 其他相关的文件和图表

表 10.3　海域使用论证报告表

申请人	单位名称				
	法人代表	姓名		职务	
	联系人	姓名		职务	
		通信地址			
项目用海基本情况	项目名称				
	项目性质	公益性		经营性	
	投资金额	万元		用海面积	hm^2
	用海期限				
	占用岸线	m		新增岸线	m
项目用海基本情况	用海类型				
	各用海类型/作业方式		面积		具体用途
			hm^2		
			hm^2		
			hm^2		
			hm^2		
	……		hm^2		……

续表

项目概况及用海必要性分析（可附图、表格和填加页）
项目所在海域概况（可附图、表格和填加页）
项目用海资源环境影响分析
海域开发利用协调分析（可附图、表格和填加页）
项目用海与海洋功能区划及相关规划符合性分析（可附图、表格和填加页）
项目用海合理性分析
海域使用对策措施
结论与建议

四、论证程序

海域使用论证工作分为准备工作、实地调查、分析论证和报告编制四个阶段。

（一）准备工作阶段

研究有关技术文件和项目基础资料，收集历史和现状资料，开展项目用海初步分析，确定论证等级、论证范围和论证内容，筛选、判定论证重点等，制定海域使用论证工作方案。

（二）实地调查阶段

根据项目用海申请，勘查现场，了解项目所在海域的地形地貌特征、海岸线位置和开发利用现状；走访相关部门和用海单位、个人，了解海域确权发证与实际使用情况。根据收集的相关资料情况，开展必要的现状调查。

（三）分析论证阶段

依据所获数据、资料，分析论证项目用海必要性、项目用海资源环境影响、海域开发利用协调情况、项目用海与海洋功能区划及相关规划的符合性和项目用海合理性，提出海域使用对策措施和论证结论。

（四）报告编制阶段

根据分析论证的内容和结论，编制海域使用论证报告。

五、论证依据

（一）法律法规

海域使用论证依据的法律、法规、规章和规范性文件应齐全、有效，引用时标明发文机关、文号和实施时间等内容。

（二）标准和规范

海域使用论证采用的标准和规范应全面、有效，引用时标明发布机关、标准号（文号）和实施时间等内容；采用国际标准及其他相关标准时，明确所采用的标准名称、类别和标准值。

（三）项目基础资料

项目基础资料包括工程可行性研究报告、初步设计报告和相关专题报告等，引用时标明资料来源、完成时间等内容。

六、论证等级

海域使用论证等级按照项目的用海方式、规模和所在海域特征，划分为一级、二级和三级（表 10.4）。同一项目用海按不同用海方式、用海规模所判定的等级不一致时，采用就高不就低的原则确定论证等级。一级、二级论证编制海域使用论证报告书，三级论证应编制海域使用论证报告表。根据项目用海情况和所在海域特征，必要时可对相关内容开展专题论证，形成专题报告。

表 10.4　海域使用论证等级

<table>
<tr><th>一级用海方式</th><th colspan="2">二级用海方式</th><th>用海规模</th><th>所在海域特征</th><th>等级</th></tr>
<tr><td rowspan="5">填海造地用海</td><td colspan="2">冶金、石化、造纸、火电、核电等建设和废弃物处置填海造地</td><td>所有规模</td><td>所有海域</td><td>一</td></tr>
<tr><td colspan="2" rowspan="4">其他建设填海造地用海、农业填海造地</td><td>填海造地 $\geqslant 10\text{hm}^2$</td><td>所有海域</td><td>一</td></tr>
<tr><td rowspan="2">填海造地 $5 \sim 10\text{hm}^2$</td><td>敏感海域</td><td>一</td></tr>
<tr><td>其他海域</td><td>二</td></tr>
<tr><td>填海造地 $\leqslant 5\text{hm}^2$</td><td>所有海域</td><td>二</td></tr>
<tr><td rowspan="4">构筑物用海</td><td colspan="2" rowspan="4">非透水构筑物</td><td>总长度 $\geqslant 500\text{m}$；用海面积 $\geqslant 10\text{hm}^2$</td><td>所有海域</td><td>一</td></tr>
<tr><td rowspan="2">总长度 $250 \sim 500\text{m}$；用海面积 $5 \sim 10\text{hm}^2$</td><td>敏感海域</td><td>一</td></tr>
<tr><td>其他海域</td><td>二</td></tr>
<tr><td>总长度 $\geqslant 250\text{m}$；用海面积 $\leqslant 5\text{hm}^2$</td><td>所有海域</td><td>二</td></tr>
<tr><td rowspan="5">构筑物用海</td><td rowspan="5">跨海桥梁、海底隧道</td><td rowspan="5">跨海桥梁</td><td>长度 $\geqslant 2000\text{m}$</td><td>所有海域</td><td>一</td></tr>
<tr><td rowspan="2">长度 $800 \sim 2000\text{m}$</td><td>敏感海域</td><td>一</td></tr>
<tr><td>其他海域</td><td>二</td></tr>
<tr><td>长度 $\leqslant 800\text{m}$</td><td>所有海域</td><td>二</td></tr>
<tr><td>单跨跨海桥梁</td><td>所有海域</td><td>三</td></tr>
</table>

表 10.5　海域使用论证重点

用海类型		论证重点						
		用海必要性	选址（线）合理性	用海方式和布置合理性	用海面积合理性	海域开发利用协调性	资源环境影响	用海风险
渔业用海	渔业基础设施		▲	▲	▲		▲	
	围海养殖		▲		▲	▲	▲	
	开放式养殖				▲	▲		
工业用海	盐业用海		▲		▲	▲	▲	
	固体矿产开采				▲		▲	
	油气开采			▲			▲	▲
	船舶工业		▲	▲	▲		▲	
	电厂、核电工业	▲	▲	▲			▲	▲
	海洋能电力工业		▲				▲	
	风力、太阳能电力工业	▲	▲	▲			▲	
	海水直接利用		▲	▲			▲	
	海水工业利用		▲	▲			▲	
	工业生产利用	▲	▲	▲	▲		▲	
交通运输用海	常规港口		▲	▲	▲		▲	
	危险品港口		▲	▲	▲		▲	▲
	航道、锚地		▲			▲		
	路桥		▲					▲
	海上机场	▲	▲	▲	▲		▲	
旅游娱乐用海	旅游基础设施		▲	▲	▲		▲	
	浴场、游乐场				▲		▲	
海底工程用海	常规电缆管道		▲			▲		
	有害物质管道		▲			▲	▲	▲
	海底隧道		▲					
	海底场馆	▲	▲	▲	▲			▲
排污倾倒用海	有害物质污水达标排放		▲	▲	▲		▲	▲
	工业和市政污水达标排放		▲		▲		▲	
	疏浚物倾倒区		▲		▲		▲	
填海造地工程用海	城镇建设	▲	▲	▲	▲		▲	
	农渔业建设	▲	▲		▲		▲	
	废弃物处置	▲	▲	▲	▲		▲	▲
特殊用海	科学研究、实验及教学		▲		▲		▲	
	海岸防护工程		▲	▲			▲	

（1）大规模填海造地，将水动力和冲淤变化影响分析、平面布置合理性分析和用海面积合理性分析列为论证重点；

（2）项目用海选址不具有唯一性的，将用海选址合理性分析列为论证重点；
（3）采用大面积开挖海床或水下爆破等施工方式，将资源环境影响分析列为论证重点；
（4）油气开采、石化和其他危险品用海，将用海风险分析列为论证重点；
（5）近岸海域海砂开采，将海岸侵蚀和地形地貌影响分析列为论证重点。

九、论证资料

（一）资料内容

海域使用论证工作应充分收集和调查社会经济状况、自然资源、环境和生态现状、海域开发利用现状、海洋功能区划及相关规划、基础地理信息等数据和资料及自然灾害等。

社会经济状况主要包括项目用海所在行政区域的社会经济基本状况和海洋产业发展现状，以及项目所属行业的发展状况。

海洋功能区划主要包括项目所在地的省、市（县）级海洋功能区划；相关规划主要包括国家产业规划及政策、海洋经济发展规划、海洋环境保护规划、城乡规划、土地利用总体规划和相关行业规划。

基础地理信息主要包括项目所在海域的地形图、海图、遥感影像数据和海岸线。

海域开发利用现状应包括论证范围内的海域使用现状和权属状况。

自然资源主要包括海岸线资源、海涂资源、海岛资源、港口资源、生物资源、矿产资源和旅游资源等。

环境和生态现状主要包括海洋水文气象、地形地貌与冲淤、海水水质、海洋沉积物、海洋生物质量、海洋生态和海洋灾害。

（二）资料要求

海域使用论证工作应充分利用现有海洋调查资料，凡是现有海洋调查资料不能满足论证需要的，开展必要的现状调查。资料来源说明包括引用资料和现场勘查两部分，引用资料来源和现场勘查记录应符合要求。

1. 资料可靠性要求

（1）海洋环境、生态现状分析测试数据由具有国家级、省级计量认证或实验室认可资质的单位提供。

（2）社会经济发展状况资料以所在地人民政府职能部门统计和发布的数据资料为准。

（3）海洋功能区划和相关规划是现行有效的。

（4）海域开发利用现状资料是经实地调访、勘查获取和核实的。

2. 资料时效性要求

（1）除长期历史统计数据外，海洋地形地貌与冲淤现状、数值模拟计算所使用的海洋水文等实测资料采用近5年的资料。

（2）海洋资源、生态和环境现状等采用近3年的资料。

（3）当地社会经济发展状况采用近2年的资料。

（4）遥感影像数据采用近2年的资料。

（三）现场勘查

现场勘查内容包括论证范围内的海岸线、海域开发利用现状等，同时开展现状海岸线、标志点等测量。

重点调访海域开发利用主体的基本情况，开发利用活动的内容、规模、用海情况，以及与申请用海项目的位置关系。对于已确权的用海项目，调查权属来源、权属内容（包括用海类型、方式、面积、期限等）、界址坐标和宗海图等。

根据现场勘查结果编绘现状海岸线和开发利用现状等图件。现场调查内容包括海洋水文气象、海底地形地貌与冲淤、海水水质、海洋沉积物、海洋生物质量、海洋生态、资源与环境，以及主要包括海域使用论证工作中其他相关资料。调查站位按要求设置见表 10.6。

表 10.6　海域使用论证站位设置要求

调查项目	一级论证	二级论证	备注
海洋水文	6 个站位	4 个站位	
海底地形地貌与冲淤	3 个断面	2 个断面	
海水水质	20 个站位春秋两季	12 个站位一个季度	
海洋沉积物	10 个站位	6 个站位	
海洋生物质量	3 处	2 处	
海洋生态	12 个站位	8 个站位	
潮间带生态	不少于 3 个断面	不少于 2 个断面	项目用海涉及海岸带

思　考　题

1. 区划编制与审批有哪些程序？
2. 海洋综合管理包括哪些内容？
3. 为何要实现用海项目管理？
4. 简述海洋环境保护在项目管理中作用。
5. 什么是海洋环境影响评价，主要评价哪些内容？
6. 什么是海域使用论证，主要论证哪些内容？
7. 如何获得海域使用权？
8. 海域使用论证对使用的资料有何要求？
9. 如何选择论证重点？

参考文献

阿东. 1999. 海洋功能区划的意义和作用. 海洋开发与管理，16（3）：25-28.
陈新军，周应祺. 2001. 论渔业资源的可持续利用. 资源科学，23（2）：70-74.
陈新军. 2004. 渔业资源与渔场学. 北京：海洋出版社.
陈艳丽，宋维玲，王波，等. 2015. 我国海水利用业发展现状与问题分析. 海洋经济，5（4）：11-17.
冯士筰，李凤歧，李少菁. 1999. 海洋科学导论. 北京：高等教育出版社.
葛瑞卿. 2001. 海洋功能区划的理论和实践. 海洋通报，20（4）：52-63.
关道明，阿东. 2013. 全国海洋功能区划研究. 北京：海洋出版社.
郭越，董伟. 2010. 我国主要海洋产业发展与存在问题分析. 海洋开发与管理，27（3）：70-75.
国家海洋局. 2006. 海洋功能区划技术导则（GBT17108-2006）. 北京：中国标准出版社.
国家海洋局. 2012. 全国海洋功能区划（2011—2020 年）.
国家海洋局. 2016a. 2015 年中国海洋环境质量公报.
国家海洋局. 2016b. 2015 年中国海洋经济统计公报.
国家海洋局. 2016c. 2015 年海域使用管理公报.
韩书文，鹿叔锌，等. 2003. 山东水产. 济南：山东科学技术出版社.
蒋铁民. 2015. 中国海洋区域经济研究. 北京：中国社会科学出版社.
蒋以山，谢维杰，高正，等. 2013. 发展海洋化工业振兴蓝色经济. 海洋开发与管理，30（1）：77-79.
金显仕，程济生，邱盛尧，等. 2006. 黄渤海渔业资源综合研究与评价. 北京：海洋出版社.
金显仕，邱盛尧，柳学周，等. 2014. 黄渤海渔业资源增殖基础与前景. 北京：科学出版社.
李鸣峰. 1991. 中国海洋功能区划. 海洋与海岸带开发，（2）：3-33.
李士豪，屈若搴. 1984. 中国渔业史. 上海：上海书店.
李应中. 1997. 中国农业区划学. 北京：中国农业科学技术出版社.
郦桂芬. 1989. 环境质量评价. 北京：中国环境科学出版社.
林桂兰，谢在团. 2008. 海洋功能区划理论体系与编制方法的思考. 海洋开发与管理，25（8）：10-16.
刘百桥，阿东，关道明. 2014. 2011～2020 年中国海洋功能区划体系设计. 海洋环境科学，33（3）：441-445.
刘效舜，张进上，丁仁福，等. 1990. 中国海洋渔业区划. 杭州：浙江科学技术出版社.
刘仲康，郑明身. 2005. 企业管理概论. 武汉：武汉大学出版社.
吕振波，王茂剑，杨建敏，等. 2010. 山东近海经济生物资源调查与评价. 北京：海洋出版社.
邱盛尧. 1999. 黄渤海鱼类资源增殖现状及发展前景//第 10 届中日韩海洋水产资源培育科技研讨论会论文集.
任国玉，郭军. 2006. 中国水面蒸发量的变化. 自然资源学报，21（1）：31-44.
山东省海洋功能区划编制组. 2004. 山东省海洋功能区划报告. 北京：海洋出版社.
山东省人民政府. 2004. 山东省海洋功能区划. 北京：海洋出版社.
苏纪兰，袁业立. 2005. 中国近海水文. 北京：海洋出版社.
孙湘平. 1985. 我国的海洋. 上海：商务印书馆.
孙湘平. 2006. 中国近海区域海洋. 北京：海洋出版社.
唐启升. 2006. 中国专属经济区生物资源及其栖息环境. 北京：科学出版社.
唐永銮. 1991. 海洋功能区划划分的原则、分区系统和方法的探讨. 环境污染与防治，13（4）：2-5.
王芳，栾维新. 2001. 我国海洋资源开发活动中存在的问题与建议. 中国人口·资源与环境，2001（S2）：33-35.
王永生. 2006. 海洋矿业：亟待走向可持续发展. 矿产保护与利用，25（1）：9-13.
薛桂芳，胡增祥. 2009. 海洋法理论与实践. 北京：海洋出版社.

杨瑾. 2010. 我国海洋化工业现状及金融危机下的发展对策. 海洋开发与管理，27（11）：77-80.
于青松. 1995. 试论加强海洋科学管理. 齐鲁渔业，12（6）：8-9.
张家诚，林之光. 1985. 中国气候. 上海：上海科学技术出版社.
张秋华，程家骅，徐汉祥，等. 2007. 东海区渔业资源及其可持续利用. 上海：复旦大学出版社.
张震东，杨金森. 1983. 中国海洋渔业简史. 北京：海洋出版社.
赵晓娟，邱盛尧，乔凤琴，等. 2011. 山东北部沿海幼鱼种类组成特征的研究. 水产科学，30（10）：597-602.
中国大百科全书总编辑委员会. 1983. 中国大百科全书：环境科学. 北京：中国大百科全书出版社.
中国大百科全书总编辑委员会. 1987. 中国大百科全书：大气科学、海洋科学、水文科学. 北京：中国大百科全书出版社.
中国海湾志编纂委员会. 1991. 中国海湾志. 北京：海洋出版社.
中华人民共和国交通运输部. 2016. 2015 年交通运输行业发展统计公报.
周宏燕，于振涛. 2004. 山东半岛城市群的区位优势分析. 技术经济，204（12）：9-10.
Beatley T. 1994. Habitat Conservation Planning：Endangered Species and Urban Growth. Austin：University of Texas Press.
FAO. 2014. 世界渔业和水产养殖状况.
Hansom J D，Gordon J. 1998. Antarctic Environments and Resource. NewYork：Addison Wesley Longman.
Pan G C，Qiu S Q，Liu X，Hu X K. 2015. Estimating the economic damages from the Penglai19-3 oil spill to the Yantai fisheries in the Bohai Sea of northeast China. Marine Policy，（62）：18-24.
Pielou E C，Theoret J. 1966. The measurement of diversity in different types of biological collections. Journal of Theoretical Biology，13：131-144.
Redfield A C，Ketchum B H，Richards F A. 1963. The influence of organisms on the composition of sea-water. The Sea，2：26-77.